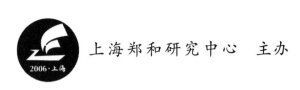

上海郑和研究中心　主办

王景弘研究

漳平市王景弘研究会　编

海洋出版社

2019 年 · 北京

图书在版编目（CIP）数据

王景弘研究/漳平市王景弘研究会编. —北京：海洋出版社，2019.5
ISBN 978-7-5210-0353-6

Ⅰ.①王… Ⅱ.①漳… Ⅲ.①王景弘-人物研究-文集 Ⅳ.①K825.89-53

中国版本图书馆 CIP 数据核字（2019）第 091426 号

责任编辑：张　荣
责任印制：赵麟苏

海洋出版社　　出版发行

http://www.oceanpress.com.cn
北京市海淀区大慧寺路 8 号　邮编：100081
北京朝阳印刷厂有限责任公司印刷　　新华书店经销
2019 年 5 月第 1 版　2019 年 5 月第 1 次印刷
开本：787 mm×1092 mm　1/16　印张：20.25
字数：370 千字　定价：120.00 元
发行部：62132549　邮购部：68038093　总编室：62114335
海洋版图书印、装错误可随时退换

编辑委员会

王景弘雕像

漳平香寮村许家山古道

王景弘故里——漳平赤水镇香寮村一瞥

三保洞内景

印度尼西亚三宝垄三宝庙的三保洞

三宝垄三宝庙内王景弘墓

漳州角美镇鸿渐村二保庙供奉的郑和、王景弘座像

漳平香寮村王氏宗祠旧址

天妃灵应之记碑（福建长乐）

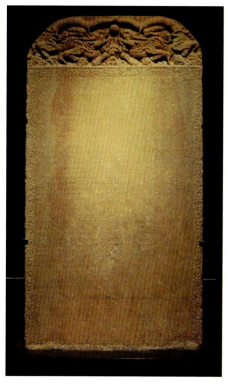

布施锡兰山佛寺碑（斯里兰卡科伦坡）

郑和、王景弘所铸铜钟

南京发现的王景弘地券

王景弘研讨会（2004年7月，福建漳平）

漳平王景弘后裔与南京郑和后裔

漳平香寮天台庵内的明永乐十四年铸铁炉盖

原福建省政协主席游德馨题

序

游德馨*

郑和下西洋是人类航海史上的伟大壮举，也是我国对外开放史上的里程碑。它把传统时代的海上丝绸之路推向顶峰，沟通我国与亚非国家通商贸易，为促进中西文化交流与人员往来作出重要贡献。在"下西洋"的伟业中，有一位与郑和并肩领航的主要人物，其姓名、身世及历史贡献鲜为人知，他就是福建漳平市先贤王景弘。

王景弘是明代漳州府龙岩县集贤里香寮村（今福建省漳平市赤水镇香寮村）人，因拥立皇储有功，荫及嗣子王桢世袭南京锦衣卫正千户。自1405年起，与郑和受命共同率领船队七下西洋。船队经过东南亚、印度洋，到达红海和非洲东海岸，遍访亚、非30多个国家和地区。1433年，郑和在第七次下西洋途中病逝于印度古里，身为正使的王景弘率船队回国，完成使命。第二年，王景弘再次奉命带领船队前往苏门答腊国。王景弘与郑和一样，得到明成祖朱棣、仁宗朱高炽和宣宗朱瞻基的重用，在第七次出使前，明宣宗还分别赐诗给郑和与王景弘，称王景弘"昔时将命尔最忠，大船摩曳冯夷宫"，表彰他的航海技术和统领船队出航的功勋。王景弘在使团中，与郑和一样位居正使。据《明史》记载："永乐三年六月，命和及其侪王景弘等通使西洋。"第三次下西洋时，费信在《星槎胜览》中记载："永乐七年己丑（1409年），上命正使太监郑和、王景弘等统领官兵二万七千余人，驾驶海舶四十八号，往诸番国开读赏赐。"江苏太仓《娄东刘家港天妃宫石刻通番事迹碑》记有"明宣德六年（1431年），岁次辛亥，正使太监郑和、王景弘，副使太监朱良、周满、洪保、杨真，左少监张立等立"等字样。福建长乐《天妃灵应之记碑》也记载"明宣德六年岁次辛亥仲冬吉日，正使太监郑和、王景弘，副使太监李兴、朱良、周满、洪保、杨真、张达、吴忠，都指挥朱真、王衡等立"。福建南平雪山寺发现的一口铜钟，铭文也镌刻"太监郑和、王景弘等同官军人等"的记述，都明确王景弘正使太监的领导者地位。下西洋结束后，王景弘总结自己的航海经验，还撰写《赴西洋水程》《洋更》等航

---

* 原福建省政协主席。

海实用手册，成为不可多得的航海史料。

据史料记载和学术界研究，王景弘具有丰富的海上航行经验和指挥才能。在船队中郑和统领军事外交事务，王景弘主要负责管理航海技术及后勤保障方面事务。据清代《西山杂志》记载，王景弘在出航前曾"雇泉舟，以东石沿海名舭导引，从苏州刘家港入海，至泉州寄泊。"在船队启航前，王景弘负责在福建沿海督造和征集船舶，甄选航海技术人员，船队给养补充和对外贸易货物的采购。在航海过程中，负责指挥航海针路的确定和行船方向。王景弘作为船队航海技术方面的统领，通晓当时先进的造船技术和航海技术，与郑和一起指挥船队各种船舶，管理由船长、舵手、水手等专业技术人才组成的船员队伍，在艰险复杂环境中，多次完成远航任务。当时中国的造船和航海技术是世界上最先进的，船队组成复杂、组织严密、分工精细。船队包括宝船、战船、水船、粮船、马船等大小船只，是当时世界上最大的远洋船队。大号宝船长超过100多米。船队使用了指南针、过洋牵星术等航海导航技术。传说王景弘还掌握一定的医术，能医治病痛，在东南亚至今仍流传他替当地人治病的故事。王景弘亦具备杰出的外交才能，是明初中国与海外诸国睦邻友好往来的外交活动家之一。

郑和与王景弘出使以友好交往、"共享太平之福"为目的。在下西洋过程中，不仅向海外各国传播中华文化，给海外诸国带去中国的丝绸、瓷器和茶叶等，同时也把海外各国的文化、技术、商品等带回中国。在郑和下西洋沿线一些地方也流传有关王景弘的传说和历史遗迹。后人为纪念王景弘的事迹，在文莱首都斯里巴加湾市的繁华大街上命名了"王总兵路"。在我国南海南沙群岛中命名了"景弘岛"。近年来，王景弘故里漳平市弘扬景弘精神，建立"王景弘故里"石碑、巨大王景弘塑像、王景弘史迹陈列馆、景弘公园，命名"景弘路"等，纪念这位明代伟大的航海家。

郑和下西洋已600多年了，许多文献记载和遗迹因年代久远失传或尘封，给王景弘史绩研究带来许多困境，使得"七下西洋"的研究缺少一项重要内容。近些年来，学术界通过对王景弘史料搜集和考证，逐步拨开历史浓尘，王景弘的生平业绩日渐清晰起来，愈来愈迈向更加整体的认知。特别是搞清了王景弘的祖籍地和一些个人形象，进一步认识他在下西洋中的角色和作用，肯定王景弘的历史地位。王景弘研究的深化是郑和下西洋研究深入发展的结果，不仅拓宽了郑和研究的视野，而且推动了郑和研究的发展。福建是郑和下西洋船队依托的主要驻泊地，许多船舶是在福建制造的，许多船工水手是在福建招募的，许多货物是也在福建装载的。作为福建人的王景弘，熟知海情，在航海准备阶段和航海过程中都发挥了重要的作用。

现在我国正在推进"一带一路"和构建人类命运共同体建设。郑和下西洋历史是我国古代海上丝绸之路发展的鼎盛时期，福建是 21 世纪海上丝绸之路建设核心区，我们要积极推进"一带一路"建设，努力拓展改革开放发展空间，造福我国人民和 21 世纪海上丝绸之路沿线各国人民。与郑和一起创造下西洋辉煌业绩的王景弘及许多船队成员身上都闪耀着中华民族的优秀品德和智慧，凝聚了爱国主义和集体主义的精神。王景弘的一生，无论是与郑和共同创造"下西洋"的航海壮举，还是致力于发展中国与海外诸国的友好关系，潜心整理下西洋航海资料等，都与郑和一样载入史册，成为我们今天应当大力发扬的宝贵精神财富，为推进 21 世纪海上丝绸之路建设贡献力量。

目　次

出使西洋史实与评价

籍贯家世、宗教信仰与文物遗迹

海外遗存与传说

历史文学中的形象

Contents

Historical Facts and Evaluation of Wang Jinghong's Voyages

Family Origin, Religious Belief and Cultural Relics

Overseas Relics and Legends

Images in History and Literature

与郑和齐名的航海家王景弘

徐晓望[*]

王景弘是与郑和齐名的航海家，曾伴随着郑和走过七下西洋的历程。笔者在 1992 年发表的一篇短文揭橥明代大航海家王景弘为福建漳平人，其后，一直关心学界对王景弘研究的进展，同时长期思考与王景弘相关的问题。[①]十几年来，虽然有关王景弘的新史料发现极少，但笔者对涉及王景弘问题的思考逐渐成熟，本文是笔者对王景弘问题研究的一个总结。

一、王景弘的身世

作为郑和的第一助手，王景弘的身世令人遗憾地被史册忘记，在正史中，我们只知道他是一名宦官，至于他的出身、籍贯等，只得付之缺如。据有疑问的《西山杂志》，王景弘是闽南人，[②]由此故，他为郑和的船队聘请许多闽南籍水手、火长。众所周知，闽南人在宋元时期是国内最好的航海家，王景弘若是闽南人，就很容易解释他为何被郑和及整个船队所倚重。但是，《西山杂志》谓其为闽南人，仅是根据民间传说，尚有待史料证明。笔者在清代《龙岩州志》中检得一条有关王景弘身世的材料，揭橥于短文《与郑和齐名的航海家》，[③]兹引述如下："王景弘，龙岩集贤里人，后分属宁洋，永乐间随太宗巡狩，有拥立皇储功，赐嗣子王桢世袭南京锦衣卫正千户。"[④]

这条史料原出于万历元年（1573 年）的《漳州府志·宁洋县》："王景弘，

---

[*]　福建省社会科学院历史研究所研究员。

① 　徐晓望：《与郑和齐名的航海家》，《福建日报》，1992 年 9 月 9 日；徐晓望：《八次下西洋的王景弘》，《海交史研究》，1995 年第 2 期。

② 　蔡永兼：《西山杂志·四监通异域》，晋江县图书馆藏稿本。转引自庄为玑：《明下西洋郑和、王景弘两正使的卒事考》，载南京郑和研究会编：《郑和研究论文集》（第一辑），大连：大连海运学院出版社，1993 年，第 485 页。按，《西山杂志》一书只有稿本，一般认为该书为清代蔡永兼著，但文中多有"满清"之类民国时代的用语，应是后人所羼。该书反映了晋江一带的民间传说。

③ 　徐晓望：《与郑和齐名的航海家》，《福建日报》，1992 年 9 月 9 日。

④ 　张铤球等：乾隆《龙岩州志》卷 10，《人物上·中官》，龙岩市方志编纂委员会，1987 年。

集贤里香寮人,从太宗北征。后有拥立功,授其子宁南京锦衣卫正千户。"①

二者相比,仅有一个小差异,王景弘的继子,在明代的《漳州府志》中作王宁,而在清代的《龙岩州志》内作王桢,还有待于进一步研究。

不管怎样,万历元年《漳州府志》有关记载的发现,不仅证明乾隆《龙岩州志》言之有据,而且进一步点明王景弘为集贤里香寮村人,也就是说,王景弘为明代福建龙岩县人,他出生的集贤里后划归宁洋县。宁洋县是明代建置县,1956年撤销,纳入漳平市。今为漳平市双洋镇、赤水镇,而香寮村隶属于赤水镇,所以,就现在的籍贯而言,王景弘为漳平市赤水镇香寮村人。漳平市在明以前隶属于漳州,所以,当地通行闽南话,《西山杂志》谓王景弘是闽南人是有根据的。

王景弘成为一个宦官与古代福建的习俗有关。福建自唐代以来多产宦官。唐代诗人顾况的《囝一章》写道:"囝生闽方,闽吏得之,乃绝其阳。为臧为获,致金满屋。为髡为钳,如视草木。天道无知,我罹其毒。神道无知,彼受其福。郎罢别囝:'吾悔生汝,及汝既生,人劝不举。不从人言,果获是苦。'囝别郎罢,心摧血下。隔地绝天,及至黄泉,不得在郎罢前。"②

诗中的郎罢即闽语"父亲"之意。全诗描写一位父亲被迫卖子的惨痛,如泣如诉的悲音让人惨不忍闻。唐朝宦官主要选自福建与岭南,不幸的福建在唐代各道中人口最少,却以出宦官最多闻名于世。《新唐书·吐突承璀传》云:"是时,诸道岁进阉儿,号'私白',闽、岭最多,后皆任事,当时谓闽为中官区薮。"③唐无名氏《玉泉子》云:"诸道每岁送阉人,所谓'私白'者,闽为首焉。且多任用,以故大阉已下,桑梓多系闽焉。时以为中官数泽。"④这一状况,直到宋明时代也没有变化。明代,朝廷使用的宦官达数万人,各地进献的阉童很多,福建也是宦官多产之地。自唐朝以来,当地流传一个习俗,贫穷人家将无法养活的小儿卖给专门贩卖阉童的人贩子,而后转卖朝廷。所以,明代朝廷中有不少福建籍的宦官。⑤除了王景弘之外,还有一些人在朝廷出名。清代的《龙岩州志》作者不了解宦官制度的历史沿革,在引述有关王景弘的情况后,还将其称作

① 罗青霄等:万历《漳州府志》卷31,影印万历元年原刊本,第18页。按,万历元年的《漳州府志》在大陆十分难见,因而后一条史料似没有人直接从万历元年的《漳州府志》中引用。万历元年《漳州府志》的相关记述,后被清代的《漳州府志》转载,所以,有人从清代《漳州府志》转引了这一条史料,今揭示其原出之处,应有一定意义。

② 顾况:《囝一章》,载彭定求等编:《全唐诗》卷264,北京:中华书局,1960年,第2930页。

③ 欧阳修:《新唐书》卷207,《吐突承璀传》,北京:中华书局,1975年,第5870页。

④ 佚名:《玉泉子》,文渊阁四库全书本,第13页。

⑤ 直到清朝以后,鉴于明代的宦官作威作福,朝廷才决心大量减少宦官。明代宫廷中的宦官有数万人之多,而清朝的宫廷中只有数千名宦官。宦官数量骤减,使阉童的销路大减。而这一行业逐渐被占有地利之便的河北某县垄断,所以,阉童之风在福建逐渐断绝。

是一件异事："中官非南方所有，有之，志异也"，① 其实不然。明代初年的福建应还保留着这种古俗，所以明代闽籍的宦官不少。以漳州宁洋而言，与王景弘齐名的尚有欧贤，"永宁里人。正德间为御马监太监，镇守陕西。"② 另有保护明孝宗的宦官张敏，为金门县青屿村人。③ 福建在明代出了好几名著名的宦官，这不是偶然的，是明代福建仍有出卖阉童之习的证明。因此，王景弘应是一个自幼被家人出卖的孩子，后成为阉童，被送到明朝宫殿，而后被分给皇子朱棣，成为他的小宦官。

有人推测王景弘原来是海上一舟子，掌握航海术，所以在郑和的使团中受命掌管航海。如果是这样，王景弘就不是早年进入宫廷，而是在成年以后才自宫当上宦官。这种例子是极少的，一般地说，没有特别原因，没有人会自宫。另外，福建省距北京有数千里之遥，即使有成年后自宫的人，他们也很难进入朝廷后宫。进一步说，如果王景弘是成年以后才成为宦官，就不可能受到重用，更不可能升至高位。必须说明，首先，王景弘的家乡虽然隶属于闽南，距海洋的直线距离也不超过 200 千米，但香寮是一个山窝里小村落，当地的小溪水只能通行小舟，王景弘在其家乡不可能学得航海术；其次，明代初年正是海禁时期，许多海船或是被官府捣毁，或是被官府没收，航海人口大幅度减少。因此，王景弘也不可能在年轻时到沿海打工，那种臆测王景弘年轻时在沿海做工，是海船上"舟子"的结论肯定是错的。

王景弘能够掌握航海术，与他是一个闽南人有关。宋元以来，福建一直是中国的航海活动中心，其中又以闽南人对中国通往西洋的航路最为熟悉。由于这一原因，当时远航西洋的大船一定要雇佣闽南籍火长与水手。其时，闽南人的地方话与中原语音有很大差别，北方人听不懂闽南话，与闽南水手打交道，一定要有人居间翻译。明代宫廷中有不少来自闽南的宦官，朝廷从中选一些人进入使团，以便使团与水手、火长们联系，这是一个很有远见的决定。

那么，王景弘为何会以航海术闻名后世？这与王景弘热心于航海有关。明宣宗在第七次远洋前赐予王景弘一诗："昔时命将尔最忠，大船摩曳冯夷宫。驱役飞廉决鸿蒙，遍历岛屿凌巨鯱。"这至少说明当年王景弘对下西洋一事最为热心，给皇室留下深刻的印象，因而皇帝会有"昔时命将尔最忠"的评语。从以下诗句中涉及远洋航行这一点来看，王景弘在船队中应是负责航海，担任这一职责，

---

① 张铤球等：乾隆《龙岩州志》卷 10，《人物上·中官》，龙岩市方志编纂委员会，1987 年，第 265 页。
② 罗青霄等：万历《漳州府志》卷 31，影印万历元年原刊本，第 19 页。
③ 罗元信：《关于太监张敏的各种异辞》，《历史月刊》（台湾），1997 年 4 月号，第 122 页。又见《明史·后妃传》。

不是闽南人不行，因为他们每时每刻都要与闽南人交流，既然担任这一职责，不学会航海术也是不可能的。当时的航海术还比较简单，王景弘整天与火长水手们在一起，每时每刻都要做有关航海的决定，以他对下西洋的热情，一定能很快掌握航海术。王景弘一生出洋七、八次，前后航行二三十年，他的经历超过同时期的许多老火长。如果说王景弘在第一次航行时还是新手，经历多次航行后，他肯定是一个技术超绝的老水手、老火长，民间流传王景弘的航海图，并不奇怪。

有必要说明的是，当时的宦官都受到良好的教育，他们长在宫廷中，自幼学习儒家经典，虽然他们不以文学出名，但其中有一些杰出的文章能手。尽管明朝起草诏书的翰林学士都是一时之选，但明朝的秉笔太监，能够很自如地提笔修改翰林学士的作品。王景弘以武将出身，他的继子后被封为世袭正千户，但从当时对宦官的教育来看，他在年幼时也应当学过儒家经典，掌握一定的文化水准。事实上，若没有这一点，他不可能成长为船队的领导人，也不可能向外国使者宣读皇帝的诏书。既然王景弘有相当的文化水准，而且又精通航海术，由他来总结历代航海经验，绘制航海图，这是必然的。

二、王景弘在使团中的地位及下西洋次数

在王景弘的研究中，有两个问题成为争议的焦点。其一，王景弘是正使还是副使？其二，王景弘参加了几次下西洋的远航？

1984 年德国学者罗德里奇·普塔克（Roderich Ptak）提出：王景弘可能只参加了第三次与第七次远航，其他几次远航缺乏明确记载。[①] 这一观点也曾影响过中国的学者，新编《辞海》介绍王景弘说："王景弘，明宦官，航海家。永乐三年（1405 年）任郑和的副使，出使西洋。以后第二次、第三次、第七次航行也同行。"但随着研究的深入，抛弃这种观点的人越来越多。

普塔克的分析并不全面，没有分析明代使团的组合特点。《明史》评价郑和等人："当成祖时，锐意通四夷，奉使多用中贵。西洋则和、景弘，西域则李达，迤北则海童，而西番则率使侯显。"[②] 可见，当时明成祖有几个主要使团，除了郑和、王景弘外，还有出使西域的李达，出使朔北的海童，出使西番的侯显。其中侯显五次出使异域，曾经翻越喜马拉雅山脉到中印度国家，也曾走海路到中印度，他对明朝外交的贡献，可与郑和比肩。相对而言，郑和与王景弘只是四大使团之一。不过，郑王的使团规模最大，率大船 60 多艘，明军约有 27 000 余人。

---

① Roderich Ptak, "Über Wang Ching-hungs und Hou Hsiens Teilnahem an Cheng Hos Expeditionen", *Zeitschrift der Deutschen Morgenländischen Gesellschaft*, 134（2），1984, pp. 337–343.

② 《明史》卷 304，《宦官列传》，北京：中华书局，1974 年，第 7768 页。

将这么大一支水师交给郑和,明成祖当然不放心。明成祖任将出征,往往会派另一个人监视他,这就是明代监军制的起源。迄至明仁宗时代,担任南京守备的尚有郑和、王景弘、朱卜花等多人。不将大权交给一个人,这是明朝使用将领的一个原则。所以,尽管明成祖十分信任郑和,但不会让他握有所有权力,于是有必要派一个人为其助手而又监视他。很显然王景弘就是这样一个人。所以,他的名字一直与郑和联系在一起。如郑和给长乐南山寺上供的铜钟刻有钟铭曰:"永远长和供养,所保西洋往回平安,吉祥如意者。大明宣德六年(1431年)岁次辛亥仲夏吉日,太监郑和、王景弘同官军人等,发心铸造铜钟一口"。① 又如《明史》所说,"西洋则和、景弘",以其意推之,郑和与王景弘是一个长期不变的组合,所以,《明史》才会将郑和、王景弘的组合与侯显、李达、海童等人的组合并提。也就是说,郑和下西洋船队的领导人大体是固定的,王景弘与郑和是形影不离。

既然王景弘是船队不可少的一分子,他不可能只参加两三次远航,而是从头到尾都参加了远航。王景弘与郑和在长乐所立《天妃灵应之记碑》,回溯六次远航的历史,倘若王景弘没有参加七次远航,他不可能与郑和共立此碑。实际上,仅凭长乐的天妃碑刻,就可证明王景弘参加了七次远航,推测王景弘没有参加七次远航的观点,至今没有切实的证据。

质疑王景弘是否七下西洋,有一件事需要解释,前人指出:王景弘即为王贵通。但王景弘曾于永乐五年(1407年)与郑和一起下西洋,如《七修类稿》的记载:"永乐丁亥(五年),命太监郑和、王景弘、侯显三人往东南诸国,赏赐宣谕。今人以为三保太监下洋。"② 同时,《明史》又记载王贵通出使占城,其原因是明军攻打安南,得到占城的帮助,"帝嘉其助兵讨逆,遣中官王贵通赍敕及银币赐之"。③ 于是,有人认为假使王景弘就是王贵通,他可能既下西洋又通占城吗?这里只有两个选择,要么承认王贵通不是王景弘,要么承认王景弘没有七下西洋,这也是质疑王景弘七下西洋的原因之一。不过,从航行路程来看,这并没有矛盾。占城历来是郑和下西洋的第一站,既然明成祖想到要表彰占城国王,他就可能让王景弘在抵达占城时,顺便完成赏赐任务。

关于王景弘在使团中的地位,由于王景弘的名字一直排在郑和之后,所以,人们习惯地将王景弘列为郑和的副使,这一观点长期影响了中国史书,就连十几年前出版的《辞海》,也将王景弘视为郑和的副使,这是错误的。其实,王景弘

① 梅华全、卢保康:《南平市发现明代郑和铸造的铜钟》,《福建文博》,1982年第2期。
② 郎瑛:《七修类稿》卷12,《三宝太监》,上海:上海书店出版社,2001年,第124页。
③ 《明史》卷324,《外国列传五·占城传》,北京:中华书局,1974年,第8387页。

为郑和使团的两位正使之一的记载，① 可见于各种碑刻与正史。如福建长乐市南山寺前所立的《天妃灵应之记碑》，是郑和使团在第七次下西洋之前所立的碑刻。② 其署名为："宣德六年，岁次辛亥仲冬吉日，正使太监郑和、王景弘，副使太监李兴、朱良、周满、洪保、杨真、张达、吴忠，都指挥朱真、王衡等立。"此前，他们还在江苏太仓的娄东刘家港天妃宫立《通番事迹碑》。其署名为："明宣德六年，岁次辛亥，正使太监郑和、王景弘，副使太监朱良、周满、洪保、杨真、左少监张达等立。"巩珍的《西洋番国志》自序也记载了第七次下西洋："宣宗章皇帝嗣登大宝，普宾天下。乃命正使太监郑和、王景弘等兼督武臣，统率官兵数万，乘驾宝舟百艘，前往海外，开诏颁赏，遍谕诸番。"③ 以上记载表明王景弘的身份确实是正使。

王景弘担任正使的历史颇久，《星槎胜览》一书说："永乐七年，太宗皇帝命正使太监郑和、王景弘等，统官兵二万七千余人，驾海舶四十八号，往诸番国开读赏赐"。④ 此处点出早在永乐七年郑和第三次下西洋时，王景弘就已经是正使。这里有必要进一步强调的是，早在第一次远航时，王景弘已是与郑和并列的正使。可以回味一下父子两代参加郑和使团的费信在《星槎胜览》序中说："太宗文皇帝继统，文明之治，格于四表，于是屡命正使太监郑和、王景弘、侯显等开道九夷八蛮。"⑤ 可见，明成祖给郑和、王景弘、侯显的地位都是正使。再如《明史》记载："永乐三年（1405 年）六月命和及其侪王景弘等通使西洋。"⑥ 可见，王景弘是郑和的同侪，而不是下属，从文意看两人是平等的。

不过，尽管王景弘与郑和都是正使太监，但郑和还有"钦差总兵太监"这一衔头，⑦ 则作为宦官中的特例，郑和生前封侯，这都是王景弘所不及的。此外，王景弘的名次略逊于郑和，明仁宗洪熙元年（1425 年）二月戊申，"命郑和领下番官军守南京，于内则与内官王景弘、朱卜花、唐观保协同管事；遇外有

---

① 笔者在 1995 年发表于《海交史研究》的《八次下西洋的王景弘》一文中就指出：王景弘是与郑和并列的正使，这一观点渐被多数人接受。
② 南山寺位于长乐市中心的小山上，民国时废圮。1931 年，长乐县知事在旧墙中刨出此碑，该碑自后为众所知。
③ 巩珍：《西洋番国志》自序，北京：中华书局，2000 年，第 5 页。
④ 费信：《星槎胜览》卷 1，《占城国》，载王云五主编：《宋元明善本书十种》，明刊本《纪录汇编》第 7 册，卷 61，台北：台湾商务印书馆，1969 年，第 5 页。
⑤ 费信：《星槎胜览》，载王云五主编：《宋元明善本书十种》，明刊本《纪录汇编》第 7 册，卷 61，台北：台湾商务印书馆，1969 年，第 1 页。
⑥ 《明史》卷 304，《郑和传》，北京：中华书局，1974 年，第 7766-7767 页。
⑦ 《泉州灵山回教先贤墓行香碑》，载郑鹤声、郑一钧：《郑和下西洋资料汇编》上册，济南：齐鲁书社，1980 年，第 29 页。

事，同襄城伯李隆、驸马都尉沐昕商议的当，然后实行"。① 这条史料表明洪熙年间王景弘是掌管南京军队的主要负责人之一，但他的权限与郑和有差异，郑和是全方位的负责人，不仅与王景弘共同掌管所辖军队，而且还要和南京的头面人物共同管理南京事务，王景弘则没有这一责任，说明他的地位略逊于郑和。说他是郑和的助手，也是可以成立的，不过，他绝不是副使。

有的学者指出：郑和与王景弘二人，前者应以负责外交与率领军队为主，而王景弘以负责航海为主，这一观点是有见地的。总之，明成祖是一个以"雄猜"闻名后世的君主，他不会让郑和一个人全权负责一支大舰队，而王景弘就是他派出的另一个正使，以收两相制约的效果。不过，这一组合一直是很团结的，保持了20多年，直到七下西洋结束。

王景弘有没有八下西洋？对这一问题，老一辈史学家有过争论。起因在于《明史·苏门答剌》中记载："宣德九年（1434年），王弟哈利之汉来朝，卒于京。帝悯之，赠鸿胪少卿，赐诰，有司治丧葬，置守冢户。时景弘再使其国，王遣弟哈尼者罕随入朝。明年至，言王老不能治事，请传位于子。乃封其子阿卜赛亦的为国王，自是贡使渐稀。"②

郑和第七次下西洋结束于宣德八年，读以上记载，王景弘应在宣德八年之后，再次出使苏门答剌。这一事在《明英宗实录》中也有相应记载，哈利之汉死于宣德九年正月，很显然，他应是在宣德八年随王景弘出访明朝，而后在中国染病死亡。在这一背景下，明朝感到有必要向苏门答剌国交代，便派王景弘再赴苏门答剌。《明史·宣宗纪》记载，宣宗八年与九年，苏门答剌两次入贡明朝。如前所述，哈利之汉是在宣德八年入朝，而宣德九年苏门答剌朝贡明朝一事，便应是哈尼者罕，他应是乘王景弘回朝的大船来明朝进贡的。他来了之后，向朝廷反映了苏门答剌的继位问题，明朝最终决定了由新人继位。《明宣宗实录》记载：宣德十年夏四月"癸卯，命苏门答剌国王宰奴里阿必丁男阿卜赛亦的嗣为国王。先是，以公务遣中官王景弘使其国，宰奴里阿必丁遣弟哈尼者罕等来京朝贡，具奏耄年不能事事。上嘉宰奴里阿必丁索尊朝廷。修职贡，而阿卜赛亦的乃其家嗣，应袭王爵。故有是命。宴赉哈尼者罕等加厚。"③

这里有一个问题，王景弘有可能在一年内往返苏门答剌吗？苏门答剌的哈利之汉死于宣德九年初，而宣德十年正月，王景弘已经在南京守备任上，王景弘再赴苏门答剌只有宣德九年一年的机会。有人提出郑和等人每次下西洋，都要准备

① 《明仁宗实录》卷7，台北："中央研究院"历史语言研究所影印本，1962年，第232页。
② 《明史》卷325，《外国列传六·苏门答剌传》，北京：中华书局，1974年，第8421页。
③ 《明英宗实录》卷4，台北："中央研究院"历史语言研究所影印本，1962年，第83页。

一二年的时间，王景弘在一年内往返苏门答剌似乎没有可能。

不过，事情有缓急轻重，对明宣宗来说，郑和与王景弘第七次下西洋是自己任内发生的唯一一次盛举，而哈利之汉死于中国，苏门答剌的王位继承出现危机，明朝有义务速将此事告诉苏门答剌。对王景弘而言，由于郑和在第七次下西洋时死于古里，以后的航程是王景弘一人负责，将苏门答剌王弟带到中国，也是他的责任。马上出使该国，解决相关一系列问题，也是很有必要的。但王景弘再次出使苏门答剌，不可能是像前七次一样周游列国，而是专程为了苏门答剌而去，事毕即归。所以，这一次下西洋规模不可能很大，动员的人也不多。他们于宣德九年的春季南下苏门答剌，在夏天就可回国。

总之，王景弘八下西洋的可能性是存在的，《明史》有关王景弘于宣德九年再次出使苏门答剌的记载不可轻易否定。

三、航海期间王景弘与历朝皇帝的关系

王景弘能成为与郑和并列的正使，引人注目的是他与明成祖的关系。前引有关王景弘的传记说，王景弘"永乐间随太宗巡狩"。可见，他很早就成为明成祖手下的大将，是明成祖夺嫡之战中依靠的重要助手之一。在燕王谋夺政权的大战中，明朝的官军陆续投靠燕王，但燕王对他们并不是很放心，所以，燕王起用很多心腹宦官任各支部队的监军。这些宦官自幼生长于燕王的身边，由燕王亲自训练，都有不错的武功。在战争中，他们是燕王最卖力的一批亲信。实际上，他们不只是监军，还参加了多次真刀真枪的实战，所立战功不亚于燕王手下大将。燕王夺权后，他们也受重用。[①]　郑和、王景弘皆是这一类有战功的宦官，所以，永乐帝敢于放心地起用他们率领大军出使西洋、西域。从王景弘与郑和共任出使西洋的正使来看，永乐帝对他的信任不亚于郑和。此事说明，王景弘肯定是一位战功不亚于郑和的宦官，否则不可能被任命为正使。从这一点看，王景弘也不可能是半路出家的宦官，他应是自幼被养于宫中，从小陪伴朱棣，得到明成祖的特别信任。

王景弘与明仁宗的关系也很深。明仁宗是明成祖的长子，但他身有痼疾，不得父亲欢心。明成祖在外作战，太子长期留守北京，所以，明成祖对随其作战的两位儿子会更好一些。明成祖的偏爱使太子之位危急，但是，却十分喜爱嫡长孙朱瞻基。明成祖晚年就立继承人之事与大臣商量，他最怕表面懦弱的太子无力承

---

① 《七修类稿》云："郑和旧名三保，皆靖难内臣有功者。若王彦旧名狗儿等，后俱擢为边藩镇守督阵以报之，镇守自此始耳。"郎瑛：《七修类稿》卷12，《三宝太监》，上海：上海书店出版社，2001年，第124页。

担天下大事，但大学士杨荣提醒皇帝："好圣孙"。明成祖想到自己的天下最后将由在自己身边长大的朱瞻基担任，便放心了。然而，明仁宗继位后，为巩固政权，令新太子朱瞻基迁于南京，摆明大权独揽的想法。当时朱瞻基大哭一场，生怕失去父皇的信任。不过，明仁宗对太子还是很关心的，派郑和、王景弘等人支持他。

不久，明仁宗又命王景弘承担重要事务，洪熙元年（1425年）四月甲辰，敕南京太监王景弘曰："朕以来春还京，今遣官匠人等前来，尔即提督，将九五殿各宫院凡有渗漏之处，随宜修葺，但可居足，不必过为整齐，以重劳人力。"① 修理宫殿是一件十分琐碎而又令人操劳的事，命王景弘担任这一工程的管事，说明在明仁宗的心里是一位细心而又能承担重任的人，可以托以大事。这也表明明仁宗对王景弘是十分信任的。

明仁宗即位仅数月便突然逝去，由于两个弟弟对皇位虎视眈眈，大臣密不发丧，先将消息告诉太子朱瞻基。朱瞻基得知消息后，马上行动起来，他率领南京的官军迅速北上，一举奠定皇位，是为明宣宗。其后，明宣宗镇压了两位叔叔想重演"以叔代侄"夺权的行动。在这一事件中，王景弘所率南京的军队立下大功，所以，《龙岩州志》评价他"有拥立皇储功，赐嗣子王祯世袭南京锦衣卫正千户"。

宣德五年（1430年），明宣宗派遣郑和与王景弘下西洋，为了鼓舞士气，明宣宗给郑和及王景弘两位正使赐诗："南夷诸国蟠海中，海波险远迷西东。其人习性皆颙蒙，浮深泳浅鱼鳖同。自昔不与中华通，维皇太祖天命隆。薄海内外咸响风，中兴功烈维太宗。泽及远迩如春融，明明皇考务笃恭。至仁怀绥靡不容，三圣相承盛德洪。日月所造悉服从，贡琛纳赆来无穷。昔时将命尔最忠，大船摩曳冯夷宫。驱役飞廉决鸿蒙，遍历岛屿凌巨淇。覃宣德意化崆峒，天地广大雨露浓，覆载之内皆时雍。朕今嗣统临外邦，继志述事在朕躬。岛夷仰望纷喁喁，命尔奉使继前功。尔往抚谕敷朕衷，各使务善安田农。相与辑睦戒击攻。念尔行涉春与冬，作诗赐尔期尔庸。勉旃尔庸当益崇。"② 在古代，内臣能得到皇帝赐诗，是莫大的荣耀，可见，明宣宗视王景弘为股肱之臣。

总之，王景弘在永乐、洪熙、宣德三朝都是极受宠信的内臣，这使他与郑和一样长期受到重用。

---

① 《明仁宗实录》卷9上，台北："中央研究院"历史语言研究所影印本，1962年，第280-281页。
② 明宣宗《宣庙御制总集》，转引自郑鹤声、郑一钧：《郑和下西洋资料汇编》中册（下），济南：齐鲁书社，1983年，第857页。

四、王景弘有没有到过台湾岛

台湾一些方志记载了郑和与王景弘抵达台湾岛的历史传说。康熙《台湾府志》记载："药水，在凤山县淡水社。相传明太监王三保投药水中，令土番染病者于水中洗澡，即愈。"同卷《杂记》也记载了"三保姜"的传说，"凤山县地方有之。相传明太监植姜冈山上，至今尚有产者。有意求觅，终不可得。樵夫偶见，结草为记：次日寻之，弗获故道。有得者，可疗百病。"① 龚柴《台湾小志》云：郑和等人"遍历诸邦，采风问俗。宣宗宣德五年，三宝回行，近闽海，为大风所吹飘至台湾……越数旬，三宝取药草数种，扬帆返国。"②

以上记载其实都是传说，郑和与王景弘是否到过台湾在历史上一直有疑问。如果到过台湾，为何在史册上不见明确记载？明代将南洋分为东洋与西洋两部分，其中间线是福建至浡泥（今文莱）航线，其理由是：从泉州或厦门出洋，乘正东风，可直驶浡泥，因此，浡泥之东的区域被称为东洋，有苏禄、琉球等国，而台湾（当时名为小琉球）也是属于东洋的。由于台湾海峡与南海盛行东北风与东南风，所以，从福建往东洋地区很不容易，其间必有逆风之旅。元代闽人去东洋的苏禄，一般是向东航行，先到澎湖岛。然后从澎湖岛乘东北风南下，直达菲律宾群岛。若在半途遇到逆风，则有可能在台湾的南部停靠。所以，元代的《岛夷志略》诸书，都记载了"小琉球"的情况。明代的郑和以下西洋闻名，说明他们主要是到西洋诸国，那么，他们是否可能抵达东洋诸地？陆容的《菽园杂记》记载郑和等人第三次远航所到过的国家和地区："永乐七年（1409 年），太监郑和、王景弘、侯显等，统率官兵二万七千有奇，驾宝船四十八艘，赍奉诏旨赏赐，历东南诸蕃，以通西洋。是岁九月，由太仓刘家港开船出海，所历诸蕃地面，曰占城国、曰灵山、曰昆仑山、曰宾童龙国、曰真腊国、曰暹罗国、曰假马里丁、曰交阑山、曰爪哇国、曰旧港、曰重迦逻、曰古里地闷、曰满剌加国、曰麻逸冻、曰彭坑、曰东西竺、曰龙牙加邈、曰九州山、曰阿鲁、曰淡洋、曰苏门答剌、曰花面王、曰龙屿、曰翠岚屿、曰锡兰山、曰溜山洋、曰大葛阑、曰阿枝国、曰榜葛剌、曰卜剌哇、曰竹步、曰木骨都束、曰阿丹、曰剌撒、曰佐法儿国、曰忽鲁谟斯、曰天方、曰琉球、曰三岛国、曰浡泥国、曰苏禄国。至永乐二十二年八月十五日，诏书停止。诸蕃风俗土产，详见太仓费信所上《星槎胜览》。"③

---

① 高拱乾：康熙《台湾府志》卷9，《外志·古迹》，台湾文献丛刊本，第 222、224 页。
② 龚柴：《台湾小志》，载王锡祺撰：《小方壶舆地丛钞》第 9 帙，《台湾小志·一》。
③ 陆容：《菽园杂记》卷 3，北京：中华书局，1985 年，第 26-27 页。

从《菽园杂记》所列国家与地区来看，郑和与王景弘的出使是一路向西，先到占城，然后到中印半岛、印度尼西亚群岛、印度半岛、波斯湾地区、东非。郑和、王景弘的远航被称为"下西洋"，是有其道理的。但在以上所列西洋国家地区之后，也列上了"东洋"的苏禄、琉球两个地区，这就透露了郑和与王景弘有可能到过台湾的信息。

郑和与王景弘出使海外的一个重要使命是邀请海外诸国与各地区酋长到明朝来访，并进行朝贡贸易。苏禄是当时东南亚一个重要国家，郑和与王景弘应当不会忽视该国。《明史》记载苏禄与浡泥、阇婆来往较多，"苏禄，地近浡泥、阇婆。洪武初，发兵侵浡泥，大获，以阇婆援兵至，乃还。"① 以上历史表明，苏禄国与浡泥、阇婆的关系密切。阇婆迤东的岛屿出产香料，阇婆因而成为东南亚香料之港，所以，郑和船队每次下西洋，阇婆都是必访的城市之一。由于阇婆港的香料主要在中国出售，所以，郑和下西洋，每每是回程时抵达阇婆，然后返航中国。阇婆与苏禄的交通相当便利，因此，郑和船队有可能在抵达阇婆后，继续东行到苏禄，然后从苏禄乘东南风回国。史载永乐十五年，苏禄国"东王巴都葛叭哈剌、西王麻哈剌叱葛剌麻丁、峒王叭都葛巴剌卜并率其家属头目凡三百四十余人，浮海朝贡，进金镂表文，献珍珠，宝石、玳瑁诸物"。② 从苏禄国代表团规模来看，他们到明朝来访问，应是郑和船队将他们带来。

既然郑和与王景弘抵达了苏禄，他们就有可能北上台湾与琉球。事实上，在费信所列郑和船队经历国家与地区中，琉球在诸国之末。若郑和船队抵达琉球，台湾是必经之地。《闽游偶记》记载："澎湖为台湾门户……曾闻明永乐丁亥命太监郑和、王景弘、侯显三人往东南诸国赏赐宣谕，郑和旧名三保，故云三保太监下西洋，因风过此。"③ 又如《顺风相送》记载，明代从菲律宾到琉球的航路，其间要经过台湾的北港、淡水、鸡笼等港口。④ 可见，郑和与王景弘的船队从苏禄到琉球，其间必然会经过小琉球（台湾）诸港。那么，为何《星槎胜览》上没有"小琉球"的记载？这是因为台湾的土著不愿到明朝来进贡。《台湾割据志》记载："土番居海中，畏海，不善操舟，故老死不与他夷相往来。"《明史》

---

① 《明史》卷325，《外国传》，北京：中华书局，1974年，第8422页。
② 《明史》卷325，《外国传》，北京：中华书局，1974年，第8423页。
③ 吴振臣：《闽游偶记》，台湾文献丛刊第216种，台北：台湾银行经济研究室，1965年，第14页。
④ 向达编：《两种海道针经》，北京：中华书局，2000年，第91页。向达认为，《顺风相送》一书原出于郑和的航海图经。据向达所说，《顺风相送》是英国传教士在中国收集到的，并于明末崇祯年间带到欧洲。不过，从该书内容来看，它不会是郑和、王景弘时代的原作，因为收集了一些后代才会有的地名。若说该书基本反映了郑和时代的航海线路，那么该书收入从吕宋到琉球的航路就值得注意，郑和等人应是走过这条航路，才会有相关记载。

《闽书·郑成功传》曰:"宣德中,太监王三保舟下西洋,因风过之。"① 很显然,郑和与王景弘等人到过台湾,但其使命未获成功,因此《星槎胜览》等书就没能记载。但《顺风相送》之类的书流传于民间,就记载了从菲律宾到台湾的航路。

五、王景弘的晚年

明成祖在位时期是明朝最强大的时代。其后,明仁宗与明宣宗相继以仁治天下,号称明代的"仁宣之治"。但惜仁宣二帝在位时间不长,明仁宗在位仅数月,而明宣宗在位也仅 10 个年头。明宣宗死,继位的是其未成年的儿子,即为明英宗。英宗年幼不能管事,大权握于宰相杨士奇、杨荣、杨溥等大学士手中。三杨以儒学执政,强调节政爱民。他们深知明成祖好大喜功,在位期间征蒙古、征安南的行动,耗费了大量的钱财,就以下西洋一事而言,派出的船只有 62 艘巨舰。实际上,当时海外根本没有对抗明朝海军的力量。宋元以来中国到海外的商人,只要有一艘中型商船便敢远航波斯湾。明朝下西洋的舰队即使只有几艘大船,便足以称霸外洋,换句话说,明朝本来没有必要铺张浪费,出动那么一支大舰队去海外招纳诸国进贡。明朝在对外贸易中所得的实际利益是香料等皇室用品,而皇室在这方面的消费是极有限的,有一两艘大船出外贸易,足以供给。但明成祖凡事铺张的习惯已经成为"祖训",而祖训是不可变的,只要下西洋船队一有出动,就得几十条船只,几万大军随行,这要耗费极大的财富。而在正统年间,明朝的财政已经开始出现问题,大臣们都在考虑削减开支,在这一背景下,停止下西洋的行动很是有必要的。

正统元年(1436 年)二月己未,"敕南京守备太监王景弘等及襄城伯李隆、参赞机务少保兼户部尚书黄福曰:'朕夙夜倦倦,惟体祖宗爱恤百姓之心,一切造作悉皆停罢。今南京内官纷纷来奏,欲取幼小军余及匠夫,指以不敷为名,其实意在私用,俱不准理。敕至,尔等宜益警省,凡事俱从俭约,庶副朕爱恤百姓之心。'"②

这是以皇帝的名义下的诏书。其实为"三杨"的杰作。既然朝廷决心停止一切造作,与民休息,大规模下西洋也就不可能了,王景弘等人并受到批评。再如《明实录》记载:"正统元年三月甲申,敕王景弘等,于官库支胡椒、苏木三百万斤,遣官运至北京交纳,毋得沿途生事扰人。"③ 这一敕书的口气十分严厉,

---

① 川口长孺:《台湾割据志》,台湾文献丛刊第 1 种,台北:台湾银行经济研究室,1957 年,第 3-4 页。
② 《明英宗实录》卷 14,台北:"中央研究院"历史语言研究所影印本,1962 年,第 257-268 页。
③ 《明英宗实录》卷 15,台北:"中央研究院"历史语言研究所影印本,1962 年,第 289 页。

表明朝廷对王景弘的不满。

可见，在正统初年，王景弘等人屡遭朝廷的批评。如果我们理解正统朝的政治背景，就可知道王景弘等人在掌权大臣眼里是怎样的一些人物。在杨士奇等人看来，王景弘这些人远航，花费国家太多钱财，有必要加以抑制。其次，明朝宫廷中，一直存在士大夫与宦官集团的斗争，明成祖既任用士大夫，但也使用宦官来监视士大夫，这造成宦官势力的膨胀。不过，到了明宣宗时期，士大夫势力上扬，"三杨"掌权后，更是形成压倒宦官的声势。在这一背景下，士大夫感到有必要压制宦官的气焰，所以，宦官集团的边缘人物开始受到各种指责。

从私人关系来说，王景弘等人作为宦官，在永乐、洪熙、宣德时代，都是皇帝身边的人物，容易得到皇帝的信任，但自明宣宗长期居住北京后，王景弘等人长期驻守南京，就不容易和皇帝建立良好关系。这是他们逐渐被疏远的原因。

其实，对宦官势力在朝廷上的作用，必须用两分法，从历史来看，在明宣宗以前，宦官在朝廷中所起作用还是正面为多。郑和与王景弘等人，都是对国家作出贡献的。即使朝廷觉得下西洋花费过大，但这不是王景弘等人的责任。

王景弘是经历了洪武、建文、永乐、洪熙、宣德、正统六朝的老臣，权臣可以贬低他们，但不会、也无权对他们太过分。史料表明，正统年间王景弘仍然掌管大权，正统元年三月丁卯朔，"敕南京守备内外官员太监王景弘等曰：'比闻南京承运等八库，递年收贮财物数多，恐年久损坏，负累官攒人等。敕至，尔等即会各库官员公同拣阅，除新收堪用之物，及一应军器颜料等项，并堪久贮该用不坏物件存留备用，其余一应损坏，及不该支销之物，悉令铺户估直，另项收贮，听候支销。'"① 显然，王景弘那时仍在管理南京的财库。

正统二年十月，又有一条诏书涉及王景弘："癸未敕谕太子太保成国公朱勇、新建伯李玉、武进伯朱冕、都督沈清、尚书魏源曰：兹特命尔等，同太监王景弘等，整点在京各卫及见在守备一应官军人等，选拔精锐，编成队伍，如法操练。务要人马相应，盔甲鲜明，器械锋利。操练娴熟，纪律严明，则兵可精，以守则固，以战则克，寇无不灭，功无不成。尔等宜体朕饬兵安民之心，躬勤任之，勿阿徇私情，以害公道。凡有不遵号令，及沮遏行事者，即明白具奏，罪之不宥。尔等其钦承朕命。"②

值得注意的是，这次王景弘出现于《明实录》，不是与他一贯的南京僚友李

---

① 《明英宗实录》卷15，台北："中央研究院"历史语言研究所影印本，1962年，第276页。
② 《明英宗实录》卷35，台北："中央研究院"历史语言研究所影印本，1962年，第691页。

隆与黄福，而是与朱勇、李玉诸人。朱勇和李玉等人都是正统朝较受宠信的大臣，他们应是在北京驻扎。《明实录》还记载朱勇等所整顿的军队有"五军神机""三千大营"等，这都是北京御营官军之名。可见，王景弘应是在正统二年北调，此时他仍有很高的地位，可与北京最高军事长官一起训练官军。自此以后，史册上就找不到有关王景弘的记载。庄为玑先生说，曾在《明英宗实录》中看到有关王景弘的记载，但经检核，实际上找不到这一条史料。按，天顺是明英宗的第二个年号，此前，明英宗因土木之变被瓦剌俘虏，其弟景泰帝执政6年，明英宗复辟之后，才改年号为"天顺"。所以，若王景弘于天顺之时仍在人间，他就要再活20年。明朝尊重老臣，年届知天命之年的老臣，时常得到赏赐与表彰，这类表彰在《明实录》中比比皆是。若王景弘尚在人间，必然会在《明实录》上留下痕迹。其次，正统十四年（1449年）发生了著名的"土木之变"。明军50万被歼，包括张辅、朱勇在内的明军大将大都战死，明英宗被俘。记载土木之变的史料颇多，若王景弘此时尚在人间，应会在"土木之变"中露面。其时，朝廷大权已经从"三杨"手里转到宦官王振手上，王振与王景弘同为宦官，若王景弘在世，王振肯定会借重于王景弘的军事才能，当然，若有王景弘作为咨议，明军也不一定就会在土木堡大败了。就此看来，正统十四年之时，王景弘已不在世。因此。推断王景弘逝于正统年间应是可信的。事实上，正统二年以后，史册中就不见王景弘的名字，他应死于此后不久。

有人推断，王景弘有可能在正统年间送各国使节返乡。其时，自宣德八年来到中国的使者还有很多，其中如满剌加之王。他们在明朝滞留多时，"时英宗已嗣位。而（满剌加）王犹在广东。赐敕奖王，命守臣送还国。因遣古里、真腊等十一国使臣，附载偕还。"① 可见，直到明英宗继位的宣德十年之后，明朝才正式下令将这些使臣送还本国。从这些使臣的籍贯来看，他们主要分布在东南亚，最远的古里位于印度沿海，明朝要将这些使者送回本国，必然要经历东南亚以至印度的港口，这也是一次规模相当大的远航，肯定需要王景弘之类的航海家出马。所以，有人认为《明史》云"王景弘再使其国（苏门答剌）"应是发生在这一背景之下。但是，从《明实录》所载史料看，从宣德十年到正统元年、正统二年，王景弘都在南京和北京，不可能担负送使者还乡的任务。而且，《明史》明确记载，满剌加国王是滞留于广东，后来，朝廷命"守臣"送其回乡。以意推之，此处的"守臣"应指广东的守臣。广东的广州市舶司历来有许多南洋国家入贡，与南洋关系很深，由广东守臣送满剌加国王回国，不需要国家耗费

---

① 《明史》卷325，《外国传》，北京：中华书局，1974年，第8417页。

太多的财富，这是一个合理的安排。或者王景弘在正统二年以后才送东南亚与印度的各位使者返乡，并参与苏门答剌新任国王的任命，但从时间上来看，又太迟了一些。

（原载《郑和研究》，2007 年第 3 期 ，第 51–61 页。）

论王景弘的历史功绩

郑一钧*

　　郑和下西洋，从 1405 年（永乐三年）到 1433 年（宣德八年），先后进行七次大规模的航海活动，遍访亚非沿岸 30 多个国家和地区，在人类航海史上写下了光辉的篇章。郑和下西洋的壮举得以实现，除了依靠船队船舶性能优良，组织系统严密，掌握先进的航海技术，更重要的还在于有一批统领船队的杰出航海家。在指挥郑和船队的航海家中，郑和与王景弘是其中最重要的人物。由于各种原因，以往人们在论及永乐、宣德年间七次下西洋的历史时，却很少研讨王景弘在下西洋事业中的地位与作用，未能充分肯定王景弘的历史功绩。这不仅对王景弘这个历史人物是不恰当的，而且郑和下西洋研究因此也缺少了一个相当重要的内容。所以，重视和加强对王景弘的研究，不仅是要给予他应有的评价，使其在郑和下西洋历史上有应得的一席之地，而且也有助于全面了解郑和下西洋的历史。

一

　　在郑和使团的领导成员中，王景弘和郑和并列，都为正使太监，有别于使团其他领导人员。在郑和第七次下西洋出国前刊立的江苏太仓刘家港天妃宫《通番事迹碑》和福建长乐《天妃灵应之记碑》中所列刊立人员中，对此作了明确记述。前碑文后记："明宣德六年（1431 年），岁次辛亥，正使太监郑和、王景弘，副使太监朱良、周满、洪保、杨真、左少监张达等立。"在后碑文末记："明宣德六年（1431 年），岁次辛亥仲冬吉日正使太监郑和、王景弘，副使太监李兴、朱良、周满、洪保、杨真、张达、吴忠，都指挥朱真、王衡等立。"① 王景弘在郑和使团中位于首席领导者地位，不是第七次下西洋时才有的，而是在第一次下西洋时便已确立。据《明史》记载："永乐三年六月，命和及其侪王景弘等通使西

＊　中国科学院海洋研究所研究员。
①　郑鹤声、郑一钧：《郑和下西洋资料汇编》上册，济南：齐鲁书社，1980 年，第 42、44 页。
②　《明史》卷 304，《郑和传》。

洋"。②这里"侪"字是"同""等"的意思。据《左传》僖公二十三年记载："晋陈同侪"；杜预注曰："侪，等也。"①《现代汉语词典》（修订本）对"侪"字解释为"同辈、同类的人"。②费信《星槎胜览》在记载郑和第三次下西洋时说："永乐七年己丑（1409 年）上命正使太监郑和、王景弘等，统领官兵二万七千余人，驾驶海舶四十八号，往诸番国开读赏赐。"③这则记载是王景弘在永乐年间便为"正使太监"，至迟在第三次下西洋时已为正使太监的确凿证据。王景弘在七下西洋之前，已拥有同郑和一样地位的宦官，显然，他们都是年少时因阉割而进入内廷，不久成为燕王朱棣的亲随，为朱棣夺取皇位立下功劳，所以得到朱棣的信任和重用，升迁较快，在永乐初年便跃居太监之位。虽然当时情形无从考究，但王景弘应与郑和年龄相近并相识，其才能禀赋同郑和一样，在众内侍之上，也是相貌堂堂，身材魁梧，谦恭明敏，博学多识，有智略，忠于燕王之事，并且在经办燕王所命之事取得的成效上，与郑和有着相似之处。更重要的是他有一定的航海知识和技能，从而自永乐三年开始大规模的航海活动时起，明成祖便任命郑和、王景弘并列为下西洋使团的正使，共同主持下西洋事务。王景弘与郑和虽然同是"正使太监"，品级、身份相同，但在排名上郑和位居第一，王景弘居其次，说明两人在所负职责上还是有所区别。在七次下西洋中，郑和是总揽一切公务、负有全权执行下西洋使命的统帅，尤其是郑和"知兵习战"，④早在"靖难之役"中就屡建奇功，其杰出的军事才能甚为明成祖所倚重，被任命为下西洋水师的最高统帅，具有绝对的军事指挥权，在这方面王景弘略逊于郑和。据永乐十五年（1417 年）所刊立的《泉州灵山回教先贤墓行香碑》记载，郑和在"正使太监"之外，还有"钦差总兵太监"的头衔，⑤而这是王景弘所没有的。在郑和船队的人员组成中，绝大部分是将领官兵，统归郑和全权指挥，因此，在郑和船队中，郑和实际权力在王景弘之上，所起作用也较大，在各种记载上他的名字顺理成章地总是领衔。

王景弘作为船队主要负责人之一，负责航海的针路和管理船队，侧重于航海事务，这与王景弘的出身和经历是分不开的。与出生于内陆云南昆阳州（今昆明市晋宁县）的郑和不同，王景弘是福建省漳平市赤水镇香寮村人，⑥而福建省是

---

① 杜预：《春秋经传集解》。
② 中国社会科学院语言研究所词典编辑室编：《现代汉语词典》（修订本），北京：商务印书馆，1998 年。
③ 费信：《星槎胜览·占城国》。
④ 佚名：《郑和传》，载《古今图书集成·明伦汇编·宫闱典》卷 132，引《明外史》。
⑤ 郑鹤声、郑一钧：《郑和下西洋资料汇编》上册，济南：齐鲁书社，1980 年，第 29 页。
⑥ 曹木旺：《王景弘籍贯考略》，该文为作者提交江苏省郑和研究会主办的"2002 年迎接郑和下西洋 600 周年学术研讨会"的论文。

富有航海传统的地方，特别是在元代，福建地区的远洋航海事业获得空前发展，当时的泉州港不仅成为中国最重要的对外贸易港和东方第一大港，而且成为世界上最著名的海外贸易港。宋元以来，福建沿海地区因为海外贸易发展迅速，并达到历史上鼎盛时期，成为远洋航海人才荟萃之地。郑和下西洋之际，首先考虑从福建沿海选拔所需航海技术人员。据巩珍《西洋番国志》记载："始则预行福建广浙，选取驾船民梢中有经惯下海者，称为火长，用作船师，乃以针经图式付与领执，专一料理，事大责重，岂容怠忽。"① 可见能否从福建等地挑选出胜任下西洋远航任务的"火长"，直接关系到船队的安危，事大责重，必须有既懂行又忠于职责的船队领导成员把关。生长于福建沿海地区的王景弘，正是这方面的恰当人选。据福建晋江东石发现的清代蔡永兼所著《西山杂志》记载："王景弘，闽南人，雇泉州船以东石沿海名舵导引，从苏州刘家港入海至泉州寄泊。"王景弘自幼生活在福建南部沿海地区，在朱棣身边有了一定地位后，或探亲，或执行特殊使命，回家乡的机会随时会有，受生活经历和社会关系的影响，熟悉福建的航海业，了解福建所造海船性能、福建通往各地的航路、福建地区的航海技术人才情况，也有能力在当地寻找到"经惯下海者"，为船队选拔出合格的"火长"，并能在下西洋需要时征用福建泉州等地区性能优良的海舶。从下西洋的航海和王景弘所担负的职责看，下西洋之前王景弘重点负责船舶的征集、航海技术人员的甄选、航海针路确认等一系列准备工作。在驶往各国的航行中，王景弘与郑和共同肩负指挥船队前往各国访问的重任，与郑和共同完成了下西洋的各项使命。

除了职责各有侧重外，从下西洋使命的艰巨性看，王景弘与郑和共为下西洋正使是十分必要的。明成祖朱棣即位后，大展宏图，不遗余力地发展与海外各国的友好关系，全方位实施明初既定的对外方针政策。这需要频频派出使团到当时所能到达的海外国家去发展邦交，实现明成祖朱棣"锐意通四夷"的宏图。这不同于对个别海外国家进行一般性的访问，如只到一二个或三四个海外国家访问，派遣几艘使船，组成百人或几百人的使团，已能完成使命。当要动用200艘巨舶，派遣两三万人组成的庞大使团，一次访问一二十个或二三十个海外国家，就是一项复杂的系统工程，需要进行充分的准备，在海外随机应付各种复杂局面。在中国历史上，任何一个朝代，都不曾在海外有过这样大规模的航海和外交行动，在世界历史上也未曾发生过类似事件，没有历史的经验可供借鉴，实施起来有很大的风险。这一庞大使团的正使，负责执行这一艰巨使命，如果只有一个正使，一旦在海外发生意外，明朝政府来不及任命新的正使统率船队，就会陷入

① 巩珍：《西洋番国志》序。

"群龙无首"的困境，这在远离祖国的海外，在茫茫大洋的航行中，是很危险的事。如果设置两个正使，就可以避免此种危险，大大减少下西洋风险。另一方面，每次下西洋要访问众多海外国家，有些外事活动需要具有"正使"身份的人出面或负责，如果使团只有一位正使，恐怕忙不过来，这也是设置两个正使的重要因素。当为完成下西洋的艰巨使命需要两个正使之际，各方面的条件与郑和相似的王景弘就脱颖而出，成为郑和之外下西洋正使的另一最佳人选。

在有关郑和下西洋史料中，凡史料本身年代为永乐朝的，均没有出现王景弘名字。永乐时与郑和并列，位居郑和使团第二号人物是叫"王贵通"的太监。目前所能见到的永乐年间撰写的史料，以《布施锡兰山佛寺碑》年代最早，碑文撰于永乐七年（1409 年）二月甲戌朔日。该碑 1911 年发现于锡兰（今斯里兰卡）西南端加勒（Galle），原碑今收藏于斯里兰卡科伦坡国家博物馆。碑石质略带绿色，高 4 尺 5 寸，宽 2 尺 5 寸，首有龙头雕刻，下刻三种文字，汉文居右，泰米尔文位左上方，波斯文刻左下方。碑文系以汉文为主。泰米尔文为当时南洋特有文字，波斯文被视为其时国际通用文字而刻于碑上。据汉文碑刻拓本，汉文碑刻首言："大明皇帝遣太监郑和、王□□等，昭告于佛世尊曰……"此碑文拓本"郑和王"以下二字模糊不清，20 世纪 30 年代日本汉学家山本达郎撰《郑和の西征》时，曾据所见拓本，提出"王"字后一字虽不可认，但第三字显然为"通"字，因此断定其人系郑和同侪王贵通。① 在郑鹤声教授和笔者编《郑和下西洋资料汇编》一书收入该碑文时，即认为该碑刻开首位于郑和之后的是王贵通。② 在《明实录》中，出现多处有关"王贵通"的记载。例如，《明太宗实录》永乐五年（1407 年）九月庚辰条记载："遣太监王贵通赍敕往劳占城国王占巴的赖，赐王白金三百两，采绢二十表里，嘉其尝出兵征安南也。"③ 八月丁未条记载："命太监王贵通率下番官军赴南京镇守，宫中诸事同内官朱卜花、唐观保，外事同驸马都尉西宁侯宋琥、驸马都尉沐昕计议而行。"④ 在《明实录》之外，明代载籍中尚有南明佚名编之《天妃显圣录》沿用王贵通之名。例如，该书于《历朝袭封致祭》篇下记载："永乐十五年（1417 年），钦差内官王贵通……并道士诣庙"。又在《东海护内使张源》中记载"本年（指永乐十九年，1421 年）太监王贵通等又奉命征西洋，祷祝显应。"这里所据的应是现今已佚失的永乐时期撰写的有关史料。

① 山本达郎著：《郑和西征考》，王古鲁译，《文哲季刊》第 4 卷第 2 期，1935 年。
② 郑鹤声、郑一钧：《郑和下西洋资料汇编》上册，济南：齐鲁书社，1980 年，第 37 页。
③ 《明太宗实录》卷 71。
④ 《明仁宗实录》卷 1 上。

王贵通改名为王景弘，当是永乐朝以后的事。据《明仁宗实录》洪熙元年（1425 年）二月戊申条，当时明仁宗"命太监郑和领下番官军守南京，于内则与内官王景弘、朱卜花、唐观保协同管事；遇外有事，同襄城伯李隆、驸马都尉沐昕商议的当，然后施行。"① 以史料本身的年代而论，这是目前可知出现王景弘之名的最早记载。在这以后与下西洋有关的史料中，王贵通之名消失，而以王景弘为名的事迹与"王贵通"相似的记载则屡次出现。明仁宗在位未逾年即去世，明宣宗朱瞻基嗣位后，对南京守备职务的安排，大体上仍循仁宗之旧。据《明宣宗实录》洪熙元年六月辛亥条记载：明宣宗朱瞻基曾"以即位遣使赍谕南京守备襄城伯李隆曰……卿国之勋臣，受先皇帝付托之重，守备南京，厥任匪轻，其免赴京朝贺。凡事同守备太监郑和、王景弘计议，昼夜用心，整肃军伍，严固守备，番察几微，以防不虞。"② 显然，明仁宗嗣位以后，王贵通方才改名为王景弘，"景弘"之名有可能为明仁宗所赐，因目前无史料可为佐证，姑且存疑。

在洪熙、宣德两朝，无论是率领下洋官兵守备南京，还是第七次下西洋，王景弘和郑和同样一如既往得到皇帝的信任和重用，共同承担职务所系的各项工作；他们在事业上的成就，也是经过共同的努力而取得的。洪熙元年至宣德五年（1425—1430 年），为郑和、王景弘守备南京时期，这期间王景弘与郑和一样，除统辖下洋官兵驻防外，还负责修葺宫殿等匠作。如洪熙元年（1425 年）四月甲辰，明仁宗特嘱王景弘道："朕以来春还京，今遣匠人等前来，尔即提督将九五殿各营院凡有渗漏之处随宜修葺，但可居足。不必过为整齐，以重劳人力。"③此外，《明宣宗实录》洪熙元年（1425 年）八月甲午条记载："太监郑和等奏：奉敕修理南京宫殿，当用金箔，请令有司市买。命于天财库支钞买用，须依时值，勿亏小民。"④ 又宣德元年（1426 年）二月壬辰条记载："南京守备郑和等奏：天地坛、大祀殿并门廊、斋宫、及山川坛殿廊、橱库俱已朽敝，请加修理。"⑤ 这里"郑和等"是指郑和、王景弘等人。从中可见，在暂停下西洋期间，王景弘和郑和共同负责南京宫殿、天地坛、大祀殿、山川坛等处的修缮，包括工程的规划，物资的采办、工匠的役使，工程的监督与验收等。

在王景弘和郑和负责营建的工程中，以重修南京大报恩寺、琉璃宝塔最为著名。大报恩寺始建于吴赤乌年间（238—249 年），原名长干寺，历代屡有兴废，宋真宗天禧年间（1017—1021 年）曾经修建，改名天禧寺。明洪武年间

① 《明仁宗实录》卷 7 上。
② 《明宣宗实录》卷 2。
③ 《明仁宗实录》卷 9 上。
④ 《明宣宗实录》卷 8。
⑤ 《明宣宗实录》卷 14。

（1368—1398 年）及永乐初年都曾由工部负责修葺。永乐十一年（1413 年），明成祖朱棣"念皇考皇妣罔极之恩，无以报称"，为"上存父皇母后在天之灵，下为天下生民祈福"，改名大报恩寺，予以重修。① 宣德三年（1428 年）八月，这项工程完工，明宣宗朱瞻基特敕谕郑和、王景弘等人道："敕太监尚义、郑和、王景弘、唐观保、罗智等：南京大报恩寺完成了，启建告成大斋七昼夜，燃点长明塔灯，特敕尔等提调修斋，合用物件，着内府该衙门该库关支物件造办，打发供应物料及赏赐僧人。就于天财库支钞。着礼部等衙门买用，塔灯用香油，着供用库按月送用。故敕，钦此。"② 南京大报恩寺、琉璃宝塔不仅规模宏伟，而且造型优美，建筑工艺极为考究，"神龙人兽，雕琢精工，世间无比"。③ 尤其是高达 104 米有余的九层宝塔，"上下金刚佛像千百亿金身，一金身琉璃砖十数块凑成之，其衣褶不爽分，其面目不爽毫，其须眉不爽忽，斗笋合缝，信属鬼工。"④ 每层塔楼的屋面覆盖、栏杆和拱门，均用五色琉璃构件，其中黄绿相间的拱门上，飞天、雷神、狮子、白象、花卉等图案，造型生动，色彩绚丽，塑制精美。全塔"神龙人兽雕琢精工，世间无比。"⑤ 报恩寺琉璃宝塔在当时便以其宏伟壮丽，令海外各国赞叹不已，认为是举世所无的。欧洲人把它同罗马大斗兽场、埃及亚历山大陵墓、英国耶利巴利巨石围圈、意大利比萨斜塔、土耳其索菲亚清真寺，以及中国的长城，并视作"世界奇观"。这项宏伟精美的工程，显示出王景弘与郑和一样，也具有建筑方面的才能。

在任南京守备期间，王景弘与郑和还曾负责督运物资，特别是将内府绢布运往北京。如《明宣宗实录》宣德三年（1428 年）八月庚辰条记载："命南京守备太监郑和、王景弘等，以内府见贮大绢十万匹、棉布二十三万匹，令部户遣官运往北京。"⑥ 王景弘当时还兼顾发配南京旧内诸王的起居需要之事。据《明宣宗实录》宣德四年（1429 年）二月乙未条记载："命内官杨礼移郢王育王宫眷居南京旧内，敕太监王景弘等，凡岁时朝暮衣服饮食百需，皆内府依期给之，仍时遣人省视，不许怠慢。"⑦ 从这些记载来看，在任南京守备期间，由于忠诚可靠，办事干练得力，不避辛劳，王景弘颇得仁宗和宣宗的信任，而给予多方面的重用。因此，当宣德五年（1430 年）明宣宗决定再下西洋之际，王景弘仍作为正

① 朱棣：《御制重修大报恩寺敕》，载郑鹤声、郑一钧：《郑和下西洋资料汇编》上册，济南：齐鲁书社，1980 年，第 54 页。
② 郑鹤声、郑一钧：《郑和下西洋资料汇编》上册，济南：齐鲁书社，1980 年，第 55 页。
③ 王士性：《广志绎》卷 2。
④ 张岱：《陶庵梦忆·报恩塔》。
⑤ 王士性：《广志绎》卷 2。
⑥ 《明宣宗实录》卷 46。
⑦ 《明宣宗实录》卷 51。

使太监，与郑和共同肩负起第七次下西洋的使命。宣德五年五月四日，明宣宗为下西洋事下达敕书道："敕：南京守备太监杨庆、罗智、唐观保、大使袁诚，今命太监郑和等往西洋忽鲁谋〔谟〕斯等国公干，大小舡六十一只，该关领原交南京入库各衙门一应正钱粮，并赏赐番王头目人等彩币等物……敕至，尔等即照数放支与太监郑和、王景弘、李兴、朱良、杨真、右少监洪保等，关领前去应用，不许稽缓故敕。"① 上述郑和以下参加第七次下西洋的使团领导成员，在郑和等所刊立的《通番事迹碑》和《天妃灵应之记碑》中只有郑和、王景弘为正使太监，李兴、朱良、杨真、洪保等皆为副使太监。王景弘自始至终成为与郑和并列的下西洋主要领导成员，与他自受命第一次下西洋以来，在历次下西洋中，握有重权不辱使命，为下西洋的事业取得多方面的成就发挥了重要作用而深受皇帝信任，有很大关系。在宣德五年（1430年）六月戊寅颁布的下西洋诏谕中，"诏曰：朕恭膺天命，祗嗣太祖高皇帝、太宗文皇帝、仁宗昭皇帝大统，君临万邦，体祖宗之至仁，普辑宁于庶类。已大赦天下，纪元宣德，咸与维新。尔诸番国远处海外，未有闻知，兹特遣太监郑和、王景弘等赍诏往谕，其各敬顺天道，抚辑人民，以共享太平之福。"② 在这道向海外各国颁发的诏书中，提及明朝政府派遣使臣出使海外诸国时，不是以郑和一人，而是以郑和、王景弘二人并列领衔，这足以说明王景弘在下西洋之事中的特殊地位。像这种情况，在永乐年间类似的诏书中还不曾有过。永乐七年三月，明成祖敕谕海外诸国的诏书中说："今遣郑和敕普谕朕意"云，③ 只郑和一人领衔，与第七次下西洋时下达的这道诏书显然不同。在第七次下西洋时出现这种情况的原因，很可能是王景弘比郑和年轻，身体健康状况也比郑和好一些；郑和此时已是 60 岁左右的老人，可能已患病在身，况且已有数年没有远航，明宣宗恐郑和在远航中一旦因健康之故，不能胜任总揽下西洋事务的重任，或发生意外，可由王景弘接替郑和的职务，代为履行郑和的职责，所以在这次出使中，特别突出了王景弘的地位。以后的事实证明，这样安排是完全正确的。当宣德八年（1433年）郑和在古里去世后，下西洋船队就由王景弘率领返回祖国。

在郑和第七次下西洋之际，为着一壮行色，明宣宗曾亲撰长诗分别赐赠郑和与王景弘，表彰他们以往的功绩，并寄以殷切的期望，以资勉励。其《赐太监王景弘》诗曰：

> 南夷诸国蟠海中，海波险远迷西东。其人习性皆颛蒙，浮深泳浅鱼

① 巩珍：《西洋番国志》卷首。
② 《明宣宗实录》卷 67。
③ 郑鹤声、郑一钧：《郑和下西洋资料汇编》上册，济南：齐鲁书社，1980 年，第 99 页。

鳌同。自昔不与中华通，维皇太祖天命隆。薄海内外咸响风，中兴功烈维太宗。泽及远迩如春融，明明皇考务笃恭。至仁怀绥靡不容，三圣相承盛德洪。日月所照悉服从，贡琛纳赞来无穷。昔时将命尔最忠，大船摩曳冯夷宫。驱役飞廉决鸿蒙，遍历岛屿凌巨碛。覃宣德意化崆峒，天地广大雨露浓，覆载之内皆时雍。朕今嗣统临外邦，继志述事在朕躬。岛夷仰望纷喁喁，命尔奉使继前功。尔往抚谕敷朕衷，各使务善安田农，相与辑睦戒击攻。念尔行涉春与冬，作诗赐尔期尔庸，勉旃尔庸当益崇。①

从这首诗来看，"昔时将命尔最忠"，说明王景弘历次奉使海外，为不负使命，是尽心尽意，作出了最大的努力，在以德服人，促进中国与海外诸国之间睦邻友好，以及科学航海等方面作出很大贡献。我们将明宣宗赐王景弘的诗，与明宣宗赐郑和的诗作一比较，便可看出他们的职责与贡献各有所重。在《赐太监郑和》诗中，明宣宗着重表彰郑和在统兵作战上的贡献："或万有一敢拒逆，尔时麾兵试一击。丑类骈首歼锋镝，逐致天威震蛮貊"。② 而在《赐太监王景弘》诗中，则着重表彰王景弘在掌握航海技术，确保船队航行安全，能以遍往海外各国访问方面的贡献："昔时将命尔最忠，大船摩曳冯夷宫。驱役飞廉决鸿蒙，遍历岛屿凌巨碛"。正因为王景弘是一位杰出的航海家，所以当郑和在第七次下西洋中于古里去世后，王景弘能够接替郑和，担任船队的主帅，率领整个船队安全返回祖国。王景弘在第七次下西洋归国后，与襄城伯李隆共同担任南京守备之职。宣德十年（1435 年）正月甲戌，明宣宗命"南京工部凡各处采办、买办一应物料并营造物料，悉皆停罢"。③ 只敕李隆、王景弘，而无郑和，说明郑和逝世以后，率领下洋官兵守备南京一切事宜，全由王景弘负责。此外，王景弘在此期间还曾以公务出使苏门答剌国。

宣德朝以后，明英宗以王景弘富有统领水师航海的经验，曾命他参与水军快船的改造。据《明英宗实录》宣德十年（1435 年）六月丁巳条记载："南京守备内承运库大使袁诚奏，请以各卫风快船四百艘作战船，令都督陈政总督操江。上敕守备太监王景弘及襄城伯李隆、少保兼户部尚书黄福等计议行之。"④ 由于王景弘与郑和在七下西洋的近 30 年中共同统领 27 000 余人的水师，富有带兵练兵的经验，明英宗还曾命他负责参与选拔精锐军队操练。据《明英宗实录》正

① 郑鹤声、郑一钧：《郑和下西洋资料汇编》中册（下），济南：齐鲁书社，1983 年，第 857 页。
② 郑鹤声、郑一钧：《郑和下西洋资料汇编》中册（下），济南：齐鲁书社，1983 年，第 857 页。
③ 《明宣宗实录》卷 115。
④ 《明英宗实录》卷 6。

统二年（1437年）十月癸未条记载："敕谕太子太保成国公朱勇、新建伯李玉、武进伯朱冕、都督沈清、尚书魏源曰：'兹特命尔等，同太监王景弘等整点在京各卫，及见在守备、一应官军人等，选拔精锐，编成队伍，如法操练。务要人马相应，盔甲鲜明，器械锋利，操练娴熟，纪律严明，则兵可精，以守则固，以战则克，寇无不灭，功无不成。尔等宜体朕饬兵安民之心，躬勤任之，勿阿徇私情以害公道。凡有不遵号令，及沮遏行事者，即明白具奏，罪之不宥尔等其钦承朕命。'"① 此次练兵，据《明英宗实录》正统二年（1437年）十二月辛未条，一共选拔三千大营，五军神机等营官军十五万一千有奇，目的未有说明，但显然是整军备武，以防蒙古瓦剌等的侵扰。由上述诸事可见，在郑和逝世数年以后，王景弘以其与郑和共同主持七下西洋伟业的余烈，在当时明帝国的政治、军事、外交等领域，仍发挥着重要的作用，说明他同郑和一样，确实是一位具有多方面才能的杰出的航海家、外交家。在正统二年（1437年）之后，《明实录》及其他史籍中，再没有出现有关王景弘的记载。据《明英宗实录》正统二年十月戊辰条，当时南京首席守备太监之职改由罗智与袁诚充当，说明王景弘此时或告老去职，或已辞世。

二

在《明史》中虽然没有为王景弘列传，但在《明实录》和明清以来的演史杂著中不乏有关王景弘的记载。在《明实录》之外的资料，虽然多有传说异闻，难以置信，但是反映出一些今已亡佚的载籍中和民间对王景弘的一些认识和评价。在许多记载里，王景弘都是与郑和并列一起，有些稗史野闻且能凸显他的独特性格和成就。万历中罗懋登编撰之《三宝太监西洋记通俗演义》描写郑和、王景弘等下西洋之事，其中穿插了许多佛道的神魔故事和奇情怪闻。第15回"碧峰图西洋各国，朝廷选挂印将军"始出现郑和与王景弘等下西洋人物。作者称王景弘是山东青州府人士，形容他为"身长九尺，腰大十圈，面阔口方，肌肥骨重"，说他曾登进士第，当时任兵部尚书，参赞机务，文武双全，自愿挂"征西副元帅"，俱是小说家的"戏说"，不能为凭。罗懋登把王景弘称为副元帅，显然不符事实，事实上王景弘与郑和同为"正使"，从未屈居副职。只是在同为"正使"的大前提下，郑和与王景弘排名有先后，人们如果只注意排名次序，而忽略了同为"正使"的大前提，则易误认王景弘是船队的副帅。尽管有此误解，在罗懋登的笔下，王景弘仍然是一位在下西洋事业中举足轻重、文武兼备的主要

---

① 《明英宗实录》卷35。

领导者之一。他不独深思熟虑，计谋多端而且精于航海技术，擅长兵法谋略，指挥若定，与郑和配合相得益彰，在出使海外过程中屡建奇勋，这种对王景弘的崇敬，可见于书中若干回的标题，和拟撰郑和对他的评语。例如第45回"元帅重治爪哇国，元帅厚遇浡淋王"；第59回"国师收服撒发国，元帅兵执锡兰王"；第77回"王尚书计收禅师，木骨国拜进降表"；第80回"番王宠任百里雁，王爷计擒百里雁"等。作者拟撰郑和对王景弘赞颂的对白，亦屡屡出现，其中较显著的是第36回讲"大败咬海干"之事，说"王先生的大功算无遗策，果真的文武全才"；第71回述"国师收银角大师"之事，郑和称赞"王爷明见万里之外，一言之下，果真的贤于十万之师"。又如第50回记舟师往满喇伽途中，前方突然出现白茫茫古怪的一片水，旋成三五里的一大水涡，如天崩地塌一般轰响。郑和不知究竟，因问王景弘，王景弘脱口说道："这是个海眼泄水之处，其名为'尾闾'"；尽管这也是虚构的情节，但这显示出作者借郑和之请教于王景弘，表明王景弘比郑和更富有关于海洋的知识。此外，第77回"王尚书计收禅师"，盛称张天师对王景弘收服飞钹弹师的奇谋妙计的嘉奖，并留下一诗为证："好王爷，果然是：今代麒麟阁，何人第一功，开府当朝杰，论兵迈古风。"此外，作者又着意刻画王景弘的文学才华，在书中有几处载录他的题诗或所撰碑铭。例如，第61回称他书写在古里竖立的石碑，而第79回又记载他在宝船经过忽鲁谟斯时草就的几首绝诗。这些题诗和碑铭大概都是出于拟撰，或出自今已亡佚的有关载籍，无论来源如何，都反映出在罗懋登的心目中，王景弘是一位颇为完美的英雄形象，虽然有过于美化之嫌，却在一定程度上反映出明代后期人们对王景弘还相当重视。自从罗懋登撰写《三宝太监西洋记通俗演义》，推波助澜，郑和、王景弘等的事迹广为传播，变成脍炙人口、家喻户晓的民间故事，进而为戏剧、评话、说书的资料。例如，钱曾在《读书敏求记》中说："盖三保下西洋，委巷流传甚广，内府之戏剧，看场之评话，子虚亡是，皆俗语之流为丹青耳。"[①] 可惜的是，现存明清杂剧演下西洋事迹的，只有脉望馆钞校《古今杂剧》所收录佚名撰《奉天命三保下西洋》杂剧一种。这剧本有万历四十三年（1615年）刊本，简称《下西洋》，主要取材罗懋登之书，除凸显郑和的功勋外，渲染王景弘的故事情节亦不少。王景弘的形象经过演剧唱戏，在观众面前更栩栩如生，对于弘扬王景弘的历史功绩，无疑起到了积极的作用。

王景弘由于与郑和共同领导了七下西洋的伟大事业，因而在历史上也产生了深远的影响，除了上述晚明演义杂剧可以说明一些问题，还有来自台湾和海外各

---

① 钱曾：《读书敏求记》卷3。

地的传说，分量不在郑和之下。这些传说，有些是与台湾有关，有些是在台湾地区流行，见于清代稗史志书的记载但大多是在东南亚流传，为清末以来旅行家至其地采访笔录。从这些记载来看，王景弘与台湾的关系相当密切，在某种程度上，甚至要超过郑和。特别要指出的是，郑和下西洋在加强祖国大陆与台湾岛的联系方面，在历史上曾发生过重要的影响，在这方面，王景弘有着突出的贡献。据清龚柴《台湾小志》记载，郑和使团"遍历诸邦，采风问俗。宣宗宣德五年，三宝回行，近闽海，为大风所吹飘至台湾，是为华人入岛之始。越数旬，三宝取药草数种，扬帆返国。"① 郑和下西洋曾到过台湾，这是事实，不过这里所记"宣宗宣德五年，三宝回行"则有误。宣德五年为郑和第七次下西洋离国的一年，返航时郑和已于宣德八年四月初旬在古里去世，此后船队由王景弘率领"回行"。另据清吴振臣《闽游偶记》记载："澎湖为台湾门户，有三十六屿，各屿俱在海洋中……曾闻明永乐丁亥（永乐五年，1407 年）命太监郑和、王景弘、侯显三人往东南诸国赏赐宣谕。郑和旧名三保故云三保太监下西洋，因风过此。"② 据两书所记，至少在永乐和宣德年间，王景弘曾两度到过台湾，其中宣德年间船队返回时，由王景弘一人率众来到台湾。由于王景弘善于医事，所以这一记载特别突出了他在第七次下西洋"回行"时经过台湾，出于特长和爱好在台湾"取药草数种"返国，从而增加了这一记载的可信程度。因为王景弘确实到过台湾，并为台湾人民做过不少好事，所以历史上流行着一些有关王景弘在台湾的传说轶闻。康熙中高拱乾主修的《台湾府志》有综合载录。例如卷9《外志·古迹·药水》："在凤山县淡水社。相传明太监王三保投药水中，令土番染病者于水中洗浴，即愈"。同卷《杂记·三保姜》又说："凤山县地方有之。相传明太监植姜岗山上，至今仍有产者。有意求觅，终不可得。樵夫偶见，结草为记。次日寻之，获故道。有得者，可疗百病。"随后纂修的《凤山县志》皆予转载，不过亦有提出质疑。如康熙末陈文达主修《凤山县志》中说："相传王三保投药水中，令土番染病者浴之，即愈。夫土番性乐水，小论有病、无病，日就水淋澡，故生产亦浴水中。三保药力如许通灵，此语殊属荒谬。"③ 然而其后乾隆年间王璞等重修《凤山县志》，仍录其事，转引王士祯《香祖笔记》称："凤山县有姜，名三保姜。相传明初三保太监所植，可疗百病。"这些传说尽管有夸张的成分，但却反映出王景弘对医事颇有经验，曾用药水为土番医治疑难杂症，因此引起当地民众的怀念，从而伸引出一些近乎神话的传说。王三保指的就是王景

---

① 王锡祺撰：《小方壶斋舆地丛钞》第 9 帙，《台湾小志·一》。
② 王锡祺撰：《小方壶斋舆地丛钞》（续编）第 9 帙，《闽游偶记·六》。
③ 陈文达：《凤山县志》卷 10。

弘，关于王三保在台湾的传说，同样可以说明郑和下西洋密切了台湾和祖国大陆的联系。虽然台湾自古以来就是中国的领土，祖国大陆很早就同台湾发生了联系，但在史籍中没有明确记有在郑和之前，曾有祖国中央政府代表团在台湾停驻"数旬"之久，并流行有与之相关的传说。因此，王景弘可与郑和并列，是历史明确记载率领祖国中央政府代表团进驻台湾的第一人，从这种意义上，并且也只是仅限于这种意义上，史称王景弘率领郑和使团在下西洋途中进驻台湾相当一段时间，"为华人入岛之始"，在台湾历史上是一件大事。郑和使团不是几十人，几百人的使团，而是拥有二万七八千成员，又是有着严密组织系统的集团，其在台湾停驻数旬之久，必同当地居民进行了广泛的接触，传播了大陆先进的文化和生产技术，同时还得秉公处理使团成员同当地居民交往中产生的若干事务性问题，这就大大扩大了明朝政府在台湾的影响，增加了台湾人民对祖国大陆的了解，密切了台湾人民与大陆人民的感情。另一方面，使团成员回国后，必然会向大陆人民介绍台湾的各种情况，其影响面是相当大的。这样，在郑和下西洋之后，大陆人民移居台湾者逐渐增多，为1662年郑成功从荷兰殖民者手中收复台湾，奠定了基础。在全国各省中，福建距台湾最近，只一水之隔，所以福建从古至今与台湾关系比较密切。王景弘是福建籍人士，又熟悉福建沿海地区航海之事，其至台湾之前，肯定对台湾有所了解，甚至同福建地区到过台湾的当地居民有过接触，所以，在郑和使团的领导成员中，王景弘对台湾是有着特别的感情的，他与台湾的关系也特别密切，在台湾流行不少与之相关的传说，也就是情理之中的事。由此看来，加强对王景弘的研究，特别是加强对王景弘与台湾关系的研究，对进一步推动海峡两岸学术和文化的交流与合作，增强中华民族的凝聚力，促进祖国统一大业，无疑有重要的现实意义。

此外，在中国和东南亚的航海者中还广泛流传若干有关王景弘的神话故事。鲣鸟，古代称为箭鸟，是生活在西沙群岛的鸟类，它在西沙群岛（古称七洲洋）海域范围内能起到指示航向的作用；因为这一带海域是危险航区，这种能起导航作用的鸟，对航海者的帮助很大。在科学不够发达的古代，这种本是自然界一种有规律的现象，很容易被赋予神秘的色彩。由于王景弘当年在成功指挥船队航海探险上曾作出过自己独特的贡献，成为后代航海者心目中的偶像人物。所以，在传说中，就把它附会到王景弘（王三宝）的航海事迹上，传说是王景弘为了确保后人在此能安全渡过险区，命这种鸟来指示航向。如清陈伦炯《海国闻见录》中记："七洲洋中一种神鸟，状似海雁而小，喙尖而红，脚短而绿，尾带一箭，长一尺许，名曰箭鸟。船到洋中，飞而来，示与人为准，呼号则飞而去。间在疑似，再呼细看，决疑仍飞而来。""相传王三宝下西洋，呼鸟插箭，命在洋中为记。"① 在清代不少记载西沙群岛的文献里都记有这种传说，这从一个侧面反映出王景弘曾在航海者中产生了广泛而深远的影响。

关于王景弘的航海技能和经验，前引蔡永兼《西山杂志》已提到他"雇泉州船，以东石沿海名舡导引，从苏州刘家港入海"的一段早期经历。在经历了领导庞大船队七下西洋的壮举之后，其对于远洋航海更是积累了极其丰富的知识与经验。晚年的王景弘，出自对航海事业的深厚情感，发挥所长，将下西洋水程加以整理，撰就航海专书。这类记载多载于清人撰述有关郑和船队在往返途中曾经登陆台湾的事迹。如高拱乾《台湾府志》记载："宣德间，太监王三保舟下西洋，因风过此。"该书《外志·古迹·大井》中又记："开凿莫知年代，相传明宣德间太监王三保到台，曾于此井取水，即今府治西定功大井也"。② 稍后出的游记多撷拾所说，并且更有关于王景弘遗有下西洋航海水程等记载。如清郁永河《稗海纪游》记："太监王三保《赴西洋水程》有赤嵌汲水一语"。清黄叔璥《台海使槎录》又载："舟子各洋皆有《秘本》，云王三宝所遗，余借录，名曰《洋更》"。王三保（宝）即是王景弘，可见他曾编纂《赴西洋水程》一类航海必备的针位簿或航海图式。这些航海实用手册，或是明黄省曾所撰《西洋朝贡典录》一书中记述下西洋针路时所参考的《针位篇》一类述作，或为现存《郑和航海图》所依据的资料之一，而后来又流落民间，在航海者中辗转抄录，成为他们驾舟驶往各个海域的导航"秘本"。从这些资料来看，王景弘在向广大民间航海者传播郑和航海的科学成果，促进明清之际民间航海事业的发展方面，无疑有极重要的贡献。从与郑和一起共同创造了七下西洋的伟大业绩，到晚年整理郑和航海资料，王景弘的一生，展现给人们的是一个完美的大航海家的形象，这在世界航海史上，也是独树一帜的。

与郑和同样，王景弘在东南亚华侨社会中亦享有崇高的威信，影响也相当深远。长时间以来，东南亚的华侨有些相信王景弘是死于海外，与郑和葬在一起，这见于爪哇三宝垄华人中所流行的传说，例如郑健庐《南洋三月记·游三宝洞古迹》说："相传三保洞旁之土墩，即王景弘之墓。当时王景弘同使南洋，王卒于此，故葬之，误传三保大人埋骨之地。墓上环置方形木签数十，上狭下广，尖若塔形，刻弟子或信女某某叩谢，亦有刻巫义者……再过数武，竖有石碑，为黄志信所立"。三保洞者，据近人记载，系在爪哇三宝垄附近的狮头山，相传"三宝太监"郑和曾在其地开港。除三保洞外，尚有三宝井与三保墩，皆系纪念郑和与

---

① 陈伦炯：《海国闻见录·南洋纪》。
② 高拱乾：《台湾府志》卷9。

王景弘等而命名。郑和、王景弘等曾经在三宝垄登陆，甚至作短期停留是可能的，不过记载已证实王景弘系于国内谢世，因此这个号称王三保的坟墓自然不是他的埋骨之所。这一讹传，显然出于华侨对王景弘的景仰和怀念，渐渐将其神格化，借此增强当地华侨的凝聚力。这个崇祀郑和的三保洞庙宇和毗邻的王三保墓，从19世纪起，一直是华巫求神保佑和赐福的膜拜对象，香火甚盛。在每年的6月29日，三宝垄举行纪念三保大人登陆的节日之时，这里便是居民祭神出会游行的主要场所，届时锣鼓喧天，爆竹雷鸣，人山人海，热闹无比。由此可见，这种敬拜郑和、王景弘等下西洋英雄的心理和活动，数百年来已从单纯为华人聚落的仪节，散播至范围较大的华巫混杂社会，成为印尼爪哇地方的一项重要风俗习惯。

郑和无疑是最主要的首脑人物，负责全权执行明成祖朱棣对海外诸国的方针政策，并且拥有外交、通商、军事等方面的绝对权力。但对指挥七下西洋这样前无古人的大规模航海活动而言，仅凭郑和一人的航海技能与经验，还是相当不够的，亟需一批善于指挥水师并对航海富有经验和背景相若的忠实同僚共同负责，始能组织庞大的船队，指挥舟师，到海外各国出使通商以及对付当地的军事挑衅等种种艰巨任务。郑和使团中的诸位领导成员，无疑就是这方面合适的人选，他们与郑和一起，成为以郑和为首的集体领导七下西洋航海壮举的航海家群体。在这个航海家集体中，王景弘领有正使太监的殊衔，与郑和相等，同为郑和使团的"正使"，他虽然在下西洋的整体事业中屈居于郑和之后，但是在个别的情况下，他是与郑和并驾齐驱的首脑人物。他不独是历次航海的首席航海家，曾经亲自率领船队巡航东西洋各处，而且也曾数次单独负起奉使海外国家的任务，足见他亦具备杰出的外交才能，是明初在发展中国与海外诸国睦邻友好关系方面卓有建树屈指可数的外交活动家之一。

总之，王景弘一生中，无论是与郑和共同创造了七下西洋的航海壮举，或是致力于发展中国与海外诸国的友好关系，潜心整理郑和航海资料，以及他在历史上的影响方面，都无愧于与郑和并列而载入史册。

（原载福建省国际文化经济交流中心、漳平市王景弘研究会编：《王景弘与郑和下西洋论文集》，香港：天马图书有限公司，2004年，第68-87页；又载《郑和研究》，2004年第3期，第59-67页。）

王景弘与郑和下西洋

李金明[*]

郑和自永乐三年（1405 年）至宣德八年（1433 年）的 28 年间，七次下西洋，到达亚、非洲 30 多个国家和地区，在世界航海史上谱写了光辉一页。当时与郑和同行的王景弘，由于《明史》中无传，其事迹大多为郑和的光辉所掩盖，鲜为人知，这对于郑和下西洋研究是个缺憾。本文拟就王景弘在下西洋活动中的地位和作用，以及东南亚有关王景弘与郑和随从的某些传说进行初步论述，以增加世人对王景弘的了解。

一、王景弘与郑和处于同等地位

每当谈起王景弘，人们往往认为他与郑和处于不同等地位，是"郑和的副使"。[①]其实，这是一种误解，王景弘与郑和同为内官监的太监，同是远航通番的正使。《明史·郑和传》明确地记载："永乐三年六月，命和及其侪王景弘等通使西洋。"[②]"侪"意为"同辈"或"同类的人"，也就是说，王景弘与郑和一样，都是通使西洋的正使，并非"副使"。这一点从有关郑和下西洋的史料记载中亦可看出来，如费信在《星槎胜览·占城国》中写道："永乐七年己丑，上使正使太监郑和、王景弘等统领官兵二万七千余人，驾使海舶四十八号，往诸番国，开读赏赐。"[③]江苏太仓刘家港天妃宫《通番事迹碑》开头也写道："明宣德六年岁次辛亥春朔，正使太监郑和、王景弘，副使太监朱良、周福、洪保、杨真，左少监张达等立。"[④]长乐南山寺《天妃灵应之记碑》结尾的署名同样写道："宣德六年岁次辛亥仲冬吉日，正使太监郑和、王景弘，副使太监李兴、朱良、

---

* 厦门大学南洋研究院教授。

① 陈琦：《王景弘简论》，《海交史研究》，1987 年第 1 期，第 93 页。
② 《明史》卷 304，《郑和传》。
③ 费信著，冯承钧校注：《星槎胜览》，北京：中华书局，1954 年，第 1 页。
④ 钱谷：《吴都文粹续集》卷 28，《道观》。

周满、洪保、杨真、张达、吴忠，都指挥朱真王衡等立。"①

正因为王景弘与郑和地位相当，故有些史料记载干脆把"郑和下西洋"写成"王三保下西洋"，如严从简在《殊域周咨录》中记载："成化间，有中贵迎合上意者，举永乐故事以告，诏索郑和出使水程。兵部尚书项忠命吏入库检旧案不得，盖先为车驾郎中刘大夏所匿。忠答吏，复令入检二日，终莫能得，大夏秘不言。"② 李贽在《续藏书》中的《项忠年谱》也有类似记载："时朝廷好宝玩，中贵言宣德中尝遣太监王三保使西洋，获奇珍异货无算。帝乃命中贵到部，查王三保至西洋时水程。时刘大夏为郎，公令都吏检故牍。刘公先检得，匿之。"③ 两个记载内容基本相同，只是把"郑和"改为"王三保"。王三保也就是王景弘。这说明在下西洋活动中，王景弘与郑和是处于同等地位，故也称为"王三保下西洋"。有关王景弘与郑和两人在下西洋活动中的地位与作用，陈学霖教授曾作过如下分析："郑和是全权执行下西洋的总帅，统筹指挥泛洋的舟师，因此在记载上他的名字总是领衔。但是王景弘有相同的官阶和专门的职务，负责航海的针路和管理舰队，中间还奉命单独出使番国。"④ 王景弘与郑和在通使西洋中所处的地位与作用，当时的明朝官员一般是清楚的，故嘉靖年间任行人司行人和刑科右给事中的严从简才会对"三保"一名的含意产生疑问，他说道："三保之称不知系是郑和旧名，抑岂西洋私尊郑和、王景弘、侯显等为三太保，故耶？"⑤

在郑和奉命七下西洋的过程中，王景弘几乎都与之同行。如第一次奉使在永乐三年（1405年）六月，据《明史·郑和传》记载："命和及其侪王景弘等通使西洋，将士卒二万七千八百余人，多赍金币……以次徧历诸番国。"⑥ 第二次奉使在永乐五年（1407年）九月，据《七修类稿》记载："命太监郑和、王景弘、侯显三人，往东南诸国赏赐宣谕。"⑦ 第三次奉使在永乐七年（1409年）九月，据《星槎胜览》记载："上命正使太监郑和、王景弘等统领官兵二万七千余人，驾使海舶四十八号，往诸番国，开读赏赐。"⑧《菽园杂记》也记载："永乐七年，太监郑和、王景弘、侯显等，统率官兵二万七千有奇，驾宝船四十八艘，赍奉诏旨赏赐，历东南诸番，以通西洋。"⑨ 第七次奉使在宣德五年（1430年）

① 巩珍著，向达校注：《西洋番国志》附录二，北京：中华书局，1982年，第55页。
② 严从简：《殊域周咨录》卷8，《古里》，北京：中华书局，1993年，第307页。
③ 李贽：《续藏书》卷16，《项襄毅公传》，北京：中华书局，1959年，第323—324页。
④ 陈学霖：《明代人物与传说》，香港：香港中文大学出版社，1997年，第198页。
⑤ 严从简：《殊域周咨录》卷7，《占城》，北京：中华书局，1993年，第250页。
⑥《明史》卷304，《郑和传》。
⑦ 郎瑛：《七修类稿》卷12，《三宝太监》。
⑧ 费信著，冯承钧校注：《星槎胜览·占城国》，北京：中华书局，1954年。
⑨ 陆容：《菽园杂记》卷3，北京：中华书局，1985年，第26页。

六月，据《明史·郑和传》记载："帝以践阼岁久，而诸番国远者犹未朝贡，于是和、景弘复奉命历忽鲁谟斯等十七国而还。"①《明宣宗实录》也记载："兹特遣太监郑和、王景弘等赍诏往谕，其各敬顺天道，抚辑人民，以共享太平之福。"② 此外，王景弘亦有单独奉使西洋，其中如《明史·苏门答剌传》记载："（宣德）九年，王弟哈利之汉来朝，卒于京。帝悯之，赠鸿胪少卿，赐诰，有司治丧葬，置守塚户。时景弘再使其国，王遣弟哈尼者罕随入朝。"③ 此行明显是为了报丧，与"赏赐宣谕"的下西洋不同，故宣德十年（1435 年）的《明英宗实录》又称："先是以公务遣中官王景弘往其国。"④

永乐二十二年（1424 年）明成祖去世，明仁宗即位后即宣告停罢下西洋活动，郑和及其下西洋官军全部被派往守卫南京，甚至被充作漕运和修理殿宇劳力。此时王景弘与郑和一道，共同承担起守备南京重任。据洪熙元年（1425 年）二月，明仁宗命太监郑和领下番官军守南京，于内则与内官王景弘、朱卜花、唐观保协同管事，遇外有事，同襄城伯李隆、驸马都尉沐昕商议的当，然后施行。⑤ 六月，又以即位遣使赍敕谕南京守备襄城伯李隆曰："先皇帝付托之重，守备南京，厥任匪轻，其免赴京朝贺。凡事同守备太监郑和、王景弘计议，昼夜用心，整肃军伍，严固守备，审察机微，以防不虞。"⑥ 至宣德五年（1430 年）第七次下西洋时，据说郑和客死于古里国（今印度西南的卡利卡特）。⑦ 此后王景弘独当一面，成为南京守备。从当时明宣宗和明英宗下达的一些敕令中可看出，如宣德十年（1435 年）敕行在工部及南京守备襄城伯李隆、太监王景弘等："南京工部，凡各处采办、买办一应物料，并营造物料，悉皆停罢。军夫工匠人等，当放者即皆放回，其差去一应内外官员人等，即便回京，不许托故稽迟。"⑧ 正统元年（1436 年），"敕南京守备太监王景弘等，于官库支胡椒、苏木共三百万斤，委官送至北京交纳，毋得沿途生事扰人。"⑨ 然而，此时的王景弘想必年事已高，渐渐淡出官场，故在以后《明实录》中几乎再见不到有关他的记载。

---

① 《明史》卷 304，《郑和传》。
② 《明宣宗实录》卷 67。
③ 《明史》卷 213，《外国传六·苏门答剌》。
④ 《明英宗实录》卷 4。
⑤ 《明仁宗实录》卷 7 上。
⑥ 《明宣宗实录》卷 2。
⑦ 庄为玑：《明下西洋郑和、王景弘两正使的卒事考》，载南京郑和研究会编：《郑和研究论文集》（第一辑），大连：大连海运学院出版社，1993 年，第 483 页。
⑧ 《明宣宗实录》卷 115。
⑨ 《明英宗实录》卷 15。

二、王景弘与王贵通不属同一人

有关王景弘的身世问题，史学界亦有争论。据明万历年间罗懋登撰《三宝太监西洋记通俗演义》，王景弘为山东青州府人，出身兵部尚书。① 近年来，有人在福建晋江图书馆看到一本清代蔡永兼撰写的《西山杂志》手抄本，该书一则《三宝下西洋》云："王景弘，闽南人，雇泉州舟，以东石沿海名舣导引，从苏州刘家港入海，至泉州寄泊。"② 1992 年，福建省社会科学院历史研究所徐晓望研究员在明代《龙岩州志》中检索到一条有关王景弘身世的材料："王景弘，龙岩集贤里人，后分属宁洋；永乐间随太宗巡狩，有拥立皇储功，赐嗣子王祯世袭南京锦衣卫正千户。"③ 徐晓望据此认为，宁洋县明代建置县，1956 年撤销，宁洋县与近郊被纳入漳平县，今为漳平县双洋乡。就现在的籍贯而言，王景弘为漳平县人，而漳平县在明以前隶属漳州，故与《西山杂志》称王景弘为闽南人是一致的。④ 这些史料的发现基本揭开了王景弘身世之谜，"王景弘为福建漳平人"的说法亦普遍为史学界所接受。2002 年 10 月，在南京召开的郑和学术研讨会上，曹木旺提交的论文《王景弘籍贯考略》更具体地指出："王景弘是福建省漳平市赤水镇香寮村许家山自然村人。"⑤

费信在《星槎胜览·锡兰山国》中写道："永乐七年，皇上命正使太监郑和等赍奉诏敕、金银供器、彩粧、织金宝幡，布施于寺，及建石碑。"这块郑和奉明成祖之命建于锡兰的石碑，通称为《布施锡兰山佛寺碑》。据说该碑原竖立于锡兰岛最南端的德文达拉（Devungara），后于 1911 年在该处 40 里外的加勒被发现，现存于斯里兰卡科伦坡博物馆。该碑高 4.5 尺，宽 2.5 尺，刻有中文、泰米尔文和波斯文。碑文内容据向达在《西洋番国志》附录二所载："大明皇帝遣太监郑和、王贵通等昭告于佛世尊曰"。⑥ 由此引出另一位与郑和同下西洋的人物——王贵通。此王贵通是否与王景弘同属一人？史学界至今尚有争论，据陈学霖教授的看法："从文义上来考虑，二者的名字密切相关，假定贵通是名，以景弘为字，十分贴切典雅，很容易联想同为一人。这样看来，二者为一人异名实无懈可击。"⑦ 事实上，《布施锡兰山佛寺碑》的碑文拓本，

① 罗懋登：《三宝太监西洋记通俗演义》第 15 回，上海：上海古籍出版社，1985 年，第 195 页。
② 庄为玑：《试论郑和与王景弘之死》，《海交史研究》，1987 年第 1 期，第 89 页。
③ 乾隆《龙岩州志》卷 10，《人物上·中官》。
④ 徐晓望：《八次下西洋的王景弘》，《海交史研究》，1995 年第 2 期，第 23 页。
⑤ 福建省国际文化经济交流中心、中国人民政治协商会议漳平市委员会编：《明代大航海家王景弘》（漳平文史资料总第 27 辑），2003 年，第 96 页。
⑥ 巩珍著，向达校注：《西洋番国志》，北京：中华书局，1982 年，第 50 页。
⑦ 陈学霖：《明代人物与传说》，香港：香港中文大学出版社，1997 年，第 195 页。

"郑和王□□"这两个字已模糊不清，据冯承钧先生说，早年向达从伦敦抄寄给他的碑文写的是"郑和、王清濂等"。① 至 20 世纪 30 年代，日本学者山本达郎因撰写《郑和西征考》需要，将碑文拓本研读后，认为"王"字后一字虽不可认，但第三字显然系"贵"字，于是断定为"郑和、王贵通等"。② 由此说明，碑文中的王贵通一名纯属臆测，并非原文真正写就，故以此推断王景弘与王贵通同为一人尚属证据不足。

再者，据《明实录》《明史》的记载，把王景弘看成与王贵通同属一人还存在一些疑点。例如《明太宗实录》记载，永乐五年（1407 年）"遣太监王贵通赍敕往劳占城国王占巴的赖，赐王白金三百两、彩绢二十表里，嘉其尝出兵助征安南也。"③《明史·占城传》也写道："（永乐）五年攻取安南所侵地……贡方物谢恩。帝嘉其助兵讨逆，遣中官王贵通赍敕及银币赐之。"④ 前文已述及，永乐五年正是郑和第二次奉使西洋，当时王景弘与之同行。倘若王贵通为王景弘，怎么可能一个人同时出使两处？同样的疑点还出现在永乐二十二年（1424 年）八月，"命太监王贵通率下番官军赴南京镇守，宫中诸事同内官朱卜花、唐观保，外事同驸马都尉西宁侯宋琥、驸马都尉沐昕计议而行。"⑤ 而洪熙元年（1425 年）二月，又"命太监郑和领下番军守南京，于内则与内官王景弘、朱卜花、唐观保协同管事，遇外有事，同襄城伯李隆、驸马都尉沐昕商议的当，然后施行。"⑥ 这两条敕命前后仅差半年时间，前一条下达给太监王贵通，没有提到郑和与王景弘；后一条下达给太监郑和，有提到王景弘。可见王贵通与王景弘显然不属同一人，否则不至于出现如此重大差错。因此，王景弘是否就是王贵通仍值得商榷，还有待于今后找到更确凿的史料予以证实。

三、有关王景弘与郑和随从的传说

有关王景弘与郑和随从的传说，"流传于稗官小说，复由稗官小说羼入正史。"⑦ 其中如陈伦炯《海国闻见录》所载："七洲洋中，有种神鸟，状似海雁而小，啄尖而红，脚短而绿，尾带一箭，长二尺许，名曰箭鸟，船到洋中，飞而来示，与人为准，呼是则飞而去，间在疑似，再呼细看决疑，仍飞而来，献纸谢

---

① 费信著，冯承钧校注：《星槎胜览》，北京：中华书局，1954 年，第 29–30 页。
② 陈学霖：《明代人物与传说》，香港：香港中文大学出版社，1997 年，第 193 页。
③ 《明太宗实录》卷 71。
④ 《明史》卷 324，《外国五·占城》。
⑤ 《明仁宗实录》卷 1 上。
⑥ 《明仁宗实录》卷 7 上。
⑦ 伯希和著：《郑和下西洋考》，冯承钧译，北京：中华书局，1958 年，第 155 页。

神，则翱翔不知其所之。相传王三宝下西洋，呼鸟插箭，命在洋中为记。"①《明史·外国传》也记载婆罗，又名文莱，"万历时，为王者闽人也。或言郑和使婆罗，有闽人从之，因留居其地，其后人竞据其国而王之。邸旁有中国碑，王有金印一，篆文，上作兽形，言永乐朝所赐。民间嫁娶，必请此印印背上，以为荣。"② 类似的传说在东南亚各地都有流传，如在苏禄，传说一位姓裴的人，被尊称"班头公"（Pon-Tao-Kong）来到苏禄，他是郑和的随从，乘郑和船队中的一艘船在苏禄上岸。他热爱旅游，对地理感兴趣，并搜集了所到达的各个国家有关风俗、物产和资源的资料。他在苏禄内地的一次考察中，染上瘴气，因而过早地去世，埋葬在今霍洛附近。他的坟墓为后来的中国游客和商人所崇拜，认为是危险时拯救他们生命的一种力量。大约在 1 800 年左右，霍洛已有一个相当大的华人社区，华商就在班头公的墓前建了一座纪念馆。这座纪念馆在 1917 年由华人商会重建过，位于霍洛城附近。③ 在泰国，人们习惯以浴溪浇水来治病，相传是源自于郑和到暹罗时，当地土著屡屡向他求药，无以济施，则把药撒入溪中，令其水浴，故人们相信浴溪水可使病愈。④

这些传说的流传，说明郑和下西洋在东南亚的影响至深，至今在东南亚各地还有许多以"三宝"命名的地方，其中如泰国的三宝港，马来西亚的三宝山、三宝井，菲律宾的三宝颜，印度尼西亚的三宝垄、三宝庙等。三宝垄是印度尼西亚的著名城市，位于爪哇岛中部北岸，濒临爪哇海，据说自 16 世纪才开始闻名，是当地土著与华侨为纪念郑和而命名的。他们一直认为三宝垄是从郑和来过之后，吸引了许多华侨来此谋生和定居，才开辟成繁荣的海港商业城市。⑤ 因此，在三宝垄流传着许多有关郑和与王景弘的传说。三宝垄的人们一直坚信郑和下西洋时曾到过那里，就在现在的三保公庙的山洞附近登陆。三保公庙最初位于加姆比兰地区亦称加姆比兰庙，建于 1434 年，庙内有三保太监首次下西洋时（1406年）在三宝垄住过的岩洞，洞内供奉着三保太监的塑像，庙内还有一个庄重的圣坛，吸引着成千上万的崇拜者，前来朝圣的人络绎不绝，庙里香火终年不断。据说在 1740 年，三宝垄遭到飓风的袭击，三保公庙亦被吹得无影无踪，后来人们又在原庙址重建了一座新的岩洞，当地民众还特意从中国运来了包括三保太监及

① 陈伦炯：《海国闻见录》卷上，《南洋记》。

② 《明史》卷 323，《外国四·婆罗》。

③ Cesar Adib Majul, "Chinese Relationship with the Sultanate of Sulu", in Jr. Alfonso Felix（ed.），*The Chinese in the Philippines* 1570-1770, Manila, 1996, vol. 1, p. 149.

④ 陈伦炯：《南洋记》，载王锡祺撰：《小方壶斋舆地丛钞》第 10 帙。

⑤ 曾鍏波：《三宝垄考》，载南京郑和研究会编：《郑和研究论文集》（第一辑），大连：大连海运学院出版社，1993 年，第 113 页。

其 4 名随从在内的 5 尊雕像进行供奉。500 多年来当地人民一直珍重和爱护着这座作为中国与印尼人民友谊象征的庙宇。1966 年，三宝垄市政府在几经修葺的新庙内立了一块纪念碑，碑上用中文刻着郑和的简历及其不朽的功绩，旁边附有印尼文和英文的译文。①

　　在三保公庙的院落里还有一座被称为先贤、舵手的达保·阿望的圣墓，人们常常怀着对圣贤崇敬的心情前往祭奠。有关达保·阿望的身世有两种传说：一种传说是郑和本人，因达保与三保的读音相近，达保·阿望则是三保太监的印尼文名字；另一种说达保是郑和的副手王景弘。据说当郑和率领船队航行至爪哇海岸时，王景弘突然病倒，郑和只好带他上岸治疗。王景弘病愈后，郑和继续远航，而王景弘则与一些随行人员留在当地，从事农业生产以自给，后来随从们相继与本地姑娘结婚。王景弘本人除了务农外，还向当地居民传播伊斯兰教。在雅加达安左岸边的"欢乐之家"也有一座称为"三保随从"的小庙，庙的外观很平常，丝毫不引起人们的注意，长期无人问津。有一次雅加达遭洪水袭击，许多建筑物纷纷倒塌，唯独此庙安然无恙，从此人们便以为这是座圣庙，有神灵保佑。后来又传说此庙是为纪念郑和的一名随从及其妻子而建，相传这位随从离船上岸后，遇到一名爪哇女郎，两人一见钟情，结为夫妇。待双双去世后，人们就为他们修建了这座庙，命名为"龙更"庙，每年的 4 月都会在庙里举行"龙更"庙会，以纪念已故的异族佳偶。②

　　其实，三宝垄有关王景弘的传说，早在清乾隆四十八年（1783 年）到过巴达维亚（今印尼雅加达）的漳州人王大海的著作《海岛逸志》中就有记载："王三保者，明宣德时内监也。明宣宗好宝玩，因命王三保、郑和等至西洋采买宝物，止于万丹，实未尝至吧国，而三宝垄有三保洞，俗云三保遗迹，极有灵应。每朔望士女云集，拜祈其处。井里汶海中有屿，长数百里，名蛇屿，相传其蛇有大珠，为三保所取，死而化为长屿以祸人，说颇荒唐，存之以备考。"③ 除此之外，美国人类学者威尔莫特（ Donald E. Willmott） 在其 1960 年出版的著作《三宝垄华人——印尼一个变化的少数民族社区》（*The Chinese of Semarang*：*A Changing Minority Community in Indonesia*） 中，也有谈到有关王景弘的传说：

　　　　当郑和船队沿着爪哇北岸航行时，郑和的副手王景弘突患重病。郑
　　和命令其船队停泊在一个海湾（即现在的三宝垄码头），然后亲自驾船
　　察看小加隆河（ Garong River），在离海岸不远的山脚下发现了一个山

① 《三保公庙史话》，菲律宾《世界日报》，2001 年 1 月 5 日，第 25 版。
② 《关于三保太监及其随从的传说》，菲律宾《世界日报》，2001 年 1 月 7 日，第 16 版。
③ 王大海：《海岛逸志》卷 2，《人物志略·王三保》，香港：学津书店，1992 年，第 39 页。

洞，就将之作为临时的驻地。一些随从为患病的王景弘搭了一间小房子，郑和调制了一些药物，王景弘的病则逐渐好转。然而，10 天之后，郑和决定继续航行，就将王景弘留下来，给了一艘船、10 名随从和大量的粮食。

王景弘在漫长的康复期中，指示其随从开垦荒地，种植庄稼和建造房屋。到他完全康复后，就没有再返回中国，而是利用那一艘船在爪哇北岸往返贸易，其随从们都娶了印尼当地人为妻，这个小驻地变得如此繁荣，以至于其他地方的许多印尼人也在附近建造农庄，成为这个社区的一部分。

王景弘与郑和一样，是一位虔诚的回教徒，他花了大量时间教导印尼人和华人随从们道德戒律、精神信仰和伊斯兰宗教习俗。此外，他还教导他们珍惜取得的成就和尊重郑和的声望，他在山洞里放了一尊小的郑和塑像带领其随从们定期在那里做礼拜。当王景弘 87 岁去世时，被埋葬在一个穆斯林墓地，被尊称为 Kiai Djuru Mudi Dampo Awang，或"尊贵的三保航海者"，华人和印尼人按爪哇历法定期为他做礼拜。同样的，郑和也被尊称为"三保太监"或"大三保"，每逢中国阴历初一、十五，当地人都到他的塑像前做礼拜。这个移居地虽然扩大与繁荣了，但人们从未减少对郑和及其主要官员的信仰，于是三宝垄城市诞生了，郑和与王景弘就成了城市的保护神。①

王景弘是否移居三宝垄，死后是否埋葬在那里，始终是个谜。而据前文所引《明实录》的记载，王景弘在正统初年仍在南京担任守备，此后虽无有关他的记载，但相信此时他已是垂老之人，不大可能再远航到海外定居，故三宝垄的这些传说纯属虚构。况且传说与事实有着较大的出入，如对王景弘的尊称 Kiai Djuru Mudi Dampo Awang 有多种含义，既称他是印尼的航海者，又称他是一位印尼当地的穆斯林教师。另者，现在崇拜的三保洞是在 1740 年才挖掘的，据说原来的一个洞就在附近，已在一次暴雨中被淹没，当时还有一对做礼拜的新婚夫妇被埋在里面。② 不过，从这些传说中可以看到，印尼三宝垄的第一个华人社区可能就形成于郑和下西洋之后，故他们把郑和与王景弘当成城市的保护神，借此来缅怀郑和与王景弘在下西洋期间为当地经济的发展，为增进中国与印尼两国人民的友

---

① D. E. Willmott, *The Chinese of Semarang: A Changing Minority Community in Indonesia*, Cornell University Press, Ithaca, N. Y., 1960, pp. 1-2.

② D. E. Willmott, *The Chinese of Semarang: A Changing Minority Community in Indonesia*, Cornell University Press, Ithaca, N. Y., 1960, p. 3.

谊所作出的巨大贡献。

（原载福建省国际文化经济交流中心、漳平市王景弘研究会编：《王景弘与郑和下西洋论文集》，第 23-35 页；又载《郑和研究》，2005 年第 1 期，第 61-66 页。）

伟大的航海家王景弘

李玉昆*

中国伟大的航海家郑和，从明永乐三年（1405 年）到宣德八年（1433 年）统领舟师 3 万人，前后七次出使西洋，访问了亚非 30 余国，在我国和世界航海史上谱写了光辉的篇章。

在郑和下西洋的航海活动中，王景弘也是主要的领导者，是一位伟大的航海家。王景弘，龙岩集贤里（今漳平市赤水镇香寮村）人。乾隆《龙岩州志》载：

王景弘，龙岩集贤里人，后分属宁洋；永乐间随太宗巡狩，有拥立皇储功，赐嗣子王祯世袭南京锦衣卫正千户。①

乾隆《漳州府志》、光绪《宁洋县志》记载同。据《龙岩县志》卷 1《疆域志》载："明成化六年，析居仁、聚贤（即集贤）……五里置漳平县。"王景弘为明漳平县人。

郑和下西洋时，王景弘和郑和同为正使。《明史》载："永乐三年六月，命和及其侪王景弘等通使西洋。"②这里明确指出王景弘和郑和同等地位。宣德六年（1431 年）立于长乐的《天妃灵应之记碑》、立于太仓刘家港的《娄东刘家港天妃宫石刻通番事迹碑》云："正使太监郑和、王景弘。"同年，郑和为长乐三清殿铸的铜钟铭文也说："太监郑和、王景弘等同官军人等，发心铸造铜钟一口。"此处虽无明确指出王景弘与郑和同为正使，但与上述两碑联系起来考察，此处王景弘与郑和名字并列，应系指同为正使。又永乐七年（1409 年）郑和第二次下西洋时，途经锡兰山（今斯里兰卡），立布施碑，镌刻汉文、泰米尔文和波斯文三种文字。汉文云："大明皇帝遣太监郑和、王贵通昭告于佛世尊。"《七修类稿》载："永乐丁亥（五年）命太监郑和、王景弘、侯显三人往东南诸国，赏赐

---

* 福建泉州海外交通史博物馆研究员。

① 乾隆《龙岩州志》卷 10，《人物上·中官》。

② 《明史》卷 304，《郑和传》。

宣谕。"① 据陈学霖先生考证，王景弘在永乐朝以王贵通名著称。② 锡兰山布施碑与郑和并列的王贵通即王景弘。

王景弘为正使出使西洋证据确凿，但有些工具书，如新编《辞海》《福建名人词典》等介绍王景弘时，都说他是副使，这是与历史事实不相符的，应予纠正。

据谢方先生研究，王景弘是郑和下西洋宝船队中主管航海技术的最高负责人。前往福建广浙选用船师的人，可能就是王景弘。在王景弘的领导下，宝船队有一批训练有素的航海技术人员：火长、舵工、班碇手、铁锚手、搭材手、民梢、水手、阴阳官、阴阳生等，分别负责指挥航向航速，看针操舵、起落船锚、升帆落篷、摇橹划桨、铁木工匠，和天文、气象、水文的观测、预报工作。③

从福建在郑和下西洋的地位和作用考察，谢方先生对王景弘在郑和下西洋中的职责和作用的论述是正确的。

郑和下西洋所乘船舶，有的是在福建建造的。据《明成祖实录》记载："永乐元年五月辛巳，命福建都司造海船百三十七艘"，永乐二年"将遣使西洋诸国，命福建造海船五艘"。④ 下西洋前来福建选取船师。《西洋番国志》序说："始则预行福建广浙，选取驾船民梢中有经惯下海者称为'火长'，用作船师，乃以针经图式付与领执，专一料理。"郑和下西洋时，在长乐停泊，一方面等候风信、休整、检查维修船舶，一方面招聘舵工、火长、杂役、武装官兵，补充给养和赏赐之物，祭祀海神天妃。福建有各类人随同郑和下西洋，如长乐人舟师黄参、福清人阴阳官林贵和、莆田人百户柳兴、连江人试百户王通保、闽县人严观、连江人陈连生等。永春人刘孟福殉职于苏门答腊，泉州人白本头死于菲律宾。蒲寿晟之子蒲和日随郑和下西洋有功，加封泉州卫镇抚。随同郑和下西洋的泉州人，将晋江青阳石鼓庙顺正王的香火奉祀船上，"舟次恍惚，见其灵助，和还朝奏闻，敕封顺正王。"⑤

王景弘有丰富的航海经验。据明朝罗懋登《三宝太监西洋记通俗演义》说，有一次在海上航行，遇到一个三五里的大旋涡，如天崩地塌一般轰响。郑和不知其故，请问王景弘，王随即回答：这是个海眼泄水之处，名字叫尾闾。王景弘还善于总结自己的航海经验，著有《赴西洋水程》一书，详细记录他历次下西洋

① 郎瑛：《七修类稿》卷 12，《三宝太监》。
② 陈学霖：《明王景弘下西洋史事钩沉》，《汉学研究》（台北），第 9 卷第 2 期，1991 年 12 月。转引自陈佳荣：《郑和、王景弘和三宝垅》，《郑和研究》，1994 年第 2 期。
③ 谢方：《郑和》，天津：新蕾出版社，1993 年。
④ 《明成祖实录》卷 27。
⑤ 乾隆《泉州府志》卷 65，《方外》。

的航海路程，是珍贵的航海史资料，可惜已经失传。《殊域周咨录》云："成化间，有中贵迎合上意者，举永乐故事以告，诏索郑和出使水程。"① 李贽《续藏书》云："明朝廷好宝玩，中贵言宣德中尝遣太监王三保使西洋，猎奇珍异货无算。帝乃命中贵到部，查王三保至西洋时水程。"② 有的学者根据上述资料，认为"所谓王景弘晚年专事《赴西洋水程》一说颇值商榷。"③

对王景弘在郑和下西洋中领导航海技术人员战胜狂风恶浪，顺利完成任务，明宣宗在《赐太监王景弘》诗中赞扬道"昔时将命尔最忠，大船摩曳冯夷宫。驱役飞廉决鸿蒙，遍历岛屿凌巨祇。"

有关王景弘的生平事迹，由于史料记载很少，他死于何地，有不同说法：新编《辞海》《中外关系史辞典》《福建名人词典》等认为，王景弘明宣德九年（1434 年）又出使苏门答腊，后在爪哇去世。庄为玑、庄景辉、王琦等认为王景弘死于国内，三宝垄的王三保墓纯属误传。④

王景弘是否到三宝垄，印尼的学者介绍说：当年郑和船队在沿中爪哇北岸航行期间，王景弘突然患重病，郑和船队在塞蒙安河河口登陆，为王景弘治病，10 天后郑和船队继续西行，王景弘留在那里，教当地居民和华侨耕种、经商并向他们传播伊斯兰教。⑤ 清乾隆四十八年（1783 年）王大海泛海爪哇，后居三宝垄，十载归国后撰《海岛逸志》卷 2《人物考略》云：

王三保者，明宣德时内监也。明宣宗好宝玩，因命王三保、郑和等
至西洋采买宝物………而三宝垅有三保洞，俗云三保遗迹，极有灵应。
每朔望士女云集，拜祷其处。
说明三宝垄有王景弘遗迹，王大海亲临其地，记录下来。

有人说王景弘在宣德七年（1432 年）死于三宝垄，但明宣宗、英宗时，王景弘仍活跃在国内：《明宣宗实录》卷 115 载："宣德十年春正月……甲戌，敕行在工部及南京守备襄城伯李隆、太监王景弘等，南京工部，凡各处采办一应物料并营造物料，悉皆停罢。"《明英宗实录》卷 14 载：正统元年二月己未，"敕南京守备太监王景弘等襄城伯李隆、参赞机务少保兼户部尚书黄福曰：朕夙夜惓惓，惟体祖宗爱恤百姓之心，一切造作悉皆停罢。"《明英宗实录》卷 35 载：

①　严从简：《殊域周咨录》卷 8。
②　李贽：《续藏书》卷 16，《项襄毅公传》。
③　陈佳荣：《郑和、王景弘和三宝珑》，《郑和研究》，1994 年第 2 期。
④　庄为玑：《试论郑和与王景弘之死》，《海交史研究》，1987 年第 1 期；庄景辉：《随从郑和下西洋的福建人员考》，《泉州文史》，第 9 期，1986 年 12 月；陈琦：《王景弘简论》，《海交史研究》，1987 年第 1 期。
⑤　孔远志：《郑和与印度尼西亚》，载南京郑和研究会编：《郑和研究论文集》（第一辑），大连：大连海运学院出版社，1993 年。

正统二年十月"癸未，敕谕太子太保成国公朱勇……曰：兹特命尔等同太监王景弘等，整点在京各卫及见在守备一应官人等，选拔精锐编成队伍，如法操练。"关于王景弘死于何地，我比较赞同陈佳荣先生的看法："王景弘曾在三宝垄养过病，晚年死于爪哇并葬在三宝垅。"①

王景弘在郑和下西洋中成绩卓著，受到中外人民的崇敬。

文莱有一条"王总兵路"。杨新华先生认为"根据诸多因素分析，这'王总兵'应该就是王景弘。"② 这是纪念王景弘而命名，是中国文莱两国人民友好往来的历史见证。

印度尼西亚三宝垄有王景弘墓，后人题墓联云：

<blockquote>
受命皇朝临海国，
留迹石洞庇人寰。③
</blockquote>

纪念王景弘的庙宇有福建龙海市鸿渐村的二保庙。建造年代不详，"文革"中被毁，1986年重建，供奉明出使西洋的郑和、王景弘二位正使，左侧黑红脸，右侧粉红脸，着战袍，戴太监帽。原庙前有楹联：

<blockquote>
著千古之功勋职封太保
济万代乎黎庶德重凤山。④
</blockquote>

以王景弘名字命名的南海岛屿。南海诸岛自古就是中国的领土，南中国海自宋朝开始就受中国管辖。第二次世界大战期间，1939年日本侵占了我国的西沙群岛和南沙群岛。1945年日本投降后，根据1934年11月《开罗宣言》和1945年《波茨坦公告》，1946年10月29日，中华民国政府派员接受西沙群岛和南沙群岛。1947年中国政府命令将南海诸岛划归广东省管辖。同年11月由内务部重新公布《南海诸岛新旧名称对照表》，统一确定南海诸岛中岛、礁、沙、滩的正式名称。

为纪念明代郑和出使西洋，开拓海洋事业，以当时的永乐、宣德皇帝的年号，郑和下西洋主要人员郑和、王景弘和随员费信、马欢，明出使南洋使节、明太祖时出使南洋的赵述、明成祖时出使南洋的施晋卿、明出使婆罗的黄森屏、明开拓三佛齐的杨道明、与郑和同时出使南洋的尹庆、明朝打败西班牙的林道乾、潘和五，清末民国被派往南海诸岛巡视和接管的舰艇"永兴"号、"中建"号、"太平"号、"中业"号舰，"中业"号舰长李敦谦、副舰长杨鸿庥和纪念接受时

① 陈佳荣：《郑和、王景弘和三宝垅》，《郑和研究》，1994年第2期。
② 杨新华：《王景弘》，《郑和研究》，1995年第2期。
③ 陈方圆：《海外楹联集锦》，香港：闽南人出版有限公司，1996年。
④ 陈延杭：《国内第一座郑和庙调查》，《海交史研究》，1990年第2期。

的广东省主席罗卓英（南威）的名字命名。被命名为景弘岛的是旧名辛科威岛。

[原载福建省国际文化经济交流中心、中国人民政治协商会议漳平市委员会编：《明代大航海家王景弘》（漳平文史资料总第 27 辑），2003 年，第 50-55 页。]

功垂青史的王景弘

仲跻荣[*]

2004 年是梁启超《祖国大航海家郑和传》发表 100 周年，这也标志着我国现代郑和研究事业走过了整整一个世纪的历程。100 年来，郑和研究可以划分为两个阶段，以 1978 年中共十一届三中全会为界。在前一阶段，老一代的学者们在搜集与整理、研究资料方面做了很多奠基工作。后一阶段，以 1985 年纪念郑和下西洋 580 周年为契机，对郑和研究空前广泛，并且出现了一批规模不小的研究队伍，产生了一批价值颇高的成果。但由于史料的缺乏，我们对郑和以外的有关航海者知之甚少，大半个世纪之前方豪在《中西交通史》一书中曾发出过这样的感叹：

> 郑和七次奉使期中，亦有他人奉使出外；可知自明初至明代中叶，中国之所以能为阿拉伯以西海陆世界之领导者，固非郑和一人之功；而五百年后，为人啧啧称道且受膜拜者，亦不应以彼一人为限也。[①]

不久前，我看到《明代大航海家王景弘》一书，可以说对王景弘的研究是这 20 余年来所取得的成果之一。我们对王景弘的了解，仅限于《明史·郑和传》及郑和随员著作中的零星记载，难以形成一个完整的认识。20 世纪 80 年代以来，陈琦、庄为玑等专文有对王景弘的正使身份与卒年的探讨。1987 年我去福建考察时得知，在《西山杂志》一书中有王景弘是"闽南人"的记载，《明代大航海家王景弘》一书已将这十几年来关于王景弘所出现与研究的成果与材料汇集于一册，虽然还有待于进一步发掘与研究，但已使我们能有一个较完整的认识。对于王景弘的研究，最困难的莫过于史料太少，特别是直接记录王景弘活动的资料是研究者们多年来注意发掘的。现在我们只能从已有的资料中进行分析，能有一个基本认识。

王景弘的航海生涯，大致是与郑和七下西洋相始终，甚至还有记载七下西洋结束之后出使苏门答剌一说。与郑和相比，王景弘也是正使钦差太监，所不同的是郑和还有一个总兵的头衔。从第七次出使看，在两位正使之外还有四位副使，

---

[*]　江苏省郑和研究会会员。
[①]　方豪：《中西交通史》下册，长沙：岳麓书社，1987 年，第 636 页。

其领导班子不谓不强。郑和与王景弘，在下西洋时作为两位钦差正使，如以现代眼光来看，可以说是第一负责人与第二负责人的关系。郑和无疑是总负责，而王景弘当为航海技术上的最高指挥官。

太仓与长乐是郑和船队在国内的聚集港口，每次出使之前无疑是在这两处作出航前的准备。郑和远航所携物资之中，丝绸与瓷器为大宗。苏州一带是丝绸的产地，而福建与邻近的江西景德镇是瓷器产地，长乐作为瓷器出口港是最便捷之地。此外，在长乐还有一项重要的使命，就是招募航海人员。王景弘作为闽南人，组建航海技术力量应是他的任务。在郑和历次下西洋的人员中，现在能查到姓名的没有几个，而其中却以福建人居多，这可作为证明。也正是由于王景弘的这一特定的条件，才保证了郑和七下西洋的成功。

第七次下西洋时，郑和一行派遣了副使洪保等七人随阿拉伯船只去天方朝觐。作为穆斯林的郑和与王景弘，朝觐麦加是其终生的一大志向，但在这样的好时期却不能前往，正说明是作为主要领导人的职责重大。许多研究者都提到在郑和之后，王景弘第八次出使到苏门答剌，笔者认为这是可能的，因为只有他才具备这一声望与经验。也正是由于王景弘在下西洋中的作用如此重要，所以在《明史·郑和传》中才特别以"同侪"一词来提及郑和与王景弘的关系，郑和于1431 年第七次出使西洋前夕在太仓与长乐留下两座著名的碑刻，将出使西洋的领导成员名单完整地镌刻在《通番事迹碑》与《天妃灵应之记碑》上，这正体现了王景弘的历史地位，而这一地位是郑和生前就明确了的。也正是这样，如今在海外有关下西洋的史迹与传说，除郑和之外，还有王景弘就不足为奇了。以许多研究者提到的印尼三宝洞为例，究竟纪念的是王景弘，还是郑和，多引用林天佑《三宝垄历史——自三保时代至华人公馆的撤销（1416—1931）》一书。其实，在这本书中还有另外一个传说：

　　根据三宝垄几位老人的传说，三保其实是三个人。三保就是三个保护者的意思；这三个保护者，一个姓郑、一个姓王、一个姓马。[1]

在这里，想要辨别究竟是哪一位恐不容易。但可以肯定，是与中国航海有关的一位人物，甚至就是郑和航海时的人物。至于具体是哪一位并不重要。因为郑和船队空前庞大，是一支拥有 27 000 人的队伍，不可能完整地到达每一处目的地。这既不方便，也无必要。在郑和史料中留下了"分綜"一词，就很能说明问题。所谓分綜，无非是分成若干支队，分别前往不同的目的地。也就是说，史料所载郑和船队所到之地，不等于就是郑和与王景弘本人一定到过的地方。如

① 林天佑：《三宝垄历史——自三保时代至华人公馆的撤销（1416-1931）》，李学民、陈巽华译，暨南大学华侨华人研究所，1984 年，第 27 页。

《瀛涯胜览》所记载：那孤儿国"人民只有千余家"，黎代国"一小邦也"，"国人三千家"；南渤里"人民只有千家有余"等。对这些小国，倘若郑和船队每次都是全体都去，主人是无法接待的。因此，既然是分舱，必然涉及对船舶与人员的调度，对水文、气象诸多因素的考虑，王景弘作为主管航行技术的领导人，其职责之重大可想而知。

再从郑和船队历次航行所到之地来看，有一个逐步向"绝远"发展的过程。前三次远航终点都是印度西海岸的古里。第四次大有突破，一是到波斯湾的忽鲁谟斯，一是到非洲东岸的木骨都束。第五次和第六次除再达忽鲁谟斯、木骨都束之外，又增加了从苏门答剌至榜葛剌，从古里至阿拉伯半岛的祖法尔、剌撒与阿丹。这一发展过程，历时 28 年，跨了三大步，体现了郑和与王景弘的航海事业是一个不断探索与前进的过程，达到了古代航海史上的最高峰，并进而为近代大航海时代的到来奠定了基础。而这一切又无不与王景弘在航海事业的贡献直接关联。可以设想，如果没有王景弘的合作，郑和的七次下西洋能否顺利实现，还是未知数。

关于对王景弘的评价，应从两个方面来考虑。首先，王景弘作为郑和历下西洋的正使之一，郑和航海事业的成果自然包含了王景弘的一份贡献，离开了对王景弘的肯定，郑和航海事业是不可想象的。曾锦波先生特别指出："郑和在印度洋航路的发展上"，"对全世界有贡献"。这就是在"第五次下西洋时，他首先从亚丁湾沿非洲东岸向南找出一条航线，这条航线，直到现在还是这样走的，那是公元 1421 年左右的事。"这一贡献必然直接与王景弘所起的作用有关系。①

其次，应将王景弘放在明初外交群体中来认识。明初从洪武、永乐到宣德的半个多世纪中，先后派遣了一大批外交官分赴东南亚、东亚与中亚等地。这是一项主动、积极的外交行动，派遣使节之多，活动范围之广，在古代史上也不多见。何茂春《中国外交通史》一书列举了担任正使的外交官就有赵秩、郑和、侯显、陈诚、李兴、尹庆、张敬、张谦、王景弘等 30 余位。并特别指出："除七下西洋的郑和以外，其他一些外交使臣的事迹同样功垂青史"。② 这就是今天我们对王景弘评价的基本认识。

（原载福建省国际文化经济交流中心、漳平市王景弘研究会编：《王景弘与郑和下西洋论文集》，第 88-92 页。）

① 曾锦波：《郑和下西洋考略》，香港，1992 年印制，第 96 页。
② 何茂春：《中国外交通史》，北京：中国社会科学出版社，1996 年，第 327-328 页。

王景弘：比肩郑和的航海家

傅柒生*

15世纪初，明成祖朱棣为了"耀兵异域，示中国富强"，[1]招徕朝贡，采取了一系列开放大举措，向海外频繁遣使，派太监郑和等统率一支由钦差正使太监、副使监丞、少监、内监、指挥、勇士、水手、医生等各种人才组成的近3万人、大船数十艘的庞大船队，先后七次出使西洋，历时近30年，遍历东南亚、南亚、西亚，直到非洲东岸30余个国家和地区，成为中国乃至世界航海史上的伟大壮举，客观上发展了中国与海外各国的友好关系和经贸往来，并为弘扬中华文化，扩大中外交流作出了重大贡献。

直面碧波汹涌的大海，福建人民素来是海之宠儿。所谓"海者，闽人之田也"。[2]长期的生活实践使福建人以高超的航海技术著称于世。"多谙水道，操舟善斗，皆漳、泉、福宁人。"[3]尤其是闽南人，在宋元时期已赫然标志为国内最出色的航海家，因而，众多福建人被挑选参加郑和下西洋这场"明初盛事"，"云帆高张，昼夜星驰，涉彼狂澜，如履通衢"。[4]庄景辉研究成果表明："见史载郑和使团人员之姓名者计70来人，绝大部分籍贯不详，而福建人约占百分之十六（明确原籍是福建的有11人），人数之多为他省所莫及。"[5]其中王景弘、侯显二人最为赫赫有名，属于郑和下西洋的"领导人员"。[6]《明史》云："当成祖时，锐意通四夷，奉使多用中贵，西洋则和、景弘，西域则李达，迤北则海童，而西番则率使侯显。"[7]

从现有史料来看，郑和下西洋的第一、二、三、七次航行有王景弘的名字与

---

* 福建省文物局局长，研究员。

[1] 《明史》卷304，《郑和传》。

[2] 顾炎武：《天下郡国利病书》。

[3] 茅元仪：《武备志》卷14，《海防》。

[4] 福建长乐《天妃灵应之记碑》。

[5] 参阅庄景辉：《随郑和下西洋的福建人》，庄景辉著：《海外交通史迹研究》，厦门：厦门大学出版社，1996年。

[6] 庄景辉：《随郑和下西洋的福建人》，庄景辉著：《海外交通史迹研究》，厦门：厦门大学出版社，1996年。

[7] 《明史》卷304，《郑和传》。

郑和并列出现，说明王景弘至少参加领导了郑和七次下西洋中的四次航行。

一、王景弘的籍贯

长期以来，由于王景弘疏于经传，以往学者都据《西山杂志》云："王景弘，闽南人。"

> 王景弘，龙岩集贤里人，后分属宁洋；永乐间随太宗巡狩，有拥立皇储功，赐其嗣子王祯世袭南京锦衣卫正千户。[①]

这是学者徐晓望在乾隆年间修订的《龙岩府志》检索到一条重要信息。[②]

清代《漳州府志》载："王景弘，集贤里香寮人，从太宗北征，后有拥立功，授其子宁南京锦衣卫正千户。"

1935年修订的《宁洋县志》又载："王景宏（弘），集贤里龙岩人，后分属宁洋，永乐间随太宗巡狩，有拥立皇储功，赐嗣子王祯世袭南京锦衣街（卫）正千尺（户）。"该志与乾隆年间《龙岩州志》极为相似，当为沿袭后者，只是后者在引用前者时错字频频。

新编《漳平县志》也载："王景弘，明朝龙岩县集贤里（今漳平赤水）香寮人。明洪武年间入宫为宦官，事奉燕王朱棣。建文元年（1399年）随朱棣起兵夺取帝位，得明成祖朱棣赏识。"

所有志书都没有异议地把王景弘的籍贯定在"龙岩集贤里"或称"集贤里龙岩"，据此，我们可以推断王景弘是闽南人，更确切地说是漳平市赤水镇香寮村人。从唐代开元二十四年（736年）置汀州后不久，龙岩县改隶漳州，直至1734年，宁洋县为明代建置县，隆庆元年（1567年），析龙岩集贤里之东西洋、大田县之聚贤里三图，永安县四图建宁洋县，划为集宁、聚宁、永宁三里，隶属漳州府，清雍正十二年（1734年），龙岩县升为直隶州，下领漳平，宁洋两县，1956年7月，宁洋县撤销，原宁洋县的赤水、双洋两镇，并入漳平县。[③] 当地多讲闽南话，因此《西山杂志》记载王景弘为闽南人。

香寮是宁洋、永安、连城三县交界要冲，群山逶迤，森林茂密，香寮原来叫"风寮"。宋代道教著名人物曹香山就诞生于此。据说，曹泗出生时有一股香气袭人，弥漫着整个小山村，于是人们就把风寮改叫香寮。香寮住民大多是外迁而入，特别是到了明代，江西、广东、浙江移民迁居于香寮，计有89个姓氏，人口有1 600余人，人称百姓村。

---

① 乾隆《龙岩州志》卷10，《人物·中官》。
② 徐晓望：《八次下西洋的王景弘》，《海交史研究》，1995年2期。
③ 龙岩地区地方志编纂委员会编：《龙岩地区志》卷1，《建置》，上海：上海人民出版社，1992年。

二、王景弘在下西洋活动中充当的角色

王景弘是明代宦官已无疑问，而且还是一个地位昭显的内宫重要人物。王景弘因"有拥立皇储功"而备受皇室宠信。《明史》载："洪熙元年二月戊申，命郑和领下番官军守南京，于内则与内官王景弘、朱卜花、唐观保协同管事；遇有外事，同襄城伯李隆、驸马都尉沐昕商议的当，然后施行。"[①] 但是，作为郑和下西洋的关键人物，其确切地位有待进一步商榷。

以往学者普遍认为王景弘在郑和下西洋中充当的角色只不过是个副使太监。新编《辞海》说"王景弘，明宦官，航海家。永乐三年（1405 年）任郑和的副使，出使西洋以后第二次、第三次、第七次航行时也都同行"——仅是"同行"二语就能言尽否？还有一些学者认为王景弘至多是在永乐末年才因有"拥立皇储功"受到明仁宗朱高炽及其子宣宗朱瞻基的重用，擢升为正使太监。[②]

重新查阅考辨史实，作为郑和下西洋最真实见证的福建长乐《天妃灵应之记碑》铭末写道："宣德六年，岁次辛亥仲冬吉日，正使太监郑和、王景弘，副使太监李兴、朱良、周满、洪保、杨真、张达、吴忠，都指挥朱真、王衡等立。正一住持杨一初稽首请立石。"

事实应该非常明确，王景弘与郑和一样都是"正使太监"，副使太监则有李兴等多达 7 人，如果说《天妃灵应之记碑》乃郑和第七次下西洋时停靠福建长乐港"等候朔风开洋"，"勒记于石"，恰恰圆了新《漳平县志》之说，毫无新意可言的话，可以退一步再看：

《明史》载："永乐三年六月，命和及其侪王景弘等通使西洋。"[③]《现代汉语词典》把"侪"解释为（书）同辈，同类的人。《辞海》注："侪；辈；类《左传·僖公二十三年》，'晋郑同侪'"，杜预注："侪，等也。"言下之意，王景弘是与郑和同辈齐名的人，可以这样认为：王景弘一开始就与郑和同领正使太监之衔共同指挥演奏了下西洋这首雄浑的交响乐名曲。

再者，如前文所引《明史》和其他史料所及四次下西洋，王景弘都与郑和并排出现，并没有为紧跟郑和之后的王景弘冠以"副使太监"的"行政职务"，迄今没有查证到王景弘任过"副使太监"的原始史料。郑和下西洋正使太监一职是两个并列的。按照汉语语法规则，上述严肃史料行文的王景弘与郑和属于并

---

① 《明仁宗实录》卷 7 上。
② 漳平市地方志编纂委员会编：《漳平县志》卷 31，《人物》，北京：三联书店，1995 年。
③ 《明史》卷 304，《郑和传》。

列关系，是同一主体，也可以说是词组。人员和职位一览能详的《天妃灵应之记碑》正好是一个佐证。还有郑和第七次下西洋时在镡州（今福建南平）雪山寺铸献铜钟为证，钟铭曰："永远长生供养，祈保西洋往回平安，吉祥如意者，大明宣德六年岁次辛亥仲百夏吉日，太监郑和、王景弘同官军人等，发心铸造铜钟一口。"[①] 而且根据郑和下西洋随行人员费信所述："永乐七年，上命正使太监郑和、王景弘……往诸番国开读赏赐。"[②] 王景弘至少在第三次下西洋时就已领正使太监之衔了，那种认为王景弘是在最后一次下西洋时才被授予正使太监的观点似乎是站不住脚的。

三、王景弘之死

史书记载王景弘不多，该人物何时何地终老也只得付之缺如。专家学者也因此众说纷纭。有死于爪哇说，有死于船上说，有死于国内说。《辞海》注："宣德九年（1434 年）（王景弘）又出使苏门答腊，后死于爪哇。"

现在，在南洋有很多关于王景弘的传说，说王景弘卒于爪哇，郑健庐《南洋三月记》称："景弘卒于爪哇，葬于三宝洞旁，"但是，王景弘不但在郑和第七次下西洋结束时扶着 1433 年不幸卒于古里[③]的郑和梓榇率领庞大船队胜利返航，而且还于宣德九年（1434 年）率领船队第八次下西洋，同样也胜利归航，此后则没有看到王景弘再下西洋的历史记载，倒还可以查寻到王景弘活动于南京的蛛丝马迹，如：

> 正统元年（1436 年）三月丁卯朔，敕南京守备内外官员太监王景弘等曰：比闻南京承运等八库递年收贮财物数多，恐年久损坏，负累官攒人等。[④]

> 正统元年（1436 年）三月甲申，敕王景弘等，于官库支胡椒、苏木共三百万斤，遣官运至北京交纳，毋得沿途生事扰人。[⑤]

所谓王景弘死于国外或归途是缺乏事实根据的，他应死于国内，更确切地说是死于南京，他晚年并不得志，受到当权新贵的排挤和冷眼，上文所引《明英宗实录》之强硬刻薄措辞可见一斑，郁郁而终于南京这块让他起步和发达且有其子

---

① 梅华全、卢保康：《南平市发现明代郑和铸造的铜钟》，《福建文博》，1982 年 2 期。
② 费信：《星槎胜览》前集《占城国》。
③ 庄景辉：《随郑和下西洋的福建人》，庄景辉著：《海外交通史迹研究》，厦门：厦门大学出版社，1996 年。
④ 《明英宗实录》卷 15。
⑤ 《明英宗实录》卷 15。

王祯世袭锦衣卫正千户，远离明王朝新都北京的无奈而理想之地。时间应是在1436年之后。

（原载福建省国际文化经济交流中心、漳平市王景弘研究会编：《王景弘与郑和下西洋论文集》，第107—112页。）

明王景弘下西洋史事钩沉

陈学霖*

一、序言

永乐三年（1405 年），明成祖朱棣为宣诏继统登基，诏谕诸番国来朝，敕遣宦官郑和等统领时称"宝船"的庞大舰队，远航海外异域，掀起明初七下西洋壮举的序幕。从这时至宣德初年，郑和与其同僚迭次统率船队，经涉沧溟十余万里，遍历今日之东南亚、南亚半岛，又横越印度洋，抵达波斯湾、阿拉伯半岛，以至非洲东岸，访问凡 30 余国。郑和这几次远航通使，诚是明朝的伟大盛事，不独显露朱棣"靖难"成功，篡夺建文帝位于南京所拥有的雄厚武力，对当世的政治、社会经济、军事外交的发展与文化传播，都有极重要的影响。在中外交通史上，这些壮举尤有重大意义，因为此是近世纪国人跨越重洋，与外域直接通问的开始，较诸维嘉达马（Vasco da Gama）与哥伦布（Christopher Columbus）发现新大陆的航行，还早上六七十年。郑和这位人称"三保（宝）太监"的航海统帅和通番大使，不但是历史功绩昭著的伟人，而且经过小说、戏剧和传说的渲染，又是民间神格化的英雄，成为闽粤沿海地区，特别是东南亚华人社会的崇祀对象，香火迄今不衰。[①]

关于郑和下西洋的史料，虽然档案册牍荡然，但是官私载籍不乏片断记载，碑刻铭文又多补充阙遗，质量皆相当瞻富，足资探迹索隐。大略言之，皇帝的圣旨、敕书，后来钞存于官修实录（成祖至英宗）的一类诏谕，是基本的官方文书。不过，最重要的原始资料来自两处，一是当日远航舟师所建立的碑记，例如永乐七年（1409 年）的《布施锡兰佛寺碑》、宣德六年（1432 年）的太仓刘家港天妃宫《通番事迹碑》、福建长乐南山寺《天妃灵应之记碑》等；另一是随行

---

* 　美国西雅图华盛顿大学教授。

① 　明初郑和等七下西洋的贡献与历史意义，中外史家讨论激烈，论著源源不绝，至今日仍为一热门研究
　　对象，本世纪以来有关专著，详见《郑和研究资料选集》（北京：人民交通出版社，1985 年）"附录：
　　八十年国内外关于郑和研究的论著目录"，第 459-520 页，外文著述，又见 Roderich Ptak, *Cheng Hos
　　Abenteuer im Drama und Roman der Ming-Zeit*：*Hsia Hsi-yang*：*eine Übersetzung und Untersuchung*；*Hsi-
　　yang chi*：*ein Deutungsversuch*, Münchener ostasiatische Studien, Bd. 41, F. Steiner, 1986, pp. 309-329.

人员的记叙，如马欢《瀛涯胜览》、费信《星槎胜览》、巩珍《西洋番国志》等。此外，后世记录通使西洋的著作，如祝允明《前闻记》、黄省曾《西洋朝贡典录》、严从简《殊域周咨录》等，亦是极有价值的史籍。清修的《明史·外国列传》，综合史料成章，不过记事舛误缺漏甚多，必须悉心纠谬补遗。最后，近年新发现的郑和先世家谱，以及有关下西洋的文物遗迹，皆可作重要佐证补充以上各类资料，大多已录于郑鹤声、郑一钧编辑的《郑和下西洋资料汇编》三巨册，为现今研究这段史事最完备的文献集成。①

自从 20 世纪 30 年代开始，欧西著名汉学家如伯希和（Paul Pelliot）、戴文达（J. J. L. Duyvendak）等推动郑和下西洋的研究，日人有严高、山本达郎等接踵，国人如向达、冯承钧、郑鹤声等继续发扬，郑和的事迹一直是国际汉学研究的热门对象。过去数十年间，台湾学者如许云樵、朱楔、包遵彭、徐玉虎等多方深入探索，匡正补充前人论著，收获甚多，成绩斐然。20 世纪 80 年代中期，大陆掀起研究郑和的热潮，发刊一系列新资料和论著，1985 年"纪念郑和下西洋580 周年纪念"研讨会，出版专刊发书，将这方面的研究提升至新的高峰。②

从汇编书目所见，20 世纪 80 年代以来中外学者探讨的题目洋洋大观，包括历次敕遣郑和统率巨舰通番的政治、经济、军事、外交等目的、任务、影响，与罢停航海的原因；远航船队的组织、人员、"宝船"之体制、航海技术，往返的年月航程、访问的番国，对当地政治、经济、文化的影响，与华人海外发展的关系；郑和的家世，生平事迹，宗教信仰，传记资料等；有关下西洋的载籍（如马欢、费信、巩珍的著述）、碑刻、航海图、文物遗迹，小说（如罗懋登《三宝太监西洋记通俗演义》，一称《西洋记》）、杂剧、戏曲、民间传说等；以及下西洋对天妃祭祀的发展，郑和的神格化，有关寺庙的建立与闽粤地区，及东南亚华

---

① 郑鹤声、郑一钧：《郑和下西洋资料汇编》，济南：齐鲁书社，上册，1980 年；中册（上、下），1983年；下册（上、下）（尚未寓目），上册介绍郑和的家世、生平时代，郑和使团的人力、物力、航海技术，以及下西洋的历史背景资料。中册介绍郑和出使时期亚非诸国的情况，出使诸国的经过，以及对诸国的外交关系所发生的作用的资料。下册介绍郑和在海内外的遗迹、文献，以及后代评估郑和下西洋意义和影响的资料，并附录有关文物出版。

② 本文所参考有关郑和下西洋的论著包括 Paul Pelliot、J. J. L. Duyvendak、山本达郎、金云铭、郑鹤声、冯承钧、朱楔、徐玉虎、郑一钧等十数家。此外，又采用向达主编之中外交通史籍丛刊（中华书局出版）所校刊之下西洋地理载籍数种。中国航海史研究会"纪念伟大航海家郑和下西洋 580 筹备委员会"之单位，曾主持编纂论文专集，俱由北京人民交通出版社刊行，细目见以下注释所列。

人社会对其崇奉盛况等等，可谓包罗万象，鲜有所遗。①

　　虽然如此，下西洋的史事尚有若干课题可以钻研补充，其一是有关郑和同僚的个别研究。当日随行远航通使的将官弁员，较昭著的有正使王景弘、侯显、洪保；通译文书马欢、费信、巩珍诸人，而前者以王景弘为最知名。王景弘亦为内宫太监，是与郑和出使西洋的首席正使，几乎每役俱与，洪熙罢停通番宝船后移任南京守备，宣德时再衔命下西洋，与郑和为一时瑜亮。明清小说杂剧演西洋史事尊称为"元帅王尚书"，而在民间传说里，他以三保（宝）之名与郑和共称。可是，由于郑和锋芒毕露，睥睨同僚，王景弘遂被掩盖，《明史》未为立传，而记载又多驳杂歧异，鲜有抉剔爬疏，以致无从知人论世。本文旨在稽考现有资料，勾勒他的生平事迹，作个案研究，庶几对下西洋的人物与史事，有更进一步的阐发。②

二、王贵通与王景弘

　　现存残缺的下西洋载籍，虽然并无王景弘的传记，但是有关其行事活动的零星记录，比比皆是，可以掇拾归纳，作一评估。不过，整理这些资料时，我们遇到一个困扰。在永乐朝王景弘随郑和下西洋的同时，史籍又记载另一位名王贵通的太监，出身及行事都离奇地吻合，二者究竟是不同的人物，抑或是一人之异名？这是一个载籍上缠夹不清，必须先行解决的问题。

　　从明代史书记事的年代考察，如《明史·郑和传》所载，王景弘早于永乐三年便参加首次下西洋的壮举。但是，若以史料本身的年代作限断，王贵通出现于记载却比王景弘为先。这个名字始见于郑和领衔，叙述奉皇帝之命在锡兰岛布施供奉佛寺。《布施锡兰佛寺碑》是一块高4尺5寸、宽2尺5寸，刻有汉文、泰尔及波斯三种文字的石碑，于1912年在该岛西南端的加勒（Galle）镇出土，原件今藏斯里兰卡科伦波博物馆。汉文碑刻首言："大明皇帝遣太监郑和、王□□等，昭告于佛世尊曰……"此碑文拓本"郑和王"以下二字模糊不清，

---

① 近20年来对郑和之研究有三种外文著作必须一提，一是英译马欢《瀛涯览胜》：J. V. G. Mills, *Ying-yai sheng-lan. The Overall Survey of the Ocean's Shores* [1433]，Cambridge：At the University Press, 1970；Roderich Ptak, *Cheng Hos Abenteuer im Drama und Roman der Ming-Zeit：Hsia Hsi-yang：eine Ubersetzung und Untersuchung；Hsi-yang chi：ein Deutungsversuch*, Münchener ostasiatische Studien, Bd. 41, F. Steiner, 1986；李献璋：《妈祖信仰研究》，第三章"明廷的海外宣谕与妈祖传播"，东京：泰山文物出版社，1974年，第253-288页。

② 1970年代美国哥伦比亚大学出版社所出版，由已故 LC. Goodrich 与房兆极主编 *Dictionary of Ming Biography*（*1368—1514*）（1976年）收有"王景弘（Wang Chinghung）小传"（第1964-1966页），然其简略，错误亦多。对王氏生平事迹做初步考订，特别指出他是卒于国内的近著为庄为玑：《试论郑和与王景弘之死》，《海交史研究》，1987年第1期，第87-90页；陈琦：《王景弘简论》，《海交史研究》，1987年第1期，第91-96页。不过二文限于篇幅，对于王景弘的生平事业仍缺乏深远的探讨。

1930 年代山本达郎撰《郑和の西征》时取之研读，以"王"字后一字虽不可认，但第三字显然系"通"字，因此断定其人系郑和同侪王贵通。① 根据时贤考证，此碑系因成祖有感于遣使往诸番国，诸神屡著感应，特赐封南海神为宁海伯所立。碑文所记之永乐七年（1409 年）二月甲戌朔日，根据太宗实录，应是下谕封神之日，与在锡兰岛建碑无关，因此时第二次之航行仍未回还，大概到八年之下半年，作第三次下西洋到达其地时始立碑。②

此外，王贵通之名分别见于宣德时纂修的太宗、仁宗实录。《明太宗实录》永乐五年（1407 年）九月庚辰（三十日）条云："遣太监王贵通齐往劳占城国王占巴的赖赐王白金三百两，彩绢二十表里，嘉其尝出兵助征安南也。"《明仁宗实录》永乐二十二年（1424 年）八月丁未条又记："命太监王贵通率下番官军赴南京镇守，宫中诸事同内官朱卜花、唐观保，外事同驸马都尉西宁侯宋琥、驸马都尉沐昕计议而行。"③ 此后，明代载籍记永乐朝下西洋的事迹，只有南明佚名之《天妃显圣录》沿用王贵通之名。例如于《历朝袭封致祭》篇下载："永乐十五年（1417 年），钦差内官王贵通……并道士诣庙"；于《东海护内使张源》又记："本年（按指永乐十九年，1421 年），太监王贵通等又奉命往西洋，祷祝显应。"其他记载都改用王景弘一名，这里显然沿袭已佚的旧资料。④

王景弘之名始见于官私载籍，以史料本身的年代推定，最早为《明仁宗实录》洪熙元年（1425 年）二月戊申条。此处记郑和率领下番官军镇防南京云："命太监郑和领下番官军守南京，于内则与内官王景弘、朱卜花、唐观保协同管事；遇外有事，同襄城伯李隆、驸马都尉沐昕商议的当，然后施行。"⑤《明仁宗

---

① 关于《布施锡兰山佛寺碑》的发现，首见 Perera，"The Galle Trilingual Song"，*Polian Zailonica Vii*，pt，XXX，1913，pp. 122–127。英译详文见 Anonymous，"A Chinese Inscription from Ceylon"，*Journal of the North China Branch of the Royal Asiatic Society* XLV，1914，pp. 171–172。关于汉文碑文的研究，详见山本达郎著：《郑和西征考》，王古鲁译，《文哲季刊》，第 4 卷第 2 期，1935 年，第 390–398 页（此文原籍《郑和西征》，刊《东洋学报》，第 21 卷第 3–4 号，1935 年），上各作者及译者咸认识"王囗囗"应是王贵通。前此桑田六郎与冯承钧因未亲见拓本，仅误署其名为王清濂，见费信著，冯承钧校注：《星槎胜览校注》，上海：商务印书馆，1938 年，第 30 页；又见徐玉虎：《明郑和之研究》，高雄：德馨室出版社，1980 年，第 104–106 页；又见郑鹤声、郑一钧：《郑和下西洋资料汇编》中册（下），济南：齐鲁书社，1983 年，第 943–945 页。
② 永乐七年下谕赐封南海神事见《明太宗实录》卷 88，台北："中央研究院"历史语言研究所影印本，1962 年，第 1162 页。
③ 《明太宗实录》卷 71，台北："中央研究院"历史语言研究所影印本，1962 年，第 999 页。又见《明史》卷 324，北京：中华书局，1974 年，第 8386 页；《明仁宗实录》卷 1 上，台北："中央研究院"历史语言研究所影印本，1962 年，第 6 页。
④ 佚名编：《天妃显圣录》，台湾文献丛刊第 77 种，台北：台湾银行经济研究所，1960 年，第 9 页，第 39 页。本系清康熙、雍正之交的重修本，原藏于省立台北图书馆。李献璋博士指出，作序的林尧俞与黄坦俱在崇祯、永历间翰林学士，故是书系于晚明镌刊行世，见李献璋：《妈祖信仰研究》，第四章第一篇上"天妃显圣录的成立"，东京：泰山文物出版社，1974 年，第 94–107 页。
⑤ 《明仁宗实录》卷 1 上，台北："中央研究院"历史语言研究所影印本，1962 年，第 6 页。

实录》虽于宣德六年（1431 年）纂修，但资料系本诸洪熙时档牍，足证王景弘之名，在仁宗登极后已开始于官书。此后，仁宗与宣宗实录所载下西洋事情，皆通用王景弘一名。例如《西洋番国志》卷首载录的宣德五年（1430 年）所颁恢复航海通番敕书，与翌年宣宗赐予出使诸臣御诗《赐太监王景弘诗》便是。敕书略言："敕南京守备太监杨庆、罗智、唐观保，大使袁诚：今命太监郑和等往西洋忽鲁谟（谟）斯等国公干，大小船六十一只，该关领原交南京入库各衙门一应正钱粮，并赏赐番国头目人等彩币等物……敕至，尔等即照数放支与郑和、王景弘……，赐领前去应用，不许稽缓，故敕。宣德五年五月初四日。"①

此外，宣德六年下西洋所建立的碑记，铸造的铜钟、官修的宣宗、英宗实录（纂修于正统、成化年间），与私撰有关出使通番的著述，无一不用王景弘之名。这里谨节录正统元年（1436 年）、费信所撰的 4 卷本《星槎胜览》序为例。所云："太祖高皇帝龙飞九五，被泽敷于四表，于是命正使太监郑和、王景弘、侯显等，开道九夷八蛮，钦赐玺书礼币。皇风清穆，尊被无疆，天之所覆，地之所载，莫不贡献臣服，三五之世，不是过也"。费书原本分前后 2 卷，后来昆山周复俊病其文字芜俚，取之改订润删，析为 4 卷。2 卷本原序无王景弘之名。4 卷本已增补。此外，书中《占城国》，原 2 卷本罗以智钞本有景弘之名，其他两种钞本佚去，4 卷本则据原本补阙。②

王贵通是否即是王景弘？根据上述资料排比猜测，二者活跃于同一时代，出身与事业相若，彼此都是内宫的阉宦，后来擢升太监，随从郑和下西洋通番，为统率舟师列名次席的正使，很多方面都离奇的吻合。其次，从史事记录的年代而言，二者的事迹与宦业都是相续的，并没有重复或冲突。这即是说，当王贵通在记载上消失后，接着便有以王景弘为名类似的事迹出现，二人未有在同时代的记载中并列。最显著的例证，《明仁宗实录》永乐二十二年八月丁未，与洪熙元年二月戊申条，两者同记一事，但前者有王贵通之名，后者则以王景弘替代。最后，从文义上来考虑。二者的名字密切相关，假定贵通是名，以景弘为字，十分贴切典雅，很容易联想同为一人。这样看来，二者为一人异名实无懈可击。若果不然，何以解释像王贵通这样重要的出使通番人物，在永乐朝以后寂然无闻？而王景弘如此显赫的郑和同侪，竟然不见于永乐的官私记载，等到洪熙改元始突然冒头？

由此观之，王贵通无疑是永乐时所用之名，到仁宗称位，他便以王景弘一名出现，景弘若不是他的字，改以字行，就是皇上所赐（成祖或仁宗），如前者赐

---

① 巩珍著，向达校注：《西洋番国志》，北京：中华书局，1961 年，第 16 页。
② 费信著，冯承钧校注：《星槎胜览校注》，上海：商务印书馆，1938 年，第 11 页。

郑和姓名之例。至于何者属实，为何史书上没有说明，以文献匮乏，只好存疑。自从王景弘成为官方用的名字，此后编纂的史籍，包括清修《明史》，在叙述明初下西洋通番事情，凡是涉及王贵通的，都用王景弘一名替代，造成严重的年代混乱。唯一例外是南明佚名编的《天妃显圣录》，此书于永乐十五、十九年两年记事都用王贵通之名，保存旧貌。后者指第五次下西洋事，他书统用王景弘之名，但这里却书作王贵通，也是贵通即为景弘原名，二者同是一人的重要佐证。时贤颇多认为二者应属一人，不过并未将资料归纳分析，作一综合的传记研究。①

三、永乐、洪熙朝之王贵通（景弘）

我们既确定王贵通与王景弘同为一人，这样实录和碑刻所记载二者自永乐至正统朝的事迹皆可通用，扩拓研究资料。然而，他早年以王贵通为名的行事仍是一片空白。最近，厦门大学研究海上交通史的学者，发现了晋江蔡永蒹著的《西山杂志》，其中有一则珍贵的史料。是书在《三宝下西洋》条下记载："王景弘，闽南人，雇泉州船以东石沿海名舵导引从苏州刘家港入海，至泉州寄泊。"② 这是说贵通生长于福建南部，以操舟为务，熟识沿海航路，大概是负责使用罗盘，按针路簿指行船，当时称为"火长"的一类航海技术人员，所以其后与郑和征进西洋时，便奉命征用泉州的海舶，和统一指挥出洋舰队。以上记述谅是本诸地方传闻，景弘出身闽南舟子应该可信，但是失载他的籍里和生平，亦无述及他如何成为阉宦，何时入宫，擢升太监，因而与郑和相交，参与航海通番的大业。万历间罗懋登撰《西洋记》，谓王景弘为山东青州府人，出身兵部尚书，前者或有根据，但后者悖于史实，显然系作者虚构。③

不过，由于王贵通在更名为景弘之前已任太监，而其整体事业与郑和相若，他这一段生涯应该与其同侪类似。据近人考证，郑和（原姓马，初名三保）生于洪武四年（1371年），约于12岁（洪武十五年）为明太祖大将傅友德平定云南时俘获，遭阉割后拨至燕王府听用，因而成为近侍，"靖难"之役迭次亲临监战，屡立奇功。朱棣在夺得建文帝位后，即提升和为内官太监，永乐二年（1404

---

① 山本达郎认为二者应属一人，但未有进一步探究。山本达郎著：《郑和西征考》，王古鲁译，《文哲季刊》，第4卷第2期，1935年，第864页；又见李献璋：《妈祖信仰研究》，东京：泰山文物出版社，1974年，第269页。此外，中外专家皆未将二者联结一起，如前揭之王景弘研究亦然。

② 笔者未见是书，此据郑一钧著：《论郑和下西洋》，北京：海洋出版社，1985年，第59页，及庄为玑：《试论郑和与王景弘之死》，《海交史研究》，1957年第1期，第89页所引。蔡永蒹是清人，生卒年月未详。郑、庄二氏所见福建晋江图书馆所藏手抄本。

③ 见罗懋登：《三宝太监西洋记通俗演义》卷3，第15回，上海：上海古籍出版社，1985年，第195页。关于王景弘贯籍的考证，详见下文。

年）赐今姓名，随而敕令统率舟师航海通使。① 按《明史·职官志·宦官下》，朱元璋称帝后，于内宫设置一由十二监、四司、八局组成的二十四衙门，其成员皆于宫内选任，由是充职者只有阉宦，通称内官或中官，每监由一秩正四品的太监充领，而以司礼及内官太监权势最大。② 王贵通既与郑和共事，年龄谅接近，假定他于永乐三年首次下西洋时为 30 岁左右，应该生于洪武八年（1382 年），少时即被去势转送入宫，可能亦被拨至燕府侍从，因而与郑和相识交好。此后，他必或因从军而建立功绩，或以他故获得朱棣信重而渐次升迁，否则不会跃登太监。至于他的卒年，依据《明英宗实录》记载的年限，应在正统二年（1437 年）之后。因此，若以 10 年的相差推算，王贵通（景弘）大概生于洪武初年，卒于正统中叶前后，享寿 60 岁以上。

这里应该指出，王贵通（景弘）的官阶与地位，在下西洋之前，已经与郑和相符，因为他既是内官监的太监，又是远航通番的正使。这点不但见诸明代的官私载籍和碑刻，清代编修的《明史》也正确地说明。例如《明史》卷304《郑和传》载："永乐三年六月，命和及其侪王景弘等通使西洋。"这里"侪"字之义并不是"副"而是"等"，此据左传僖公二十三年："晋陈同侪"；杜预注："侪，等也。"③ 因此，王景弘是与郑和同级，不是他的副手。简括来说，郑和是全权执行下西洋的统帅，统筹指挥航洋的舟师，因此在记载上他的名字总是领衔。但是王景弘有雷同的官阶和专门的职务，负责航海的针路和管理船队，中间还奉命单独出使番国。到仁宗停罢远航宝船后，他与郑和出任同等的南京守备的重职。由是无论在海上或陆上，王景弘与郑和的地位相埒，不过才能有异，故此专职不同。近代学者有称王景弘为郑和的副贰，不是误解就是囿于成见，与史实不符，必须澄清，然后能知人论世。④

关于永乐朝郑和等下西洋的事迹，特别是历次远航的往返年月，由于实录有脱漏，而《明史》又混淆记载，早年学者执信正史，曾作出若干谬误的断论与成见。例如伯希和与山本达郎等，便将《明实录》与《明史》记载之第二、第

---

① 关于郑和的家世及早年事业，详见李士厚：《郑和家谱考证》，昆明：自印本，1987 年，第 1-27 页；《郑和家世资料》，北京：人民交通出版社，1985 年，第 1-5 页；又见郑鹤声、郑一钧：《郑和下西洋资料汇编》上册，济南：齐鲁书社，1980 年，第 1-29 页，并参考郑一钧著：《论郑和下西洋》，北京：海洋出版社，1985 年，第 1-27 页。

② 《明史》卷 71，北京：中华书局，1974 年，第 1818 页。参见丁易：《明代特务政治》，北京：中外出版社，1950 年，第 16-21 页；又见王硕：《宦官与太监》，《历史研究》，1993 年第 6 期，第 183-184 页；王春瑜、杜婉言《明朝宦官》，北京：紫禁城出版社，1969，第 4-8 页。

③ 《明史》卷 304，北京：中华书局，1974 年，第 7766-7767 页；杜预：《春秋经传集解》（四部备要本）卷 6，第 14 页。

④ 陈琦：《王景弘简论》，《海交史研究》，1987 年第 1 期，第 93-94 页。

三次出使往返日期合并为一，系于六年与九年（1408—1411 年），作为第二次之
航行，继而又为要吻合正史所言郑和"七下西洋"，由此往下推算，将永乐二十
二年（1424 年）郑和之奉谕单独出使旧港（但未成行），列为第六次之放洋。这
些谬论，自从《天妃灵应之记碑》与《通番事迹碑》出土，经过金云铭、戴文
达、郑鹤声、朱楔诸人考订，随而获得修正。[①] 因此永乐时郑和下西洋的六次，
已经确定为永乐三年至五年（1405—1407 年），五年至七年（1407—1409 年），
七年至九年（1409—1411 年），十一年至十三年（1413—1415 年），十五年至十
七年（1417—1419 年），与十九年至二十年（1421—1422 年）。在这六次当中，
大概除却一次，郑和都亲自统率舰队出洋。至于王景弘曾参加过若干回，史籍及
碑刻都失载。根据各种线索，以他的才干经验和所具备的知识职权，可能每役俱
与，但是只有三数次才有确凿的史文，下面略作考证叙述。[②]

　　郑和等首次奉敕统领舟师通使西洋，根据《明太宗实录》、碑刻，及《明
史》等记载，系在永乐三年（1405 年）六月十五日，至十月间于苏州刘家港出
海，五年（1407 年）九月二日始回还，沿途经历占城、暹罗、苏门答剌、旧港、
满剌加、古里等国。实录是年六月己卯条载："遣中官郑和等赍敕往谕西洋诸国，
并赐诸国王金织文绮彩绸有差。"《明史》卷6《成祖纪》同年月日又言："中官
郑和帅舟师使西洋诸国。"这里俱未列举王贵通或景弘之名，然《明史·郑和
传》有条录，并详述其出使事云："永乐三年六月，命和及其侪王景弘等通使西
洋。将士卒二万七千八百余人，多赍金币。造大船，修四十四丈，广十八丈者六
十二。自苏州刘家河泛海至福建，复从福建五虎门扬帆，首达占城，以次遍历诸
番国，宣天子诏，因给赐其君长，不服则以武慑之。五年九月，和等还，诸国使

①　伯希和著：《郑和下西洋考》，冯承钧译，上海：商务印书馆，1935 年，第 28-48 页；山本达郎著：
　　《郑和西征考》，王古鲁译，《文哲季刊》，第 4 卷第 2 期，1935 年，第 376-416 页，第 851-879 页；
　　金云铭：《郑和七次下西洋年月考证》，收入纪念伟大航海家郑和下西洋 580 周年筹备委员会编：《郑
　　和研究资料选编》，北京：人民交通出版社，1985 年，第 154-155 页；J. J. L. Duyvendak, "The True
　　Dates of the Chinese Maritime Expeditions in the Early Fifteenth Century", *T'oung Pao* 34 (5), 1939, pp.
　　341-412；朱楔：《郑和》，北京：三联书店，1966 年，第 52-66 页；郑鹤声：《郑和遗事汇编》，上
　　海：中华书局，1948 年，第 43-66 页；徐玉虎：《明郑和之研究》，第四章，高雄：德馨室出版社，
　　1980 年。又见郑鹤声、郑一钧：《郑和下西洋资料汇编》中册（下），济南：齐鲁书社，1983 年，第
　　915-930 页；张维华主编：《郑和下西洋》，北京：人民交通出版社，1985 年，第 33-35 页；郑一钧
　　著：《论郑和下西洋》第六章第二节，北京：海洋出版社，1985 年。
②　德国学者 Roderich Ptak 撰文，稽考王景弘与侯显二人的事迹，质疑王景弘在七次下西洋之中，未必会
　　参加第一、二次，第三次有可能，第四、五、六次出使俱无记录，而最后一次始有确实记载证明其参
　　加远征。见 Roderich Ptak, "Über Wang Ching-hungs und Hou Hsiens Teilnahme an Cheng Hos Expedi-
　　tionen", *Zeitschrift Der Deutschen Morgenländischen Gesellschaft*, 134 (2), 1984, pp. 337-343. Ptak 此论，
　　因其不信王贵通与王景弘同为一人，又未曾归纳有关资料，如《天妃显圣录》，加以精密分析之故。

者随和朝见。"① 此处虽然不用王贵通原名，当系他曾参加首次下西洋的证明，
惟是时贤有认为《明史》资料晚出不可靠，因此贵通是否会偕行仍未能断定。
是次出使所发生的大事，包括在古里赐其国王诏命银印并立碑为记，与回程至旧
港（旧称三佛齐）时，遇海盗粤人陈祖义等挑衅掠劫，将其殄灭生擒魁首献
于朝。②

　　郑和等第二次下西洋，据《天妃灵应之记碑》所记，事在永乐五年（1407
年）冬季，在首次远航结束不久。此行系护送诸外番来朝贡的使臣回国，顺道又
再出使，所经历的国家除上次已曾访问者，增加爪哇、渤泥、加异勒和柯枝等
国，至七年（1409 年）夏间始还朝。此次实录误将郑和等出使系于永乐六年
（1408 年）九月癸酉（二十八日），而《明史·成祖纪》袭之，伯希和与山本达
郎过信官书，遂以为奉敕之日，较真日期推迟一年，因此与下次之航行混淆，致
将实录永乐九年（1411 年）六月乙巳（十六日）所载第三次舟师还朝，误为第
二次航行归国之日。此等错误，在《天妃灵应之记碑》面世后，业已得专家纠
正。王贵通是次随行，见郎瑛《七修类稿》卷 12 记载："永乐丁亥（五年），命
太监郑和、王景弘、侯显三人往东南诸国，赏赐宣谕。"③ 郎书出于正统年间，
故此采用已更易之官方名字。不过，贵通之名出现于前揭实录同年九月庚辰，朝
廷谕令王贵通赍敕往劳占城国王占巴的赖，赐王白金彩币，以奖赏其助征安南一
条。王贵通与王景弘既同为一人，这就意味他在通使番国时又曾奉命赴占城，显
然是乘航海之便完成任务，然后与同僚继续其余里程。关于此次航行，戴文达颇
怀疑郑和并未亲自统率船队前往，因为有两项资料——锡兰山碑与陈建《皇明从
信录》，指出郑氏在七年初月仍在国内。此说甚有见地，假若郑和确实未与舟师

---

①　《明太宗实录》卷 43，台北："中央研究院"历史语言研究所影印本，1962 年，第 685 页；《明史》，
　　北京：中华书局，1974 年，卷 6，第 82 页；卷 304，第 7766-7767 页。
②　详见伯希和著：《郑和下西洋考》，冯承钧译，上海：商务印书馆，1935 年，第 28-31 页；山本达郎
　　著：《郑和西征考》，王古鲁译，《文哲季刊》，第 4 卷第 2 期，1935 年，第 376-389 页；J. J. L.
　　Duyvendak, "The True Dates of the Chinese Maritime Expeditions in the Early Fifteenth Century", *T'oung Pao*
　　34 (5), 1939, pp. 339-356；朱偰：《郑和》，北京：三联书店，1966 年，第 53-54 页；徐玉虎：《明
　　郑和之研究》，高雄：德馨室出版社，1980 年，第 41-42 页；又见郑鹤声、郑一钧：《郑和下西洋资料
　　汇编》中册（下），济南：齐鲁书社，1983 年，第 930-939 页；张维华主编：《郑和下西洋》，北京：
　　人民交通出版社，1985 年，第 38-40 页；郑一钧著：《论郑和下西洋》，北京：海洋出版社，1985 年，
　　第 256-266 页。
③　郎瑛：《七修类稿》卷 12，台北：世界书局，1953 年，第 182 页。

偕行，王贵通无疑充当这次远航的全权统帅和通番大使。[①]

郑和等第三次下西洋，根据《天妃灵应之记碑》等资料，事在永乐七年（1409 年）九月，其年十二月出海，至九年（1411 年）六月始回京，所经历的外番较前增多小葛兰、甘巴里、阿拔把丹、溜山等国（俱在印度南部）。这次出使，如前所言，《明实录》与《明史》记载年月失误，但是随行的费信，却有确实的叙述。《星槎胜览·占城国》云："永乐七年己丑，上命正使太监郑和、王景弘等统领官兵二万七千余人，驾使海舶四十八号，往诸番国开读赏赐。是岁秋九月间自太仓刘家港开船，十月到福建长乐太平港停泊，十二月于福建五虎门开洋，张十二帆，顺风十昼夜到占城国。"[②] 此次舟师抵达锡兰山后，郑和等在岛上建立刻有三种文字的《布施锡兰山佛寺碑》，汉文碑上有王贵通之名，为王景弘的本来名字提供宝贵证据。这次出使可记的大事，就是在锡兰岛建碑不久，舟师与土酋发生兵戎冲突，导致擒获国王事件。按史所记，其王亚烈苦奈儿（Ala-gakkonara，疑即 Viyaya Bahu V）诱郑和等至国中，索取金币，发兵劫舟，然和觇敌大众既出，国内空虚，因率部众出其不意攻破其城，生擒国王及妻子官属，于九年六月回还时俘献于朝。[③]

郑和等第四次下西洋，根据记载系于永乐十年（1412 年）十一月十五日奉谕，翌年冬开洋，至十三年（1415 年）七月初八日始返国。《明太宗实录》永乐十年十一月丙申条载："遣太监郑和等赍敕往赐满剌加、爪哇、占城、苏门答剌、阿鲁、柯枝、古里、南渤利、彭亨、急兰丹、加巽勒、忽鲁谟斯、比剌、溜山、

① 见伯希和著：《郑和下西洋考》，冯承钧译，上海：商务印书馆，1935 年，第 31-41 页；山本达郎著：《郑和西征考》，王古鲁译，《文哲季刊》，第 4 卷第 2 期，1935 年，第 369-406 页；J. J. L. Duyvendak, "The True Dates of the Chinese Maritime Expeditions in the Early Fifteenth Century", *T'oung Pao* 34（5），1939, pp. 361-372；朱楔：《郑和》，北京：三联书店，1966 年，第 54-55 页；徐玉虎：《明郑和之研究》，高雄：德馨室出版社，1980 年，第 42-41 页；又见郑鹤声、郑一钧：《郑和下西洋资料汇编》中册（下），济南：齐鲁书社，1983 年，第 939-945 页；张维华主编：《郑和下西洋》，北京：人民交通出版社，1985 年，第 4043 页；郑一钧著：《论郑和下西洋》，北京：海洋出版社，1985 年，第 266-271 页。

② 按冯注本，页 1："上命正使太监郑和王景弘"下小注言："朱本、景本皆指王景弘。"前者指国朝典故本，后者指天一阁本，罗以智按明抄本增入景弘之名。有关是书之传钞及刊本，见费信著，冯承钧校注：《星槎胜览校注》序，上海：商务印书馆，1938 年，第 1-4 页。

③ 见伯希和著：《郑和下西洋考》，冯承钧译，上海：商务印书馆，1935 年，第 41-43 页；山本达郎著：《郑和西征考》，王古鲁译，《文哲季刊》，第 4 卷第 2 期，1935 年，第 406-416 页；J. J. L. Duyvendak, "The True Dates of the Chinese Maritime Expeditions in the Early Fifteenth Century", *T'oung Pao* 34（5），1939, pp. 372-373；朱楔：《郑和》，北京：三联书店，1966 年，第 56-65 页；徐玉虎：《明郑和之研究》，高雄：德馨室出版社，1980 年，第 44-47 页；又见郑鹤声、郑一钧：《郑和下西洋资料汇编》中册（下），济南：齐鲁书社，1983 年，第 945-950 页；张维华主编：《郑和下西洋》，北京：人民交通出版社，1985 年，第 43-47 页；郑一钧：《论郑和下西洋》，北京：海洋出版社，1985 年，第 271-280 页。关于郑和用兵锡兰山之经过，详见 C. J. Su, "The Balle of Ceylon, 1411", 刊于《罗香林教授纪念论文集》，香港，1970 年，第 291-297 页。

孙刺诸国王锦绮纱罗采绢等物有差。"① 此次航行，不但重往前次所经国家，而且分綜自锡兰岛跨越印度洋，在经过忽鲁谟斯后，访问非洲东岸之麻林、木骨都束、卜剌哇等国，为船队远航至非洲之首次。这些国家先前与明王朝俱不通，郑和到其地后始知有中国，因此随即相率来朝贡。是次载籍虽未见王贵通或景弘之名，但纪事皆言"郑和等"赍敕往赐番国，故此贵通显然偕行，或充当分綜远航的统帅。此次出使所发生的大事，除与非洲东岸诸国直接交往外，厥为在苏门答剌与当地"伪王"开战，将其擒获呈献于朝。根据记载，永乐十一年其国"伪王"苏干剌阴谋篡政，国王宰奴里阿必丁遣使来朝陈诉，郑和等奉命往剿捕，将其生擒至还京时治罪，此是远航舟师第三次所遭遇之兵戎冲突。②

郑和等第五次下西洋，系于永乐十四年十二月初十日奉谕，十五年（1417年）冬季开洋，至十七年（1419年）七月十七日回还，所经过的番国与前大致相同。按《明太宗实录》永乐十四年十二月丁卯条记："古里、爪哇、满剌加、占城、锡兰山、木骨都束……卜剌哇、阿丹、苏门答剌……诸国，及旧港宣慰使司臣辞还，悉赐文绮，袭衣。遣中官郑和等赍敕及锦绮、红罗、采绢等物偕往，赐各国王。"永乐十七年七月庚申条又言："官军自西洋还"。关于开洋日期，除《天妃灵应之记碑》略记其为永乐十七年外，郑和等出发前在泉州行香所建立的石碑，时称《泉州灵山回教先贤墓行香碑》，有较详细记述。碑文曰："钦差总兵太监郑和，前往西洋忽鲁谟斯公干，永乐十五年五月十六日于此行香，望灵圣庇祐"，足证綜船系于下旬始放洋。此次远航的目的与任务，主要是乘诸番国使臣回程之便，遣郑和等赍敕及方物往赐各国王。其出使所发生大事，包括在柯枝封山并建勒铭，在回程时诸外番随进贡珍禽异兽，如阿丹国进麒麟、卜剌哇国进千里骆驼等，皆轰动京师一时。这次出使，载籍并未提及王贵通或景弘，但皆言"郑和等"，应包括贵通在内。③ 此外，《天妃显圣录·历朝袭封致祭祀》有言：

① 《明太宗实录》卷134，台北："中央研究院"历史语言研究所影印本，1962年，第1639页。
② 见伯希和著：《郑和下西洋考》，冯承钧译，上海：商务印书馆，1935年，第43-47页；山本达郎著：《郑和西征考》，王古鲁译，《文哲季刊》，第4卷第2期，1935年，第851-855页；J. J. L. Duyvendak, "The True Dates of the Chinese Maritime Expeditions in the Early Fifteenth Century", *Toung Pao* 34（5），1939, pp. 373-378；朱楔：《郑和》，北京：三联书店，1966年，第59-68页；徐玉虎：《明郑和之研究》，高雄：德馨室出版社，1980年，第47-48页；又见郑鹤声、郑一钧：《郑和下西洋资料汇编》中册（下），济南：齐鲁书社，1983年，第960-980页；张维华主编：《郑和下西洋》，北京：人民交通出版社，1985年，第46-49页；郑一钧著：《论郑和下西洋》，北京：海洋出版社，1985年，第280-288页。
③ 《明太宗实录》，台北："中央研究院"历史语言研究所影印本，1962年，卷183，第1969-1970页；卷214，第2149页。关于泉州灵山回教先贤行香碑，碑文见郑鹤声、郑一钧：《郑和下西洋资料汇编》中册（下），济南：齐鲁书社，1983年，第982页；又见纪念伟大航海家郑和下西洋580周年筹备委员会、中国航海史研究会：《郑和史迹文物选》，北京：人民交通出版社，1985年，第59页。详细介绍见徐玉虎：《明郑和之研究》，高雄：德馨室出版社，1980年，第110-112页。

"永乐十五年，钦差内官王贵通……并道士诣庙修设开洋清醮。"这里指出贵通曾负责下西洋的准备工作，显然必曾随舟师出洋，此为他参加是次远航通番的重要佐证。①

郑和等第六次下西洋，据《明实录》及碑记所载，系在永乐十九年（1421年）正月三十日奉旨，约二月初出洋，至二十年八月（1422 年）十八日回还，按《明太宗实录》十九年正月癸巳条记："忽鲁谟斯等十六国使臣还国，赐钞币表里，复遣太监郑和等赍敕及锦纱绮罗凌绢等物，赐诸国王，就与使臣偕行。"二十年八月壬寅条又载："中官郑和等使番国还，暹罗、苏门答剌、哈丹（即阿丹）等国悉遣使随和贡方物。"② 这 16 国指忽鲁谟斯、阿丹、祖法儿、剌撒、不剌哇、木骨都束、古里、柯枝、加异勒、锡兰山、溜山、南渤利、苏门答剌、阿鲁、满剌加、甘把里等国。是时成祖已正式迁都北京，气象一新，故在此际敕命远航出使，具有特殊意义。郑和的主要任务是敕赐，并护送诸国贡使回里，不过，根据《西洋番国志》卷首所录永乐十九年十月十六日（1421 年 11 月 22 日）致和敕书，若干远航使臣系由其同僚率领小综伴送。此次下西洋载籍又无提及王贵通（或景弘），然前据《明实录》二十二年八月丁未条，记载贵通奉命率领下番官军赴南京（时已降为陪都）镇守，可见他必曾参加是次远航。此外，《天妃显圣录·东海护内使张源》一则有言："是年（十九年），太监王贵通等又奉命赴西洋"，亦是贵通随从出使的宝贵证据。③

自此观之，虽然下西洋载籍多不刊列郑和同僚的姓名，唯以"郑和等"一词概括，但从证据来看，王贵通似乎每役奉谕，为远航通番的统帅与正使。根据

① 见伯希和著：《郑和下西洋考》，冯承钧译，上海：商务印书馆，1935 年，第 47–48 页；山本达郎著：《郑和西征考》，王古鲁译，《文哲季刊》，第 4 卷第 2 期，1935 年，第 861–865 页；J. J. L. Duyvendak, "The True Dates of the Chinese Maritime Expeditions in the Early Fifteenth Century", *T'oung Pao* 34（5），1939，pp. 378–385；朱偰：《郑和》，北京：三联书店，1966 年，第 59–61 页；徐玉虎：《明郑和之研究》，高雄：德馨室出版社，1980 年，第 49–50 页；又见郑鹤声、郑一钧：《郑和下西洋资料汇编》中册（下），济南：齐鲁书社，1983 年，第 981–995 页；张维华主编：《郑和下西洋》，北京：人民交通出版社，1985 年，第 49–50 页；郑一钧著：《论郑和下西洋》，北京：海洋出版社，1985 年，第 298–308 页。

② 《明太宗实录》卷 233，台北："中央研究院"历史语言研究所影印本，1962 年，第 2258 页；又见《明史》卷 7，北京：中华书局，1974 年。

③ 见伯希和著：《郑和下西洋考》，冯承钧译，上海：商务印书馆，1935 年，第 48–49 页；山本达郎著：《郑和西征考》，王古鲁译，《文哲季刊》，第 4 卷第 2 期，1935 年，第 865–881 页；J. J. L. Duyvendak, "The True Dates of the Chinese Maritime Expeditions in the Early Fifteenth Century", *Toung Pao* 34（5），1939，pp. 386–387；朱偰：《郑和》，北京：三联书店，1966 年，第 61–62 页；徐玉虎：《明郑和之研究》，高雄：德馨室出版社，1980 年，第 50–52 页；又见郑鹤声、郑一钧：《郑和下西洋资料汇编》中册（下），济南：齐鲁书社，1983 年，第 995–1002 页；张维华主编：《郑和下西洋》，北京：人民交通出版社，1985 年，第 49–50 页；郑一钧著：《论郑和下西洋》，北京：海洋出版社，1985 年，第 309–314 页。

《明实录》与《明史》记载，在回国年余，郑和又于二十二年正月（1424 年 2 月）衔命出使旧港，这次是单独行动，任务是举印敕往赐故宣慰使施进卿之子施济孙，使其承嗣父职。《明史》载郑和还京时"成祖已晏驾"，似言其"归国"系在是年八月之后。[①] 然按照近人考证，郑和此次并未成行，原因是远航需要半年以上的筹备，并须在福建之长乐港等候信风，而在此期间，永乐帝于七月辛卯在漠外榆木川军中病卒，仁宗于八月丁丑嗣位，随用夏原吉的劝谏，罢停下西洋宝船以省国耗。[②]

根据《明实录》永乐二十二年八月丁未条，仁宗嗣位未几，王贵通即奉谕率领下番官军赴南京镇守，与内官朱卜花、唐观保、驸马都尉西宁侯宋琥、沐昕等议行宫内外诸要务。此处未提及郑和，可能是时他仍在福建，尚未返抵京师覆命。九月，朝廷设置南京守备，诏以襄城伯李隆充任，兼领中军都督府事，贵通于是以太监之位，与李隆共管南京军务。按《明史·职官志》记载，国初南京守备之职，分别由宦官及勋旧充任，前者设正副守备太监各一员，后者只置一员，由公、侯、伯充之，到英宗时，又增设一参赞机务，以南京兵部尚书领之。由此可见王贵通与李隆在南京权位之凌盛。[③]

然而，未及半年，仁宗复任命奉使未成行的郑和为南京守备太监，王贵通（是时更名王景弘）于是再度与郑和分享同等的权位与职务。按《明仁宗实录》洪熙元年二月戊申条言："命太监郑和领下番官军守南京，于内则与内官王景弘、朱卜花、唐观保协同管事，遇外有事，同襄城伯李隆、驸马都尉沐昕商议的当，然后施行。"这里提到的职官，与《明实录》前半年（永乐二十一年）八月丁未条所记雷同，唯一差异是王贵通易名为王景弘。[④] 此后郑和一直充当南京守备太监，除统领下番官军镇守外，又提督官军民匠修建南宫殿。景弘贵为太监，亦职掌同样事务，例如同上实录便提到他提督官匠修葺宫殿。洪熙元年四月甲辰条载仁宗敕云："敕南京太监王景弘曰：朕以来春还京，今遣官匠人等前来，尔即提督，将九五殿各宫院凡有渗漏之处，随宜修葺，但可居足，不必过为整齐，以重劳人力。"[⑤] 这里所谓"朕以来春还京"，系是仁宗准备还南京，故此敕令王景弘

---

① 《明史》卷 304，北京：中华书局，1974 年，第 7763 页。

② 见管劾：《永乐二十二年郑和受命未行考》，收入纪念伟大航海家郑和下西洋 580 周年筹备委员会编：《郑和研究资料选编》，北京：人民交通出版社，1985 年，第 109-116 页；郑鹤声、郑一钧：《郑和下西洋资料汇编》中册（下），济南：齐鲁书社，1983 年，第 1002-1003 页；郑一钧著：《论郑和下西洋》，北京：海洋出版社，1985 年，第 314-315 页。

③ 《明史》卷 76，北京：中华书局，1974 年，第 1822、1866 页。有关李隆事迹，见《明史》卷 146，北京：中华书局，1974 年，第 4108 页。

④ 《明仁宗实录》卷 7 上，台北："中央研究院"历史语言研究所影印本，1962 年，第 232 页。

⑤ 《明仁宗实录》卷 9 上，台北："中央研究院"历史语言研究所影印本，1962 年，第 282-283 页。

监督官匠修补宫殿以备应用。不过景弘此时系与郑和共事，而和亦奉谕监督修理宫殿造作，因此实录在此后数月内所记"郑和等奏"之类似活动，如洪熙元年八月甲午条，应包括王景弘在内。

四、宣德朝之王景弘

仁宗在位未逾年暴卒，皇太子瞻基继嗣，是为宣宗，改元更新。宣宗重违前议，仍以北京为京师，但以南京地位重要，责成襄城伯李隆留任留守，与郑和、王景弘等太监商议执行内外要务。《明宣宗实录》洪熙元年六月辛亥条载："以即位遣使赍谕南京守备襄城伯李隆曰……卿国之勋臣，受先皇帝付托之重，守备南京，厥任匪轻，其免赴京朝贺。凡事同守备太监郑和、王景弘计议，昼夜用心，整齐军伍，严固守备，审察几微，以防不虞。"① 此处可见郑和与王景弘深得宣宗信任，仍任守备太监，不过，在郑和当权时期，景弘一直屈居其后，未见有单独行事的记载。二者当日仍有三数太监隶其僚属，如《西洋番国志》卷首所列的杨庆（曾下西洋）、唐观保、罗智等便是。郑和等此时所司职务，除统辖下番官军镇防外，兼管理修葺宫殿匠作。《明实录》以下两条略有记载，如洪熙元年八月甲午条：

> 太监郑和等奏：奉敕修理南京宫殿，当用金箔，请令有司市买。命于天财库支钞买用，须依时值，勿亏小民。②

及宣德元年（1426 年）二月壬辰条：

> 南京守备郑和等奏：天地坛、大祀殿并门廊、斋宫、及山川坛殿廊、厨库俱已朽敝，请加修理。③

这里言郑和等全权负责南京宫殿、天地坛、大祀殿、山川坛等处的修理，包括工程的规划、物资的采购、工匠的役使等，足见二者所具备的过人才干与能力。在宣宗伊始的几年，王景弘与郑和所监造的工程种类甚多，其中最重要一项，是重修南京大报恩寺，详情可见葛寅亮《金陵梵刹志》卷 31《聚宝山报恩寺》条。大报恩寺始建于吴赤乌年间（238—249 年），原名长干寺，历代屡有兴废，宋真宗天禧年间（1017—1021 年）改名天禧寺，明洪武初年曾经修葺，永乐十一年赐今名。④ 这次重修，始于永乐十年（1412 年）十月，但到十六年

---

① 《明宣宗实录》卷 2，台北："中央研究院"历史语言研究所影印本，1962 年，第 31 页。
② 《明宣宗实录》卷 8，台北："中央研究院"历史语言研究所影印本，1962 年，第 219 页。
③ 《明宣宗实录》卷 14，台北："中央研究院"历史语言研究所影印本，1962 年，第 889 页。
④ 葛寅亮《金陵梵刹志》有多种版本流通，本文系采用杜祥主编的《中国教史志汇刊》第一辑（台北：明文书局，1980 年）所收万历刻本。关于大报恩寺建置的始末，详见张惠衣：《金陵大报恩寺塔志》卷 1，卷 5，上海：国立北平研究院，1937 年。

（1418 年）仍未完竣，原因是监工内外官员，非法将军夫人匠役使占用，以致稽延多时。此见宣德三年（1428 年）三月十一日，宣宗敕谕郑和等言：

> 南京大报恩寺，自永乐十年十月十三日兴工，至今十六年之上，尚未完备，盖即那监工内外官员人等，将军夫人匠役使占用，虚费粮赏，以致拖延年久。今特敕尔等，即将未完成处所用心提督，俱限今年八月以内，都要完成，迟误了时，那监工的都不饶。寺完之日，监工内宫内使，止留李僧崇得在寺专管燃点长明塔灯，其余都拘入内府该衙门办事。故敕，钦此。①

到八月间如期建成，又下谕郑和、王景弘等提调修葺，着内府各衙门库开支物件造办，打发供应物件及赏赐僧人。敕书云：

> 敕太监尚义、郑和、王景弘、唐观（保）、罗智等：南京大报恩寺完成了，启建告成大斋七昼夜，燃点长明塔灯，特敕尔等提调修葺，合用物件，着内府该衙门该库开支物件造办，打发供应物料及赏赐僧人。就于天财库支钞。着礼部等衙门买用塔灯用香油，着供用库按月送用。故敕，钦此。②

这些工程显然耗资巨大，劳民滋甚，影响国本安宁，因此当是年六月宣宗下谕令李隆暂停印钞，听工匠稍息时，亦以此敕谕郑和、王景弘等。《明实录》宣德三年六月庚戌条云："敕南京守备襄城伯李隆及户部，今朝廷所出钞多，以致民闻阻滞，新钞可暂停造，工匠听其休息……敕南京太监郑和、王景弘等亦如之。"③ 这一敕令显然并无影响大报恩寺的修建，不过由此可推测二者所监督的造作，大概是年秋后便暂时停止。在这期间，王景弘与郑和又奉谕负责督运物资特别是将内府绢布运载至北京，并兼顾发配南京旧内诸王的起居需要。《明实录》同年八月庚辰条记：

> 命南京守备太监郑和、王景弘等，以内府见贮大绢十万匹、绵布二十三万匹，令户都遣官运往北京。④

翌年（1429 年）二月乙未条又载：

> 命内官杨礼移郢王宫眷居南京旧内，敕太监王景弘等，凡岁时朝暮

① 宣宗此时实录失载，《金陵梵刹志》卷 2，杜祥主编：《中国教史志汇刊》第一辑，台北：明文书局，1980 年，第 284-285 页。又见张惠衣：《金陵大报恩寺塔志》卷 1，卷 5，上海：国立北平研究院，1937 年，第 126 页。
② 《金陵梵刹志》卷 2，杜祥主编：《中国教史志汇刊》第一辑，台北：明文书局，1980 年，第 286 页。又见张惠衣：《金陵大报恩寺塔志》，国立北平研究院史学研究会，上海：商务印书馆，1937 年，第 126-127 页。
③ 《明宣宗实录》卷 44，台北："中央研究院" 历史语言研究所影印本，1962 年，第 1095 页。
④ 《明宣宗实录》卷 46，台北："中央研究院" 历史语言研究所影印本，1962 年，第 1123 页。

衣服饮食百需，皆内府依期给之，仍时遣人省视不许怠慢。①

此处可见郑和诸人所负职务的多元化，和内官因皇帝的信任而获得之权力。

宣德五年（1430年）夏，宣宗以即位已久，四海外番多未来贡，于是重开下西洋之议，再命郑和统率庞大船队赍诏往谕诸国，王景弘亦随行为正使，如前负责指挥航海舟师。是年五月四日，宣宗下诏谕南京守备太监杨广等，着其照数支发放洋所需钱粮物资，从行的巩珍于所著《西洋番国志》卷首收录此敕书，有言：

> 敕：南京守备太监杨广、罗智、唐观保、大使袁诚。今命太监郑和等往西洋忽鲁谋（谟）斯等国公干，大小舡六十一只，该关领原交南京入库各衙门一应正钱粮，并赏赐番王头目人等钱币等物……敕至，尔等即照数放支与太监郑和、王景弘、李兴、朱良、杨真、右少监洪保等，开领前去应用，不许稽缓，故敕。宣德五年五月初四日。②

通使诏谕见《明宣宗实录》：

> 太监郑和等赍诏往谕诸番国。诏曰：朕恭膺天命，祗嗣太祖高皇帝、太宗文皇帝、仁宗昭皇帝大统。君临万邦，体祖宗之至仁，普辑宁于庶类。已大赦天下，纪元宣德，咸与维新。尔诸番国，远处海外，未有闻知。兹特遣太监郑和、王景弘等赍诏往谕，其各敬顺天道，抚揖人民，以共享太平之福。凡所历忽鲁磨（谟）斯、锡兰山、古里、满剌加、柯枝、卜剌哇、木骨都束、喃渤利、苏门答剌、剌撒、溜山、阿鲁、甘巴里、阿丹、佐法儿、竹步、加异勒等二十国及旧港宣慰司，其君长皆赐采币有差。③

为一壮行色，与表示对统帅使臣的期望，宣宗曾亲撰长诗分别赐赠郑和、王景弘，其《赐太监王景弘》诗云：

> 南夷诸国蟠海中，海波险远迷西东。其人习性皆颛蒙，浮生泳浅鱼鳌同，自昔不与中华通。维皇太祖天命隆，薄海内外咸响风，中兴功烈维太宗。泽及远迩如春融，明明皇考务笃恭。至仁怀绥靡不容，三圣相承盛德洪。日月所照悉服从，贡琛纳赞来无穷。昔时将命尔最忠，大船摩曳冯夷宫。驱役飞廉决鸿蒙，遍历岛屿凌巨𪿌。覃宣德意化崆峒，天地广大雨露浓。覆载之内皆时雍，朕今嗣统临外邦，继志述事在朕躬，岛夷仰望纷喁喁，命尔奉命继前功，尔往抚谕敷朕衷，各使务善安田

① 《明宣宗实录》卷51，台北："中央研究院"历史语言研究所影印本，1962年，第1123-1124页。
② 巩珍著，向达校注：《西洋番国志·敕书》，北京：中华书局，1961年，第16页。
③ 《明宣宗实录》卷67，台北："中央研究院"历史语言研究所影印本，1962年，第1576-1577页。

农，相与辑睦戒击攻。念尔行涉春与冬，作诗赐尔期尔庸，勉旃尔庸当益崇。①

该诗收录于《宣庙御制总集》，编者系于宣德六年，但从诗的内容来看，主题显然是送行壮色，很可能系前一年敕郑和出使时所撰，不过船队到宣德六年十二月始放洋，故此诗成篇于六年，作为送赠郑和与王景弘奉使亦不无可能。

此次航海的日期与里程，官私记录阙如，幸而祝允明《前闻记》钞存一公文"题本"，得知梗概。根据所载，郑和等率领的船队在五年闰十二月六日（1431 年 1 月 19 日）自龙湾开舡，二十日（2 月 3 日）到刘家港，翌年（六年）二月二十六日（1431 年 4 月 8 日）抵长乐（太平）港，至十二月九日（1432 年 1 月 1 日）始出五虎门放洋。② 当他们驻驿刘家港与长乐县时，有感于天妃显灵，沿途佑护，所遇风浪皆化险为夷，于是修建天妃宫，勒石纪念。在刘家港所立石碑，原来位置于天妃宫（在刘家港北槽口内），今原碑已毁，幸而碑文已收入钱谷《吴都文粹续集》卷 28《道观》，题为《娄东刘家港天妃宫石刻通番事迹之记碑》。其文曰："明宣德六年，岁次辛亥，正使太监郑和、王景弘，副使太监朱良、周满、洪保、杨真、左少监张达等立。"以下系颂辞感谢天妃神灵历次佑护下西洋船，并记叙通番往回之岁月。碑末则言："宣德五年，仍往诸番国开诏，舟师泊于祠下，思昔数次皆仗神明护助之功，于是勒文于石。"③

及至长乐县，驻驿太平港（在县之西隅），郑和等出使历次在此泊舟以待信风开洋。前此郑和曾与王景弘奏建天妃行宫于其地为祈报之所。这时乘路过之便，重修殿宇，因勒石记事。此碑原建立于长乐县之南山寺，故又名《南山寺碑》，1931 年为知事吴鼎芬于旧墙中刨出，移于长乐县公署内。碑高 4 尺 3 寸，

① 此诗收入《宣庙御制总集》，笔者未见，此据郑鹤声、郑一钧：《郑和下西洋资料汇编》中册（下）（济南：齐鲁书社，1983 年）第 857 页转录。

② 祝允明：《前闻记》，见沈节甫编：《记录汇编》卷 202，上海：商务印书馆，1938 年影万历刻本，页 36 下至 38 上。节录见郑鹤声、郑一钧：《郑和下西洋资料汇编》中册（下），济南：齐鲁书社，1983 年，第 1010-1012 页。关于郑和等此次（第七次）远征西洋的经过，详见伯希著：《郑和下西洋考》，冯承钧译，上海：商务印书馆，1935 年，第 49-58 页；山本达郎著：《郑和西征考》，王古鲁译，《文哲季刊》，第 4 卷第 2 期，1935 年，第 665-678 页；J. J. L. Duyvendak, "The True Dates of the Chinese Maritime Expeditions in the Early Fifteenth Century", *T'oung Pao* 34（5），1939, pp. 390-391；朱楔：《郑和》，北京：三联书店，1966 年，第 62-66 页；徐玉虎：《明郑和之研究》，高雄：德馨室出版社，1980 年，第 52-54 页；又见张维华主编：《郑和下西洋》，北京：人民交通出版社，1985 年，第 59-65 页；郑一钧著：《论郑和下西洋》，北京：海洋出版社，1985 年，第 316-341 页。

③ 钱谷：《吴都文粹续集》（四库全书珍本初集）卷 28，上海：商务印书馆，1936 年，第 36-38 页。郑鹤声、郑一钧：《郑和下西洋资料汇编》中册（下），济南：齐鲁书社，1983 年，第 1013-1017 页。纪念伟大航海家郑和下西洋 580 周年筹备委员会、中国航海史研究会编：《郑和史迹文物选》，北京：人民交通出版社，1985 年，第 22-23 页。其他著录，见徐玉虎：《明郑和之研究》，高雄：德馨室出版社，1980 年，第 115-122 页，及太仓县纪念郑和下西洋委员会：《古代刘家港资料集》，南京：南京大学出版社，1985 年，第 192-196 页。

宽 2 尺 1 寸，凡 1 168 字，额篆"天妃灵应之记"，有拓本流传。碑文首叙七次下西洋的缘由经过，其后并志诸番往回之岁月，末端题记："宣德六年，岁次辛亥仲冬吉日，正使太监郑和、王景弘，副使太监朱兴、朱良、周满、洪保、杨真、张达、吴忠，都指挥朱真、王衡等立。正一住持杨一初稽首请立石。"两次勒石记事，王景弘都名列郑和之次，在众人之上，足见其地位之隆高。[①]

在舣舟长乐时，除重修天妃宫，郑和全体指挥人员还发心愿铸造铜钟一口，放置在宫侧新修的三清宝殿以供奉天妃，祈求佑护远航往返平安。这一铜钟于 1981 年在福建南平市被发现，现由该市文化馆保存。根据报道，此钟葵口，二龙交蟠纽，身高 69、纽高 14、通高 83、口径 49，厚 2 厘米，重 77 公斤，形体古朴，铭文与纹饰语意交融，艺术造诣和铸造技术很高。钟肩铸 12 组相连如意云纹，其下有回纹带一周，腹中部有云带纹一周。回纹带与云带纹之间有五个长方格，内里环镂八卦，其中坎为单卦，旁镂楷书"国泰民安"，巽亦为单卦，旁镂楷书"风调雨顺"。钟体下部铸一周楷书铭文，加标点读如下："永远长生供养，祈保西洋往回平安吉祥如意者。大明宣德六年岁次辛亥仲夏吉日，太监郑和、王景弘等同官军人等，发心铸造铜钟一口。"细味铭文，此钟系是年夏铸造，很可能在年底放洋前便已安置殿内。[②]

根据《前闻记》，这次通番船队于宣德六年十二月九日（1432 年 1 月 12 日）出五虎门，往占城、爪哇、苏门答剌、锡兰山……古里，于七年十二月二十六日抵达忽鲁谟斯，至八年二月二十八日开船回洋，三月十一日到古里，二十日大綜船回洋，六月二十一日进太仓，七月六日（1433 年 7 月 22 日）到京。后来有些记载提到郑和于回程病殁古里，若属实，这当是三月间之事。按康熙《江宁县志》有言："三宝太监墓，在牛首山之西麓。永乐中命下西洋，帝垂……宣德

---

① 此碑文汇编有录，见郑鹤声、郑一钧：《郑和下西洋资料汇编》中册（下），济南：齐鲁书社，1983 年，第 1017-1022 页。参见徐玉虎：《明郑和之研究》，高雄：德馨室出版社，1980 年，第 121-124 页；纪念伟大航海家郑和下西洋 580 周年筹备委员会、中国航海史研究会编：《郑和史迹文物选》，北京：人民交通出版社，1985 年，第 52-54 页。

② 详见刘东瑞、卢保康：《郑和考》，《文物》，1985 年第 1 期，第 74-76 页；又见郑鹤声、郑一钧：《郑和下西洋资料汇编》中册（下），济南：齐鲁书社，1983 年，第 1023-1025 页，除将此作一简介，并辑录梅华全、卢保康所撰发现报告。作者指出郑和等在长乐港辑舟候风开洋时，曾经在该天妃宫左侧新修三清宝殿一所，雕刻殿内圣像，装置钟鼓礼义之器。他们因此提出一个疑问，何故郑和在当时铸造的铜钟，并不在长乐三清宝殿保存，而在远离长乐的南平被发现？按照调查资料，此铜钟先前放置于南平市依朝村外的三宝殿，后因失火移到村内的华光庙，1972 年由当地人作废铜售于该市物资局。根据该村老人卢远义、卢传艺的报告，此最初是从福州运来，何时放进三宝殿无考，但移至华光庙已经百余年，可知其流落南平的年代甚远。值得注意的是，传说依朝村在明朝曾有王太监，名字不详，其屋基现名王罗坪。当时村里的卢文廉曾晋京探望王太监，现在的卢传艺是卢文廉的第 22 代孙，又一说"依朝"两字，是依靠"朝廷"之意。由此来看，这一传说将此之流落在南平与王景弘的籍里拉上关系；依朝村是否景弘之故乡虽然待稽考，此一地方传闻显然加强了他为"闽南人"的说法。

初，复命入西洋，卒于古里国，此赐葬衣冠处也。"此则未悉取材何处，然为同治《上江两县志》所因袭（惟后者未言其为衣冠冢）。① 又最近有大陆学者指出北京图书馆所藏《西洋记》一书，载附记名《非幻庵香火圣像记》，屡叙郑和等在南京供奉灵谷寺非幻庵事情。文中记载郑和生前曾出资铸金铜像 12 躯，雕装罗汉 18 位，并言："逮俟西洋回还，俱送小碧峰退居供养……不期宣德庚戌，钦奉上命，前往西洋，至癸丑岁（宣德八年），卒于古里国……"郑和之殁，官私记录俱无载述，甚为不解。不过，根据资料，他在回程时卒于古里（在四月初），或就地安葬，以衣冠归葬南京牛首山，可以成为定论。② 是年之后，史书再未有郑和消息，而南京首席守备太监亦旋为王景弘取代，可见事有蹊跷。如果郑和确于是时病逝异域，率领船队回归的重任自然落在王景弘的肩上，使他跃居下西洋最富经验的领导人物，可惜这是明代航海通番的最后一次。

出使回国后，王景弘的行事不详，根据《明实录》各条，他仍回任南京守备太监，与襄城伯李隆同司内外节制。但是《明史》卷 325《苏门答剌传》，却说他曾于宣德九年（1434 年）出使其国。传云："九年，（苏门答剌）王弟哈利之汉来朝，卒于京。帝悯之，赐鸿胪少卿。赐诰，有司治丧葬，置守冢户。时（王）景弘再使其国，王遣弟哈尼者罕随入朝，明年至。王老不能治事，请传位于子，乃封其子阿卜赛亦的为国王。"③ 苏门答剌国王为宰奴里阿必丁，其弟哈利之汉卒于京事，《明实录》于宣德九年正月辛未，惟未言王景弘时出使其国，王因遣弟哈尼者罕随之入朝。案《明实录》宣德十年四月癸卯录，记上谕苏门答剌国王男阿卜赛亦的嗣为国王，有言"先是以公务遣中官王景弘往其国，宰奴里阿必丁遣弟哈尼者罕等来京朝贡，具奏耄年不能事"。此处当指前此景弘奉使西洋时，曾至苏门答剌，其国王因此遣其弟来朝贡致意。《明史·外国列传》撰者误读实录原文，遂错言其再次出使苏门答剌。④ 事实上，揆诸实录，王景弘于宣德十年正月奉敕停罢各处采办，买办一应物料，则知是时他镇守南京，不大可

---

① 见佟世燕等纂：《江宁县志》卷 27，《建置下·陵墓上》，康熙二十二年（1683 年）刊本，页 24 下；刘寿曾等纂：《上江两县志》卷 3，同治十三年（1874）刊本，第 39 页。

② 根据记载，《非幻庵香火圣像记》辑于天顺元年（1457 年），作者佚名，仅存于北京图书馆所藏万历本《三宝太监西洋记通俗演义》附录的几篇有关郑和下西洋的文献中，为此前忽略的重要一手资料。郑一钧著：《论郑和下西洋》（北京：海洋出版社，1985 年）第 335—339 页有论述，自称在 1982 年冬发现此文（专书迟至 1985 始出版）；稍后，庄为玑在 1984 年 4 月 12 日之香港《华侨日报》刊《论明版的〈郑和下西洋记〉》一文，对是篇作扼要介绍。庄氏在《试论郑和与王景弘之死》一文，再肯定郑和卒于古里之说，认为根据《前闻记》所录行程，在宣德八年三月十一日（即 1433 年 3 月 31 日）郑和卒后，按照回教不主张留葬的风俗，可能就地安葬于古里，或者甚至海葬；故此，南京牛首山的"郑和墓"是他的衣冠冢。这一说法，到目前为止应为合理的结论。

③ 《明史》卷 325，北京：中华书局，1974 年，第 8421 页。

④ 《明英宗实录》卷 4，台北："中央研究院"历史语言研究所影印本，1962 年，第 3 页。近代有关下西洋的论著，无一不为贻误，俱错言王景弘于是年奉使苏门答剌国。

能于八年七月初自西洋还京后，短短一年内又往返苏门答剌。此条正为《明史》
纰漏的旁证，可惜研究郑和史事的学者未曾注意而被误传。

关于宣德十年王景弘的事迹，实录是年正月甲戌条载：

> 敕行在工部及南京守备襄城伯李隆、太监王景弘等，南京工部，凡
> 各处采办、买办一应物料并营造物料，悉皆停罢。军夫工匠人等，当放
> 者即皆放回，其差去一应内外官员人等，即便回京，不许托故稽迟。①

这里说宣宗下敕责成李隆、王景弘等停办南京工部各处采办，并遣回军夫工
匠，内外官员，似系出内廷传旨，因为前日皇上病重，有不测之虞故颁此令以备
万一。果然，两日后宣德崩驾，遗诏立皇太子祁镇继位，是为英宗。

五、正统朝之王景弘

英宗嗣位后，仍驻跸北京为京师，随命户部尚书黄福为参赞南京职务，帮助
襄城伯李隆与王景弘，此为留都文臣参赞机务的伊始。《明英宗实录》载宣德十
年（1435 年）正月辛丑条记：

> 命户部尚书黄福参赞南京机务，赐之敕，曰：朕嗣承大位，深惟南
> 京根本重地，守备必须严固，卿历事祖宗四十余年，老成忠直，厥绩茂
> 著，今特命卿参赞襄城伯李隆机务，抚绥兵民，训练军马，凡百庶物，
> 同隆及太监王景弘等计议而行，卿其益笃乃诚，益励乃志，以副朕倚毘
> 之重。钦哉！②

此处言南京地位之重要，守备必须严固，所以英宗登位后，便命黄福以户部
尚书参赞机务，表面似乎增加一文臣作为守备的辅翼，实则此议与勋旧、太监形
成鼎足，互相监视之势。英宗所以选用黄福，不但因其为忠诚老臣，有经济长
才，而且以其曾掌管交趾（安南）布政、按察司事 19 年，有丰富军事与行政经
验。是时李隆与王景弘俱已久居其位，熟悉事务，一旦有外人闯入分享其权势，
不免发生摩擦，对于制度的运作有何影响，实难以估测。不过按史所纪，黄福老
成干练，处处与二者磋商，李隆对福甚谦让，而王景弘虽居太监尊位，亦罕有固
执己见，三者似乎合作无间。然而，英宗对景弘特别注重其水师经验，如实录同
年六月丁巳条载：

> 南京守备内承运库大使袁诚奏，请以各卫风快船四百艘作战船，令

① 《明宣宗实录》卷 115，台北："中央研究院"历史语言研究所影印本，1962 年，第 2597 页。
② 《明宣宗实录》卷 1，台北："中央研究院"历史语言研究所影印本，1962 年，第 34 页。关于黄福事
　 迹，见《明史》卷 154，北京：中华书局，1974 年，第 4225－4228 页；LC. Goodrich，房兆极主编：
　 Dictionary of Ming Biography（*1368—1514*），美国哥伦比亚大学出版社，1976，第 653-656 页。

都督陈政总督操江。上敕守备太监王景弘及襄城伯李隆，少保兼户部尚书黄福等计议行之。①

此处言南京守备承运库大使袁诚（后擢升太监），奏请改造 400 艘快船，并任命都督陈政总督操江，而英宗则敕令王景弘与李隆及黄福计议执行，显然重视其航海练兵经验而有是命。

王景弘这几年的行事，实录正统元年、二年皆略有记载。其元年（1436 年）二月己未条言：

> 敕南京守备太监王景弘等及襄城伯李隆，参赞机务少保兼户部尚书黄福曰：朕夙夜倦倦，惟体祖宗爱恤百姓之心，一切造作，悉皆停罢。今南京内官纷纷来奏，欲取幼小军余及匠夫，指以不敷为名，其实意在私用，俱不准理。敕至，尔等宜益警省，凡事俱从俭约，庶副朕爱恤百姓之心。②

这里说英宗临政后，务求节约恤民，因此悉罢一切造作，惟南京内官纷纷陈奏，以不敷为名，欲取幼小军余及匠夫，其实旨在私用，于是勒令景弘等严厉执行圣旨，毋以私意徇公。其他事迹另见同年三月丁卯条：

> 敕南京守备内外官员太监王景弘等曰：比开南京承运等八库，递年收贮财物数多，恐年久损坏，负累官攒人等。敕至，尔等即令各库官员，公同拣阅。除新收堪用之物，及一应军器颜料等项，并堪久贮该用不坏物件存留备用，其余一应损坏，及不该支销之物，悉令铺户估直，令项收贮，听候支销。③

同月甲申条又载：

> 敕南京守备太监王景弘等，于官库支胡椒、苏木共三百万斤，委官送至北京交纳，毋得沿途生事扰人。④

以上首条系英宗敕王景弘等以南京守备太监之职，责饬承运库等清理收贮货物，除新收堪用及堪久贮存的财物外，悉令铺户估值，另候收贮，听候支销。次则系委任王景弘等于官库支取物资，计胡椒、苏木 300 万斤，委官送至北京交纳，不得沿途生事扰人。这里可见胡椒、苏木等项目之重要，因此景弘以太监之尊，专司督运至北京交纳有关职司。

王景弘见于记载的末次，是在实录正统二年（1437 年）十月癸未条，记云：

① 《明英宗实录》卷 6，台北："中央研究院"历史语言研究所影印本，1962 年，第 122 页。
② 《明英宗实录》卷 14，台北："中央研究院"历史语言研究所影印本，1962 年，第 267–268 页。
③ 《明英宗实录》卷 15，台北："中央研究院"历史语言研究所影印本，1962 年，第 276 页。
④ 《明英宗实录》卷 15，台北："中央研究院"历史语言研究所影印本，1962 年，第 289 页。

敕谕太子太保成国公朱勇，新建伯李玉、武进伯朱冕、都督沈清、尚书魏源曰：

"兹特命尔等，同太监王景弘等整点在京各卫，及见在守备、一应官军人等，选拔精锐，编成队伍，如法操练。务要人马相应，盔甲鲜明，器械锋利，操练娴熟，纪律严明，则兵可精，以守则固，以战则克，寇无不灭，功无不成。尔等宜体朕饬兵安民之心，躬勤任之，勿阿徇私情以害公道。凡有不遵号令，及阻遏行事者，即明白具奏，罪之不宥，尔等其钦承朕命。"①

以上可见景弘深得皇上信任，享有实权，因此负责选拔精锐军伍操练，务使"人马相应"，"器械锋利"，纪律严明。此次练兵，据《明实录》同年十二月辛未条，一共选拔三千大营、五军神机等营官军十五万一千人有奇，目的未有说明，但显然是整军备武，以防蒙古瓦剌等的侵扰。嗣后，实录及其他史籍再无王景弘的事迹，而是年南京首席守备太监之职，改由罗智与袁诚充当，与李隆、黄福共议行内外事务，可能景弘已告老南京或在其地辞世。② 王景弘晚年的事迹无考，但是清季爪哇三宝垄的华侨流行一传说，说在当地供奉郑和之"三保洞"旁的土墩就是王景弘之墓，意谓景弘在末次远航登陆其地，随后病卒，由是土葬异域。此说甚为荒诞无稽，因为根据记载，景弘于宣德八年七月奉使归来即未再出洋，何致病殁埋骨海外？这定是当地华人讹传，或附会郑和卒于古里之说而起，故此王景弘的行事，只能下溯至正统二年。

六、王景弘之传说异闻

正史而外，明清以来的演史杂著亦不乏有关王景弘的记载。这些资料，虽然仅多传说异闻，难以置信，但是反映出民间对下西洋事迹与人物的认识和评价，增进我们对历史层面的了解，因此值得归纳分析。在许多记载里，王景弘都是与郑和连在一起，不过这些历史野闻却能凸显他的独特性格和成就。

首先，郑和等七下西洋，耀武扬威海外的壮举，不久便深入民间，得到大家的崇敬和钦仰，因此他们的史事很容易衍为委巷野谈，道听途说的对象。郑和与王景弘都是宦官出身的将帅，身殁未有碑志行世，许多关于他们的事迹都混淆失实，致使后人以讹传讹，异说四起。例如郑和俗称为三保太监（又作"三宝太

---

① 《明英宗实录》卷35，台北："中央研究院"历史语言研究所影印本，1962年，第691页。

② 《明英宗实录》卷37，台北："中央研究院"历史语言研究所影印本，1962年，第716页。罗智之名始见英宗正统二年十月戊辰条（《明英宗实录》卷35，台北："中央研究院"历史语言研究所影印本，1962年，第682页）与袁诚分列为南京守备太监，此为王景弘已经去世的佐证。

监"），三保何义，史家多方揣测，众说纷纭。郎瑛《七修类稿》有言："郑和旧名三保"，但是严从简《殊域周咨录》则说："三保之称，不知系郑和旧名，抑岂西洋私尊郑和、王景弘、侯显等为三太保故耶。"后者显然将王景弘列为"三太保"之一。根据今人考证，三保原系郑和旧名，而宣德六年，朝廷遂因之封为"三保太监"（《郑和家谱》有此记载），这便是此名的由来。不过，明清杂著颇多沿袭"西洋私尊"之说，以三保之名冠称，因此在南洋华人社会流行的传说里，王三保之名就不胫而走，与专指郑和的"三保（宝）太监"一时瑜亮。①

下西洋的丰功伟绩，很快就成为通俗文字敷衍烘托的对象，此见万历中罗懋登编撰《三宝太监西洋记通俗演义》（简称《西洋记》）的 100 回长篇小说。是书叙写郑和、王景弘等下西洋 30 余国事，主要取材马欢的《瀛涯胜览》，但穿插了许多佛道的神魔故事和奇情怪闻。根据罗氏万历二十五年（1597 年）自叙，著书之时正值日本丰臣秀吉侵略朝鲜，他想借古讽今，以郑和海上远征的伟大故事，唤醒朝廷上下的注视，故籍抒发思古的幽情，去讽当局的颟顸无能，使国人正视边事的危急。②《西洋记》并不似其他讲史一开始就据事直书，而是以生花妙笔幻想虚构，以金碧峰国师，以及诸佛道神仙为中心，编造神异灵怪的故事作为烘托。到第 8 回始点题演述永乐帝登极为太平天子，海外诸番王响慕来朝，而至第 15 回"碧峰图西洋各国，朝廷选挂印将军"才提出郑和与王景弘诸下西洋人物。这里作者称王景弘是山东青州府人士，形容他为"身长九尺，腰大十围，面阔口方，肌肥骨重"，说他曾登进士第，当时任兵部尚书，参赞职务，乃文乃武，自愿挂"征西副元帅"，从郑和出使西洋番国。自此以后的 80 回，随着故事的发展，无论是裁剪正史野闻，或是虚情神迹怪异，王景弘在作者描叙历次远航通使所发生的事情，俱占有重要分量的角色。③

---

① 郎瑛：《七修类稿》卷 12，台北：世界书局，1953 年，第 182 页；严从简：《殊域周咨录》卷 7，北平：故宫博物院图书馆影万历刊本，1930 年，第 4 页；李士厚：《郑和家谱考证》，自印本，1987 年，第 12-13 页。详细考证，见范中义：《三保太监名号的由来》，《历史研究》，1982 年第 4 期，第 145-146 页。

② 《三宝太监西洋记通俗演义》以上海古籍出版社 1985 年版为最善，该版据光绪七年（1881 年）申报馆排印本，重刊之上下两册标点本。研究是书的论著甚多，举其大者有向达《论罗懋登著〈三宝太监西洋记通俗演义〉》、赵景深《三宝太监西洋记》，分别收入上书下册，第 1291-1297 页，第 1298-1328 页；J. J. L. Duyvendak, "Desultory Notes on the Hsi-Yang Chi", *T'oung Pao*, 42（1），1953, pp. 1-35；与庄为玑《论明版〈三宝太监西洋记通俗演义〉》，《海交史研究》，1985 年第 1 期，第 66-69 页，第 39 页，全面研究见 Roderich Ptak, *Cheng Hos Abenteuer im Drama und Roman der Ming-Zeit：Hsia Hsi-yang：eine Übersetzung und Untersuchung；Hsi-yang chi：ein Deutungsversuch*, Münchener ostasiatische Studien, Bd. 41, F. Steiner, 1986.

③ 罗懋登：《三宝太监西洋记通俗演义》，上海：上海古籍出版社，1985 年，卷 2，第 96、105 页；卷 3，第 184、195 页。

罗懋登把王景弘称为副元帅，显然不符事实，有贬抑之嫌，不过，他笔下尊称景弘为"尚书"或"王爷"，处处表现其远瞩高瞻的智慧，文武兼备的将才。他不独深思熟虑，计谋多端，而且精于航海技术，擅长兵法谋略，指挥若定，与郑和配合相得益彰。这种对王景弘的崇敬，可见于《西洋记》若干回的标题，和内文拟作三宝太监对他的评语。例如第 45 回题"元帅重治爪哇国，元帅厚遇浡淋王"；第 59 回"国师收服撒发国，元帅兵执锡兰王"；第 77 回题"王尚书计收禅师，木骨国拜进降表"；第 80 回题"番王宠任百里雁，王爷计擒百里雁"便见一斑。①

作者拟撰郑和对王景弘赞颂的对白，亦比比皆是。其中较显著的是第 36 回讲"大败咬海干"事，引述三宝老爷说道："王先生的大功算无遗策，果真的文武全才"；如第 50 回记舟师往满剌伽途中，前方突然出现白茫茫古怪的一片水，旋成三五里的一大水涡，如天崩地塌一般轰响。郑和不知究竟，因问王景弘。景弘脱口说道："这是个海眼泄水之处，其名为尾闾"，显露他对海洋水程的熟识；又如第 71 回述"国师收银角大师"事，郑和称赞其同侪说："王爷明见万里之外，一言之下，果真的贤于十万之师。"此外，第 77 回以"王尚书计收禅师"为题，盛道张天师对王景弘收服飞钹禅师的奇谋妙计的嘉奖，并留下一诗为证："好王爷，果然是：今代麒麟阁，何人第一功，开府当朝杰，论兵迈古风"。②

此外，作者又试图凸显表扬王景弘的文学才华，因此《西洋记》中有几处载录他的题诗或是手撰碑铭。例如第 61 回称他书写在古里竖立的石碣，而第 79 回又记载他在宝船经过忽鲁谟（斯）时草就的几首绝诗。这些题诗和碑铭大概都是出于拟撰，不过，由此烘托，罗懋登笔下的王景弘变成一位满腹经纶，文武兼备，擅计多谋，进退有度的王佐将才。演义的塑形无疑流于夸张失实，但是，在有限度的情况下，亦反映出明代后期时人对下西洋人物的评价，可以补充史料。③

自从罗懋登撰作《三宝太监西洋记通俗演义》，推波助澜，郑和、王景弘等远征西洋的事迹传播迩遐，变成脍炙人口，家喻户晓的民间故事，进而为戏剧、评话、说书的资料。例如钱曾在《读书敏求记》曾言："盖三保下西洋，委巷流传甚广，内府之戏剧，看场之评话，子虚亡是，皆俗语之流为丹青耳"。④ 可惜

---

① 罗懋登：《三宝太监西洋记通俗演义》卷 9，卷 12，卷 14，卷 16，上海：上海古籍出版社，1985 年。
② 罗懋登：《三宝太监西洋记通俗演义》，上海：上海古籍出版社，1985 年，卷 8，第 464 页；卷 10，第 641 页；卷 15，第 918 页；卷 16，第 991 页。
③ 罗懋登：《三宝太监西洋记通俗演义》，上海：上海古籍出版社，1985 年，卷 13，第 792 页；卷 16，第 1012-1014 页。
④ 钱曾：《读书敏求记》（丛书集成本）卷 3，"巩珍西洋番国志一卷"条，第 71 页。

的是，现存明清杂剧演下西洋事迹的，只有脉望馆钞校古今杂剧，所收录佚名撰《奉天命三保下西洋》戏剧一种。这剧本有万历四十三年（1615 年）刊本，简称《下西洋》，主要取材罗懋登演义，除凸显郑和的功勋外，渲染王景弘的故事亦不少。王氏在这里的造型大致与演义相若，不过经过演剧唱戏，在观众面前更栩栩如生，增长他在间里委巷的形象，对于其传说的播扬，无疑产生积极的作用。①

王景弘在西洋活动而产生的传说委谈，除却这些晚明演义戏剧渲染枝蔓之外，还有来自海外各方的志异，分量不在郑和之下。这些传说，有些是在台湾地区流行，见于清代稗史志书的记载，但大多是在东南亚流传，为清末民国旅行家至其地探访笔录。王景弘在台湾传说轶闻，康熙中高拱乾主修的《台湾府志》有综合载录。例如卷 9《外志·古绩·药水》曰："在凤山县淡水社。相传明太监王三保投药水中，令土番染病者於水中洗澡，即愈。"同卷《杂记·三保姜》又云："凤山县地方有之。相传明太监植姜岗山上，至今仍有产者。有意求见，终不可得。樵夫偶见，结草为记。次日寻之。获故道。有得者，可疗百病。"②随后篆修的《凤山县志》皆予转载，不过亦有提出质疑。如康熙末陈文达主修县志卷 10《外志·杂记》云："相传王三保投药水中，令土番染病者浴之，即愈。夫土番性乐水，不论有病、无病，日就水淋澡，故生产亦浴水中。三保药力如许通灵，此语殊属荒谬。"然而乾隆王瑛曾等重修县志仍录其事，转引王士禎《香祖笔记》曰："凤山县有姜，名三保姜。相传明初三保太监所植，可疗百病。"③不论事情为何，这些谣传可以加强证明王景弘下西洋时曾到过台湾，或者台湾水域岛屿的可能性。同时，它又提示景弘对医事颇有经验，曾有药水为土番医疗痼疾，因此引起当地民众的怀念。凡此种种，都构成孕育传说故事的条件。

此外，在东南亚航海者亦流传若干王景弘的志异，最诡奇荒诞的是清人陈伦炯《南洋记》所录一则："七洲洋中有神鸟，状似海雁而小。啄尖面红，脚短而绿，尾带一箭，长一尺许，名曰箭鸟。船到洋中，聚而来示，与人为准。呼是则飞而去，间在疑似，再呼细看，决疑仍飞而来献纸谢神，则翱翔不知其所之。相

---

① 脉望校馆抄古今杂剧《奉天命三保下西洋》，不著撰人氏名，亦无编撰年月，然从体及用语来看，似系明后期作品。许云樵为此剧作校注，题名《下西洋杂剧》，列为南洋袖珍丛书之六（星洲：世界书局，1962 年）。关于此剧的介绍，见书许氏《弁言》，第 1—10 页，演郑和下西洋的小说，清末民初又有彭鹤龄著《三保太监下西洋》10 回一种，于宣统二年（1910 年）在上海刊行，许云樵又为撰评注，列入南洋袖珍丛书之二（星洲：世界书局，1960 年）。

② 高拱乾主修：《台湾府志》卷 9，台湾文献丛刊第 65 种，台北：台湾银行经济研究室，1960 年，第 222、224 页。

③ 陈文达纂修：《凤山县志》卷 10，台湾文献丛刊第 124 种，台北：台湾银行经济研究室，1961 年，第 166 页；王瑛曾纂修（重修）：《凤山县志》卷 11，台湾文献丛刊第 146 种，台北：台湾银行经济研究室，1962 年，第 226、335 页，前者刊于康熙五十年（1720 年），后者刊于乾隆二十九年（1764 年）。

传王三宝下西洋，呼鸟插箭，命在洋中为记。"七洲洋中有鸟能帮向导航行方向，本是自然界一种有规律的现象，但是这里却将之附会于王景弘航海的事迹，把下西洋的成功渲染为系得之于神鸟插箭，命在洋中为记所致，反映出当时航海者的迷信和对英雄的崇拜。①

最后，东南亚的华侨有些相信王景弘是死于海外，与郑和葬在一起，这见于爪哇三宝垄华人所流行的传说，20 世纪 30 年代前往荷属东印度群岛游览的文士曾有记载。例如郑健庐《南洋三月记·游三宝洞古迹》云："相传三保洞旁之土墩，即王景弘之墓。当时王景弘同使南洋，王卒于此，故葬之，误传三保大人埋骨之地。墓上环置方形木签数十，上狭下广，尖若塔形，刻弟子及或信女某某叩谢，亦有刻巫文者……再过数载，竖有石碑，为黄志信所立"。② 三保洞者，据近人记载，系在爪哇三宝垄附近的狮头山，因为相传"三宝太监"郑和在其地开港；除三宝洞外，尚有三宝井与三保墩，皆系纪念郑氏及其同侪而名。郑健庐所提示的石碑，荷兰《通报》（*T'oung Pao*）1898 年第 9 期有转录及法文翻译，爰将汉字碑记抄录于下以保存史料（标点系该作者自加）：

> 时望安（按即 Semarang，语音译如此）为王公三保大人归真之地，山明水秀，树木葱茏，麓有石门，天然成洞。三保圣神，著灵于此，俗称为三保洞者，以神得名也。我唐人旅居鸦地（指 Java）者，咸叨庇佑，而航海经商，尤资保护，功在民庶，口悉为碑。是以每逢朔望，善男信女，诣洞参神，用申悃愫，肩摩踵接，车轮马嘶，诚盛绩也。是山向为宋仔（指土著巫人）故业，岁索路金五百，我公馆故诸钱户，以供斯款，虽为数无多，而慢神害理，历代相沿，宁有既耶。信目挚情殷，杞忧徒切，乃己卯夏日拍卖"黎弄"（按即马来文 lelong 音译，指供拍卖之物），赖神默助，竟遂初心。于是除路货，修废圯，新洞亭，浚沟会，庶女士得尽虔诚，馨香永存，藉以翼荫，合境康安，炽昌勿替者也。窃恐后人不体此意，爰述所由，勒诸坚石。俾后之承吾业者，遵守勿违，且以明吾之所以得是地，革陋规者，皆出圣神默助致然也。是为识。

① 陈伦炯：《南洋记》，收入王锡祺撰：《小方壶斋舆地丛钞》第 10 帙，光绪二十三年刊本，1897 年，第 470 页。

② 郑健庐：《南洋三月记》第 206 条，香港：中华书局，1934 年，第 284-285 页；又见曾葆如：《荷印华侨经济志》上册，香港：南洋出版社，1941 年，第 24 页；郑鹤声：《郑和遗事汇编》，上海：中华书局，1948 年，第 164-165 页。

大清光绪五年岁次己卯望山主人黄志信敬勒和兰壹千八百七十九年①

郑和及王景弘等曾经在三宝垄登陆，甚至作短期停留的可能性很高，不过记载已证实景弘系于国内谢世，因此这个号称王三保的坟墓自然不是他埋骨之所。这一讹传，显然出于华侨对中华先贤海外拓展的景仰和怀念，渐渐将下西洋的英雄神格化，借此发挥团结华人群体的功能。在三保洞前竖碑的望山主人黄志信，是三宝垄早期的甲必丹（Kapitan）（荷兰官方委任之华人官员），为近代印尼糖业大王黄仲涵之父，富甲一方，族人繁衍甚茂。他所以建碑勒石，不但为这位神格化的先贤发追慕之思，而且借此表扬华人在当地奋斗创业，与土著争持不懈的精神，别有意义存焉。②

这个崇祀郑和的三保洞庙宇和毗邻的王三保墓，从 20 世纪起一直是华巫求神保佑和赐福的膜拜对象，香火甚盛。在每年的 6 月 29 日，三宝垄举行纪念三保大人登陆的节日之时，这里便是居民祭神出会游行的主要场所，水泄不通，热闹无比。③ 由此可见，这种敬拜郑和、王景弘等下西洋英雄的心理和活动，数百年来已从一纯为华人聚落的仪节，散播至较广大的华巫混杂社会，成为印尼爪哇地方的一项重要风俗习惯，意义不凡，宜为人类民俗家钻研的对象。这一类地方文献及民俗资料不少，除华人碑刻外，另有以马来文撰的《三宝大人传记》，可以资用探讨下西洋人物对南洋华裔社会的影响，扩大我们研究这一段历史的视野。④

---

① 见 I. W. Young，"Sam Po Tong 三宝洞，La Grolle de Sam Po"，*T'oung Pao* IX，1898，pp. 93-102，友人曹仕邦博士于 1976 年前往三宝垄三保洞考察，曾抄存上文一份，文字雷同，足见此碑安然无恙。见许云樵：《评陈存仁〈三保太监七次下西洋〉》（刊于《中国学会三十周年纪念刊》，星洲，1979 年）第 31-32 页所引。

② 关于华人开发三宝垄的历史，详见印尼林天佑著：《三宝垄历史——自三保时代至华人公馆的撤销（1416-1931）》，李学民、陈巽华译，暨南大学华侨华人研究所，1984 年。书名原为：Liom Thian Joe，*Riwajal Septorang，Dari djamamajaSam po - sampelerhapoesnjo Kong Komm*（1416 - 1931），Semarang - Batavia，1933。关于黄志信（Oei Tjie Sien）、黄仲涵（Oei Tiong Ham）的事迹，散见是书第十六、十七章，特别见第十六章注 4，第 338-340 页。黄氏父子曾先后出任甲必丹，为荷兰殖民地政府委任作为管治华人之官员。

③ 关于王景弘流落及病殁三宝垄的时间，详见林天佑著：《三宝垄历史——自三保时代至华人公馆的撤销（1416-1931）》，李学民、陈巽华译，第一章注 8、9、11、16，暨南大学华侨华人研究所，1984 年，第 314-317 页，所根据资料主要为马来文撰的 *Tioe Kie Hak Slep，Rioptjat Smn PO Tay DJian*（《朱记学习三保大人传》）（Semarang，1954），e Kam Seng Kioe，*Sam Po*（《甘成丘三保》）（Semarang，1955），英文摘要见 Donald E. Willmott，*The Chinese of Semarang：A Changing Minority Community in Indonesia*，Ithaca，N. Y.：Cornell University Press，1960，pp. 1-2。

④ 指《朱记学习之三保大人》或《丘之三保》，本文作者不谙巫文，又未曾寓目其书，尚待有心人士翻译作进一步研究。

七、评论

从现存文献资料钩稽所得，我们对于王景弘的生平事迹有个粗略的轮廓，可以根据时代背景作一评论。王景弘出身卑微，早岁事迹一片空白，不过肯定的是他所具备的操作技能和对沿海航路的认识，对日后的事业有极大的影响。此外，更重要的是，他青年时因阉割而进入内廷，获得宦官具有的权势地位，并且与郑和认识相交。当时的情况不详，但是他的航海技能与经验，显然是被征召参加出西洋的主要条件，从永乐三年开始，他直接间接参与太宗朝历次的航海壮举，每次都以王贵通之名与郑和分担统帅，领有太监正使卫，并且曾经单独往占城（事在永乐五年）。仁宗登极之后，他更名王景弘，与郑和同任南京守备太监，至宣德五年，朝廷重开下西洋，他仍与郑和并肩，获率艨艟舟远航海外数十番国，完成七次远航通使的空前盛举。

王景弘长期作为郑和的助手，彼此的关系究竟如何，两者的个别贡献又如何，这些都是值得探索的，但是由于史料匮乏，只能作一描测。从整体来观察，郑和诚是下西洋的首要人物，不独主持策划和贯彻成祖的海外拓展政策，而且拥有执行出使的绝对权力。不过，他本人的航海知识和经验并未独占鳌头，亟须三五位有经验和背景相若的忠实干部参谋襄助，始能组织庞大的船队，指挥船队到海外各番国出使通商，以及应付当地的军事挑衅等种种艰巨任务。王景弘领有太监正使的殊衔，与郑和相等，他虽然在下西洋的整体事业屈居郑和之后，但是在个别的情况下，他是与郑和并驾齐驱。他不独是历次航海的指挥员、统帅，曾经亲自率领艨舡船游弋东西洋各处，而且也在一两次出洋中，单独负起招徕番国的任务，足见他亦具备外交使节的才干。

关于王景弘的航海技能和贡献，蔡永兼《西山杂志》已提到他"雇泉州船，以东石沿海名舵导引，由刘家港入海"的一段早年经历。此外，载籍有言景弘在宣德朝结束海外拓展之后，曾利用余暇整理下西洋的水程，编成一帙。这些报道见于清人撰述有关郑和船队在往返途中曾经登陆台湾的事迹。下番舟师分艅航海，有无到过台湾澎湖与附近岛屿，明代史籍失载，不过按照航路及风候情况，无疑必会经过，由是上陆暂驻的可能性极大。此见康熙高氏《台湾府志》所记。例如卷1《封域志·沿革》有言："宣德间，太监王三保舟下西洋，因风过此。"卷9《外志·古绩·大井》又云："开凿莫知年代，相传明宣德间太监王三保到台，曾于此井取水，即今府治西定功大井也。"① 稍后出的游记多撷拾所说，并且更有报道王景弘遗下航海的水程记录。如郁永河《裨海纪游》记云："太监王三保赴西洋水程有'赤嵌汲水一语'。"黄叔璥《台海使槎记》又载："舟子各洋皆有'秘本'，云系王三宝所遗，余借录，名曰洋更。"② 王三保（宝）即是王景弘，可见他曾编纂《赴西洋水程》一类航海必具的参考书。这些实用手册，无疑是现存《郑和航海图》所依据的一种资料，而后来又流落民间，为航海者辗转抄录，成为他们出洋操舟的导航"秘本"。从这些资料来看，王景弘在这方面无疑有极重要的贡献，与郑和不相伯仲。③

在朝廷中辍下西洋期间（洪熙元年至宣德四年、宣德六年七月以后），王景弘以内官太监之尊，得到皇帝的信任，移驻南京镇守，执行各种不同的任务。从洪熙元年至宣德五年重开下西洋之前，王景弘都是与郑和并肩共事，一同率领下番官军戍守南京，提督军民修建宫殿府署，包括工程的策划，物资的采购，人匠的役使等，和监押运输物资至北京，发配南京旧内诸王的起居需要等事宜。宣宗对王景弘极看重，尤嘉许其忠诚，因此在前揭赐赠景弘重下西洋的诗有句："昔时将命尔最忠，大船摩曳冯夷宫，驱使飞廉决鸿蒙，遍历岛屿凌巨猰。"在郑和于宣德八年逝世之后，王景弘开始独当一面，但是因为朝廷停罢航海通使，他仍然留在南京守备太监，与文武重臣李隆、黄福等负责南京的防务。从这时到正统二年为止，有关他的记载不多，只有实录提到他在英宗嗣位之初，参与策划操练沿江战船，又负责选拔在京各卫的精锐军伍，作为应付蒙古瓦剌的入侵。由此可见王景弘的率师航海经验，使他具备操军练兵，特别是训练水师的将才，所以得到朝廷的重用。

综合来看，王景弘这位出身卑微的闽南舟子，因时际遇，跃居为与郑和并肩下西洋出使通番的统帅，诚是我国航海交通史上一位罕见人才。他早岁籍籍无名，但是随着操舟的技术和对沿海航路的认识，凌越同辈，乘运而起，因而在历

---

① 高拱乾主修：《台湾府志》卷9，台湾文献丛刊第65种，台北：台湾银行经济研究室，1960年，第2、222页。据方豪的研究，是志有康熙三十五年（1699年）序刊，为台湾府志现存最早出之史志，而清代以来所有关于郑和船队台湾暂驻的记载，皆采材于此。至于高志所据何出，待进一步考实。见所撰《从顺风相送探索郑和或其他同时出使人员来台澎的可能性》（1957年），收入方豪著：《方豪六十自定稿》上册，台北：台湾学生书局，1969年，第72—86页，其他有关此问题的论著，见徐玉虎：《明郑和之研究》，第十四、十五章，高雄：德馨室出版社，1980年。

② 郁永河：《裨海记游》卷上，台湾文献丛刊第44种，台北：台湾银行经济研究室，1959年，第9页；黄叔璥：《台海使槎记》卷1，台湾文献丛刊第4种，台北：台湾银行经济研究室，1957，第15页。

③ 关于这些下西洋水程对航海交通的贡献，略见章巽：《古航海图考释》序，北京：海洋出版社，1980年，第4—5页；又见《章巽文集》，北京：海洋出版社，1986年，第12—23页。近代学者对《郑和航海图》的研究甚多，详见徐玉虎：《明代郑和航海图之研究》（台北：台湾学生书店，1976年）所征引书目。又见 J. V. G. Mills, *Ying-yai sheng-lan. The Overall Survey of the Ocean's Shores* [1433], Cambridge：At the University Press, 1970, pp. 236-302。

史上留下辉煌的纪录。不过，他之能够发绩垂名，与他的阉宦身份有不可分割的关系。他由此进入内官，得与郑和相交，而当时永乐帝正在热衷拓展海外的宦官怂恿下，以寻宝或追索逊位的建文帝为名，组织船队出使西洋，由是获得参与其事，使有机会大展宏图。王景弘的建树是多元化的，无论在率师航海游弋番国，奉使通商，或是返国后出任南京守备太监，负责镇防，提督军民建造修葺宫殿官署，甚至主持操军练兵，都有相当的勋绩，是一位难得的干才。然而，这些建树，除却归功于个人的才能之外，还因为他是宦官出身，获得人主的宠信和重用，故此能够扶摇直上飞黄腾达。这是明代下西洋的一个特殊现象，历史上是罕见的。王景弘的生涯正凸显了宦官在明初以来，所享有的特权和优越的地位。①

王景弘虽然有特殊的才能和彪炳的勋绩，但是由于郑和的名气隆盛，如日中天，景弘专司航海职务，不事外交，功业遂为笼盖。再者，他的传记资料残缺，又曾以另一名字在历史上出现，而记载混淆错乱，更使他掩而不彰，未得史家充分垂注，给予恰当的评价。事实上，他有不可磨灭的贡献，与郑和互相辉映，缺少了他，对明代下西洋的整体事业恐怕有很大的负面影响。因此，王景弘在我国航海交通史上，无疑占有一席重要的位置，宜应载列史册加以表彰，免使一代英灵、开拓海外的民族伟人寂然无闻！

［原载《汉学研究》（台北），第 9 卷第 2 期，1991 年 12 月，第 223 - 256 页。］

---

① 关于明永乐朝后宦官的地位及权势，详见丁易：《明代特务政治》，北京：中外出版社，1950 年；又见王硕：《宦官与太监》，《历史研究》，1993 年第 6 期；王春瑜、杜婉言：《明朝宦官》，北京：紫禁城出版社，1969 年。在永乐、宣德时代，宦官的影响还是正面居多，郑和、王景弘及其他下西洋的同僚有显赫的贡献。

明代航海家王景弘史事初考

罗　岩*

明代郑和下西洋，是一件震撼中华、影响世界的伟大事件，被称为"中国超前轶后之奇举"和"全世界历史上所号称航海伟人"。历来对下西洋的评价，比较偏重于郑和的功绩，而忽略了整个使团集体所发挥的作用。本文以下西洋使团中的主要领导成员之一王景弘的史事为例，试述他在下西洋航行中所发挥的杰出才能和重大贡献。

一、祖籍探源

王景弘，明代龙岩集贤里香寮人（今福建省漳平市赤水镇香寮村）。有关史料列举如下。

清代《漳州府志》卷30《宁洋县》载："王景弘，（龙岩）集贤里香寮人。从太宗北征，后有拥立功，授其子宁南京锦衣卫正千户"。

清乾隆三年版《龙岩州志》卷10《中官》载："明王景弘，龙岩集贤里人，后分属宁洋。永乐间随太宗巡狩，有拥立皇储功，赐其嗣子王祯世袭南京锦衣卫正千户"。附："论曰：中官非南方所有，有之，志异也！"

清同治十三年版《宁洋县志》卷8《中官》载："王景宏（弘），集贤里龙岩人，后分属宁洋。永乐间随太宗巡狩，有拥立皇储功，赐嗣子王祯世袭南京锦衣卫正千户。"

蔡永兼稿《西山杂志·三宝下西洋》载："王景弘，闽南人，雇泉州船，以东石沿海名舥导引，从苏州刘家港入海，至泉州寄泊。"

综上资料表明，王景弘籍贯是"闽南""龙岩集贤里"。因为王景弘出生年代大约在明代初期，当时的集贤里（今赤水）属龙岩县管辖，而龙岩县又隶属于漳州府，漳州地处闽南，因此《西山杂志》说"王景弘，闽南人"。明隆庆元年（1567年）析龙岩县集贤里五图，收回大田县聚贤里内三图，割永安县四图建立宁洋县，统集宁、聚宁、永宁三里，仍隶属漳州府，当时香寮划归宁洋县集

*　本名罗宜生，原福建省漳平市博物馆馆长。

宁里。清雍正十二年（1734 年）龙岩县升为直隶州辖漳平、宁洋两县。1956 年
7 月，撤销宁洋县，并入漳平县后为赤水香寮村。

香寮位于赤水镇北端，与赤水圩集镇直距 10 千米。辖旦洋、后溪、桥上、
桥下、东山、后洋、盖竹溪、林地等自然村，包括许家山、谢头坂、山背岭等废
村，共有面积 58 平方千米。现有汉族住民 1 700 多人，多数人讲闽南方言本地
话。香寮东部与双洋镇相连，西北部与永安市辖境毗邻，东北缘"紫云洞山"，
海拔 1 634 米，为漳平境内第二高峰，地处崇山涧谷的小盆地间。香寮，原名
"香山"，据《宁洋县志》载宋代元祐年间，肇基曹氏的一位先祖曹泗（后称曹
泗公），出生时有香雾蒙山三昼夜不散，因名其地为"香山"。后来多有外籍人
迁入此地，在枫树林内搭寮定居，又名"枫寮"。香寮历史悠久，早在商周时期
就有古越先民在此砺石渔猎，取火烧陶和原始农耕，遗存有印纹陶片和石制等器
物。五代以后汉人陆续徙居入住。现保存有始建于唐代的香山石拱桥，建于宋代
的天台山石构舍利塔和古庵遗址，以及始建于元代的通真殿和明代邓茂七起义时
在紫云洞山扎住的古寨遗址等不少名胜古迹。古代香寮地处三县边境，地理位置
特殊，自然环境复杂，外来多种姓氏移民在此开基，据统计多达 80 多个姓氏，
故有"百姓村"之称。

关于王景弘的名字与称号，志书称王景弘或王景宏。鲁迅先生说，王景弘与
王景宏是同一人。官为"正使太监""提督太监""南京守备太监"。明永乐七年
二月所立《布施锡兰山寺佛世尊碑》称王景弘为"王贵通"；明罗懋登《三宝太
监西洋记通俗演义》称为"王爷""征西副元帅"。其人"身长九尺，腰大十围，
面阔口方，肌肥骨重。"鸿渐"二保公庙"称为"二太保公"；汶莱国称为"王
总兵"；台湾称为"王三保"。东南诸国称为"太监爷""三宝公"。

王景弘可能是闽王王审知的后裔。经多次调查得知，香寮村王氏的祖先是
"尤溪四十一都（今永安青水）徙居而来。"据永安青水《太原王氏族谱》所载，
王审知入闽征讨尤溪二十都十八盂虷婆洞（今青水乡积毂寮村），在光坑昆岗立
屋居住三载。王母随军住光坑，唐大顺元年（890 年）病逝葬于此地，天德元年
（943 年）王延政带长子王继成回往光坑守墓。天德二年（944 年）朱文进在福
州兵变，诛王氏家族。天德三年（945 年）南唐攻占建州（今建瓯），闽灭亡。
王延政之裔孙避乱居于尤溪四十一都（今永安青水一带），留下王氏后裔。又据
漳平易坑《王氏族谱》记载，先祖王大成开基尤溪四十一都（今永安青水），传
七代王四徙居郭行坑，派衍分支徙迁数处，后又迁宁洋、漳平等地。明洪武年间
王一十迁居漳平和睦里（今新桥），今新桥易坑王氏家族中还珍藏一组明代的闽
王画像，一组三幅，重彩工笔画。由此可知王氏徙居宁洋（今双洋）比徙居漳

平的时间还早，大约在元代中后期左右。据民间调查，明代以前迁入宁洋的王氏家族，多是从永安方向迁来的。目前，虽然尚未发现王氏宗谱有记载王景弘事迹，但在香寮村调查中得知其王氏祖先三兄弟是从尤溪（今永安）迁来的。后三兄弟分居，一支徙居许家山，一支徙居北罗畲（属永安吴地），一支迁百种畲（属双洋镇）。如今，王氏家族人烟稀少，许家山原有 200 多亩耕地和十几座房屋，除个别姓王的迁移外地外，现已无人居住，成为废村，只留下村尾水口林中的一座小型石构的"民主公"庙和村里的房屋残迹，石旗杆残段，以及地面上遗留的明清时期的砖瓦和陶瓷残片。南罗畲原有王氏数百人，随着时代变迁不断减少，如今只剩下一户人家。百种畲原有王氏百余人，后陆续外迁，如今只留下一座残破的祠堂和一块同治三年（1864 年）贡生王家贤立"选魁"的木匾。香寮村姓王仅存一两家人，是清末民初时期从许家山搬回来的，近来，已重修了王氏祖祠"太原堂"。王氏有祖传的祠堂对联："统七姓来从固始，镇八闽肇自唐封"。

二、下西洋史记

（一）第一次下西洋

王景弘第一次与郑和出使西洋的时间是永乐三年（1405 年）六月至永乐五年（1407 年）九月二日。永乐三年（1405 年）六月奉成祖之命，王景弘以钦差太监的身份协同郑和，统领巨型海船 62 艘，水手、官兵等 27 800 余人组成的庞大船队出使西洋。下西洋船队最大的海船长 44 丈 4 尺，宽 18 丈，立 9 桅，挂 12 帆，是当时世界上最大木帆船。装有防水隔舱，即使船体破裂，也不致急速沉没。其设计灵活，不仅能在大海中航行，同时也能在浅水中行驶，造船技术水平已居于世界之先。六月，船队从苏州刘家港（江苏太仓浏河镇）出发，经福建、广东南下，首先到达占城（越南中南部），经爪哇、暹罗（泰国）、旧港（印尼苏门答腊岛巨港，又称三佛齐）、阿鲁（印尼忽拉湾）、苏门答腊（印尼苏门答腊岛北端萨马朗加）、锡兰（斯里兰卡）、小葛兰（印度奎隆）、柯枝（印度科钦）、古里（印度卡科卡特）等后折回，历时两年多，于永乐五年（1407 年）九月回到南京。返航时，西洋各国大都派遣使臣携带珍异宝物，随船队到南京向明朝进贡。在航行各国途中，除列行向诸番国封赏外，重大事件有：

（1）永乐五年在旧港（三佛齐国）歼灭以陈祖义为首的以诈降为名而潜谋抢劫船队的一群海盗，消灭盗党 5 000 余人，烧毁、缴获战船 10 余艘，收缴伪印，擒俘陈祖义等 3 名盗首，押送朝廷处治。

（2）设立旧港宣慰使司，命施进卿为宣慰使（官从三品），这是我国历史上首次在海外设立在官署机构。

（3）敕封古里国王，授给印诰。并在古里建亭立碑，王景弘亲自书写碑铭，文曰："其国去中国十万余里，民物咸若，晹熙同风，刻石于兹，永示万世。"

（4）爪哇西国王兵杀害登岸市易华人案，经交涉后，西王都马板遣使亚列加恩等来朝谢罪，愿赔偿黄金6万两。明王朝只收1万两，其余"免赦之"。此为旅外华人遇害，由政府出面交涉成功之首例。

（5）永乐五年（1407年）郑和、王景弘首次远航西洋归来，在南京下关狮子山下、仪凤门外建起一座规模宏大的祭祀妈祖的庙宇——天妃宫。此后，每次出海之前都到此宫祭拜妈祖，祈求保佑，航海平安。

《明史》卷304《宦官传》载："永乐三年六月，命和及其侪王景弘等通西洋，将士卒二万七千八百余人，多赍金币，造大舶，修四十四丈，广十八丈者六十二。自苏州刘家河泛海，至福建复自福建五虎门扬帆，首达占城，以次遍历诸番国。宣天子诏因给赐其君长，不服，则以武慑之。五年九月和等还，诸国使者随和朝见。和献所俘旧港酋长，帝大悦，爵赏有差"。《明成祖实录》载："永乐三年六月己卯，遣中官郑和等赍敕往谕西洋诸国，并赐诸王金织文绮采绢各有差。五年九月壬子，太监郑和使西洋诸国还，械至海贼陈祖义等。"明罗懋登《三宝太监西洋记通俗演义》说，（永乐三年在古里建亭立碑）王爷（王景弘）挥笔书之："此去中国，十万余程，民物咸若，熙晹同情，永示万世，地平天成"。《西洋朝贡典录》载："建亭刻石，其略曰"。《中国历史大事年表》（1983年版）载："1405年乙酉，明永乐三年。命宦官郑和与王景弘等使西洋，率水手、官、兵二万七千余人，乘'宝船'（最大者长四十四丈尺，阔十八丈，由龙江船厂建造。今南京下关出土舵杆，长达1.07米，或即宝船所用）从苏州刘家河（今浏河）出海。"

《明史》卷304载："永乐五年九月壬子，太监郑和使西洋诸国还，械至海贼陈祖义等。初和至旧港遇祖义等，遣人诏谕之。祖义等诈降，而潜谋要劫官军，和等觉之，整兵提备。祖义率众来劫，和率兵与战，祖义等战大败之，杀贼党五千余人，烧贼船十艘，获其七艘，及伪铜印二颗，生擒祖义等三人，既至京师，命悉斩之。己卯，赏赐西洋官兵旧港擒贼有功者……"郑鹤声编《郑和遗事汇编》载："此次战役，生擒敌军首长三人，杀伤士率五千余人，其规模之弘壮，可以想见。此二万七千余人之远征军，甫经下番，既此大战，卒能获胜，海道既清，远近威服，其关系亦云大矣"。《明成祖实录》卷71载："三佛齐，永乐中为爪哇所兼并，国废，更置小酋市易，曰'旧港'……广东人陈祖义者，故有罪，亡入其国，久之亦得众，与世卿争长。上使中官郑和下番，进卿以告，上使招之，祖义诈降，而潜谋邀劫。和勒兵与战，杀其党五千余人，俘祖义京师伏法。进卿遣其婿彦诚贡谢，诏设旧港宣慰使司，命进卿填之。""永乐五年九月戊午，旧港头目施进卿遣婿丘彦诚朝贡，设旧港宣慰使司，命进卿为宣慰使，赐印诰冠带文绮纱罗。"《明成祖实录》卷71载："永乐四年……时我使人舟过东王城，被西王杀我百七十人，西王遣使其言东王不当立，已击灭之矣，降诏切责。五年，西王都马板上表请罪，愿偿黄金六万两，复立东王之子，从之。"

（二）第二次下西洋

据《七修类稿》载："永乐丁亥（1407年）命太监郑和、王景弘、侯显三人往东南诸国，赏赐宣谕"。"据借月山房钞本《星槎胜览》载：'太宗文皇帝继统文明之治，格于四表，于是屡命正使太监郑和、王景弘、侯显等开道九夷八蛮，钦赐玺书礼匣。'"永乐五年（1407年）九月，王景弘奉命与郑和等率船队出使西洋，护送各国来朝使者安全回国。同时并随带中国的金银丝绸、瓷器、铁器和布匹等物赏赐各国。途经占城、暹罗、渤泥（加里曼丹岛文莱）、满剌加（马来西亚马六甲）、锡兰、加异勒（印度南端）、柯枝、古里等国家和地区。船队经过渤泥国封赏之后，不久渤泥国王麻那惹加那乃于永乐六年（1408年）八月率其妻子家属陪臣远来南京朝贡，受到明朝朱棣皇帝的热情款待，妥善地安住会同馆。在奉天殿接见渤泥国王时向他赠送"仪仗、交椅、银器、伞扇、销金鞍马、金质文绮、纱罗、绫绢衣十袭"，向随从人员也赠送了冠带、袭衣等。"初宴于华盖殿，既连宴于奉天门。每宴，则命公夫人宴其妻、子于内馆。宴罢，敕大官厚具献食，日命大臣一人侍于所舍，中贵人专接伴"。可谓盛情无比。同年九月，国王患病经御医"善药调理"无效，十月病逝于会同馆。明成祖非常悲恸，"辍朝三日，祭赙甚厚，赐葬南京城南石子冈"，"树碑神道，又建祠墓侧，有司春秋祭以少牢，谥曰'恭顺'。赐敕慰其子遐旺，命袭封国王。"永乐七年二月初一日，船队始到锡兰国码头，泊舡登岸，海边有一盘石"圣迹"，足迹长二尺许，说是先世释迦佛从翠蓝屿来登此岸，足蹑其迹。山边有佛寺，郑和、王景弘等专程到寺内进香布施祈求航海平安。并在寺中立一石碑，碑为汉文、泰米尔文和波斯文等三种文字刻成，碑首刻："大明皇帝遣太监郑和、王贵通（王景弘）等昭告于佛世尊"，碑曰："仰惟慈尊，圆明广大，道臻玄妙，法济群伦。历劫河沙，悉归弘化，能仁慧力，妙应无方。惟锡兰山介乎海南，言言梵刹，灵感翕彰。比者遣使诏谕诸番，海道之开，深赖兹佑，人舟安利，来往无虞，永惟大德，礼用报施。谨以金银织金纻丝宝幡、香炉、花瓶、纻丝表里、灯烛等物，布施佛寺，以充供养……"落款为"永乐七年岁次己丑二月甲戌朔日谨施"。此碑于清宣统三年发现，现藏锡兰博物院中。经专家考证碑文上的"王贵通"是王景弘的别名或赐号。此次船队使洋历时将近两年，于永乐七年（1409 年）八月回到南京，并将诸国所朝贡的各种稀宝奇珍和珍禽异兽带回朝廷。

（三）第三次下西洋

据《星槎胜览》载："永乐七年己丑，上命正使太监郑和、王景弘等统领官兵二万七千余人，驾驶海船四十八号，往诸番国，开读赏赐。是岁秋九月，自太仓刘家港开船，十月到福建长乐太平港停泊，十二月于福建五虎门开洋。"《菽园杂记》载："永乐七年，太监郑和、王景弘、侯显等统率官兵二万七千有奇，驾宝船四十八艘，赍奉诏旨赏赐，历东南诸番，以通西洋。"《吾学编》载："永乐七年，太监郑和、王景弘、侯显统三万人往西洋"。史料表明，永乐七年（1409 年），王景弘受皇命第三次与郑和率队使西洋。据《星槎胜览》载："宝舡六十三号，大者长四十四丈，阔一十八丈，中者长三十七丈，阔一十五丈。"统领官兵 27 000 余人。据《星槎胜览》载："计下西洋官校、旗军、勇士、民梢、买办、书手，通计二万七千六百七十员名。其中：官八百六十八员，军二万六千八百名，指挥九十三员，都指挥二员，千户一百四十员，百户四百三员，户部郎中一员，阴阳官一员，教谕一员，舍人二名，医官医士一百八十员名，余丁二名。正使太监七员，监丞五员、少监十员，内官内使五十三名。九月，从南京太仓刘家港开船，十月到福建长乐太平港停泊。"据《读史方舆纪要》载："太平港，旧名（马江）吴船头，明朝永乐中，太监郑和由此入海，改曰太平港。"《古今图书集成》载："长乐县首石山，山巅有石，高二十余丈，广数丈，中有泉穴，四面窥之皆见水，又云四水石山。山有时鸣。古签云：首石山鸣出大魁，十洋成市状元来。明永乐年是山适鸣，会三宝太监郑和下海通西洋，驻军十洋街。"清乾隆本《长乐县志》载："永乐年，三宝太监驻军十洋街，人物辏集，如市。"足证每次海行必泊于此处，等候季节、操练水手，伺风开洋。"十二月于福建五虎门启航出海，张十二帆，顺风航行十昼夜，到达占城（越南中南部）新州港时，受到占城国王的热烈欢迎。国王酋长头戴三山金花冠，身披锦花手巾，率领部下五百余人出郊迎接诏赏。下象膝行，匍匐感沐天恩。奏贡方物。"据《菽园杂记》载：船队先后经过"占城、灵山、昆仑山、宝童龙、真腊（柬埔寨）、暹罗、假里马丁、交兰山、爪哇、旧港、重迦罗、吉里地闷、满剌加、麻逸冻、彭坎东西竺、龙牙迦邈、九洲山、阿鲁（印尼苏门答腊岛勿拉湾）、淡洋、苏门答腊、花面王、龙涎屿、翠兰屿、锡兰山、溜山洋（马尔代夫）、大葛兰（印度奎隆）、柯枝、榜葛剌（孟加拉国及印度西孟加拉邦）、卜剌哇（索马里巴拉韦）、竹步（索马里朱巴河口）、木骨都束（索马里摩加迪沙）、阿丹（也门亚丁）、剌撒（红海东岸）、佐法儿（阿曼佐法儿地区）、忽鲁谟斯（伊朗霍尔木兹海峡格什姆岛）、天方（沙特阿拉伯麦加）、琉球、三岛、渤泥东、苏禄（菲律宾苏禄群岛）"等国家和地区。满剌加国小力弱，常受暹罗侵扰，永乐七年，船队到此，"郑和等赍诏敕银印，封酋长拜里迷苏剌为满剌加国王。请定疆域，并封其国西山，俾暹罗无侵扰。诏封为镇国之山，赐御制碑文勒石"。九洲山与满剌加国接境，盛产沉香，"树高承雨露，岁久表桢样"，船队过时"香清味远"，郑和、王景弘等差官兵入山采香，"采伐劳天使，回朝献帝王。"船队到达锡兰山时，国王"不恭"。据《星槎胜览》载："其王亚烈苦奈儿，负固不恭，谋害舟师。"正使太监郑和、王景弘等"深机密策，暗设兵器，三令五申，使众衔枚疾走，夜半之际，信炮一声，奋勇杀人，生擒其王。"此次之战是下西洋的第二大战役，"以二万七千余人，对五万敌军，而大败其众，非熟娴韬略，何来奏功。于是郑和声威，远震印度洋滨。"《明史》称"是时交趾已破灭，郡县之地，诸邦益震詟，来者日多。"使洋船队，航行诸国，抑强扶弱，深受众国感慕。永乐七年正使太监郑和、王景弘等奉命赍捧诏敕满剌加酋长，"赐以双台银印，冠带袍服，建碑封域为满剌加国。后暹罗始不敢扰。"永乐九年，国王拜里苏剌感慕圣恩，率其妻子、陪臣五百四十余人"赴京朝谢，贡进方物，朝廷又赐予海船回国守土"。永乐九年（1411年）六月十六日，郑和、王景弘所率的船队返回南京。"献俘于朝，帝赦不诛，释归国"，"寻蒙恩宥，俾复归国，四夷悉钦。"

永乐十四年（1416年），郑和、王景弘为铭记前几次下西洋途中受到海神妈祖的庇护而涉波履险，平安归来的过程，奏请皇帝批准，在南京仪凤门外的天妃宫中树立"御制弘仁普济天妃宫之碑"，明成祖亲撰碑文699字。"御制"碑高5.9米，由碑首、碑身、碑座组成，重27吨。碑座为龟趺，通长4.1米，宽为1.72米，高1.65米。碑文工整，气韵隽秀，骨力遒健。文曰：

> 仰惟皇考太祖高皇帝肇域四海，幅员之广，际天所覆，极地所载，咸入版章，怀柔神人，幽明循职，各得其序。朕承鸿基，勉绍先志，罔敢或怠。抚辑内外，悉俾生遂，夙夜兢惕，惟恐弗逮。恒遣使敷宣教化于海外诸番国，导以礼义，变其夷习。其初使者涉海洋，经浩渺，飓风黑雨，晦冥黯惨，雷电交作，洪涛巨浪，摧山倒岳。龙鱼变怪，诡形异状，纷杂出没，惊心骇目，莫不错愕。乃有神人飘飘云际，隐显挥霍，下上左右，乍有忽无，以妥以侑。旋有红光如日，煜煜流动，飞来舟中，凝辉腾耀，徧烛诸舟，熇熇有声。已而烟消霾霁，风浪帖息，海波澄镜，万里一碧，龙鱼遁藏，百怪潜匿，张帆荡舻，悠然顺适，倏忽千里，云驶星疾。咸曰：此天妃神显示灵应，默加右相。归日以闻，朕嘉乃颂特加封号，曰"护国庇民妙灵昭应弘仁普济天妃"，建庙于都城之

外，龙江之上，祀神报贶。自是以来，神益显休应，视前有加。凡使者
及诸番国朝贡重译而来者，海舶往还，驾长风，驭飞帆，蓦数万里，若
履平地，略无波涛忧险之虞，歌吟恬嬉，咸获安济；或胶于浅，冒入险
阻，则陵徙谷移，略无关阅，奇灵异效，莫可殚纪。今夫江湖之间，以
环海视之，如池沼之多，猛风急浪，尚有倾樯破楫之患，而况于临无涯
不测之巨浸也哉！然则，神之功于是为大矣。虽然，君国子民，其任在
朕；而卫国庇民，必赖于神。阴阳表里，自然之道；沧溟渤澥，神之攸
司。凡风霆、雨露、寒暑、燥湿，调变惟宜，易沴为祥，奠危为安，铲
险为夷，皆神之能，其可无文以著其迹？爰书其事建碑于宫，并系以诗
曰："湄洲神人濯厥灵，朝游玄圃暮蓬瀛，扶危济弱俾屯亨，呼之即应
祷即聆。上帝有命司沧溟，驱役百怪降魔精，囊括风雨电雷霆，时其发
泄执其衡。洪涛巨浪帖不惊，凌空若履平地行，雕题卉服皆天氓，梯航
万国悉来庭。神庇佑之功溥弘，阴翊默卫何昭明，寝宫奕奕高以闳，报
祀蠲洁腾苾馨。神之来兮佩珑玲，驾飙车兮旖霓旌，云为辰兮雾为屏，
灵缤缤兮倏而升。视下土兮福苍生，民安乐兮神攸宁，海波不兴天下
平，于千万世扬休声。"

永乐十四年四月初六日

（四）第四次下西洋

为了护送郑和第五次下西洋时随船来访的十六国使臣还国。明成祖又一次派
遣王景弘与郑和、马欢等共同率领船队出使西洋。据《明实录》载："永乐十九
年（1424 年）正月癸巳，忽鲁谟斯等十六国使臣还国，赐钞币表里，遣太监郑
和等赍敕及锦绮罗绫绢等物，赐诸国王。就与使臣偕行。"沿途到达忽鲁谟斯、
阿丹、祖法儿、剌撒、不剌哇、木骨都束、古里、柯枝，加异勒（印度南端），
锡兰山、溜山、喃渤泥、苏门答剌、阿鲁、满剌加、甘巴里（印度南端科摩林
角）等国家和地区。此次下洋的主要任务是护送各国使臣回国，涉及事务范围既
广，随从内官分工不同，出发的路线及启程日期不一。途中有领命太监李兴到阿
丹国采办珍宝。三宝信官杨敏等往榜葛剌（孟加拉国及印度西孟加拉邦）。杨
庆、洪保等分头出使诸番国。永乐二十年（1422 年）八月十八日回到北京。"暹
罗、苏门答剌、哈丹等国悉遣使随和贡方物。"

（五）第五次下西洋

据《明史》卷 304 载："宣德五年（1430 年）六月，（宣宗）帝践祚岁久，
而诸番国远者犹未来朝贡，于是，和、景弘复奉使，历忽鲁谟斯等十七国而还。"

宣德五年正使太监王景弘与郑和奉命重整船队筹措粮食货物准备使洋。据《西洋番国志》载："下西洋官员买到瓷器、铁锅、人情物件，及随舡合用军火器纸扎油烛柴炭并内官内使年例酒油烛等物，敕至，尔等即照数放支与太监郑和、王景弘……，关领前去应用，不许稽缓。"此次航行事前准备充裕，宝船"平稳轻妙"，造船技术大有改进提高，据《纪录汇编》卷202祝允明《前闻记·下西洋》载："其船号名有清和、惠康、长宁、安济、清远之类。又有数序一二等号。其船名大八橹、二八橹之类。"参与航行人员有"官校、旗军、火长、舵工、班碇手、通事、办事、书算手、医士、铁锚、木艌、搭材等匠、水手、民梢等，共二万七千五百五十员名。"其航行日期及路线为"宣德五年（1430年）闰十二月六日龙湾（南京下关）开舡，十日至徐山打围（打猎），二十日出附子门，二十一日刘家港。六年（1431年）二月二十六日到长乐港，十一月十二日到福斗山，十二月九日出五虎门，二十四日占城（停泊）。七年（1432年）正月十一日开舡，二月六日到爪哇（斯鲁马益），二十七日到旧港，七月八日到满刺加，八月十八日到苏门答刺，十月二十三日泊翠兰屿。十一月六日到锡兰山别罗里，十八日到古里国，十二日二十六日到忽鲁谟斯（停泊）。八年（1433年）二十八日开舡回洋，行二十五日，于三月十一日到古里，二十日大船回洋。四月六日到苏门答刺，二十日到满刺加，五月十日回昆仑洋，二十三日到赤坎，二十六日到占城，六月三日到外罗山，九日见南澳山，十日晚望见望郎回山，十四日到崎头洋，十五日到碗碟屿，二十日到大小赤，二十一日进太仓，七月六日回京。二十一日关赐奖衣宝纱。"此次航行往返时间，经途国家与地方较历次为详确。此次航行途中主要事件记下：

（1）太仓刘家港天妃宫石刻通番事迹碑之刊立。自明成祖于1424年病逝以后，停止下洋6年多，至宣德五年（1430年）王景弘、郑和等出使西洋，自闰十二月六日从南京龙湾开舡，二十一日到刘家港，驻留一个月，修建天妃宫石刻通番事迹碑，以纪其事。此碑刊在太仓天妃宫内，名曰《娄东刘家港天妃宫石刻通番事迹记》，其文曰：

> 敕封护国庇民妙灵昭应弘仁普济天妃之神，威灵布于钜海，功德著于太常，尚矣。和等自永乐初奉使诸番，今经七次，每统领官兵数万人，海船百余艘，自太仓开洋，由占城国，暹罗国、爪哇国、柯枝国、古里国、抵于西域忽鲁漠斯等三十余国，涉沧溟十万余里。观夫鲸波接天，浩浩无涯，或烟雾之溟濛，或风浪之崔嵬。海洋之状，变态无时，而我之云帆高张，昼夜星驰，非仗神功，曷能康济。直有险阻，一称神号，感应如响，即有神灯烛于帆樯，灵光一临，则变险为夷，舟师恬

然，咸保无虞，此神功之大概也。及临外邦，其蛮王之梗化不恭者，生擒之，官兵之肆暴掠者，殄灭之，海道由而清宁，番人赖以安业，皆神之助也。神之功绩，昔尝奏请于朝廷，宫于南京龙江之上，永传祀事。钦承御制记文，以彰灵贶，褒美至矣。然神之灵，无往不在，若刘家港之行宫，创造有年，每至于斯，即为葺理。宣德五年冬，复奉使诸番国。舣舟祠下，官军人等瞻礼勤诚，祀享络绎。神之殿堂，益加修饰，弘胜旧规，复重修咀山小姐之神祠于宫之后，殿堂神像，灿然一新。官校军民，咸乐趋事，自有不容己者。非神之功德感于人心而致乎？是用勒文于石，并记诸番往回之岁月，昭示永乐焉。永乐三年统领舟师往古里等国。时海寇祖义等聚众于三佛齐国抄掠番商，生擒厥魁。至五年回还；永乐五年统舟师往爪哇、古里、柯枝、暹罗等国，其国王以方物珍禽兽贡献。至七年还；永乐七年统领舟师往前各国，道经锡兰山国，其王亚烈苦奈儿负固不恭，谋害舟师，赖神灵显应知觉，遂擒其王，至九年归献，寻蒙恩宥，俾复归国；永乐十二年统领舟师往忽鲁谟斯等国。其苏门答剌国伪王苏干剌寇侵本国，其王遣使赴阙陈诉请救，就率官兵剿捕，神功默助，遂生擒伪王，至十三年归献。是年满剌加国王亲率妻子朝贡；永乐十五年统领舟师往西域。其忽鲁谟斯国进狮子、金钱豹、西马。阿丹国进麒麟，番名祖剌法，并长角马哈兽。木骨都束国进花福鹿并狮子。卜剌哇国进千里骆驼并驼鸡。爪哇国、古里国进麼里羔兽。各进方物，皆古所未闻者。及遣王男王弟捧金叶表文朝贡；永乐十九年统领舟师遣忽鲁谟斯等各国使臣久侍京师者，悉还本国。其各国贡献方物，视前益加。宣德五年，仍往诸番开诏，舟师泊于祠下。思昔数次皆仗神明助之功，于是勒文于石。明宣德六年，岁次辛亥，春朔，正使太监郑和、王景弘，副使太监朱良、周满、洪保杨真，左少监张达等立。

（2）福建长乐南山寺天妃灵应碑之刊立。此石碑原在长乐南山寺，故又名南山寺碑。碑额篆书"天妃之神灵应记"。1931年知事（县官）吴鼎芬于旧墙中刨出，移置于长乐公署，现藏"长乐郑和纪念馆"中。碑文：

皇明混一海宇，超三代而轶汉唐，际天极地，罔不臣妾。其西域之西，迤北之国，固远矣。而程途可计，若海外诸番，实为遐壤，皆捧琛执贽，重译来朝。皇上嘉其忠诚，命和等统率官校旗军数万人，乘巨舶百余艘，赍币往赍之，所以宣德化而柔远人也。自永乐三年奉使西洋，迄今七次，所历番国：由占城国、爪哇国、三佛齐国、暹罗国、直逾南天竺、锡兰山国、古里国、柯枝国，抵于西域忽鲁谟斯国、阿丹国、木骨都束国、大小凡三十余国，涉沧溟十万余里。观夫海洋，洪涛接天，巨浪如山，视诸夷域，隔诸夷域，迥隔于烟雾缥缈之间。而我之云帆高张，昼夜星驰，涉彼狂澜，若履通衢者，诚荷朝贡威福之致，尤赖天妃之神护佑之德也。神之灵固尝著于昔时，而盛显于当代，溟渤之间，或遇风涛，既有神灯烛于帆樯，灵光一临，则变险为夷，虽在颠连，亦保无虞。及临外邦，藩王之不恭者生擒之，蛮寇之侵略者剿灭之。由是海道清宁，番人仰赖者，皆神之赐也。神之感应，未易殚举，昔尝奏请于朝，纪德太常，建宫于南京龙江之上，永垂祀典，钦蒙御制记文以彰灵贶，褒美至矣。然神之灵，无往不在，若长乐南山之行宫，余由舟师屡驻于斯，伺风开洋。乃于永乐十年奏建以为官军祈报之所，既严且整。右有南山塔寺，历岁久深，荒凉颓圮，每就修葺，数载之间，殿堂禅堂，弘胜旧规。今年春，仍往诸番，舣舟兹港，复修佛宇神宫，益加华美。而又发心施财，鼎建三清宝殿一所于官之左。雕妆圣像，灿然一新，钟鼓供仪，靡不俱备。佥谓如是，庶足以尽恭事天地神明之心。众愿如斯，成乐趋事，殿庑宏丽，不日成之，画栋连云，如翠如翼。且有青松翠竹，掩映左右，神安人悦，诚胜境也。斯土斯民，岂不感臻神利哉？人能竭忠以事君，则事无不立，尽诚以事神，则祷不应。和等上荷圣君宏命之隆，下致远夷敬信之厚，统舟师之众，掌钱帛之多，夙夜奉奉，惟恐弗逮，敢不竭忠于国事，尽诚于神明乎！师旅之安宁，往回之康济者，乌可不知所自乎？是用著神之德于石，并记诸番往回之岁月，以贻永久焉。一、永乐三年，统领舟师，至古里等国。时海寇陈祖义聚众三佛国，劫掠番商，亦来犯我舟师，即有神兵阴助，一鼓而殄灭之，至五年回。一、永乐五年，统领舟师往爪哇、古里、柯枝、暹罗等国，番王各以珍宝珍禽异兽贡献，至七年回还。一、永乐七年，统领舟师往前各国，道经锡兰山国，其王亚烈苦奈儿负固不恭，谋害舟师，赖神显应知觉，遂生擒其王，至九年归献。寻蒙恩宥，俾归本国。一、永乐十一年，统领舟师往忽鲁谟斯等国，其苏门答剌有伪王苏干剌寇侵本国，其王宰奴里阿比丁遣使赴阙陈诉，就率官兵剿捕。赖神默助，生擒伪王，至十三年回献。是年满剌加国王亲率妻子朝贡。一、永乐十五年，统领舟师往西域，其忽鲁谟斯国进狮子、金钱豹、大西马。阿丹国进麒麟，番名祖剌法，并长角马哈兽。木骨都束国进花福鹿并狮子。卜剌哇国进千里骆驼，并驼鸡。爪哇古里国进縻里羔兽。若乃藏山隐海之灵物，沉沙栖陆之伟宝，莫不争先呈献，或遣王男，或遣王叔王弟，赍捧金叶表文朝贡。一、永乐十九年，统领舟师遣忽鲁谟斯等国，使臣久侍京师者悉还本国，其各国王益修职贡，视前有加。一、宣德六年，仍统舟师往诸番国，开读赏赐，驻舶兹港，等候朔风开洋。思昔数次皆仗神明助佑之功，如是勒记于石。宣德六年岁次辛卯仲冬吉日正使太监郑和、王景弘，副太监李兴、朱良、周满、洪保、杨真、张达、吴忠，都指挥朱真、王衡等立，正一住持杨一初稽首请立石。

（3）对暹罗国王之敕谕。据《明宣宗实录》载："宣德六年二月壬寅，满剌加国王头目巫宝纳等至京，言国王欲躬来朝贡，但为暹罗国王所阻。暹罗意欲侵害……乞朝廷遣人谕暹罗王无欺凌半……皇命太监郑和舟还国，令和赍敕谕罗国王。"此后，满剌加不受侵扰，不胜感恩之至。

（4）在天方国采办珍宝。据《西洋朝贡典录》卷下载："宣德中，使郑和至西洋，遣通使七人赍射香、瓷器、缎定同本国船至国，一年往回，易得各色奇异宝石并麒麟、狮子、驼鸡等物，并画《天堂图》一册回京。其天方国王亦遣其臣沙献等将方物随七人来朝贡。"又据《瀛涯胜览》载："宣德五年（1430 年）钦蒙圣朝差正使太监内官郑和等往各番国开读赏赐，他綜到古里国时，内官太监洪见本国差人往彼，就选差通事等七人赍带麝香、瓷器等物，国船只到彼，往回一年。买到各色奇货、异宝、麒麟、狮子、驼鸡等物，并画《天堂图》真本回京。其默伽国王，亦差使臣收方物跟同原去七人献赍于朝廷。"

（5）宣德六年（1431 年）铸铜钟一口献给镡州（南平）雪山寺三宝殿。铜钟通高 83 厘米，回径 49 厘米，厚 2 厘米，重 154 斤。钟口为葵口，二龙蟠纽，肩部铸如意云纹，下铸一周回纹，腹部一圈铸有一周云纹。上部铸楷书凸字："国泰民安"，"风调雨顺"。腹下部铸一圈铭文："大明宣德六年岁次辛亥仲夏吉日，太监郑和、王景弘等同官军人等，发心铸铜钟一口，永远长生供养，祈保西洋往回平安吉祥如意者"。宣德六年（1431 年）正使太监郑和、王景弘等奉命统领船队下西洋，从南京出发，二月二十六日抵达福建长乐等候季风，五月沿闽江而上抵达南平，进寺朝拜佛祖，铸钟布施，祈求出海航行平安。铜钟于 1981 年在废旧物资中发现抢救下来，现藏北京中国历史博物馆，并定为国家级珍贵文物保存。

（6）宣德八年（1433 年）夏月，正使太监郑和于归航途中，积劳成疾，在古里（今印度卡利卡特）病逝。七月由正使太监王景弘扶送郑和遗体回国，宣宗皇帝赐葬南京牛首山南麓。

（六）第六次下西洋

据《明史》卷 325 载："（宣德）九年（1434 年），（苏门答剌国）王弟哈利之汉来朝，卒于京师，帝悯之，赠'鸿儒少卿'，赐谥，有司治丧葬，置守冢户。时（王）景弘（奉命）再使其国，王遣弟哈尼者罕随之入朝。"苏门答剌使者王弟哈利之汉是宣德八年（1433 年）随下西洋的船队来到京都，不幸病逝，为了给死于中国的苏门答剌使者回国吊唁，王景弘再一次奉命统领船队出海下洋。因史料不全，航行详况，不得而知。

据郑鹤声《郑和遗事汇编》载："永乐十一年（1413 年）冬，至永乐十三年（1415 年）夏（郑和），仍偕王景弘同行。"此次航行，史料上佐证不足，此为存疑之一。

三、杰出才能

（一）精通航海技术

宋元以来东南沿海的闽浙一带是中国造船技术和航海技术最发达的地区。据《西山杂志》载：王景弘"调雇泉船，以东石沿海名舥导引，从苏州刘家港入海，至泉州寄泊。"下西洋的船队"寄泊"泉州主要是操练水手，提高海上的航行技术。因为下西洋的水手，大都为闽南沿海人，从小在海边戏水弄潮，受到乡风民俗的熏陶，熟悉海性，并积累各种航海技术和航行经验。据罗懋登《三宝太监西洋记通俗演义》说，有一次，船队在海上航行的前方出现了白茫茫的一片怪水，旋成三五里的一个大旋涡，如天崩地塌一般的轰响，分不出东西南北，船队无法前进。郑和不知何故，请问王景弘，王脱口回答："这是海眼泄水之处，名字叫'尾闾'，书上有载。"并说"要晚照着天灯而行。"每到日上就歇，每到晚上就航行，果真船行无事。由此可见，王景弘对下西洋的水程十分熟悉，特别是对一些海面危险航区的情况了如指掌，并掌握记录在案。据《西洋番国志》自序载：皇帝"命正使太监郑和、王景弘等兼督武臣，统率官兵数万，乘驾宝船百艘，前往海外"，"惟观日月升坠，以辨西东，星斗高低，度量远近，皆斲木为盘，书刻干支字，浮针于水，指向行舟。""以针经图式付与领执，专一料理，事大责重，岂容怠忽。"王景弘在海上航行中不仅注意观察周围天文气象之变化，而且还采用"针经图"（罗盘）指定"领执"人员，专门掌握，保障正确的航行方向。船队"始则预行福建、广浙，选取驾船民艄中有经惯下海者称为'火长'，用作船师"。可见王景弘还十分严格地挑选一批有下海航行经验操作技术水平较高的水手、技师来掌握驾驶宝船，保障安全航行。还有许多民间传说，"神化"王景弘的航海才能。清代陈伦炯《南洋记》载："七州洋中有种神鸟，状似海雁，名曰'箭鸟'，船到洋中飞而来，示与人为准，呼号则飞去。间在疑似，再呼细看，决疑仍飞而来……相传王三宝（王景弘）下西洋，呼鸟插箭，命在洋中为记"。其实，有一种海鸟就能够在海上指示航向，不过是一种自然现象而已。由于王景弘的丰富航海经验和超凡的杰出才能，在下西洋使团领导航行时遇到非常的关键时刻，总能果断地运筹，化险为夷，深得同侪和部下的信赖。

（二）善识中医草药

相传王景弘曾在台湾地区和南洋诸国用药水医治当地病者。据《凤山县志》载："明太监王三保（王景弘）植姜山上，至今尚有产者，有意求觅终不可得。樵夫偶见，结草为记，次日寻之，弗获故道，有得者，可疗百病"。林谦光《台湾志略》载："相传明太监王三保舟至台湾，投药于水中，令土番患病者于水中洗澡，即愈。"陈伦炯《南洋记》载："暹罗番病，每向三宝求药，无以济施，药投之溪，令其水溶……以浴溪浇水为治病。"

（三）博学多才能者

王景弘文武兼备，博学多才。《三宝太监西洋记通俗演义》说，天师称赞"好王爷，果然是：今代麒麟阁，何人第一功？开府当朝杰，论兵迈古风。清海无传箭，天山早挂弓。胡人愁逐北，苑马又从东。勋业青冥上，交情气概中。"洪熙年间，奉命掌管南京宫廷内务和修建寺院宫殿中所表现的杰出才能得到朝廷的宠信和重用。《明英宗实录》卷7载："洪熙元年二月戊申，命郑和领下番官军守南京；于内则与内官王景弘、朱卜花、唐观保协同管事；遇有处事，同襄城伯李隆、驸马都尉沐昕商议的当，然后施行。"反映他掌管宫廷内务地位的显要。又据《明仁宗实录》卷9载：（洪熙元年）四月甲辰，敕南京太监王景弘曰："朕以来春还京，今遣官匠人等前来，尔即提都将九五殿各营院凡有渗漏之处，随宜修葺，但可居足，不必过为整齐，以重劳人力。"宣德三年（1428）三月十一日，明宣宗敕郑和、王景弘等提督修筑南京大报恩寺。据《金陵梵刹志》载："帝敕太监尚义、郑和、王景弘、唐观、罗智等：南京大报恩寺启建告成，大斋七昼夜，燃点长明灯，特敕尔等提调修斋。合力物件，着内府该衙门该库关支物件照办。打发供应，物料及赏赐僧人，就于天财库支钞，着礼部等衙门买用。塔灯用香油，着供用库按月送用，故敕钦此。"仁宗、宣宗皇帝都把修宫殿、寺院的大事全盘交给王景弘，反映朝廷对他的重用和信任。王景弘不仅精通造船和航海技术，统领船队安全有序地航行，同时在对天文地理、文学、书法艺术和建筑营造等方面有他独到之处，特别是掌管宫廷内务，主持修葺宫殿和金陵大报恩寺等施展他多方面的才华。

四、历史地位

王景弘精通航海技术，在下西洋整体团使中是个举足轻重的人物，是与郑和齐名的伟大航海家。但不少专家论著往往注重烘托郑和的丰功伟绩而忽视了王景弘的重大贡献，却常常误以为"副使"，其实，历史文献中都是与郑和并列为"正使太监"，只是名字排列先后而已。查阅清代以前有关王景弘下西洋的文献资料，并无任"副使"的有关记载，而近几十年来在许多报刊书籍上才出现有称王景弘为"副使"的文字。如《福建省初中乡土教材·闽西历史》（1995 年版）载：王景弘"被明成祖任命为副使"。《辞海》（1999 年版）载：王景弘"任郑和的副使"等此类说法，依据并不充足。《明史》记载："命和及其侪王景弘等通使西洋"。侪并非副。据《左传》载："晋郑同侪"。杜预注："侪，等也。"《星槎胜览》载："于是屡命正使太监郑和、王景弘等开道九夷八蛮"。费信曾随同王景弘参加郑和第三次及第七次下西洋，在他的著作中多次明确记载郑和、王景弘同为正使的事实。还有，明代所立的国内外碑记以及在南平的铸钟文字上都称王景弘为"正使"或"太监"，与郑和两人单列并排出现。虽然历史文献资料的排列是郑和排先、王景弘排次，并不等于排次的就是副使，其实统领下西洋的使团中不止一个正使，据《星槎胜览》载，永乐七年下西洋的"正使太监七员"，但在历史文献上出现平起平坐的正使太监唯郑和与王景弘两人。"正使太监"是当时的官衔等级，由皇帝赐封的，这个职衔可以为船队之主的郑和所有，当然也可为船队其他主要领导成员所有。下西洋使团的主要领导人郑和与王景弘的职衔等级是相同的，只是职务分工不同。郑和的职责主要是外交与军事方面，王景弘的职责是管理船队内务和掌握航海技术方面，两人相互信任，长期紧密配合。说王景弘是郑和的老搭档或亲密的助手，尚可。说王景弘是郑和的副使，不妥。

明建文三年（1401 年）十二月，燕王朱棣听僧道衍计，出兵南下，谋直趋京师。郑和与王景弘也参与拥戴燕王朱棣起兵。建文四年（1402 年）六月，燕军进入南京城推翻建文帝，即立皇位为成祖。自永乐三年（1405 年）起郑和与王景弘两位正使太监奉命统领的多次下西洋船队都历经千难万险，凯旋而归，深得成祖朱棣的信任。永乐末年，宫廷皇位之争激烈，王景弘因"拥立皇储有功"受到仁宗朱高炽的宠信和重用，命王景弘为南京守备，"赐其嗣子王桢世袭南京锦衣卫正千户"。南京是巩固新政权的重要基地，仁宗曾多次下诏令严守南京，敕襄城伯李隆曰："凡事同守备大监郑和、王景弘计议"。命郑和"于内则与王景弘协同管事……商议的当，然后施行"。仁宗朱高炽即位不到一年便病逝，这时北京宫廷又将爆发继位之争的危机。六月，仍在南京的皇太子朱瞻基在众官吏的簇拥下速奔北京登位，是为宣宗。所以为这次皇位接替的南京内外官吏都下立汗马功劳，当然，其中也有王景弘的一份大功。据《明宣宗实录》卷 2 载：宣宗曰"其西洋诸番国事皆托付于尔（郑和、王景弘），惟尔心腹智识，老成旧人。"宣德八年（1433 年）郑和在第七次船海归国途中，因积劳成疾，病逝在古里（今印度卡利卡特）。此后，王景弘奉命单独统领船队出使西洋，到达苏门答剌等国家和地区。据明宣宗《宣庙御制总集》载明宣宗朱瞻基《赐太监王景弘诗》：

> 南夷诸国蟠海中，海波险远迷西东。其人习性皆颛蒙，浮深泳浅鱼鳖同。自昔不与中华通，维皇太祖天命隆。薄海内外咸响风，中兴功烈维太宗。泽及远迩如春融，明明皇考务笃恭。至仁怀绥靡不容，三圣相承盛德洪。日月所照悉服从，贡琛纳赟来无穷。昔时将命尔最忠，大船摩曵冯夷宫。驱役飞廉决鸿蒙，遍历岛屿凌巨𥗀。覃宣德意化崆峒，天地广大雨露浓。覆载之内皆时雍。朕今嗣统临外邦，继志述事在朕躬。岛夷仰望纷喁喁，命尔奉使继前功。尔往扶谕敷朕衷，各使务善安田农，相与辑睦戒击攻。念尔行涉春与冬，作诗赐尔期尔庸，勉旃尔庸当益崇。当时，内臣能得到皇帝的赐诗，其地位显耀，非同一般。

五、晚年归宿

王景弘自永乐三年（1405 年）六月起奉成祖命与郑和等统领船队出使西洋，先后不少于六次，这位至宣德九年（1434 年）历时 29 年航海生涯的正使太监，被明宣宗皇帝称为"昔时将命尔最忠"的有功之臣，在《明史》中却没有留下他的"传记"和详细事迹。他的归宿是寿终国土，还是客死南洋？史书与传说不一，众议纷纭。据印尼华侨林天佑著《三宝垄历史》说："从前，宣德在位期间，有太监名叫三保，也就是今人所称的'三保公'，他奉命去觅宝，于是与郑和等人向北航行，他最初在占城登陆，再到万丹，然后抵三宝垄。在三保洞旁有一座坟墓，据古人说，它是三保大人的领航员的墓。"据郑键庐《南洋三月记·游三宝洞古迹》载"景弘卒于南洋爪哇，今三宝洞旁之土墩，即王景弘墓，相传为三宝大人之埋骨地"。墓上环置方形木签数十，上狭下广，尖若塔形，刻弟子或信女某某叩谢，亦有刻巫文，盖皆还愿者。附近竖有石碑，碑文："时望安为王公三宝大人归真之地，山明水秀，树木葱茏，麓有石门，天然成洞，神灵显应，其初为宋仔故业，后由志信购之，修茸废圮新建洞亭，广招道路，疏浚沟浍，以志神灵。"落款为"光绪五年己卯，荷兰 1879 年，望山主人黄志信敬勒。"黄素封《南天乐园》说，在爪哇三宝垄附近的狮头山，有三宝洞，相传是三保大人晚年归真的地方。洞中供奉三宝的遗像，洞前有一方亭，中间设着香案，亭前是匾甚多，正中有横额一块，上书"三保大人"四字，两侧有楹联一对，联文"寻君千载后，而我一能无"。清代王大海《海岛逸志》说："王三保者，明宣德时内监也……三宝垅有三保洞，俗云三保遗迹，极有灵应。每朔望，士女云集，拜祷其处。"现三宝垅的华侨，每年仍以旧历六月三十日为三保大人初到爪哇的纪念日，组织迎神出巡活动。每年这一天都要举行一番热闹，锣鼓喧天，爆竹雷鸣，人山人海，云集景从，宛如抬城隍出巡一样隆重盛大。据《辞海》（1999 年版）条文："宣德九年（1434 年）又出使苏门答腊。后死于爪哇。"据《中国楹联大辞典》（1991 年版）载，印尼三保洞有王景弘墓，其对联："受命皇朝监海国；留迹石洞庇人寰。"据史料调查，王景弘率领的船队到过文莱国摩拉县桃花村，文莱国内通往皇宫的十字路口上有条平坦整洁的大路，名"王总兵路"，文莱（古称渤泥）国人称王景弘为"王总兵"，故以其人所到之处命其名。相传文莱还有王总兵的坟墓，其遗址深匿而不示人。王景弘究竟死在何地，从史料中是否尚可找到蛛丝马迹。据《明英宗实录》卷7、卷15 记载："正统元年（1436 年）三月丁卯朔，敕南京守备内外官员太监王景弘等，比闻南京承运等八库递年收贮财物数多，恐年久损坏，负累官攒人等"。"正统元年（1436 年）三月甲申，敕王景弘等于官库支胡椒、苏木共三百万斤，遣官运至北京交纳，毋得沿途生事扰人。"宣德九年（1434 年）以后下西洋已停止，航海人员已返回国。从史料表明，正统元年（1436 年）明英宗还遣派王景弘"遣官运至北京交纳（货物）。"由此可见这位历经成祖、仁宗、宣宗、英宗等四朝元老的王景弘还健在南京任官职。所谓"王景弘死于南洋爪哇"是缺乏历史依据的。王景弘的晚年归宿应在南京。其逝世的时间大约为正统元年（1436 年）以后。"毋得沿途生事扰人"，从英宗小皇帝对待这位久经风浪的老臣言辞如此严厉，看来王景弘的晚年并不得意，特别是当时在北京的许多大臣反对下西洋之举，作为下西洋的主要领队人，必然受到当权新贵的排挤和冷落。因此，渐渐销声匿迹，其事迹也就湮没不彰了，据《台海使槎录》载："舟子各洋，皆有《秘本》云系明王三宝所遗，余借录，名曰《洋更》。"又据清郁永河《稗海记游》记载："太监王三保《赴西洋水程》存赤嵌汲水一语"。又据李贽《续藏书》载："明朝廷好宝玩，中贵言宣德中尝遣太监王三保使西洋，猎奇珍异货无算。帝乃命中贵到部，查王三保至西洋时水程。"因此推测，也许王景弘在晚年埋头著书，默默无闻地致力于总结自己的航海经验。可惜，他著作不知流落何方。

郑和、王景弘下西洋是"巡游南洋，示威海外，为中国超前轶后之奇举。""船队跨越整个印度洋的航行，几乎早于葡萄牙人 1498 年绕非洲航行到达印度一个世纪，早于西班牙无敌舰队 1588 年绕英格兰影响西方历史的短途航行 150 年。"这一伟大的历史创举，受到海外的崇敬，民族的缅怀和世人的颂扬。东南亚各国的华裔纷纷为郑和、王景弘树碑道、立庙宇、雕神像，当神灵朝拜而代代相传。罗井充《南洋旅行记》说："三保公是南洋土人最崇敬的人，也是最敬重的神，所以他的神话传说甚多。"如暹罗的"三宝公庙""礼拜寺""三宝塔寺"。满剌加的"三宝城""三宝井"，爪哇的"三宝垅""三宝公庙"等地的名胜古迹及其神奇的故事传说都与郑和、王景弘有关。港台地区和内陆沿海也有多处奉祀"郑侯""二保公""王三保"的民间信仰活动。特别是龙海鸿渐"二保公"庙被称为"国内第一座供奉郑和、王景弘神像的庙"。原二保公庙旧址在张坑村的小山上，始建年代不详，该地原属泉州府同安县，因地近九龙江下游，后划归龙海。鸿渐二保公庙是张坑村的旧庙分"炉火"到"六甲"（鸿渐的小地名），旧庙在"文革"中被毁，1986 年当地村民依旧庙地格式集资重建，但规模较小。庙为砖石结构，单檐歇山顶，琉璃瓦盖，面积约 30 平方米。庙门前有一对联："著千古之功勋职封太保；济万代乎黎庶德重风山。"庙宇位于村部广场边，周围有古树、戏台、店铺和前菲律宾女总统科拉松·许寰哥·阿基洛的纪念馆等。鸿渐村，古称鸿渐尾，是闽南入海的港口码头之一，早在明代以前就有许多当地船民东渡台湾或出海往南洋一带谋生，移居海外的侨民多崇奉"郑圣侯王"，在台湾建有"郑侯天府庙""三保公庙"等，"郑侯"即郑和，从查阅鸿渐《许氏族谱》得知，二保庙确系供奉郑和与王景弘的庙宇，乡人称郑和为大保公，王景弘为二保公。王景弘"面阔口方，肌肥骨重"。郑和，云南人，原姓马，史称其人"丰躯伟貌"，"身长九尺，腰大十围，洪音虎步"，仪表非凡。明代时期，鸿渐是一处繁华的港地，据"界碑"记载：鸿渐尾，原名"鸿渐尾港，东至佛头港湾"，地处九龙江水口古月港的北岸，现尚存有古代靠泊船只的码头遗址。王景弘故里有条香寮溪，水流汇合九龙江后南下经鸿渐尾港入海。香寮与鸿渐，一水相通，永流不息，真是历史的奇缘，自然的巧合。鸿渐是菲律宾前总统阿基洛的祖籍地，是著名的侨乡。每年农历八月二十三日，都要举行盛大的民俗活动，称为"华侨节"。相传八月二十三日是郑和诞生的日子，所以当地华侨都纷纷回来虔诚为二保公做生日，不仅要张灯结彩，举行大规模的祭祀活动，还办宴席、演戏等热闹一番。因为郑和、王景弘当时下西洋声望很大，受到海外华侨的崇敬。后来渐渐地把这两位航海家"神化"为华侨的保护神，备受崇拜。"二保公庙"还有一次隆重庄严盛大的民俗活动是每年农历正月十四至十六日，为期三天的祭祀礼仪，乡民虔诚地把神像从庙中抬出在村辖内游行，鸣锣开道，张旗行香，并要游行到张坑的旧址"请火"，不忘神灵的根源所在。因此，崇拜郑和、王景弘不单是祈福消灾的唯心愿望，而具有弘扬中华民族精神，增强寻根怀祖的意念和激发爱国爱乡情怀的深远意义。

在南沙群岛的版图上有一"景弘岛",这是中国政府为纪念王景弘的历史功绩,于1945年日本投降后,接收原日本侵占的南沙群岛中的辛科威岛,将其命名为景弘岛。据有关地图资料记载,景弘岛位于北纬9°53′,东经114°20′,在九章群礁西北缘,西南距赤瓜礁约9海里,北距太平岛约30海里,为一呈枣核形的小岛,亦是九章群礁中唯一的岛屿。该岛东西长324米,南北宽135米,海拔3.6米,面积为0.033平方千米。岛上有较厚的鸟粪层,地势较平坦。据法国《图解》杂志第4715号载:景弘岛北面30海里的太平岛上有一座小神龛,供奉中国渔民的"家神"。是否与郑和、王景弘有关,有待于考证。

(原载福建省国际文化经济交流中心、中国人民政治协商会议漳平市委员会编:《明代大航海家王景弘》,第157—182页。)

参考文献

1. 杨新华:《王景弘》,《郑和研究》,1995年第2期。
2. 徐晓望:《八次下西洋的王景弘》,《海交史研究》,1995年第2期。
3. 庄为玑:《试论郑和与王景弘之死》,《海交史研究》,1987年第1期。
4. 陈琦:《王景弘简论》,《海交史研究》,1987年第1期。
5. 陈延杭:《国内第一座郑和庙的调查》,《海交史研究》,1990年第2期。
6. 陈培基:《王景弘:出自龙岩的伟大航海家》,龙岩文化研究会:《龙》文化丛刊,2002年第3期。

与郑和同为下西洋正使王景弘考

施存龙*

一、问题的提出

备受中外赞誉的"郑和七下西洋"事业，是一项集体事业。其伟大成就是全体海员和随航官兵共同奋斗的结果。但这不仅与当时明朝政府的正确方针有关，而且与船队领导集团的具体正确领导密不可分。不过以往总是把领导成就集中在领衔的郑和一人身上，忽视另一正使王景弘。

这一倾向，在清初《明史稿》已形成。《明史》中未立传，只在《郑和传》中附带提到他的名字："永乐三年六月，命和及其侪王景弘等通使西洋"，"宣德五年六月……和、景弘复奉命历忽鲁谟斯等十七国而还。"至于他是何方人士，家庭和本人身世如何，无一字介绍，以致连他的籍贯、年龄也无以得知，更谈不上他如何成为宦官，是否懂航海等，成了后人研究永、宣时期七下西洋的缺项。

王景弘，在现代中国第一部大型人名辞典《中国古今人名大辞典》中，也没有入选。在 20 世纪 70 年代，我国水运部门组织编写《水运技术词典》和大型工具书《辞海》中，同时分别补列"王景弘"条。1980 年版《水运技术词典·古代水运与木帆船分册》和 2000 年版的重修合订本释文称："王景弘，明代宦官、航海家。永乐三年（1405 年），曾任副使随郑和出使西洋。后又于永乐五年，永乐七年，宣德五年（1430 年），前后共四次随郑和出使，对郑和船队之远航有襄助之功。宣德九年奉命单独出使苏门答腊，死于爪哇。"[1]1980 年版《辞海》释文称："王景弘，明宦官、航海家。永乐三年（1405 年）任郑和的副使，出使西洋。以后郑和第二次、第三次、第七次航行时也都同行。宣德九年（1434年）又出使苏门答刺，后死于爪哇。"[2]

两文内容完全相同，仅个别用字用语有异。其共同说法是航海家、副使，七

---

* 交通运输部水运科学研究院研究员。

[1] 《水运技术词典》编辑委员会：《水运技术词典·古代水运与木帆船分册》，北京：人民交通出版社，1980 年，第 46 页；《水运技术词典》编辑委员会：《水运技术词典》合订本（上册），北京：人民交通出版社，2000 年，第 123-124 页。

[2] 辞海编辑委员会编：《辞海》合订本，上海：上海辞书出版社，1980 年，第 1200 页。

下西洋中参与了四次，死于爪哇等。现在看来这都存在问题，需要考实。之后十几年我国出版的大型工具书，如《二十六史大辞典》《中国历代人名辞典》虽都避提是航海家，但副使身份和郑和同行四次、死于爪哇等说依旧，反而新增加了错误。如前者说王景弘与郑和同行的仅有洪熙元年（1425 年）一次，也需纠误。在《海交史研究》期刊上，还出现王景弘下西洋六次、八次等说，也均有商榷必要。

笔者在 20 世纪 80 年代末有关南沙群岛的文章中，介绍"景弘岛"时，由于前述 1980 年出版的两部工具书和其他参考书的影响，也未对前人所说考证甄别，曾错误地认为王景弘仅四次（误刊为三次）下西洋、在爪哇去世等，还自以为比辞典介绍的身份更全面，是"任副或正使"。[①] 故本文在有关纠偏、批驳中，也包括对自己过去认识的批评和纠正。

本文论证王景弘祖籍何方，是否与王贵通、王景宏同为一人，为何有与郑和相同名号，是副使还是正使；《西洋记》和《海岛逸志》为何将王景弘排名于郑和之前；王景弘下西洋到底几次，是客死海外还是终老祖国，他在泉州的活动，从航海外行到内行的可能性，以及作为四朝元老受宣德帝赠诗等。

二、王景弘为何方人士

在遗存至今的明代下西洋时期的文献中，无论是官方政事记录要籍和个人下西洋实录以及文物碑记中，如《明太宗实录》《明宣宗实录》，费信的《星槎胜览》、马欢的《瀛涯胜览》以及太仓、长乐两处的下西洋碑等，均无有关王景弘的籍贯。

清初的《明史稿》《明史》，直至最近出版的几本人物大辞典，也都未见一字说明王景弘是何方人士。幸而从清人笔记《西山杂志》中透露了"王景弘，闽南人"这一信息，[②] 但也过于简单，闽南何处没有具体所指。清乾隆《龙岩州志》中记载略为具体："王景弘，龙岩集贤里人，后分野宁洋。"[③] 也即王景弘是明代漳州府龙岩人。到了清代乾隆编《龙岩州志》，王景弘原籍已改属宁洋县。该县于 1956 年撤销，归入漳平县，今为漳平县双洋乡，后属漳平市赤水乡。

---

① 施存龙：《鹊巢鸠占——还我郑和、费信等南海诸岛》，载《江苏省郑和研究会成立大会学术交流论文汇编》，1996 年 12 月，第 94 页。

② 蔡永兼：《西山杂志·三宝下西洋》，转引自庄为玑：《试论郑和与王景弘之死》，《海交史研究》，1987 年第 1 期，第 89 页。

③ 乾隆《龙岩州志》卷 10，《人物上·中官》。

三、王景宏、王贵通与王景弘是否为同一人、王景弘是否与郑和同名"三保"

（一）王景宏当为王景弘的异写

上述清代《西山杂志》中所说的闽南人"王景宏"是否就是王景弘？同样，南沙群岛中有座"景宏岛"是纪念谁？笔者认为"景宏"是"景弘"的异写。理由如下：第一，"宏"与"弘"两字同音，近义。第二，在郑和下西洋活动中，有资格到泉州府一带港口组织领导下西洋的人才招募，船舶租赁、实施修缮，采集航海图书的，只有王景弘。第三，在南沙群岛中，有资格按下西洋首领或有重要功绩人员名字命名岛名的，除郑和、马欢、费信、巩珍外，只有王景弘。非他莫属。第四，"景宏"名字已经两代政府命名应用，向世界公布，应予承认。抗日战争胜利后，国民政府于 1946 年派出"永兴"号等军舰接管南海诸岛。1947 年政府公布岛名时，将原被外人称为 Sincowe I 改名为景宏岛，1983 年中华人民共和国重审公布的仍名景宏岛。[①] 第五，我国海军航保部编印的《中国航路指南》（民用本）在"景宏岛"名下的"现名含义"一栏中注曰："明成祖时，王景宏出使南洋。"与同书同表同栏中对费信岛、马欢岛注同。[②]

（二）王贵通即王景弘商榷

郑一钧先生《论郑和下西洋》一书的"领导人员"一节中，介绍了郑和以外的使团领导成员：一是王景弘；二是侯显；三是王贵通；四是洪保等。其中介绍王贵通事迹说：

（三）王贵通，郑和第二次下西洋至锡兰山国时，曾布施金银供器等于锡兰山佛寺，并刊立石碑以记其事，碑文首称"大明皇帝遣太监郑和、王贵通等，昭告于佛世尊曰：……王贵通既然能同郑和一起主持"布施"之事，当为使团领导成员之一。王贵通的其他事迹，据《明史》记载，永乐五年（1407 年），为了嘉奖占城国出兵协助明军收复为安南所侵之地，明成祖朱棣曾遣王贵通"赍敕及银币赐之"。又据《明实录》记载，永乐二十二年八月丁未，明仁宗朱高炽"命太监王贵通率下番官军赴南京镇守"。郑和第六次下西洋回国后，接着于永乐二十二年正月奉命出使旧港，而大宗船队则在福建、太仓等处安泊。郑和尚

① 施存龙：《鹊巢鸠占——还我郑和、费信等南海诸岛》，载《江苏省郑和研究会成立大会学术交流论文汇编》，1996 年 12 月，第 93 页。
② 中国人民解放军海军司令部航海保证部编：《中国航路指南》第 3 卷，天津：中国航海图书出版社，1978 年，第 277、276、287 页。

未回国，而明成祖朱棣已病逝。明仁宗朱高炽即位后，于洪熙元年（1425 年）发布诏令："下西洋诸番国宝船，悉皆停止，如已在福建、太仓等处安泊者，俱回南京。"时郑和尚在国外，便由王贵通暂时代替郑和的职务，负责执行这一命令，率领下洋官兵由福建、太仓等处赴南京镇守。洪熙元年二月戊申，郑和自旧港返回，明仁宗朱高炽仍命郑和全权负责领全体下洋官兵守备南京。[①]

作者明显视王景弘与王贵通为两个人。但笔者认为有必要对此进行商榷，以下可证明应是同一人。

第一，据有关资料反映，该碑中所谓"贵通"两字字迹已模糊难辨，有人认为该两字可能是"景弘"。解读为"贵通"是否妥当？

第二，随同参加永乐七年（1409 年）第三次下西洋的费信，在《星槎胜览》中明确写王景弘参加了永乐七年的下西洋："永乐七年己丑，上命正使太监郑和、王景弘等统领官兵二万七千余人，驾驶海舶四十八号往诸番国开读赏赐。"[②] 查该碑文末所署时间同为永乐七年岁次己丑二月甲戌朔日谨施。[③] 既然王景弘这次是与郑和同行，两人地位同为正使，在碑文中岂有不同时署名，而让另外地位模糊的人与郑和一起署名之理？即使碑文中模糊的两字为"贵通"，亦当为王景弘又名。

第三，该书在王景弘名下写"明仁宗朱高炽即位……王景弘则协同郑和统领下洋官军守备南京。王景弘在守备南京时期曾负责修理殿宇营院的事宜"。[④] 这与该书在王贵通名下写的"明仁宗朱高炽命太监王贵通率下番官军赴南京镇守"只不过事同名异而已。[⑤] 在同一时间内，不可能有两个姓王的人率领同一支下西洋部队守卫南京。从以上身份、事迹各方面分析，我们可以认定王贵通就是王景弘，并非两个人。

（三）与郑和同名"三保""三宝"是混淆还是真实

明清史料中常见王景弘亦有"三保"和"三宝"的名号。这与众所周知的郑和旧名为"三保"或"三宝"相重。这是否因二人身份相同，事业一样，人们把前者与后者混淆？

明代万历年间曾任姚安知府，后旅居北京通州（今通州区）的李贽《续藏

① 郑一钧著：《论郑和下西洋》，北京：海洋出版社，1985 年，第 59、62、64 页。
② 费信著：《星槎胜览》前集，《占城国》。
③ 转引自郑鹤声、郑一钧编：《郑和下西洋资料汇编》上册，济南：齐鲁书店，1980 年，第 37–38 页。
④ 郑一钧著：《论郑和下西洋》，北京：海洋出版社，1985 年，第 59 页。
⑤ 郑一钧著：《论郑和下西洋》，北京：海洋出版社，1985 年，第 64 页。

书》中，引《项忠年谱》称："时朝廷好宝玩，中贵言：宣德中尝遣王三保使西洋，获奇异珍宝无算。帝因命中贵到部（笔者按：当指兵部）查王三保至西洋水程。时刘大夏为郎中，即匿之，公语都吏曰：署中牍焉得失？刘公笑曰：王三保下西洋，费钱谷数十万，军民死者以万……"① 据明人顾起元等说是明宪宗成化年间派中官找兵部查水程，年份不符，暂不辨。有人大概认为是混淆，便在写刘大夏毁下西洋档案时改成郑和的三保。今人王宏凯从刘大夏焚毁郑和出使水程质疑文中，认为《项襄毅公年谱》所言"王三保"等事迹应是郑三保——郑和。② 笔者认为，如果《续藏书》是孤说，也许有此可能。但从清代史料继续反映王景弘被称为"王三保"或"王三宝"看，就不是与郑和旧名"三保"或"三宝"相混的原因。

海外资料的记载也证实这一点。乾隆时旅居爪哇的华人王大海所著《海岛逸志》自序中，称爪哇地方为明下西洋时"王三保之开创，功庇一方"。清嘉庆十年（1805 年）为该书出版而写的《周学恭序》也说："自明宣德时，命王三保下西洋采办珠宝。"③ 清光绪五年（1879 年）三宝垅华侨黄志信在当地为王景弘立碑称："王公三宝大人归真之地。"④ 台湾地方志亦称他为"王三宝"。

按"三保""三宝"为元代西域移民中国者从母国带来的外来语音译，意为"回教徒""西域商人"等，常指西域移民及后裔背景的人。⑤ 郑和就是其中最著名的一个。王景弘是否为西域移民后裔，未见史料提及。据韦尔莫德《转变中的三宝垅华人少数民族》一书的介绍，"王景弘是个虔诚的伊斯兰教徒，以伊斯兰教义、风俗及道德箴言等教育（三宝垅）土著与华侨"，⑥ 如此说不诬，则王也同郑和一样，是因回教徒而被称为"三保"或"三宝"。下西洋船队中出现两个正使都有同一个名号，这种巧合现象也就不足为奇。我们后人没有充分把握，不应轻率改写古籍人名。

四、是副使还是正使，抑或先副后正

（1）除前文已引述的当代编写出版的四种工具书都称王景弘为郑和副使外，还有 1992 年上海辞书出版社出版的《中国人名大辞典·历史人物卷》称：王景

---

① 转引自陈登原：《国史旧闻》第 3 册，北京：中华书局，2000 年，第 73 页。
② 王宏凯：《刘大夏焚毁郑和出使水程质疑》，载南京郑和研究会编：《郑和研究论文集》（第一辑），大连：大连海运学院出版社，1993 年，第 466 页。
③ 王大海著，姚楠等校注：《海岛逸志》，香港：学津书店，1992 年，第 14 页、第 9 页。
④ 转引自陈佳荣：《郑和、王景弘与三宝垅》，《郑和研究》，1994 年第 2 期，第 41 页。
⑤ 吴之邨：《郑和"三保"名号考》，连载于《郑和研究》，1999 年第 3、4 期。
⑥ 林天佑：《三宝垅历史——自三保时代至华人公馆的撤销（1416-1931）》，李学民、陈巽华译，暨南大学华侨华人研究所，1984 年，第 315-316 页。

弘"永乐三年任郑和副使"。① 在学术著作中也不乏其例，如香港曾锦波《郑和下西洋考略》也称"郑和最亲信的副使王景弘"。② 这些都是需要辨析的。

《星槎胜览》中多次提到王景弘为正使："永乐七年己丑，上命正使太监郑和、王景弘等，统领官兵二万……"，"太宗文皇帝继统，文明之治，格于四表，于是屡命正使太监郑和、王景弘、侯显等开道九夷八蛮，钦赐玺书礼币。"③《吴都文粹续集》收载的《娄东刘家港天妃宫石刻通番事迹碑》称："明宣德六年，岁次辛亥，正使太监郑和、王景弘，副使太监朱良、周满、洪保、杨真，左少监张达等立。"而明末清初成书的《天下郡国利病书》亦有同样的收录，但与《文粹》收录的相比较，在张达名后还有左少监"吴忠，都指挥朱珍、王衡等立"字样。在现存的福建长乐县南山寺《天妃灵应之记碑》中刻记："宣德六年，岁次辛亥仲冬吉日，正使太监郑和、王景弘，副使太监李兴、朱良、周满、洪保、杨真、张达、吴忠，都指挥朱真、王衡等立。"④ 以上四则史料和文物明确证明从永乐七年即第三次下西洋起，王景弘是"正使太监之一"。在副使的名单里没有他。

是否起初两次王景弘是副使，第三次才升正？《明史·郑和传》记载首次下西洋："永乐三年六月，命和及其侪王景弘等通使西洋。""侪"是何意？古人杜预对《左传》中"晋陈同侪"就注释为"等也"，现代汉语词典释义亦同。这就意味着首次就与郑和身份相同，即同为正使。至于第二次，尽管明人郎瑛《七修类稿》记述中未表述头衔，但从与郑和并列亦可窥见是同等："永乐丁亥（五年），命太监郑和、王景弘、侯显三人往东南诸国，赏赐宣谕。"⑤ 还可以推论，既然第一次和第三次是正使，不至于在未犯大错误的情况下，第二次下西洋时退为副使。我们不妨论断王景弘在下西洋过程中，自始全终都是正使。定为副使，缺乏根据。

（2）明人《西洋记》和清人《海岛逸志》中为何把王景弘名字排在郑和之前。在大规模远航事业结束和两位主要领导人郑和与王景弘先后谢世后，尽管"下西洋"的事销声匿迹，但却在人们心中留下不可磨灭的影响，并成为文艺创作的历史题材。从明朝中后期开始就有多种文学艺术形式诸如说书、戏曲、小说

① 廖盖隆等：《中国人名大辞典·历史人物卷》，上海：上海辞书出版社，1990 年，第 64 页。
② 曾锦波：《三宝垄考》，南京郑和研究会编：《郑和研究论文集》（第一辑），大连：大连海运学院出版社，1993 年，第 117 页。
③ 费信：《星槎胜览》前集，《序》。
④ 以上四则均引自郑鹤声、郑一钧：《郑和下西洋资料汇编》上册，济南：齐鲁书店，1980 年，第 157、155 页。
⑤ 郎瑛：《七修类稿》卷 12，《三保太监》，上海：上海书店出版社，2001 年，第 124 页。

等演出和文字叙述在宫中和民间流传。

明人罗懋登创作的神怪小说《三宝太监西洋记通俗演义》（《西洋记》）就是其中小说类的代表作。在今人陆树仑《前言》中两处把郑、王并称。并指出罗懋登在该书的《自序》中却称"王、郑二公"，把王景弘放在郑和之前："今日东事佺儵，何如西戎即序，何可令王、郑二公见，当事者尚兴抚髀之思乎！"①意思是说当时来自东方海上的倭寇严重侵扰海疆人民，明朝海上防务不力，要是有王景弘、郑和这样得力的将领和一支强大的海军，事情就不会糟到这个地步。他在这时不同寻常地把王景弘置名于郑和之前，笔者认为是有意安排，代表着作者或部分知识分子对王景弘的看法。还可能王景弘在利用下西洋锻炼出来的海上精兵强将巩固海防，保护海权方面，有过好的建议未被当局采纳。当历史进入海疆被外来侵略者侵扰的被动局势时，人们不免怀念起前贤的作为。可惜后人对王景弘这方面的具体事迹无从知道。

还有一个可能是郑和去世后，王景弘在镇守南京、承办外交及守卫北京方面有更出色的表现，其地位升过已过世的郑和。否则不会把历来成规的排名颠倒过来。

无独有偶，上述王大海《海岛逸志》不但两篇序文只提王景弘未提郑和，而且在正文中有两处把王景弘排名在郑和之前。如在正文的卷1《西洋纪略》中《噶喇吧》文说："华人自明永乐王三保、郑和等下西洋买宝物，至今通商不绝。"② 在《人物考略》开头就讲王景弘："王三保者，明宣德时内监也。明宣宗好宝玩③。因命王三保、郑和等至西洋采买宝物……而三宝垄有三宝洞，俗云三保遗迹。"④ 看来王景弘在爪哇影响更大，当地人民受惠更多，因而其名气也更大，所以才会把王三保放在郑三保的名前。

五、王景弘下西洋次数及年份

（一）对四次说商榷

王景弘一生同郑和下西洋的次数，如前所述五部工具书，从《水运技术词典》《辞海》《中国历代人名大辞典》《中国人名大辞典·历史人物卷》《二十六史大辞典》等都写成是四次。另外单独去东洋一次。

---

① 罗懋登著，陆树仑、竺少华校点：《三宝太监西洋记通俗演义》上，上海：上海古籍出版社，1985年，第6、12、11页。
② 王大海著，姚楠等校注：《海岛逸志》，香港：学津书店，1992年，第4页。
③ 笔者认为此说不妥。宣德为向各国告其登位，实施睦邻外交，吸引朝贡，而非专为到海外搜购玩宝，该书《舟车所至》本评"实为踪迹建文帝"说法也不妥。
④ 王大海著，姚楠等校注：《海岛逸志》，香港：学津书店，1992年，第39页。

在 20 世纪 80 年代后期，期刊上尖表的有关学术论文，如庄为玑先生《试论郑和与王景弘之死》一文中，没有明确说。在文中实际介绍的是四次，即永乐三年、永乐五年、永乐七年、宣德十年。① 这里不仅有次数问题，年份也存在问题。与郑和最后一次同行下西洋应是宣德六年，文中却是"宣德十年"。按庄先生学问不至于未掌握此知识，是否并非本意而是误刊。

（二）永乐六年、十年、洪熙元年之说不确

《二十六史大辞典》王景弘条说：

> 王景弘永乐三年（1405 年），以副使随郑和出使西洋。六年、十年、洪熙元年（1425 年），与郑和同行。宣德九年（1434 年）出使苏门答腊。后死于爪哇。②

文中所说永乐六年、十年，是第三次和第四次奉诏年份而非下西洋起程年份，我们讲航行的航次，应以实际启航的七年、十一年冬为准。特别是称"洪熙元年"是完全违背史实的。按永乐帝于永乐二十二年去世，太子朱高炽任新皇帝，尚未改元洪熙就立即下诏不许下西洋，并调王景弘率下西洋士兵去镇守南京："八月丁未……太监王贵通率下番官军赴南京镇守。"③ 而王贵通即王景弘的又名。任命王景弘守南京比任命郑和早半年。洪熙元年（1425 年）"二月戊申，命太监郑和领下番官军守南京，于内则与内官王景弘……协同管事……"④

洪熙元年，皇帝还指名向王景弘下达任务（未提及郑和）："四月甲辰，敕南京太监王景弘曰：朕以来春还京，今遣官匠人等前来，尔即提督将九五殿各营院凡有渗漏之处随宜修葺，但可居足。不必过为整齐，以重劳人力。"⑤ 这是由于洪熙帝想从北京迁居南京，命王景弘先督修好南京皇宫（后因短命，未实现）。

由此可见，洪熙元年皇帝在已下诏停止下西洋解散船员的基础上，进一步采取措施，釜底抽薪，调王景弘和郑和先后率下西洋官兵去充当南京警卫部队，两人该年不可能同行下西洋。在同书同页的"郑和"释文中亦写郑和于"洪熙元年复出使"。这样未弄清基本事实就下笔，势必误导读者。

---

① 庄为玑：《试论郑和与王景弘之死》，《海交史研究》，1987 年第 1 期，第 89 页。

② 王和主编：《二十六史大辞典·人物卷》，长春：吉林人民出版社，1993 年，第 1184 页。

③ 《明仁宗实录》卷 1 上。

④ 《明仁宗实录》卷 7 上。

⑤ 《明仁宗实录》卷 9 上。

（三）　五、六次说

陈琦先生《王景弘简论》一文开头则明确称王景弘"参加了其中的五次远航"。但该文后面却又称"王景弘也六赴西洋"，"王景弘六下绝域"。[①] 这里"六"字如不是印讹，似自相矛盾。由于文中未具体列出五次或六次是指哪几次或哪些年份，因此不明确是以五次为准还是六次为准。笔者推测作者原意是指与郑和一起下西洋五次，郑和去世后独立出航一次。果如此，则他所谓"六下绝域"，属于过分夸张，因为最后一次到苏门答腊这样的近地熟地，算不上"绝域"，也不属"西洋"范围。实质指下西洋五次，下东洋一次。

（四）　八次说

徐晓望先生发表题为《八次下西洋的王景弘》一文。从标题一目了然：作者主张八次。但文中也仅举永乐三、五、七年，宣德六年、九年共五次，未说其他三次。[②] 大概作者意思是，凡是郑和参加的七次，他理所当然地都参加了。比郑和多一次"下西洋"是指宣德九年，苏门答剌派遣国王弟出使明朝，在中国首都去世，乃派王景弘去该国报信。

这里有两个问题需要解决：一是没有讲出王也必然参加其他三次下西洋的理由，二是去苏门答剌算不算"下西洋"。这涉及当时该地是否属于"西洋"。笔者认为按随同郑和、王景弘多次下西洋的译员马欢《瀛涯胜览·南淳里》中所说东西洋划界：在苏门答剌（腊）之"西北大海中有平顶巨（笔者按：当为"峻"字刊误）山，半日可到，曰帽山，海乃西洋也"。[③] 这个所谓"帽山"，即今苏门答腊岛西北端小岛：韦岛。以此标准划界，其西方属"西洋"即今印度洋；其东则属"东洋"。苏门答剌岛西侧属印度洋，即明代所谓的"西洋"，岛东为马六甲海峡和东北侧为南海。而王景弘此次或历次下西洋所到的"苏门答剌"是指该岛东北部的一个港口城市，位居马六甲海峡东北隅，这不属"西洋"范围，而属于"东洋"。[④] 所以说"八下西洋"很难成立。

（五）　愚见下西洋可信六次，存疑一次

如上所述，前人对王景弘出航已述及前三次和后二次即第七、八次，中间缺三次即永乐十一年、十五年、十九年，不明是否也下了西洋。

① 陈琦：《王景弘简论》，《海交史研究》，1987 年第 1 期，第 91、94 页。
② 徐晓望：《八次下西洋的王景弘》，《郑和研究》，1997 年 3 期，第 20 页。
③ 《说郛》本的马欢《瀛涯胜览》第 14 页。此段引文，现见版本的末句为："名帽山，其山之西，亦即大海，正是西洋也。"表述得更明白。
④ 详见笔者《郑和下东西洋次数研究——兼论东西洋区分》一文，交通部政府网站郑和网页发布，2004年 5 月。

在永乐期间，郑和共下西洋六次，王景弘既然前三次都以正使参加领导，紧接第四、五次下西洋，尽管无直接证据记载他参加，但他既未犯错误，又非生病，也未见调其他任务，理应不言而喻也参加了。至于永乐十九年（1421 年）启航的第六次下西洋，按照《天妃显圣录》所说："永乐十九年……太监王贵通等又奉命往西洋"，既然王贵通就是王景弘的又名，则王景弘也是参加第六次下西洋的。不过《天妃显圣录》是一种宣传妈祖显灵的书，不能当信史，在没有正式可靠史料佐证之前，不应据此立论。[①] 其他疑点，如清初抄本《针位篇》残卷"永乐十九年奉圣旨，三宝信官杨敏，字佛鼎，洎郑和、李恺等三人。往榜葛剌等番邦"，没提到有王景弘。巩珍《西洋番国志》记载永乐十九年十月十六日，永乐帝派洪保送东西洋国家使官回国，敕书上写的船队领导人为郑和、孔和卜花、唐观保，却不见王景弘的名。这也使人生疑：王景弘此刻是否在航行船队上任职？或是在岸上另有他事？或是让郑和前批出发，他殿后一批再出发？不明。

六、王景弘在台湾和爪哇的影响

（一）王三保在台湾的传说

康熙二十四年（1684 年）成书的我国最早台湾地方志《台湾纪略》（亦有称《台湾志略》）载："相传明太监王三保舟至台湾，投药于水中，令土番患病者于水中洗澡，即愈。"[②] 台湾《凤山县志》亦有相同记载。[③]《台湾小志》称："明成祖永乐末年，遣太监王三宝至西洋，遍历诸邦……宣德五年，三宝同行。近闽海，为大风所吹，飘至台湾……越数巡，三宝取药数种扬帆返。"[④] 续修《台湾府志·封域篇建置附考》："明宣德间，太监王三保，舟下西洋，因风泊此。"同书中台南的台江古迹大井介绍："开凿年代靡知，相传宣德间太监王三保到台，曾于此取水。"[⑤] 台湾的《凤山县志》还说："太监王三保，植姜冈山上，至今尚有产者。"[⑥] 清康熙时去台湾开矿的郁永河《裨海纪游》说："惟明会兴，太监王三保，赴西洋水程，有赤嵌汲水一语，又不详赤嵌何地。"[⑦] 按台湾省南部有赤嵌地名，是一小港口，也是番社名，从这些引文看，王三宝并非郑和

---

① 湄州妈祖文化研究中心编印：《天后显圣录》上册，第 23 页。
② 林谦光：《台湾纪略》，康熙本。
③ 陈文达：《凤山县志》卷 10，《丛谈》，康熙本。
④ 虚白主人：《台湾小志》，清末潘圣一抄本。
⑤ 余文仪：《续修台湾府志》，乾隆三十九年序刊本。
⑥ 陈文达：《凤山县志》卷 11，《丛谈》，康熙本。
⑦ 郁永河：《裨海记游》。

旧名的马三宝（保）串混，而是认清王景弘就叫王三宝，肯定来过台湾。有人
认为，既然王景弘来过台湾，由于王不会单独出使，郑和也必然来过。笔者以
为，虽然下西洋时与郑和同行，但有时分乘不同的船或即使平时同乘一条船，其
中一人去视察船队中其他的船而暂时分开。而王景弘所在的船正巧被风刮到台湾
岛，也是可能的。

　　中日甲午战争时，美军记者詹姆士·戴维斯（James W. Davidson）到台湾采
访以写专栏报道，经 8 年成书。书中也称王三保到过台湾，并提到是台湾历史的
开始："中国学者觉得叙述台湾历史应该从 1430 年开始，因为这是宫中太监王三
保（Wan San Bo）来到本岛的年。"不过这段话的王三保名字后附有中文译者按
语称"即郑和"。① 这一按语，未免欠妥，Wan San Bo 音"王三保"，译注为
"郑和"有误。戴维斯又说："总而言之，中国史学家记载明朝公元 1480 年间，
王三保从暹罗回来的时候，为风浪吹到以后称为台湾的本岛西南岸，在某一地点
登陆。当地民……接待了这个外邦人，并且供给工具使得他能顺利回到大陆……
（据说，由王三保带回去的这些植物中，有些现仍在大陆用作药草）。"看来，王
景弘与台湾缘分更深。

　　不过，个别台湾地方史中，作者把上述王三保在台湾的事迹，诸如凤山县的
三宝姜事，赤嵌的大井取水事，均改写为是郑和。具有代表性的如 1918 年成书
的连横《台湾通史》称："永乐中，太监郑和舟下西洋，诸夷靡不贡献，独东番
远避不至。东番者台湾之番也。和恶之，率师入台，东番降服。家贻一铜铃，俾
挂项间，其后人反宝之。富者至掇数枚，是为中国三略台湾之事。初，和入台，
舟泊赤嵌，取水大井，赤嵌番社名，为今台南府治，其井尚存。而凤山有三宝
姜，居民食之疾瘳，云为郑和所遗。则和入台有至内地，或谓在大冈山。"② 这
里完全肯定郑和到过台湾。由于缺乏足够史料证实，我们对此既不否定也不能完
全肯定。但是对于把王三保在台湾事迹说成是郑三保即郑和的事迹，又没有提出
资料来源并论证其可信性，恐不妥当。在此姑存一说，以供后人参考。

　　（二）王三保在印尼爪哇更受尊敬甚至神化

　　前述提到的清乾隆时《海岛逸志·人物考略》中，以专节提到"王三保者，
明宣德时内监也……命王三保、郑和等至西洋……而三宝垄有三保洞，俗云三保
遗迹，极有灵应"。在同书《噶喇吧》中，称赞"如王三保之开创，功庇一方"。
对王景弘在当地的作用和地位评价很高。当地流传有关王景弘的故事很多，传说

① 转引自南京郑和研究会编：《走向海洋的中国人》，北京：海潮出版社，1996 年，第 57 页。
② 连横：《台湾通史》上册，北京：商务印书馆，1983 年修订第 2 版，第 7 页。

他在下西洋中得病，郑和就让船在三宝垄附近停靠，安排王景弘在山洞中疗病，而郑和则率船队西航。王景弘病愈后定居下来，对开发当地作出贡献。为此，清光绪五年（1879年）当地华侨黄志信还曾出资树碑立记："时望安（指Semongan河口）为王公三宝大人归真之地，山明水秀，树木葱茏，麓有石门，天然成洞，三保圣神著灵于此，俗称三保洞者，以神得名也。"① 笔者虽不同意碑记中所载王景弘在那里"归真"，并将其神化，但该碑从侧面反映出当地对王景弘的传说之盛和衷心爱戴之情。当地每年还要举行盛会纪念王景弘和郑和。

七、在泉州港的航海组织工作

有人认为，王景弘既是闽南人，则"宋元以来，东南沿海的闽浙一带一直是中国造船技术和航海技术最发达的地区。王景弘生长于此，必然受到乡风民俗的熏陶，耳濡目染。对于航海技术无师自通，对于流传在民间的航海著作特别是航海图自然也博闻广识"。② 笔者认为此观点欠妥。航海、造船这种技术操作性极强的手艺，没有相当时间的学艺、实践，在大风大浪中积累经验成长，仅凭风俗熏陶，耳濡目染，不可能自通。我们对于王景弘何时成为阉割的侍者，无法知道，但可以肯定必在童少年当小内侍。一个人在未成年时是没有能力当正式海员的。阉割入宫当小内侍后，与大海隔绝，更无从知航海、造船事。因此，当他被派任出使西洋时，必然还是个航海外行，不可能是个航海家。

但王景弘可能善于学习，他在20多年组织航海事务的实践中，与一大批从国内征集起来的真正航海家朝夕相处，虚心向那些身边的内行里手请教，渐渐懂行，终于成为一个出色的航海组织家。

王景弘的故乡虽不是泉州，但其航海组织活动却在泉州。因此流传和记载这方面事迹的正是泉州府治所在地晋江县人蔡永兼。他所著《西山杂志》中有《三宝下西洋》："永乐三年，命中官郑和、王景弘、张文等造大舶百艘……王景弘，闽南人，雇泉州船以东石沿海名舵等，引从苏州刘家港，至泉州寄泊。"③ 开始时做些船队行政工作，如到泉州征租民间船舶充实船队，招募海员等。漳州与泉州相邻，利用闽南人语言和乡里人事关系，加上他怀有圣命，办此类事务得心应手，不需太多技术知识。

---

① 陈佳荣：《郑和、王景弘与三宝垄———重读〈海岛逸志〉有感》，《郑和研究》，1994年第2期，第41页。

② 陈琦：《王景弘简论》，《海交史研究》，1987年第1期，第91页。

③ 蔡永兼：《西山杂志·三宝下西洋》，转引自庄为玑：《试论郑和与王景弘之死》，《海交史研究》，1987年第1期，第89页。

据说王景弘后来编著有航海著作。即使不是其个人著作，也是在他领衔下完成的。前已提及清代郁永河《裨海记游》载："太监王三保《赴西洋水程》存赤嵌汲水一语。"又清初《台海使槎录》称："舟子各洋皆有秘本，云系明王三保所遗，余借录，名曰洋更。"① 由此可见，至少到清初，与王景弘有关的航海书还存在，惜现已佚失。他通过实践由外行成为内行。不过，王景弘是否著有航海书，还存在疑点。如前所引《续藏书》引《项忠年谱》说："时朝廷好宝玩，中贵言宣德中尝遣太监王三保使西洋，猎奇珍异货无算。帝乃命中贵到部，查王三保至西洋时水程。"② 项忠是明正统时进士，明成化时理都察院事，累任兵部尚书。年谱中所谓"时朝廷"当指成化。如此说不讹，则成化帝派太监到兵部去查王景弘的下西洋航行档案，就未必是王景弘的著作出版物，而是原始记录。这样就动摇了著作之说。另外，有类似故事收入严从简的《殊域周咨录》："成化间，有中贵迎合上意者，举永乐故事以告，诏索郑和出使水程。"③ 实际是同一件事的不同说法。

至于罗懋登《西洋记》中所描述的，一次航行中，发现前方海中有三五里的大漩涡，发出巨响，郑和不明，咨询王爷、王尚书（代真人王景弘），王顺口回答是海的尾闾。该书是一部演义小说，不是纪实作品。但从中反映了王景弘对航路上危险现象已具备一定的知识。

宣德年间下西洋途中郑和去世，与郑和同为正使的王景弘责无旁贷地承担起整个船队的主帅指挥责任，率领全体乘员安全回国，从另一侧显示了作为一个庞大船队航海组织家的指挥协调能力。这一点尚缺乏史料证实，但也没有史料否认王景弘率领船队返航任务。此事既涉及他是否参与第七次下西洋工作，也涉及他此时是否养病在爪哇，或者已客死在爪哇的问题。

八、客死异域还是终老国内

王景弘客死或定居海外国家之说，在一些可靠性存疑的游记中有不少论述，影响大的如侯鸿鉴《南洋旅行记》记述今印尼爪哇岛北侧的港口城市三宝垄"三宝洞旁有一墓，当时郑和、王景弘同游南洋。王卒于此，故葬之，相传为三保大人埋骨处"。④ 这是捕风捉影之谈，但却被采入一批工具书中，如前述《中

---

① 黄叔璥：《台海使槎录·水程》。
② 李贽：《续藏书》下册，卷16，引《项忠年谱》，北京：中华书局，1959年，第323页。
③ 严从简：《殊域周咨录》，北京：中华书局，1993年，第307页。
④ 侯鸿鉴：《南洋旅行记》，无锡：竞志女校，1920年。

国历代人名大辞典》称："宣德九年，又出使苏门答腊。死于爪哇。"① 编写于 20世纪 70 年代末的《水运技术词典·古代水运与木帆船分册》和 20 年后再修订的合订本也仍说王景弘死于爪哇。② 《中外关系史辞典》中，由宋岘先生执笔的王景弘条释文称："宣德九年又出使苏门答腊，后在爪哇去世。"③ 《辞海》："后死于爪哇。"④ 《海外华人及其居住地概况》也记葬于三宝垄。⑤ 仲跻荣等《郑和》一书载："在爪哇岛的三宝垄，有个三宝洞，有人认为是郑和墓所在地，但据多方面材料看，这个三宝洞可能是王景弘墓所在地，郑和与王景弘这两位杰出的航海家为了祖国的航海事业贡献了自己宝贵的生命。"⑥ 此说半对半误。上述都是未深入考证以致对明初下西洋大事中一个重要历史人物生平的以讹传讹。

著名中外关系史学者朱杰勤教授在《东南亚华侨史》中引述威尔慕特（Donald Earl Wilmott）《三宝垄的华人》（The Chinese of Semarang）一书，根据四种有关的印尼著作编写的郑和、王景弘传说：讲王景弘（Ong King Hong）生病，郑和让他在后来叫做三宝垄的海湾上岸疗养。王景弘休养的时候，就指挥随从的人，清理土地，种植庄稼，建筑房屋。他不回中国，而用他的船来贸易，来往爪哇北岸。他的部下也和印尼妇女结婚。这个华侨区逐渐繁盛起来，许多印尼人也在他们附近建立农庄，成为华侨区的一部分。王景弘像三宝一样，是一个虔诚的回教徒。他把回教的道德观念教理和宗教仪式传授给印尼人和中国人，花费了不少精力和时间……王景弘 87 岁才死，丧葬采用回教仪式。他死后被称为三宝的可敬的航海家，按照爪哇历规定的日期，印尼人和中国人共同进行礼拜……

朱杰勤教授倾向有其事："郑和是否到过三宝垄和王景弘是否留在印尼的事，中国史没有记载，但我们不能认为没有记载，就完全否定这件事。而且古代的传说往往不能与历史事实截然分开。三宝垄的华人从不怀疑郑和来过三宝垄，而且在今天岩穴地址附近登陆，也确实在此立庙来纪念他。"⑦

笔者认为客死异域说不符合史实和逻辑。宣德九年十二月（1435 年初）甲戌，宣德帝敕行工部和南京守备李隆、太监王景弘等，凡各处采办，买办一切物

---

① 张撝之、沈起炜、刘德重等主编：《中国历代人名大辞典·王景弘》，上海：上海古籍出版社，1999年，第 220 页。
② 《水运技术词典》编辑委员会：《水运技术词典·古代水运与木帆船分册》，北京：人民交通出版社，1980 年，第 46 页；《水运技术词典》编辑委员会：《水运技术词典》合订本（上册），北京：人民交通出版社，2000 年，第 123-124 页。
③ 朱杰勤等主编：《中外关系史辞典》，武汉：湖北人民出版社，1992 年，第 705 页。
④ 辞海编辑委员会编：《辞海》合订本，上海：上海辞书出版社，1980 版，第 1200 页。
⑤ 李原、陈大璋编著：《海外华人及其居住地概况》，北京：中国华侨出版公司，1991 年，第 140 页。
⑥ 仲跻荣、杨新华等：《郑和》，南京：南京大学出版社，1990 年，第 53 页。
⑦ 朱杰勤：《东南亚华侨史》，北京：高等教育出版社，1990 年，第 26 页。

资和营造材料全部停止。第七次下西洋是宣德八年（1433年）七月返国结束，如果王景弘已死在或留在爪哇岛，则不可能在第二年年终还给他下达新任务。

按前述《中外关系史辞典》等书，王景弘在宣德九年出使苏门答剌，后在爪哇去世。但即使把去世时间移在宣德九年苏门答剌出使途中，其说也难成立。第一，苏门答剌在西部，爪哇在南部，从中国出发往苏门答剌，在马来半岛新加坡东侧海域南航，就抵该岛港口——旧港；反之，从旧港返航回中国，不应该也不需要经过或进入到爪哇岛中部。第二，明正统元年（1436年）还在执行南京物资北运任务。《明实录》记载："正统元年三月甲申，敕王景弘等，于官库支胡椒、苏木共三百万斤，遣官运至北京交纳。"① 可见直到正统初年，王景弘还在南京掌管物资库。该年二月二十三日，英宗还叮嘱王景弘："朕体祖宗恤民之心，造作一切皆罢，尔等宜益从俭约。"② 甚至到正统二年年底，还可看到有王景弘的活动记录。

有人设想，王景弘看中了爪哇一处风光佳境，决心晚年出国前往定居，因而死在那里也不无可能。愚以为无此可能。这位四朝元老，是年既未受打击排挤而失意，又非持不同政见而与朝廷离心，相反步步高升。高官待遇优厚，中国也多有风水宝地，中国的物质生活、文化生活更远优于尚未充分开发的爪哇岛，所以也不可能舍优就劣到爪哇定居。

笔者推测王景弘很可能老死于北京。他最后供职于北京，而其故乡的《漳州府志》和《龙溪县志》都未反映其"落叶归根"，也未记载归葬故里。希望研究北京地方史尤其是明代北京史的学者留意在文献和文物工作中发现有关王景弘的最后归宿。

九、四朝元老，宣德帝赠诗嘱继续贯彻和平睦邻外交

（一）四朝元老建功立业

王景弘当宦官后，由于年岁可能比郑和小而寿命又长，所以得历事四朝皇帝，即明成祖永乐、明仁宗洪熙、明宣宗宣德、明英宗正统。在永乐朝，主要是执行六次下西洋盛事。在洪熙朝，主要是镇守南京和督修南京的宫殿。在宣宗朝，主要是又一次协同郑和率领大规模船队下西洋各国。回国后做结束下西洋善后工作。在英宗朝，主要是应派独立出使一次，管理南京物资和营造。后来又调任北京管武装。

---

① 《明英宗实录》卷15。
② 《明宣宗实录》卷115。

《明英宗实录》记载："（正统二年十月）癸未，敕谕太子太保成国公朱勇……曰：兹特命尔等同太监王景弘等，整点在京各卫及见（现）在守备一应官人等，选拔精锐编成队伍，如法操练……"①又，《国榷》记载同年同月"甲戌，太子太保成国公朱勇……同太监王景弘等大选京军，得十五万一千有奇。"②从文献可以看出，明英宗正统二年，王景弘从原南都南京调到首都北京，担任首都卫戍部队领导。

可以说，王景弘在四朝中都受到信任和重用。即使在终止航海生涯后，仍然在陆上被委以重任。

（二）宣德帝赠诗王景弘表彰历次下西洋，嘱其继续贯彻睦邻方针

宣德帝在王景弘第七次下西洋前夕，如同对郑和一样，也特地赐表彰诗给王景弘。其诗包括如下几方面内容：一是赞颂祖上于洪武、永乐几代怀柔岛夷远国的成就，使得外国"贡琛纳赆来无穷"。二是表扬王景弘过去下西洋的忠诚和辛劳，就是诗中所说："昔时将命尔最忠，大船摩曳冯夷宫。驱役飞廉决鸿蒙，遍历岛屿凌巨祺。"三是表明委托他出使贯彻和平外交的方针，即诗中所说："岛夷仰望纷喁喁，命尔奉使继前功。尔往抚谕敷朕衷，各使务善安田农，相与辑睦戒击攻。"③提倡国际安定和睦，化干戈为玉帛。王景弘协同郑和善始善终地贯彻了这一方针。

[原载泉州港务局、泉州港口协会编：《泉州港与海上丝绸之路》（三），北京：中国社会科学出版社，2005年，第263-287页。]

---

① 《明英宗实录》卷35。
② 谈迁：《国榷》卷23。按《明英宗实录》选15万官军事，应为当年十二月。
③ 明宣宗《宣庙御制总集》，转引自郑鹤声、郑一钧：《郑和下西洋资料汇编》中册（下），济南：齐鲁书社，1983年，第857页。

王景弘简论

陈 琦

郑和下西洋，不仅在我国航海史上，而且在世界航海史上都是伟大的壮举。它对发展当时中国与亚非国家之间的政治、经济和文化的友好交往，实行对外开放政策，推进中国造船和航海技术的进步，有着十分深远的影响。七次远涉重洋的成功，郑和作出了重大贡献，自然功留青史。但是，人们对郑和下西洋的评价，一般偏重于其个人贡献的探讨，而忽略郑和使团的作用。其实，郑和航海是那个时代所提供的有利条件造成的，是郑和使团共同努力奋斗的结果。航海家王景弘、侯显等人都起过重要的作用，是不容忽视的。

郑和下西洋的成功，有国际与国内各种现实因素。其中之一，就是郑和使团成员取长补短，自强不息，团结合作的精神。目前，对于郑和使团中其他航海家的研究尚是一个薄弱的环节，这就需要我们从历史的必然性和整体性来深入研究郑和下西洋的历史事件和有关人物。本文以郑和使团领导成员王景弘的事迹为例，试图说明使团成员在七次航行中的作用。

一、王景弘的才能

明初对于遣外使节的挑选十分严格，注重考核，赏罚严明。凡出使称职者，照例得以升迁，失职者则加以惩罚。随同郑和出使的人员如同走马灯般经常调换，七次远航，少有相同者。但是，航海家王景弘却是例外，他不仅参加了其中的五次远航，而且均以郑和同等的身份出现在使团里。下西洋船队每每皆由郑和统辖指挥，身为领导人之一的王景弘如果没有特殊的才能，是不可能在航行中起着重要作用的。

据《西山杂志》记载："王景弘，闽南人，雇泉州舟，以东石沿海名舥导引，从苏州刘家港入海，至泉州寄泊"。宋元以来，东南沿海的闽浙一带一直是中国造船技术和航海技术最发达的地区。王景弘生长于此，必然受到乡风民俗的熏陶，耳濡目染。对于航海技术无师自通，对于流传在民间的航海著作特别是航海图自然也博闻广识。例如，一次，船队航行的前方出现了白茫茫古怪的一片水，旋成三五里的一个大水涡，如天崩地塌一般轰响。郑相不知何故，请问王景弘，王脱口回答：这是个海眼泄水之处，名字叫做尾闾。① 由此可见，王景弘对下西洋水程是十分熟悉的，他特别注意对一些危险航区海洋上的特征多作了解，并记录在案。郑和对他十分信任，在航海的经验技术方面王景弘较之郑和更为丰富和熟练。

"郑和云南人，初以奄人事燕王于藩邸"。② 靖难起兵有功，累擢太监，颇受皇帝的赏识，他在靖难之役中表现了卓越的组织才能，特别是军事指挥才能。但郑和生于云南，逐鹿于中原，海洋和航海对于郑和来说都是神秘而陌生的。虽然1405 年正式下西洋前，郑和也曾为此专门进行了两年的航海实践锻炼，圆满完成了为领导大规模的航海事业所必需的准备阶段工作，但仅此是不能同闽南人王景弘相比的。在下西洋船队中，负责使用罗盘，按针路簿指挥行船的航海技术人员，称作"火长"。③ 这些人"始则预行福建广浙，选取驾船民稍中有经惯下海者"。④ 有这样一批优秀的民间航海家，船队按航海图中既定针路正确安全航行就有了保障。因此，这些"火长"的责任尤为重大，他们不是士兵，都是普通百姓，而且各操东南沿海一带的方言，这就给郑和的统一指挥带来了诸多困难和不便。而王景弘恰恰是"火长"们的同乡，郑和通过王景弘去统一指挥这些船工技师们，比亲自去更为方便。王景弘不仅传达指令，也是一个出色的"火长"。在关键时刻，他总能化险为夷，深得同侪部下的信赖。难怪郑和常常与他结伴同下西洋。

王景弘还精于医术，曾在台湾等地用药水为当地土蕃医治痼疾。⑤ 据《凤山县志》记载：明太监王三保（即王景弘）植姜山上至今尚有产者，有意求觅终不可得。樵夫偶见，结草"为记，次日寻之，弗获故道，有得者，可疗百病"。⑥ 传说未免有所夸张，至少能够肯定王是懂医识药的。王景弘又具有较高的建筑才能，他多次会同郑和奉敕修建佛教和道教寺院殿堂，南京、太仓、泉州等地的碑刻建筑中，都镌进了他的名字。洪熙元年（1425 年），明仁宗在回南京前，特别敕令王景弘主持宫殿的修葺工作。⑦ 就连遐迩闻名的金陵大报恩寺的建成也有王景弘的功劳，他曾同郑和一起担任监造官。⑧ 由此看来，王景弘的才能是多方面

---

① 罗懋登：《三宝太监西洋记通俗演义》第 50 回，此地为今马尔代夫群岛海域的几个巨大的印度洋流旋涡，极易覆舟。
② 佚名：《郑和传》，《古今图书集成·明伦汇编·宫闱典》卷 132 引《明外史》。
③ 张燮《东西洋考》："其司针者名火长，波路壮阔，悉听指挥"。
④ 巩珍：《西洋番国志》序。
⑤ 林谦光：《台湾志略》。
⑥ 陈文达：《凤山县志》卷 11《丛谈》。
⑦ 《明仁宗实录》卷 9 上。
⑧ 《金陵梵刹志》卷 31，《聚宝山报恩寺》。

的，郑和船队中除官校、旗军等军事人员外，火长、舵工、班碇手、通事、书算手、医士等工匠和技术人员很可能大部皆归王景弘节制。身谙其道的王景弘指挥这些人员似乎要比郑和更为得心应手。

在郑、王两人及使团其他人员的密切配合与共同努力下，七下西洋的壮举都获得了成功。即使在郑和卒于半途的情况下，王景弘毅然担负起主帅的重任，率领使团继续返航回国，也未尝辱命。郑和生前也常与王景弘共商大计，他们之间充满着信任，丝毫也不因自己才华横溢而妒能嫉贤。这或许是整个使团在七下西洋的艰难万险中团结奋战的基石和保障。因此，封建统治者也常常对这些忠心耿耿的使臣表示恩宠。明宣宗朱瞻基还特别赋诗赞誉王景弘道："昔时将命尔最忠，大船摩曳冯夷宫，驱役飞廉决鸿蒙，遍历岛屿凌巨碑"。①

在民间，至今还流行着些神话传说，描述了王景弘杰出的航海才能。清代陈伦炯《南洋记》记载，"七洲洋中有种神鸟，状似海雁……名曰箭鸟，船到洋中飞而来，示与人为准，呼号则飞而去。间在疑似，再呼细看，决疑仍飞而来……相传王三宝下西洋，呼鸟插箭，命在洋中为记"。② 有的海鸟能够起到指示航向的作用，这本是一种自然的规律现象，而人们把这现象附会到王景弘身上，可见其航海技术之高超。这时郑和使团航海技术的特点即在于，将航海天文学与导航仪器罗盘的应用相结合，不仅克服各自的局限性，而且大大提高了航行方位的精确度，使宋元以来的航海业发展到一个新的阶段。王景弘的特殊才能从中可见一斑。

二、王景弘的地位

王景弘精通航海技术，在郑和使团中是个举足轻重的人物。或许是由于郑和功高盖世的原因，不少论著往往注重烘托郑和的丰功伟绩，却常常误以王景弘为郑和的副使。如1981年4月3日《云南日报》载《伟大航海家——郑和》一文称："明成祖派郑和为正使、王景弘为副使出使'西洋'"。中国历史小丛书《古代旅行家的故事》亦称"永乐皇帝派王景弘、侯显为副使……"③ 甚至新版《辞海》王景弘条也写道："永乐三年任郑和的副使出使西洋。"另外，祖国丛书《海外赤子——华侨》《江苏史话》等通俗读物中也都称王景弘为副使，似有以讹转讹的倾向。

《明史》卷304《郑和传》载："永乐三年六月，命和及其侪王景弘等通使西

---

① 《宣庙御制总集·赐太监王景弘》。
② 王锡祺撰：《小方壶斋舆地丛钞》第10帙。
③ 冯惠民：《古代旅行家的故事》，北京：中华书局，1983年，第133页。

洋。"侪非为副，"侪，等也"。① 这就肯定了王景弘与郑和相等的地位。费信《星槎胜览》载："太宗文皇帝继统文明之治，格于四表，于是屡命正使太监郑和、王景弘、侯显等开道九夷八蛮，钦赐玺书礼币。"② 费信曾随同王景弘参加郑和第三及第七次下西洋，他在著作中多次明确记载郑和、王景弘同为正使的事实，当是可信的。郑和本人于宣德六年（1431 年）亲立的《娄东刘家港天妃宫石刻通番事迹碑》和《天妃之神灵应记碑》都称王景弘为正使太监。明清学者也将郑和、王景弘作为正使并提。如顾炎武《天下郡国利病书》和钱曾《读书敏求记·史地舆图》等。③ 可见，无论是正史稗记，还是郑和本人及其他随行人的著论碑铭，都明确了王景弘在郑和下西洋使团中的正使地位。

郑和与王景弘两位正使历次下西洋成功，深受明朝皇帝的信任，宣宗曰："其西洋诸番国事皆托付于尔，惟尔心腹智识，老成旧人"。④ 郑和死后，宣宗并没有立即停罢下西洋，王景弘曾单独担负过出使苏门答剌的使命。永乐二十二年（1424 年）始设南京守备后，⑤ 郑和屡任该职。明仁宗朱高炽曾多次下诏严守南京，敕襄城伯李隆曰："凡事同守备太监郑和、王景弘计议，昼夜用心……"⑥ "命郑和于内卿与内官王景弘……协同管事，遇外有事同襄城伯李隆……商议的当，然后施行"。⑦ 是时，王景弘正同郑和一起担任南京守备的重任，直到 1436 年以后。无论在海上陆上，郑和与王景弘的地位都是相同的，只是专职不同，才能各有千秋，称王景弘为郑和的助手尚可，称副使则毫无根据。

长期以来不少论著误称王景弘为副使，这可能是不了解在郑和下西洋的使团中正使不止一位，而有几位。郑和声望最著，为正使，其他人就必为副使。其实不然。正使太监是职衔，可以为船队之主的郑和所有，当然也可为使团的其他领导成员所有。在多年的航海生涯中，王景弘与郑和都为此付出了毕生的心血。他凭借自己的才能成为下西洋使团正使，是一位有胆有识有智有谋的航海专家。然而，王景弘的地位和作用长期被忽略甚至贬低，这是不公正的。究其原因，不外有三：

其一，成化年间的一场大火焚尽了郑和下西洋的资料，其中对王景弘的记载也大部分被毁。王景弘本人的航海专著也已流入民间，或散佚失传。造成了记载

---

① 《左传·僖公二十三年》，"晋陈同侪"，杜预注，侪，等也。
② 费信：《星槎胜览》序，借月山房钞本。
③ 顾炎武：《天下郡国利病书》卷 120，《海外诸番》；钱曾：《读书敏求记·史地舆图·西洋番国志》。
④ 《明宣宗实录》卷 2。
⑤ 《明通鉴》卷 18。
⑥ 《明宣宗实录》卷 2。
⑦ 《明仁宗实录》卷 7 上。

王景弘事迹的资料残缺不全，他的许多事迹被埋没，以致研究焦点过分聚集在资料相对较多的郑和身上。

其二，明初奉敕出使的官员很多。"当成祖时，锐意通四域，奉使多用中官。西洋则和、景弘，西域则李达，迤北则海童，而西番则率使侯显。"① 四方使者，每次出使的任务意义不尽相同，唯郑和下西洋次数最多，意义重大。他内络外联，名望甚高。王景弘虽也六赴西洋，但大多主事于船队的航海技术部门，较少出头露面，声望当然不比郑和。

其三，元代以后，有"九儒十丐"之说。② 工匠的地位仅高于娼，曰"七匠八娼"。作为统领使团中工匠的人，自然要被贬低。而郑和是永乐大帝的嫡系官员，统辖使团中各级官吏、士兵，是下西洋船队中首位正使。溢美之词纷落在他身上，褒一贬一，无形之中就把郑和抬得过高，甚至到了神化的地步。

三、王景弘的归宿

王景弘六下绝域，指挥"火长""过洋牵星"，是被明宣宗朱瞻基称为"昔时将命尔最忠"的人。这样一位历下西洋的汗马功臣，张廷玉在《明史》中却没有给他列传，其他正史稗记中也没有著录下他的生卒年代，这种情况与其本人的身份地位不相符。他的归宿在哪里，是寿终祖国，还是客死南洋？

至今，东南亚一带仍流传着王景弘与郑和同下西洋时，因患病被留在南洋的传说。不少论者也据此以为王景弘卒于国外。如侯鸿鉴《南洋旅行记》记载："三宝洞旁有一墓，当时郑和、王景弘同游南洋，王卒于此，故葬之，相传为三保大人埋骨处"。认为王景弘是在郑和某次下西洋途中，卒于南洋。又如郑健庐《南洋三月记》云："景弘卒于南洋爪哇，今三宝洞旁之土墩，即为王景弘之墓，相传三宝大人埋骨之地"。③ 明言王景弘殁于爪哇岛。且黄东涛《南洋集锦》、朱杰勤《东南亚华侨史》都持此说，众口铄金，王景弘的归宿在南洋似乎确实无疑。有的书报甚至就事论事，声称王景弘当年被郑和留在北爪哇养病，病愈后定居下来，长期生活于此，成为南洋华侨的鼻祖。④

事实上，郑和宣德八年（1433 年）在第七次下西洋归国途中客死古里（今印度科泽科德）之后，王景弘仍活跃于航海事业中。郑和第七次远航所以没有中辍，正说明了王景弘的存在，是他接替了船队的主帅，率领使团安全归国。宣德九年

---

① 《明史》卷304，《宦官列传》。
② 谢枋得：《送方伯载归三山序》：一官、二吏、三僧、四道、五医、六工、七匠、八娼、九儒、十丐。
③ 郑健庐：《南洋三月记·游三宝洞古迹》。
④ 郑民、方雄普等编著：《海外赤子——华侨》，北京：人民出版社，1985 年，第13 页；《福建日报》，1982 年 10 月 12 日，第 4 版。

（1434 年）以后，郑和便销声匿迹，但王景弘的名字依然见诸于史，凡下番航海或
戍边守城等公干，王景弘完全取代了郑和。宣德九年甲寅十二月甲戌，明宣宗给南
京守备的敕命停罢采买营造，王景弘的名字跃然其上而无郑和。这更证实了王景弘
的健在，他非先于郑和卒。《明史》中还记录了宣德九年（1434 年）苏门答剌国王
之弟哈利之汉来华访问一事，为此又提供了更明确的事实根据："九年（指宣德九
年）王（指苏门答剌国王——引者注）弟哈利之汉来朝，卒于京师，帝悯之，赠
鸿胪少卿赐谥，有司治丧葬，置守冢户。时景弘再使其国，王遣弟哈尼者罕随入
朝"。这项重要的出访宣慰任务，并没因郑和的死而废弃，王景弘担负了郑和七次
下西洋未尽的使命。他既是航海家又是外交家，漂洋过海，不畏艰险出色地完成了
任务。这也是史籍所载王景弘 唯一的一次单独下西洋。

　　正统元年（1436 年）二月二十三日，英宗劝南京守备太监王景弘："朕体祖
宗恤民之心，造作一切皆罢，尔等宜益从俭的"。[①] 至此，兴起于永乐、宣德年
间的下番之风遂告结束，由于正统年间的财力、物力、人力有限，明王朝的大宗
船队再也没有启碇出航。这一年，也是我们能够确认王景弘健在的最晚年限，一
切有关王景弘的文字记录也到此为止。如果有人坚持臆断王景弘死于南洋，那只
能理解为王氏于 1436 年以后，只身随零星船只，到偏僻的爪哇定居，掷骨异域。
然而此说未免过于牵强，王景弘在耄耋之年去南洋，既无精力，亦无动机，更无
史籍记载，笔者实难苟同，

　　其实王景弘的晚年是在国内度过的。他是郑和航海事业最好的合作者和继承
者，可惜由于一系列原因，使他不能继续扬帆出洋了，于是，他便致力于总结自
己的航海经验，整理郑和下西洋水程。据《台海使槎录》记载："舟子各洋皆有
秘本，云系明王三保所遗，余借录，名曰《洋更》"。[②] 又据清郁永河《稗海记
游》一书记载："太监王三保《赴西洋水程》存赤嵌汲水一语"。此言明证王景
弘确实写过《赴西洋水程》一书，成为当时不可多得的珍贵航海资料，为郑和
下西洋的宏伟壮举增添了光彩。王景弘无愧是一位与郑和并列而载入史册的伟大
航海家。

　　　　　　　　　　　（原载《海交史研究》，1987 年第 1 期，第 91－96 页。）

---

① 《明宣宗实录》卷 115。
② 谈迁：《国榷》卷 23。

破解王景弘之谜

黄　瀚*

　　600 年前的郑和七下西洋，是一场伟大壮举。庞大的明朝船队，驰骋在中国南洋海域，直至红海与东非海岸，凡 30 余国。指挥船队的统帅之一是王景弘。王景弘是郑和的亲密战友，与他共同完成了航海伟业。然世人只知下西洋船队有统领郑和，却不知有与其同为正使太监之王景弘。此等一扬一抑，岂非咄咄怪事。

　　在王景弘身上有诸多谜团，正逐步被人所破解。特别是近年来一些国内外学者对王景弘的研究取得可喜进展，他们潜心钻研，访微探幽，抉剔爬梳，逐一除疑解惑。这些专家论著大量涉猎古籍，并经认真考证分析，可以让人从中借鉴不少珍贵的史料和正确的论点。但由于文献匮乏，还有一些问题存疑。不管是证实或者存疑，王景弘正逐渐被人们所认识。为了让更多人了解王景弘的史绩，本文分别综述现有史料及专家学者的有关论证。

一、名字

　　王景弘在洪熙元年（1425 年）之前，曾以贵通名字出现。虽然明末之后史籍记载与当代大多历史学者均认为贵通与景弘同为一人，但也存在诸多疑点。若是与生俱来的父母命名，那么何者为名何者为字呢？若是后来改的，是犯了圣讳不得不改，还是皇帝所赐呢？

　　陈学霖在《明王景弘下西洋史事钩沉》一文中说：

　　　　二者的名字密切相关，假定贵通是名，以景弘为字十分贴切典雅，很容易联想同为一人。这样看来，二者为一人异名实无懈可击。若果不然，何以解释像王贵通这样重要的出使通番人物，在永乐朝以后寂然无闻？而王景弘如此显赫的郑和同侪，竟然不见于永乐的官私记载，等到洪熙改元始突然冒头……由此观之，王贵通无疑是永乐时所用之名，到仁宗称位，他便以王景弘一名出现，景弘若果不是他的字，改以字行，

＊　福建省漳平市王景弘研究会原会长，中国作家协会会员。

就是皇上所赐（成祖或仁宗），如前赐郑和姓名之例。至于何者属实，为何史书上没有说明，以文献匮乏，只好存疑。

陈教授的高论，或许是破译此谜的钥匙。景弘与贵通，二者同为一人。这个论断虽然尚有异议，但已经被大多学者所接受。

王景弘出使西洋之后，普遍被民间称为王三宝或王三保。在演义小说中被称作副元帅和王爷，在民间庙宇供奉中被称作二保公。

二、籍贯

明罗懋登所撰《三宝太监西洋记通俗演义》小说中，称王景弘是山东青州府人士，曾登进士第，任兵部尚书，参赞职务。清蔡永兼所著《西山杂志·三宝下西洋》记载："王景弘，闽南人，雇泉州船，以东石沿海名舻导引，从苏州刘家港入海，至泉州寄泊。"前说毫无根据，纯属小说家的杜撰。后一说则八九不离十。

在一些地方志书中，可以查证到王景弘的行迹。如清《漳州府志》卷30《武勋》记载："王景弘，（龙岩）集贤里香寮人。从太宗北征，后有拥立功，授其子宁南京锦衣卫正千户。"清乾隆三年《龙岩州志》卷10《中官》记载："明王景弘，龙岩集贤里人，后分属宁洋。永乐间随太宗巡狩，有拥立皇储功，赐其嗣子王桢世袭南京锦衣卫正千户。论曰：中官非南方所有，有之，志异也。"清康熙三十一年修《宁洋县志》卷10《杂事志·中官》记载："王景宏（弘），集贤里龙岩人，后分属宁洋。永乐间随太宗巡狩，有拥立皇储功，赐嗣子王桢世袭南京锦衣卫正千户……论曰：阉竖多产于北方，闽人从不入选。有之，亦间世一出也，书以志异。"以此看来，王景弘老家，在明朝时就是宁洋县集贤里香寮村。

据查，在《明史》中，宁洋属漳州府，嘉靖四十五年（1566年）十二月置县。据《辞海》载，宁洋于1956年撤销县置。这个往日曾辖于漳州、龙岩、漳平、宁洋的集贤里香寮村现在何处呢？由于历来区划变动，香寮村现时是漳平市赤水镇的一个行政村。香寮在明代就是属漳州府。王景弘是闽南人之说自有其根据。曹木旺在《王景弘籍贯考略》一文中经过考证后指出："王景弘应是漳平市赤水镇香寮村许家山自然村人。"此论现已为专家学者普遍认定。

三、身世

据专家考证，郑和大约生于洪武四年至八年（1371—1375年），死于宣德八年（1434年）第七次下西洋的返国途中。王景弘与郑和是同时代同经历的人，出生年龄大约也相差不远。陈学霖在《明王景弘下西洋史事钩沉》一文中认为：

王贵通既与郑和共事，年龄谅接近，假定他于永乐三年首次下西洋时为三十岁，应该生于洪武八年（1375 年），少时即被去势转送入宫，可能亦被拨至燕府侍从，因而与郑和相识交好。此后，他必或因从军而建立功绩，或以他故获得朱棣信重而渐次升迁，否则不会跃登太监。至于他的卒年，依据下揭《英宗实录》记载的年限，应在正统二年（1437 年）之后。因此，若果以十年的相差推算，王贵通（景弘）大概生于洪武初年，卒于正统中叶前后，享寿六十岁以上。

但是，庄为玑教授在《明下西洋郑和、王景弘两正使的卒事考》一文中指出：

> 余查天顺年间，英宗复辟后尚有上敕，称："敕守备太监王景弘，及襄城李隆等计议之。"可知当时王氏仍在，而实权在李隆之手。后在《英宗实录》中，均不见王氏名字，估计在英宗天顺年间，王氏已退出历史舞台或已不在人间，故守备职务乃由李隆代替。

天顺元年，即 1457 年，王景弘已经是 80 岁左右的耄耋老人。他一生历经 8 个朝代。古人说，伴君如伴虎。可以想象，一个太监先后侍候 8 个朝代的 7 位君王，该经历了多少宫闱险恶，多少血雨腥风。而且还能乘势而上开创伟业，善始善终保存名节。王景弘可谓是阅历丰富，身世不凡。可是，他到底是怎样进宫？怎样得到升迁，跃登太监？他是怎么样结识郑和，共负下洋的使命？他的经历和最后的归宿又如何？

王景弘如何成为太监？史料阙缺，当然也只能存疑。人们常说的太监就是宦官。太监只是宦官最高级别的正四品官衔，后来被人作为宦官的代称。太监的来源就是宫刑。明代的边远地区和属国的执政者，为了讨好皇上，每年进贡土特产、奇珍怪物，阉人也成了其中的怪物贡品。福建、岭南、安南、高丽就常常进贡阉童。王景弘或许也是这样被作为贡品送进皇宫。

王景弘如何成为下西洋使团的首席正使呢？在《明史》中，宦官的命运时衰时盛。《明史·职官志》记载，明太祖朱元璋认为："此曹善者千百中不一二，恶者常千百。若用为耳目，则耳目蔽；用为心腹，即心腹病。驭之之道，在使之畏法，不可使有功。畏法则检束，有功则骄恣。"洪武二年（1369 年），明太祖命令吏部制定宦官制度，同时制定了一系列严格的禁令。

永乐朝，宦官的地位得到提高。《明史》卷 304《宦官传》记载："永乐元年，内官监李兴奉敕往劳暹罗国王。三年遣太监郑和帅舟师下西洋。八年都督谭青营有内官王安等，又命马靖镇甘肃，马骐镇交趾。十八年置东厂，令刺事。盖明世宦官出使、专征、监军、分镇、刺臣民隐事诸大权，皆自永乐间始。"

郑一钧在《论王景弘》一文中说："王景弘在七下西洋之前，已是拥有同郑和一样的权势地位的宦官。显然，他们都是年少时因阉割而进入内廷。不久成为燕王朱棣的亲随，并且为朱棣夺取皇位立下功劳，所以能得到朱棣的信任和重用，升迁较快并在永乐初年便跃居太监之位。"同时，由于王景弘有较好的家庭教养和个人素质，能利用自己手上的特权和优越的地位，施展才干报效国家，从而博得赫赫声名。

四、身份

在《辞海》等一些辞书中，王景弘总被当做郑和使团的副使。致使一些历史书也以讹传讹，转抄失实。其实，在史料中从来没有王景弘为副使的任何记载。《明史·郑和传》记载："永乐三年六月（1405 年）命和及其侪王景弘等通使西洋，将士卒二万七千八百余人，多赍金币，造大舶………""侪"，是什么意思呢？《康熙字典》解释为"等辈也""侪，犹辈类"。《现代汉语词典》解释为"同辈，同类的人"。古今同义，可见从一开始，王景弘便与郑和同辈同僚。

据郎瑛《七修类稿》卷 12 载："永乐丁亥（1407 年）命太监郑和、王景弘、侯显三人往东南诸国，赏赐宣谕。"《星槎胜览》记载："太宗文皇帝继统文明之治，格于四表，于是屡命正使太监郑和、王景弘、侯显等开道九夷八蛮，钦赐玺书礼币。"在费信的《星槎胜览·占城国》中记述："永乐七年己丑（1409 年），上命正使太监郑和、王景弘等，统领官兵二万七千余人，驾驶海舶四十八号，往诸番国开读赏赐。"费信作为使团的通译文书，曾经参与第三、第七次下西洋，所记当是可信的。

在《娄东刘家港天妃宫石刻通番事迹碑》的碑文后记："明宣德六年（1431年）岁次辛亥，正使太监郑和、王景弘，副使太监朱良、周满、洪保、杨真，左少监张达等立。"在长乐的《天妃灵应之记碑》文末记载："明宣德六年（1431年），岁次辛亥仲冬吉日，正使太监郑和、王景弘，副使太监李兴、朱良、周满、洪保、杨真、张达、吴忠，都指挥朱真、王衡等立。"这两块碑石，都是在郑和船队第七次下西洋启航之前刊立的。这就说明，在永乐初年，七下西洋的壮举之时，王景弘就已经和郑和一样，并列为正使太监了。他俩的品级、职衔、身份一样。但郑和是船队的统领第一位的首领，统揽全盘，领衔指挥船队。王景弘是第二位的首领，主要负责航海针路和管理船队，是航海事务的统领。王景弘的身份应是船队使团的正使，所谓的"副使"之说是毫无根据的。

五、使命

明成祖朱棣是明朝仅次于明太祖朱元璋的一位较有作为的皇帝。对他的历史功过，后人褒贬不一。梁启超先生在《祖国大航海家郑和传》中说："成祖之雄才大略，承高帝之后，天下初定，国力大充，乃思扬威德于域外，此其与汉武帝唐太宗之时代正相类。"

正是明成祖在位时，王景弘得到皇上的信任，委以重任，与郑和一起承担下西洋使命。这是怎样的使命呢？《明史》卷304《郑和传》云："成祖疑惠帝亡海外，欲踪迹之。且欲耀兵异域，示中国富强……当成祖时锐意通四夷，奉使多用中贵，西洋则和、景弘，西域则李达，迤北则海童，而西番则率使侯显。"

对于郑和船队下西洋的初衷，也是历史之谜。明成祖朱棣率兵杀进皇宫时，只见到宫殿火堆中撒下一堆尸骨。皇上为此肯定昼夜不安，派出官宦四处觅寻建文帝下落。因此，"踪迹建文"有可能只是皇上最初给郑和与王景弘所布置的秘密使命。

其实，郑和船队下西洋的主要任务和目的，是为了"扬威域外"，"宣德化而柔远人"，"与天下共享太平之福"。随着船队屡次下洋，明朝与海外各国的经济文化交流得到了发展，更加凸显船队的真正使命，就是为了实现明成祖的扬国威、通友邦的宏图大略。

船队下洋时，有时也根据皇帝的旨意，担负其他使命。永乐十四年（1416年），明成祖朱棣巡视北京，做出迁都北京的决定。于是，紧锣密鼓开始营建北京皇宫。为了充实内苑，让海外各国贡献奇珍异兽。郑和第五次下西洋，即含有此项任务。

六、业绩

中国自古是礼仪之邦。郑和、王景弘下西洋所到之处，总是宣谕皇上旨意，宣扬大明威德，倡导友好交往。同时带去金币、丝绸锦缎、瓷器、铁器等宝物，作为赏赐，以炫耀泱泱大国的气派。《明史》卷325《苏门答剌》记载："（宣德）五年，帝以外番贡使多不至，遣和及王景弘遍历诸国。颁诏曰：朕恭膺天命，祗承太祖高皇帝太宗文皇帝仁宗昭皇帝，大统君临万邦，体祖宗之至仁，普辑宁于庶类，已大赦天下，纪元宣德，尔诸番国远在海外，未有闻知，兹遣太监郑和、王景弘等赍诏往谕，其各敬天道，抚人民，共享太平之福。"

从诏谕中可见，郑和、王景弘下西洋，正是以"共享太平之福"为目的，展开和平外交，促进与海外各国的睦邻友好关系，开展经济文化交流，使中华民族的声望远播于海外。这种"厚往薄来"的做法，虽然付出了耗财费力的代价，但却取得了睦邻友好的成效，获得"威德遐被，四方宾服"的美名。王景弘在数次下西洋当中所发挥的个人作用及其业绩，当与郑和不相伯仲。

永乐三年六月十五日明成祖下诏，郑和、王景弘率领庞大船队，从苏州刘家港出发，开始首次远航。据《明史》记载，在首航中，大败海盗陈祖义，"擒祖义献俘，戮于都市。"在第三次下西洋中，锡兰山国王亚烈苦奈儿"发兵五万，劫和塞归路"，其王被生擒。在第四次下西洋中，与苏门答剌老王弟苏干剌激战，"大破贼众，追至南勃利国，俘以归。"

可见，郑和下西洋，也有"耀兵异域，示中国富强"的目的。为了显示明朝国威，除了宣谕各国，展开和平外交之外，有时遇上打劫或当地部族纠纷，也不得不用武力弹压来解决。通过这些武力威慑，"三擒番长"，肃清了海道，维护了海上交往与商贸活动的正常进行。王景弘统领船队在海上战斗中所发挥的作用与功绩应该是不容置疑的。

七、行踪

郑和七下西洋，王景弘作为船队航海技术统领，应是每役俱使。此外，史载其于宣德九年（1434 年）曾出使苏门答腊国。《明史》卷 325《外国传·苏门答剌》记载，宣德"九年，王弟哈利之汉来朝，卒于京。帝悯之，赠鸿胪少卿，赐诰。有司治丧葬，置守冢户。时景弘再使其国，王遣弟哈尼者罕随入朝。明年至。言王老不能治事。请传位于子，乃封其子阿卜赛亦的为国王，自是贡使渐稀。"这是王景弘七下西洋之后又一次出使，徐晓望教授称其为"八次下西洋的王景弘"。

在一些史籍中，对郑和第四次、第五次和第六次下西洋的记载，均没有提及王景弘或贵通的名字，而只以"郑和等"概括之。陈学霖在《明王景弘下西洋史事钩沉》中多方考证，认为王景弘作为船队的航海技术总领，应该是每役奉谕，均参与远航。陈教授观点自有道理，因为在其他一些史料中，可以找到王景弘的蛛丝马迹。如第五次下西洋，《天妃显应录·历朝袭封致祭祀》记载："永乐十五年，钦差内官王贵通……并道士诣庙修设开洋清醮。"景弘既是负责下洋的准备工作，"修设开洋清醮"，必也参与此次下番。如第六次下西洋，在《天妃显应录·东海护内使张源》记载："是年（十九年），太监王贵通等又奉命赴西洋。"可作为王景弘同行的佐证。

史载郑和船队到达 30 多个国家。当时船队下西洋时常到一个地方，然后就分成几个小分队到不同的国度去。由于历史资料散失，当年船队的实际行程和到过的地方还是有很多遗漏。很难说是不是有一些船只到了另外一些国家或地区，甚至走得更远绕过了好望角。

康熙《台湾府志》中多处有王景弘当年到台湾的记载。其中有卷 1《封域志

·沿革》记载："宣德间，太监王三保舟下西洋因风过此。"卷9《外志·古绩·药水》：在凤山县淡水社。相传明太监王三保投药水中，今土番染病者，于水中洗澡即愈。卷9《外志·古绩·大井》：开凿莫知年代，相传明宣德间太监王三保到台，曾于此井取水，即今府治西定功大井也。卷9《杂记·三保姜》：凤山县地方有之。相传明太监植姜岗山上，至今乃有产者。有意求见，终不可得。樵夫偶见，结草为记。次日寻之，获故道。有得者，可疗百病。王景弘很有可能于第七次或第八次下西洋时，顺风到过台湾。

八、专长

郑和、王景弘如此大规模的远航，需要有充分的准备。至少要经过一两年的造船和征集船工、训练水手的准备工作。当年的造船厂，除了南京郊外长江边上的龙江船厂之外，在福建、浙江等地也有一些皇家船厂。在福建有太平港船厂，永乐元年，即下旨为下西洋造船。据《明成祖实录》载：永乐元年五月辛已，命福建都司造海船百三十七艘。永乐二年"将遣使西洋诸国，命福建造海船五艘"。

《读史方舆纪要》记载："太平港，旧名（马江）吴船头，明朝永乐中，太监郑和由此入海，改曰太平港。"清乾隆《长乐县志》载："永乐年，三宝太监驻军十洋街，人物辐集如市。"可见，每次出海之前，海船常停靠在福建长乐太平港，在此操练水手，伺风出洋。

巩珍的《西洋番国志》序中说："始则预行福建广浙，选取驾船民梢中有经惯下海者称为'火长'，用作船师，乃以针经图式付与领执，专一料理事大责重，岂容怠忽。"李玉昆研究员在《伟大的航海家王景弘》一文中论说："预行福建广浙选用船师的人，可能就是王景弘。在王景弘的领导下，宝船队有一批训练有素的航海技术人员：火长、舵工、班碇手、铁锚手、搭材手、民梢、水手、阴阳官、阴阳生等，分别负责指挥航向航速、看针操舵、起落船锚、升帆落篷、摇橹划桨、铁木工匠，和天文、气象、水文的观测、预报工作。"郑一钧在《论王景弘》中说："从下西洋的航海需要和王景弘所能负的职责上看，在下西洋出国之前，王景弘重点负责船舶的征集、航海技术人员的甄选、航海针路的确认等一系列准备工作。在驶往各国的远洋航行中，王景弘与郑和共同肩负指挥船队前往各国访问的重任，与郑和共同完成了下西洋的各项使命。"

明宣宗朱瞻基上台之后，很想有一番作为。他极其羡慕祖父海外扬威的壮举，由此发起了第七次下西洋。《明史》卷304《郑和传》记载："宣德五年（1430年）六月，帝以践阼岁久，而诸番国远者犹未朝贡，于是，和、景弘复奉命历忽鲁谟斯等十七国而还。"

　　船队即将起程之际，明宣宗朱瞻基特地作《赐太监郑和》和《赐太监王景弘》两首诗，分送两位船队统领。在给王景弘的诗中，明宣宗对他数次下西洋的功绩大为赞赏。除了表明"扬威通好"之外，多在针对他的航海技术和统领庞大船队出航的功勋。"昔时命将尔最忠，大船摩曳冯夷宫；驱役飞廉决鸿蒙，遍历岛屿凌巨碛。"而在另一首《赐太监郑和》的诗中，却是："或万有一敢拒逆，尔时麾兵试一击。丑类骈首歼锋镝，逐致天威震蛮貊。"诗中多为表彰郑和的统兵打仗，可见郑和作为统兵打仗的长官，王景弘作为航海技术方面的统领，各有所长，各有出色的表现，都一样深得皇帝的宠信和赞赏。

　　王景弘出使回国之后，曾主持修葺宫殿、寺院，掌管宫廷内务，体现了他多方面的专长和才华。

九、遗著

　　王景弘的航海才能，必然对后世的航海事业作出了贡献。郑一钧在《论王景弘》一文中说："晚年的王景弘，出自对航海事业的深厚情感，发挥所长，将下西洋水程加以整理，撰就航海专书……从这些资料来看，王景弘在向广大民间航海者传播郑和航海的科学成果，促进明清之际民间航海事业的发展方面，无疑有极重要的贡献。"

　　在明朝李贽的《续藏书》中记载："明朝廷好宝玩，中贵言宣德中尝遣太监王三保使西洋，猎其珍异货无算。帝乃命中贵到部，查王三保至西洋时水程。"在清黄叔璥的《台海使槎录》中清楚记载："舟子各洋皆有秘本，云系明王三保所遗，余借录，名曰《洋更》。"在清郁永和《裨海记游》中也有类似记载："太监王三保《赴西洋水程》有赤嵌汲水一语。"

　　不论是取名《洋更》或《赴西洋水程》，王景弘的航海著作，肯定流传到后世。在当时的政治环境中，朝中当权者对下西洋大加反对，成化年间还让刘大夏焚毁了郑和下西洋的许多航海资料和档案。王景弘被排挤和冷落是必然的，以致销声匿迹。或许他就在悲愤和孤独中，埋头著作，总结航海经验。民间悄悄流传的王景弘航海水程资料，也就显得更加弥足珍贵。

　　流传至今的《郑和航海图》，是否出自郑和或王景弘之手，不得而知。该图原题为《自宝船厂开船从龙江关出水直抵外国诸番图》。图上共标有530多个地名，50多条航线，还标注了针路、更数等导航定位数据。这图并非凭空想象，而是以航海实践为依据，经过加工整理而成的珍贵史料，更不是后人想当然的产物。作为航海事务统领的王景弘，自然在图中倾注了更多的心血。

十、信仰

据说，郑和是元代咸阳王赛典赤赡思丁的后裔，他的祖父和父亲朝觐过伊斯兰教圣地麦加，被人们尊称为马哈只。郑和在云南老家时，是个回回教徒。郑和晚年，改信佛教，由回回教徒转为佛教徒。

王景弘是信佛教，信道教，还是信伊斯兰教？在仅有的史料中，好像均可以找到各自的根据。

第二次下西洋时，永乐七年二月初一，郑和与王景弘（贵通）至锡兰寺布施。献上金银、织金、丝绸、宝幡、香炉、花瓶、灯烛、香油等。并发表昭示："大明皇帝遣太监郑和王贵通等昭告于佛世尊，同仰慈尊，圆明广大，道臻玄妙，法济群伦，历劫沙河，悉归弘化，能仁慧力，妙应无方……"显然是到域外进香布施，祈求佛祖庇护航海平安。在传统佛教文化的熏陶下，景弘能不信佛教吗？

郑和船队官兵多次在南京、太仓、长乐等地重修天妃宫，镌刻碑记，铸造铜钟，盛赞天妃神功。船队在每次出航前，都要祭祀天妃，祈求佑护平安。如《天妃显应录·历朝袭封致祭祀》记载，第五次出洋前，"永乐十五年，钦差内官王贵通（景弘）……并道士诣庙修设开洋清醮。"天妃兼有儒、道、佛、巫等色彩，属民间信仰，景弘可兼信乎？

据《南洋三月记》记载，在爪哇三宝垄的三宝洞边，有清光绪五年黄志信敬勒的石碑，碑文中记载："时望安为王公三宝大人归真之地"。既是"归真之地"，应是回回教徒墓地专称。王景弘可是伊斯兰教徒？从当时三宝垄普遍的民众信仰上看，王景弘如果是在此"归真"，很有可能最后信仰伊斯兰教。他走的宗教信仰道路或许恰好与郑和正相反，是由佛教改而信奉伊斯兰教。这当然只是一种存疑的臆测。

其实，不论王景弘信奉何种宗教，均是以此作为精神上的支持。使他和整个船队成员在险恶的航海过程中，能够克服畏难情绪，精神上得到安慰和支撑。

十一、子嗣

永乐二十二年（1424 年）秋七月，永乐帝崩于榆木川。八月，仁宗上台，遂用夏原吉的劝谏，罢停下西洋宝船以省国耗。郑和船队的兵卒也被调作南京的守备部队。王景弘成为南京陪都的守备太监。洪熙元年（1425 年）二月，仁宗下敕中，王贵通即改为王景弘。

洪熙元年，五月，帝崩。其时，太子朱瞻基受命谒祭皇陵、孝陵，留守南京监国。《明鉴》卷 2 记载："太子方谒孝陵海寿至，太子即日就道。时南京颇传凶问。又传汉王高煦伏兵于道，邀太子。群臣请整兵卫，或请从间道行。太子不可，曰，君父在上，谁敢干之。驿道驰还。至良乡，太监杨瑛、尚书夏原吉、吕震奉遗诏至。宣讫，太子哭尽哀，入宫发丧。越十日，即位。大赦，以明年为宣德元年。"

朱瞻基的登基，颇费一番周折。在《宁洋县志》等志书中均有王景弘因"拥立皇储功，赐其子王桢世袭南京锦衣卫正千户"的记载。可见王景弘在此次太子即位中发挥了作用，由此荫及嗣子。但是这位王景弘的契子王桢，是何时过继的？他的后代又如何？史料缺乏，只好存疑。

十二、归宿

关于王景弘去世的时间和地点，至今没有定论。虽然许多学者认为王景弘死于国内，葬在南京或北京，但缺乏有力证据。海外传说，他晚年留居爪哇三宝垄，死后葬身其地。当地华侨供奉他为庇护神，作为海外开拓的先驱者。因此成为华人膜拜的对象，以至香火绵绵不断。

郑键庐《南洋三月记·游三宝洞古迹》记载：

相传三宝洞旁之土墩，即王景弘之墓。当时王景弘同使南洋，王卒于此，故葬之，误传三宝大人埋骨之地。墓上环置方形木签数十，上狭下广，尖若塔形，刻弟子或信女某某叩谢，亦有刻巫文者……再过数载，竖有石碑，为黄志信所立。清光绪五年（1879年），三宝垄华侨黄志信曾立石碑以记其事，碑文为："时望安为王公三保大人归真之地，山明水秀，树木葱茏，麓有石门，天然成洞。三保圣神著灵于此，俗称为三保洞者，以神得名也。"

清王大海《海岛逸志》卷2《人物考略》载：

王三保者，明宣德时内监也。明宣宗好宝玩，因命王三保、郑和等至西洋采买宝物，止于万丹，实未尝至吧国。而三宝垄有三宝洞，俗云三保遗迹，极有灵应。每朔望士女云集，拜祷其处。井里汶海中有屿，长数百里，名蛇屿。相传其蛇有大珠为三保所取，死而化为长屿以祸人。说颇荒唐，存之以备考。

《海岛逸志》卷1《西洋纪略·噶喇吧》记载："华人自明宣德王三保、郑和等下西洋采买宝物，至今通商往来不绝。"

另有些传说，认为三宝垄市的三保公庙院落里的先贤、舵手达保·阿望的圣墓，即为王景弘87岁去世时的安葬地。

对于王景弘和三宝垄的联系，许多人不理解，认为王景弘那么老迈，何以还会再次出洋，而在海外逝世呢？陈佳荣教授在《郑和、王景弘与三宝垄》一文中说：

> 明清时闽泉一带多漂洋过海不返者，"过番"几乎成了当地的风俗习惯。如果王景弘在屡下西洋时，对爪哇某地风光一直心仪未能释怀，决心晚年至彼处西归，恐亦非天方夜谭式的故事……王景弘曾在三宝垄养过病，晚年死于爪哇并葬在三宝垄。须知口耳相传的民间传说也是史料的来源之一，有时野史或口头传说，比起迭经御用文人蓄意删改的"正史"，还要可靠得多。

野史或口头传说，不像正史那样装腔作势，或许这正是追寻王景弘下落的重要线索。

十三、评价

郑和下西洋，是人类航海史上的光辉篇章，愈来愈得到人们的肯定和赞赏。正如老一辈研究郑和的专家郑鹤声先生所说："夫郑和之出使，冒万险涉重洋者，凡三十年，扬国威，播文化扶弱抑强，柔远怀迩。为今日南洋侨胞树风声，视近世欧洲人士拓土殖民者，又何让也。"

但对王景弘在下西洋壮举中的地位、作用和历史功绩却缺乏应有的评价。对王景弘评价的障碍，首先来自历史对太监群体的怨恨与攻击。在中国的历史和一般的世俗观念中，太监总是和骄横狂妄、冷酷狠毒、逢迎谄媚、贪婪枉法、滥作威福、肆虐朝纲等罪恶联系在一起，简直是恶贯满盈，罄竹难书。太监命贱，只是生活在皇宫阴暗角落里的一群蚂蚁奴才。有封建王朝，就有作乱的太监。明朝是中国历史上最大的太监帝国。既有郑和、王景弘这样好品格有作为的太监，更有导致土木堡惨败英宗被俘的王振，有参与英宗复辟杀害于谦的曹吉祥，有弄权祸国滥杀无辜的西厂头目汪直，有号称九千岁为非作歹的魏忠贤。这四个臭名昭著的太监祸国殃民，遗臭万年。由于太监群体给人们的印象如此恶劣，历史上偶有脱颖而出的佼佼者，也常为人所掩饰所忽略。一些史官对太监有偏见，不愿记述内侍之事。一个地方出了个太监，不以为荣，反以为耻，讳莫如深，以致王景弘被掩而不彰。

其次，是来自王景弘在下西洋船队中的作用与地位的模糊不清。王景弘既与郑和同为下洋正使，但史籍所载之史迹，大多归功于郑和。就连《明史》的列传，也只在《郑和传》中，三次连带在"郑和"之后写上王景弘的名字。好像他只不过是郑和的依附。

对此，一些国内外学者也非常关注。陈琦教授在《王景弘简论》一文中认为：

> 王景弘的地位和作用长期被忽略甚至贬低，这是不公正的。究其原因，不外有三：其一，成化年间的一场大火焚尽了郑和下西洋的资料，其中对王景弘的记载也大部分被毁。王景弘本人的航海专著也已流入民间，或散佚失传……其二，明初奉敕出使的官员很多……王景弘虽也六赴西洋，但大多主事于船队的航海技术部门，较少出头露面，声望当然不比郑和。其三，元代以后，有"九儒十丐"之说。工匠的地位仅高于娼，曰"七匠八娼"。作为统领使团中工匠的人，自然要被贬低。而郑和是永乐大帝的嫡系官员，统辖使团中各级官吏、士兵，是下西洋船队中首位正使。溢美之词纷落在他身上，褒一贬一，无形之中就把郑和抬得过高，甚至到了神化的地步。

陈学霖在《明王景弘下西洋史事钩沉》中认为：

> 王景弘虽然有特殊的才能和彪炳的勋绩，但是由于郑和的名气隆盛，如日中天，景弘专司航海职务，不事外交，功业遂为笼盖。再者，他的传记资料残缺，又曾以另一名字在历史上出现，而记载混淆错乱，更使他掩而不彰，未得史家垂注，给予恰当的评价。

两位教授的说法应该是公允客观的。概而言之，则是"海禁"大背景和王景弘"专司航海职务"两大因素。

除此之外，或许还有其他原因。郑和以父辈为荣，明永乐三年（1405年），郑和下西洋前夕就专门延请资善大夫礼部尚书兼左春坊大学士李至刚，为其父撰写墓志铭。永乐九年（1411年），郑和第三次下西洋回国后，专程返乡祭扫马哈只的坟墓。这是他30年来第一次衣锦还乡，可谓光宗耀祖。这正是郑和的经历和性格，以望族世家自诩，锋芒毕露。王景弘却默默无闻地生活着，没有值得炫耀的父辈，也没有回乡光耀门庭的盛举。是因为王景弘晚年下落不明，其中有什么难言之隐，不敢彰显于世？还是因为王景弘对待功名利禄的平常心，淡化了他的知名度和影响力？

就在这样的时代背景中，王景弘与郑和并列为使团的正使太监。正是他们的亲密协作，合奏了一曲人类征服大海的交响乐。王景弘与郑和一样，无愧是我国历史上的伟大航海家、外交家、军事家。

（原载福建省国际文化经济交流中心、漳平市王景弘研究会编：《王景弘与郑和下西洋》，第 147-164 页。）

开拓郑和研究的视野

——由航海家王景弘谈起

时　平[*]

近百年的郑和研究，学术界围绕郑和及其下西洋展开了广泛而深入的探讨，逐渐由历史领域中的专题研究，到 20 世纪 80 年代中期形成分学科和多学科的合作研究，使得郑和研究呈现学科不断融合及拓宽的趋势。随着郑和研究的深入，人们对王景弘的研究也愈来愈重视，发掘并考证了一些新的材料，涌现出一些新的研究成果。可见，对王景弘的研究，是郑和研究深入发展的结果，已经成为郑和研究的一个组成部分。

去年，福建的一位朋友寄给我一部新书《明代大航海家王景弘》。该书由福建省国际文化经济交流中心、中国人民政治协商会议漳平市委员会编，黄瀚主编，曹木旺、罗岩、连建平担任副主编，收录了 23 篇论文、文章，5 篇文学作品，配有 23 幅图片，约 17 万字。最近抽出时间拜读这部书籍。打开目录，映入眼帘的是许多熟悉的专家和友人名字，令人感到十分的亲切和高兴。他们在郑和研究领域又取得了新的成果，作出了新的贡献。同时也深深感受到漳平政府及人民对王景弘的景仰和重视。

笔者对王景弘没有专门研究，只是在查找郑和史料，阅读有关著述时涉及一些王景弘的史迹和研究著述。给我印象最深的有两件事：一是第七次下西洋前，明宣宗朱瞻基分别赐诗给郑和与王景弘，表彰他们的功绩；二是 1947 年国民政府内政部分别以郑和、王景弘、马欢、费信等郑和下西洋人物的名字命名南海的岛屿，其中在南沙群岛中就有"景宏岛"。感到王景弘在下西洋过程中有重要地位和贡献。2004 年 3—4 月，我有幸对福建境内的郑和遗址遗迹进行了实地考查，并到漳平及王景弘的家乡赤水镇香寮，沿路淳朴的自然环境和道路的艰辛，给我留下很深的印象。郑和是从云贵高原走出来的，王景弘是从福建山区走出来的，同为下西洋正使，在明初对外交往和下西洋活动中都起到重要作用。从自己掌握的资料，以往的研究多集中在对王景弘的生平、在海外的传说以及助手的作用等

*　上海海事大学海洋文化研究所教授、所长，上海郑和研究中心主任。

方面。由于受史料、研究角度等因素影响，对王景弘还缺乏全面的研究。郑一钧曾就此进行客观的评价："由于各种原因，以往人们在论及永乐、宣德年间七次下西洋的历史时，却很少研讨王景弘在下西洋事业中的地位与作用，未能充分肯定王景弘的历史功绩。这不仅对王景弘这个历史人物是不恰当的，而且郑和下西洋研究因此也缺少了一个相当重要的内容。"① 近几年，一些学者、特别是漳平的学者重视对王景弘的研究，从王景弘的家世、郑和下西洋使团构成及担负的使命、航海特点、下西洋内容等方面展开深入地探讨，取得了显著的成就，主要包括：通过对王景弘史料的发掘和考证，确定王景弘的籍贯是漳平市赤水镇香寮村；对王景弘的历史地位和作用给予应有的评价，认为他"与郑和同为下西洋的正使"，② 是郑和的"第一助手"，在个别情况下，"与郑和并驾齐驱"；③ 王景弘是一位杰出的航海家、外交家，在历史上的影响方面，"都无愧于与郑和并列而载入史册"；④ 对王景弘的活动和在海外的影响及传说进行了研究。这些成果不仅拓宽了郑和研究的视野，而且也推动了郑和研究的发展。

笔者以为对王景弘的研究，除了继续对其本人生平家世研究外，主要从以下三个方面继续深入探索：

第一，从郑和下西洋的航海活动及特点，探讨王景弘的地位和作用

近年不少著述从这一视角进行探讨，认为王景弘在郑和航海活动中，主要掌管船队的航海事务，熟悉和了解航海特点。航海业务和技术是郑和航海的主要工作，是郑和下西洋的保证。这在许多学者的研究中得到了共识。指出王景弘"熟悉福建的航海业，对福建所造海船的性能及福建往各地的航路以及福建地区航海技术人才的一些情况，都相当有数……从下西洋的航海需要和王景弘所能负的职责上看，在下西洋出国之前，王景弘重点负责船舶的征集、航海技术人员的甄选、航海针路的确认等一系列准备工作。在驶往各国的远洋航行中，王景弘与郑和共同肩负指挥船队前往各国访问的重任，与郑和共同完成了下西洋的各项使命。"⑤ 还有学者研究认为"作为一个闽南人，他能以闽南话和水手、火长直接

① 郑一钧：《论王景弘》，福建省国际文化经济交流中心、中国人民政治协商会议漳平市委员会编：《明代大航海家王景弘》（漳平文史资料总第27辑），2003年，第5页。

② 李金明：《王景弘及其在印尼三宝垄的传说》，福建省国际文化经济交流中心、中国人民政治协商会议漳平市委员会编：《明代大航海家王景弘》，第37页。

③ 郑一钧：《论王景弘》，福建省国际文化经济交流中心、中国人民政治协商会议漳平市委员会编：《明代大航海家王景弘》，第20页。

④ 郑一钧：《论王景弘》，福建省国际文化经济交流中心、中国人民政治协商会议漳平市委员会编：《明代大航海家王景弘》，第20页。

⑤ 郑一钧：《论王景弘》，福建省国际文化经济交流中心、中国人民政治协商会议漳平市委员会编：《明代大航海家王景弘》，第8页。

交流，所以，他比郑和更熟悉航海，是郑和船队中不可缺少的人物。"① 从这个意义上讲，郑和在 15 世纪初创造航海时代的伟大壮举，与王景弘在航海方面的有力保障和卓越的工作是紧紧联系在一起的，因此，王景弘在郑和下西洋中扮演了主要角色，占有重要地位。

第二，从福建与郑和下西洋关系，深入探讨王景弘的地位和特点。

福建向有"八山一水一分田"称誉。其负山面海，岸线曲折，港湾众多的自然地理特点，和悠久的海洋文化，都展现了"闽在海中"的鲜明特征。福建三面环山，与内地交通不便，东部滨海，成为长期以来与外界交往的通道。据研究，早在 7 000 年前，闽越人就在此过着渔猎生活，随着晋代以来中原移民的入闽，福建经济得到了逐步的开发，海外交通也随着日渐发达，先后出现了福州、泉州、漳州和厦门等中外闻名的港口，海外客商云集，贸易兴旺，文化交流璀璨。闽人长于舟楫，习于航海，涌现了许许多多杰出的海洋人物，王景弘就是其中之一。福建与郑和下西洋关系，已经有不少研究成果，从多方面探讨了福建在郑和下西洋过程中所起到的重要基地作用。从郑和下西洋的全过程来审视福建地位和作用，笔者认为，从郑和航海活动来看，福建无疑是郑和船队最重要的基地。首先，福建是郑和下西洋船队出国和归来的主要集结驻泊地。长乐的太平港是主要停泊地方。从新近对长乐古海岸线的考察，显示当时太平港的水域面积和水深能够停泊郑和船队数量，并具有良好的避风条件，也是当时福建的海防重要地方，具有安全保障。同时福建沿海拥有众多良好港口、港湾都为郑和船队提供了补充的便利条件；其次，福建为郑和船队航海提供了主要的物质准备和船舶的建造维修能力；其三，福建得天独厚的优势，是郑和船队航海人才、海外贸易物质的主要来源地方之一；其四，福建地理位置为郑和船队候风提供了便利条件，也是郑和等祈风的主要场所。从福建在郑和航海中占有的重要地位及特点，可以从一个层面反映王景弘在郑和航海准备过程中所发挥的熟悉当地、通晓航海业务、了解福建以往航海活动及经验等作用，这些对郑和船队长时间依托福建，进行长期、大规模的航海活动是极为重要的，更是不可缺少的必备条件。

第三，从皇帝对王景弘的任命、赐诗，以及郑和去世后的活动分析其地位和作用。

从王景弘在明初的政治地位，在出使西洋前，少时因阉割为太监，位居内官。下西洋期间与郑和同担任正使太监。这在费信《星胜槎览》《明史·郑和

---

① 郑一钧：《论王景弘》，福建省国际文化经济交流中心、中国人民政治协商会议漳平市委员会编：《明代大航海家王景弘》，第 25 页。

传》、宣德六年岁次辛亥春朔的《通番事迹碑》、宣德六年岁次辛亥仲冬吉日《天妃灵应之记碑》等史籍中均有明确记载。在第六次下西洋后至第七次下西洋前，即明洪熙元年至宣德五年（1425—1430 年），王景弘和郑和同被任命为南京守备太监。宣宗朱瞻基命南京守备襄城伯李隆有"凡事同守备太监郑和、王景弘计议"。① 第七次下西洋又与郑和任命为正使太监，并亲自赐诗郑和与王景弘，可见王景弘的地位长期以来与郑和一样，一直得到皇帝的信任和嘉许。而且无论航海还是担任守备，一直与郑和配合，反映出两者的关系具有明显的互补性，配合也是密切顺畅的。郑和去世后，王景弘接任郑和统帅权，顺利完成第七次下西洋航程。并且于宣德九年，继续接受宣宗皇帝派遣出使。文献记载"帝（宣德）以外番贡使多不至，遣和及王景弘遍历诸国，凡历二十余国，苏门答剌与焉。明年遣使入贡者再。八年，贡麒麟。九年，王弟哈利之汉来朝，卒于京师，帝悯之，赠鸿胪少卿，赐，有司治丧葬，置守冢户。时景弘再使其国，王遣弟哈尼者罕随之入朝。"② 由此，反映了王景弘与郑和之间并列、助手、互为倚重的关系及地位。

　　郑和下西洋及其辉煌是明初中国社会发展孕育的，是由许许多多的人共同从事和创造的。郑和下西洋 28 年，从准备到航海的人数以及补充，数量庞大，要集中国家力量及资源。郑和船队人员主要由指挥部分、航海部分、外交贸易部分、后勤保障部分、军事护航部分五个部分组成。指挥部分：是整个船队的中枢，对航行、外交、贸易、作战等进行指挥决策。航海部分：包括航海业务、修船的、预测天气等；外交贸易部分：包括外交礼仪、进行贸易、联络翻译等；后勤保障部分：包括管理财务、后勤供应、起草文书、医务人员等；军事护航部分：负责航行安全和军事行动。郑和航海事业是一个众多人相互合作的集体事业。郑和是集中的代表，位于统帅地位，王景弘占有仅次于郑和的重要地位，在航海方面发挥了主要作用。在纪念郑和下西洋 600 周年之际，应该同时关注和纪念与郑和一起创造世界辉煌航海业绩的王景弘及许多船队成员，他们身上闪耀着中华民族的优秀品德和智慧，凝聚了爱国主义和集体主义的精神。

　　关于王景弘的研究，是郑和研究领域一个值得关注的问题。应该在现有的基础上进一步搜集和整理有关王景弘身世、家世等资料，对王景弘与王贵通的关系、王景弘与台湾的关系等进行深入探讨，不仅注重王景弘本人的研究，而且宣传和研究王景弘要与郑和及其下西洋紧密结合起来，与福建、与漳平历史文化有

---

① 《明宣宗实录》卷 2。
② 《明史》卷 325，《苏门答剌传》。

机结合，突出其文化价值和人文精神，发挥其历史文化的应用性，推动社会的文化建设、全面发展。

（原载福建省国际文化经济交流中心、漳平市王景弘研究会编：《王景弘与郑和下西洋论文集》，第 17-22 页；又载《郑和研究》，2004 年第 3 期，第 68-70 页。）

王景弘籍贯考略

曹木旺[*]

　　15 世纪上半叶，正值历史上朱明王朝建立初期，我国伟大的航海家郑和、王景弘率领庞大的船队，驰骋在波涛万顷的海疆上。曾多次远涉重洋，最远到达非洲东海岸，足迹遍布亚、非 37 个国家和地区。加强了中外交往，沟通了中国与亚洲、非洲沿线各国的经济、文化和科技交流，是世界航海史上的伟大壮举。

　　然而，下西洋后的 400 多年间，郑和、王景弘的历史功绩，得不到应有的重视和客观的评价。直到 19 世纪末，英国人梅辉立发表了《十五世纪中国人在印度洋的探险》一文，才逐步由外到内，引起世人的重视和研究。在近百年的时间里，国内对郑和下西洋的研究取得了重大的进展，特别是改革开放以来，又有了新的突破。然而，令人遗憾的是，由于历史资料匮乏等因素，作为郑和的亲密战友，与郑和多次一起下西洋的著名航海家、外交家王景弘依然得不到应有的重视和研究。

　　据史料记载，王景弘是郑和航海自始至终、患难与共的战友。宣德八年（1433 年），郑和第七次下西洋返航途中客死于古里，王景弘率领船队安然回国。此后，王景弘又于宣德九年（1434 年），奉命独自率领船队再次出使苏门答腊。据郑和下西洋随行人员费信所著《星槎胜览》记载："永乐七年（1409 年）己丑，上命正使太监郑和、王景弘等，统领官兵二万七千余人，往诸番国开读赏赐。"由此可见，至少在第三次下西洋时，王景弘就和郑和并列为正使太监，共同成为下西洋船队的两位核心领导者。在第七次下西洋前，明宣宗朱瞻基还专门赐诗一首给王景弘，诗中写道"昔时将命尔最忠，大船摩曳冯夷宫，驱役飞廉决鸿蒙，遍历岛屿凌巨祺……"足见皇帝对他的宠信。此外，我们从现存的福建长乐《天妃灵应之记碑》、江苏太仓刘家港天妃宫石刻《通番事迹碑》和福建南平发现的宣德六年所铸铜钟铭文的记载中可以看到，在署名的出使人员中，只有王景弘和郑和是并列的正使太监，其他人都是副使太监或下属官吏。然而，因王景弘排名在郑和之后，《明史》未单独为其立传。故此长期以来，人们只知道郑和

＊　福建省漳平市王景弘研究会会长。

下西洋，而对王景弘却知之甚少，这与他对下西洋航海事业的贡献是十分不相称的。就连 1979 年版的《辞海》"王景弘"词目中，也只说明他的功绩，而未注明他的籍贯与身世。[①] 现根据史料及实地考察对王景弘的籍贯做一个初步的考证。如有错谬之处，请专家、学者不吝赐教。

王景弘的籍贯到底在哪里？这是多年来史学界十分关注的一个问题。近年来国内关于王景弘的籍贯考证，大约经历了三个阶段。

一、王景弘是闽南人

据福建晋江东石发现的清代蔡永兼著的《西山杂志·四监通异域》记述，"永乐三年，成祖疑惠帝南逃，命中官郑和、王景弘、张文等造大舟百艘，率军二万七千余。王景弘，闽南人，雇泉州船以东石沿海名舵导引，从苏州刘家港入海至泉州寄泊。"厦门大学庄为玑教授在《海交史研究》1987 年第 1 期发表论文《试论郑和与王景弘之死》，介绍了他发现《西山杂志》记载王景弘是闽南人的经过。

二、王景弘是龙岩县集贤里人（今漳平市双洋、赤水一带人）

根据《宁洋县志·中官》（康熙三十一年版）记载，"王景弘，集宁里人，明永乐间随太宗巡狩，有拥立皇储功，恩赐嗣子王祯，世袭南京锦衣卫正千户"。宁洋县始建于明隆庆元年（1567 年），集宁里为该县辖地。1956 年撤销建置，存史 389 年。宁洋县历史上共修过 8 次县志，其中大部分已经散佚，现我们可看到的最早记载王景弘的《宁洋县志》修于清康熙三十一年（1692 年），比张廷玉修《明史》写《郑和传》早 47 年。宁洋县在建县之前，隶属于龙岩县。因此，在清乾隆三年版《龙岩州志·人物·中官》条目中，也有王景弘的记载，"王景弘，龙岩集贤里人，后分属宁洋。永乐间随太宗巡狩，有拥立皇储功。赐嗣子王祯，世袭南京锦衣卫正千户"。龙岩县集贤里在宁洋县设立后改称为集宁里；1956 年撤销建置时，宁洋县辖区分别划归龙岩、永安、漳平三县。其中原集宁里属地被划归漳平县（1990 年漳平撤县建市）管辖。漳平县、宁洋县在明代之前均隶属于漳州府管辖，当地民众通用闽南话，风俗、习惯与闽南相同，属河洛文化区域。因此说王景弘是闽南人也是有根据的。福建社会科学院徐晓望先生在1995 年曾专门撰文加以论述。1995 年 8 月福建人民出版社出版的《福建名人词典》"王景弘"词条注明"王景弘，明航海家，宁洋（今属漳平）人。"

---

① 辞海编辑委员会：《辞海》，上海：上海辞书出版社，1979 年，第 1200 页。

三、王景弘是香寮村人

《漳州府志·武勋》有明确记载"王景弘，集贤里香寮人，从太宗北征，后有拥立功，授其子南京锦衣卫正千户"。① 集贤里香寮人，也就是现在的漳平市赤水镇香寮村人。香寮村位于漳平市最北部，是漳平、龙岩、永安三市的结合部，距离漳平市区 89 千米，面积 58 平方千米。据史料记载，唐代即有汉人先民先后从闽西、闽中、闽南开基到这里生息繁衍。截至 2017 年底，全村 1 775 人，有 96 个姓，是远近闻名的"百姓村"，为此，中央电视台还专题做了报道。村内还保存有大量的文物古迹，著名的有天台山南宋时期的舍利塔；始建于唐代，重修于清代的香山石拱桥；北宋皇祐年间闽西南道教道长曹肆诞生地等。香寮村共辖有：香寮洋、许家山、谢头坂、盖竹溪、林地、山背岭等 6 个自然村，其中许家山、谢头坂、山背岭已成为废村。

为了落实王景弘的籍贯与身世，笔者和漳平市博物馆罗宜生馆长等人，多次来到香寮村实地查考。2002 年，据当时 67 岁的香寮村王氏后裔王碧辉老人介绍，历史上有记载的最早开发香寮村的是"曹、梁、傅、谢"四姓人家，时间是唐末。随后"王"姓就开基到香寮洋的上傅（地名）。不久，王氏家庭不知出于什么原因，全部从香寮洋上傅迁居别处。长房迁居香寮许家山自然村，次房迁居漳平市双洋镇百种畲村，三房迁居永安市小陶镇吴地村北罗畲自然村（目前香寮洋上傅仅存有"王氏祖祠"遗址，及 1985 年重新修建的一间供每年农历七月十四日祭祖用的简陋平房）。由于兵匪浩劫，如今，长房只剩下 3 户人家，11 个男丁，抗战时期，因苦于匪患，全部从许家山迁到香寮洋；次房已没有人烟，仅存破旧祖祠一处；三房仅剩 1 户、3 个男丁。目前，虽经多方努力，还难以找到香寮《王氏族谱》，据说，《王氏族谱》清末民初已毁于兵乱。至于"王"姓是从何处何时迁来香寮？又是何时从香寮洋（上傅）三房同时迁出？还有待于进一步考证。根据口传史料和实地查考，香寮村 6 个自然村，历史上除了香寮洋的上傅作为王氏迁徙的中转地之外，许家山自然村是香寮村"王"姓人家繁衍生息历史最悠久、规模最宏大的聚居地。

许家山位于香寮村的西北隅，离香寮村 5 千米，未通公路，现仅存一条石阶古道和一块石刻路碑。许家山分为上许家山、下许家山两个村落。一条小溪从村中流过，四周群山环抱，山上林木资源十分丰富，森林中常有猕猴、野猪、黑熊出没。因交通不便，村里的稻田基本抛荒，现已成为废村。村里随处可见规模宏

---

① 罗青霄等：万历《漳州府志》卷 31，第 18 页。

大的古民居群旧址，以及残墙基、石臼、石础、陶瓷残片、断落的石旗杆和古老的石构"民主公庙"。透过残垣断壁，可以想见当年这里曾有过辉煌的历史。据老人介绍，许家山鼎盛时期人口 200 多人，由于战乱、匪患，几近灭绝。此外，在香寮村始建于唐代，清嘉庆二十四年（1819 年）重修的香山桥碑记，列有各自然村村民捐银名单。其中许家山共有乡宾王应文、王任荣、王志通；监生王拨元、王达元、王衍思；贡生王殿文；庠生王任煌、王思义、王国任等 10 人捐银47 两，捐款者全部姓"王"。足见清末时期许家山"王姓人家还是人文鼎盛，人丁兴旺"。《漳州府志》记载，王景弘是香寮村人。根据实地调查考证，香寮村的 6 个自然村中，许家山自然村是"王"氏人家历史上开发繁衍最主要的聚居地，许家山现虽为废村，但历史上确有兴盛时期。因此，王景弘应是漳平市赤水镇香寮村许家山自然村人。

王景弘作为历史上一位卓有建树的航海家，一位深得皇帝倚重的宠臣，为什么在史书中甚至在他的家乡里竟然没有留下多少的遗迹呢？笔者认为，主要原因有三个方面：

第一，是郑和下西洋后期，明王朝在对外政策方面改"宽海"为"禁海"。永乐时期，明成祖朱棣"锐意通四夷"，这种大气候，成就了郑和、王景弘下西洋的壮举。但到了宣德后期，朝野上下反对下西洋的声音渐强，认为下西洋是劳民伤财之举，是一"弊政"。宣德八年（1433 年）七月己未，即郑和第七次下西洋回国后的第三天，明王朝又重新颁布了严厉的"禁海"令，从而结束了永乐时期的"宽海"政策。代之而起的是自正统开始至嘉靖时期的对外"禁海"政策。以致出现下西洋的宝贵资料被兵部郎中刘大夏付之一炬的极端行为的出现。[①] 正统十四年（1449 年）重申"禁海"政策，凡"私通外夷、贸易番货，漏泄军情及引海贼劫掠边地者，正犯极刑，家人戍边，知情故纵者罪同"。[②] 王景弘至天顺年间（1457—1464 年）还见于史料，[③] 晚年生活在"禁海"的大气候中，虽有多次的下西洋经历，朝野也多持反对的态度。

第二，是因为王景弘的太监身份。在历史上，特别是明清时期，一些太监结党营私、祸国殃民，出现了魏忠贤、刘瑾、李莲英等败类，百姓对太监十分反感。一个地方、一个家庭，对当地所出太监不以为荣，反以为耻，讳莫如深。以至王景弘去世 235 年左右，其家乡宁洋县的地方志才有他的简单记述。在《宁洋

---

① 严从简：《殊域周咨录》。

② 《明英宗实录》卷 179。

③ 庄为玑：《明下西洋郑和、王景弘两正使的卒事考》，载南京郑和研究会编：《郑和研究论文集》（第一辑），大连：大连海运学院出版社，1993 年。

县志·中官》王景弘、欧贤（同为明太监，宁洋县人）条目之后，有一段评论，原文如下："论曰：阉竖多产于北方、闽人从不入选。有之，亦间世一出也，书以志异。"可见当时编修县志时，收入"王景弘"条目，不是歌颂他的功绩，（对下西洋只字未提）而是出于稀奇，从"书以志异"的角度才把他收入；且封建伦理以传宗接代为主，族人对阉人也耻于宣扬。

第三，香寮村许家山自然村现已成为废村。从现存的香寮村《香山桥碑记》中可知，清嘉庆二十四年（1819 年）重修香山桥时，许家山还是人丁兴旺。到了清末、民国时期，当地匪患横行，民不聊生，人口数量急剧下降。据考证，许家山经过劫难所幸存的 10 多位王姓人家因苦于匪患，抗战时期全部迁居香寮。由于人口流亡、祠堂倒塌，族谱等资料亦随之散失。如今，许家山已成为一个名副其实的废村，只有通过村里遗留下来的规模宏大的废墟，仿佛可见当年兴盛时的辉煌。

（原载江苏省郑和研究会编：《睦邻友好的使者——郑和》，北京：海潮出版社，2003 年，第 388-393 页。收入本书时作者重新进行了修订。）

王景弘入宫考察

郑自海[*]

明代郑和下西洋谱写了我国古代"海上丝绸之路"历史中最壮丽的诗篇。郑和船队是一支和谐的船队，是一支不畏艰难险阻、同舟共济、共同奋进的集体。其中福建漳平籍航海家王景弘，正是郑和船队的主要领导之一。

一、神秘的漳平许家山

（一）王景弘籍贯为香寮村许家山人

由于《明史》没有为王景弘单独立传，从而人们对王景弘的籍贯和身世了解甚少，随着近年来人们展开对王景弘历史研究和考证的深入。王景弘的籍贯归属有了明确的结论。主要史料依据如下：

（1）康熙三十一年《宁洋县志·中官》记载："王景弘，集宁里人，明永乐间随太宗巡狩，有拥立皇储功，恩赐嗣子王祯，世袭南京锦衣卫正千户。"

（2）清乾隆三年《龙岩州志·人物·中官》记载："王景弘，龙岩集贤里人"。

（3）清《漳州府志·武勋》记载："王景弘，集贤里香寮人，从太宗北征，后有拥立功，授其子南京锦衣卫正千户。"[①]

经过漳平王景弘研究会会长曹木旺与漳平市博物馆罗宜生馆长等人多次到香寮村实地查考，寻到王景弘后裔王碧辉老人，以及清嘉庆二十四年（1819年）香寮村香山桥捐银碑记，证实了王景弘为香寮村许家山人。

（二）如今的许家山已成为废村

王景弘出生于漳平香寮村许家山，该村位于漳平市最北部，与永安市辖境相连，距市区89千米。境内高山耸峙，地势险峻，有千米以上高山13座，其中以天台山最著名。仅香寮村周边就有海拔千米以上山峰6座。据当地老人们介绍，过去他们要出远门，先步行1天，才能到达双洋镇，再乘小船航行4天才能到达

---

* 南京郑和研究会副理事长，郑和后裔第19世孙。

① 罗青霄等：万历《漳州府志》卷31，第18页。

漳平，可见行程艰难。香寮村原有 12 个自然村，由于交通不便，其中许家山、谢头坂、山背岭 3 个自然村至今已成为废村。香寮村还是全国闻名的"百姓村"。生活在这里的村民，可以说是真正的世外桃源。

2017 年 12 月 28 日，笔者与中央电视台四套《记住乡愁》摄制组一行 10 人，在当地政府的帮助下，由王景弘后裔充当向导，到达荒废后的许家山旧址。只见该村四周群山环绕，许家山村处在中间一小块盆地中。村中原有百余亩耕地已成废田，依山而建一些平房。半山腰中的土楼早已荒毁。只剩断墙房基。我们仔细在杂草丛中寻找到不少当年建筑的精美石构件。在王景弘后裔王佳庆的指引下，还寻找到乾隆丁巳年（1737 年）王氏祖碑。笔者仔细观察王氏祖宅大门正对远处两山形成的天阙，清清山泉绕村而过，用风水宝地来形容许家山地形十分贴切。笔者伫立在这处于重重大山之中的许家山村，脑海中想起这样一个耐人寻味的问题：当年幼小的王景弘是如何走出大山，走向世界的？

二、矿监太监是带走王景弘的最大途径

据《香寮村史》统计，2011 年香寮村总户数为 469 户，总人口 1 697 人。其中不少人已经分别迁徙到漳平、龙岩、厦门、福州等地区工作发展。但村史中还没有村民到北京、南京工作的记录。600 年前王景弘是什么机遇走出大山的呢？

我们在香寮村林家富老人家中座谈，无意之中林先生讲出一段十分珍贵的当地传说。早年林先生听王景弘后裔王祈说：王景弘是兄弟三人，家中非常贫困，是天台庵主持看到王景弘聪明、精干，收留到天台庵。不久一位太监公公到天台庵进香，无意之中发现王景弘，看到王景弘非常秀美勤快，决意将王景弘带往京城。这段王氏家族的口碑传闻，鲜为人知，引起笔者重视。这一说法可以成为破解王景弘当年入宫之谜的最新一说。笔者认为王景弘选入宫廷成为宦官至少还有以下三点史料依据。

（一）明初宦官多来自进贡、战俘及罪囚

研究明代官宦史，离不开《明代宦官史料长编》一书，书中集中了《中官考》《酌中志》和《明史》中的宦官史料。书中有关福建宦官的最早记载为："洪武五年壬子（1372）五月，是月，诏天下曰……福建、两广等处豪强之家，多以他人子阉割役使，名曰'火者'，今后有犯者，以阉罪抵之，没官为奴"。①

明初内廷宦侍主要来自战俘与罪囚。例如来自外族或外国的女真、西凉、朝鲜、安南、琉球等地的阉宦不少。洪武十六年（1383 年）六月，安南进阉 25

---

① 《明太祖实录》卷 73。

人；十七年（1384 年）十二月言安南"明日正旦贡阉 30 人"；十九年（1386 年）十一月，安南又贡阉 19 人；二十一年遣使高丽索阉人 200 人。

明代早期宦官多来自福建、两广、云南等偏远地区，多是战俘孩童被迫而来。自明景泰成化以后，宦官多来源于京畿地区，多为图富贵自愿而来。明代"净身男子，大约闽人居多"的"真正原因目前尚未查明，但至少与其贫困，不易谋生的生活环境脱离不了关系。"①

台湾陈玉女教授在《明代宦官身世一览表》中列举了 136 位宦官。其中福建籍贯的是黄珠、陈良、萧敬、周贵四位高级别宦官，由于史料的缺乏，表中没有将王景弘列入。

从公元 1367 年（吴元年）十月至公元 1368 年（洪武元年）元月，朱元璋平定了福建全境。在闽北山区几乎没有发生过重大的战争。朱元璋军队平定福州、泉州等沿海城市后就转两广地区，几乎没有可能派兵在香寮村一带发生战役，可见王景弘不会因战俘原因掠往京城。

（二）矿监太监带走王景弘可能性最大

明代宦官有名目繁多的任务。如市舶太监、守备太监、监督仓场太监、税收太监、矿监太监、采办太监、织造太监等。与王景弘相关的太监应该是矿监太监，因为明代的闽北矿冶业在全国的经济发展中占有重要的地位。尤其是闽北的银矿和铁矿，从洪武十九年始建尤溪县银屏山银矿，至明中叶福建有 13 个县开了银矿、铁矿 41 所，其中尤溪县有铁场 22 所。②

《明史》记载："福建尤溪县银屏山银场局炉冶四十二座，始于洪武十九年""永乐间，又开福建浦城县马鞍等坑三所……福建岁额增至三万余两"。③ 福建产银有着悠久的历史，早在宋朝时就有银矿 72 个，居全国首位，占当时全国产银总数的 38%，洪武初年朱元璋忙于全国的统一大业，直到洪武十九年才顾及恢复福建的银矿和铁矿的开采。

在明初为了增加国家税收和矿产，对如此巨大的闽西矿产资源开采，一定是要派太监来监督的。从福建出土《御马监太监邓原碑》就可得到印证。

在福建漳浦县赤土乡溪东村果林场的福寿院遗址上，有一道明弘治十年（1497 年）的敕谕碑。碑为青石质，高 210 厘米，宽 89 厘米，碑额呈半圆形，额首 60 厘米高，碑额首正中竖刻"皇帝敕谕"四字楷书；正文刻 9 行 199 字，楷书，全文如下：

---

① 陈玉女：《明代二十四衙门宦官与北京佛教》，台北：如闻出版社，2001 年，第 33 页。
② 张品端：《闽北灿烂的商业文化》，《闽北日报》，2014 年 1 月 19 日。
③ 《明史》卷 81，《食货志五》。

御马监太监邓原，今特命尔前去镇守福建地方，兼管银场，抚恤兵民，操练兵马，防御贼寇，禁革奸弊，凡一应合行事宜，须与巡按及三司、军官同计议停当而行，不许偏执己见，有妨重务，遇有城池坍塌，量拨军夫修理，草寇生发，即调官军剿捕，其余非奉朝廷明文，一夫不许擅差，一毫不许擅科。尔为朝廷内臣，受兹重寄，务在持廉秉公，正己律人，尽心经理，必使军民安妥，地方宁靖，斯称任使，如或操守不谨，措置失当，致令凶恶恣肆，良善受害，罪有所归，尔其儆之慎之，故谕。弘治十年正月二十七日。①

据《明史》记载："是时，中官多守法，奉诏出镇者，福建邓原，浙江麦秀，河南蓝忠，宜府刘清皆廉公奉洁，兵部呈其事，赐敕旌励。"由此可见，邓原是太监中较为廉洁的。

福寿院为司礼太监卢亮庵骨骸安葬之地，邓原初入宫当太监时，拜卢亮庵为师，学习礼仪，后来被卢亮庵收为义子，邓原到福建后对福寿院捐献银钱，广造殿宇，并立弘治皇帝的敕谕碑于此，以示荣耀。这段史料可以印证说明漳平民间传说的洪武年间掌管福建矿业的太监到天台庵进香后发现王景弘聪慧，遂收为徒带往京城是可能的。

明代宦官生前与佛寺僧人关系密切，总希望他们死后能安葬在佛寺周围得到佛寺僧人的超度。所谓："中官最信因果，好佛者众，其坟必僧寺也"。② 南京的中华门外、北京的西山都是明代宦官坟寺的集中地。由此可推论漳平的天台庵是王景弘从大山走出面向海洋的起点地。

（三）佛教圣地天台山

天台山位于王景弘故里香寮村北部，上天台海拔 1478 米，下天台海拔 1 270.6 米，两山相距 6 千米。名称来历有两种：一是极言山势之高，耸峙云天；二是以其"风光秀丽胜天台"，故名，最高峰紫云洞山海拔为 1 647 米，方圆数十里，群峦叠翠，云雾缭绕，峰峦浮沉于茫茫天际之间。天台庵是漳平最早的庵庙，始建于宋朝，宋朝僧人慧真师祖"飞锡于此"，庵的右侧至今还保存着一座宋代石构五层舍利塔。明清为天台庵最鼎盛时期。漳平市博物馆收藏了一件从天台庵出土的铸铁炉盖，盖上有"永乐十四年"铭文，这件文物比起漳平在明成化七年（1471 年）置县，还要早 55 年。永乐十四年正是郑和第四次下西洋回国不久。据《新编郑和航海图集》记载："第四次下西洋出发日期为永乐十一年

---

① 《御马监太监邓原碑》，《福建文博》，2008 年第 4 期。
② 《酌中志》卷 22，《见闻琐事杂志》。

（1413 年），回国日期为永乐十三年（1415 年）7 月。第五次下西洋出发日期为永乐十五年（1417 年）秋冬，回国日期是永乐十七年（1419 年）7 月。"① 这就证明永乐十四年当年王景弘在国内，有可能该香炉为王景弘本人或委托亲友祈求第五次航海平安所铸。另外当地还有三件与天台庵有关的铭文铸铁文物：第一件是许家村王景弘故里出土铁鼎，铭文时间为明万历十八年（1590 年），现藏香寮村王景弘纪念馆；第二件为天台庵钟，铭文"明万历十五年"（1587 年）；第三件天台庵铁炉，铭文"万历丙申年（1596 年）"。

值得注意的是四件明代文物都是铸铁所制，又无形之中将许家山与天台庵联系起来。王氏后裔王佳庆告诉笔者，许家山村就有明代老铁矿坑，早年荒废。可以说许家山铁矿坑是距离天台庵最近的铁矿场，就地取材，铸造铁器供奉天台庵是符合常理的。在天台山东面不远处就有一处因为产银而命名为银坑的地名，正因为这一银矿将矿监太监与天台山联系起来，许家山王景弘民间传说由天台庵主持的收养，无形之中又将矿监太监与王景弘联系起来。笔者认为这是幼小的王景弘从大山走出来进入京城较为可信的途径。

（四）漳州人情系大洋

明初漳平归漳州管辖。九龙江水系上游之一是宁洋溪，龙溪人成为漳平、漳州人的泛称。在《泉州港与海上丝绸之路》一书中，收录有陈自强《郑和下西洋和漳州》一文，② 除介绍了航海家王景弘之外，还列举四位人物：

（1）徐子禄，漳州龙溪人，永乐间累功升左所百户。

（2）吴寿，龙溪人，永乐初以功升秦州卫指挥佥事，调任。

（3）谢均智，龙溪人，永乐十三年以功历升。

（4）明万历四十五年的《东西洋考》作者张燮为龙溪人。

列举永乐时期三位龙溪人，只是福建地区参与郑和下西洋的众多人员中的冰山一角。

早在宋元时期，泉州港就成为东方第一大港，是海外贸易最繁华的港口，经过长期远洋的经验福建制造的福船，理所当然地成为后来明代郑和下西洋的主力船。南京宝船厂所造的下西洋宝船，也是请福建籍船工工匠所造。郑和下西洋船队首先考虑从福建沿海选拔所需航海技术人员。据明巩珍《西洋番国志》记载："始则预行福建广浙，选取驾船民梢中有经惯下海者，称为火长，用作船师，乃

---

① 海军海洋测绘研究所、大连海运学院航海史研究室编制：《新编郑和航海图集》，北京：人民交通出版社，1988 年，第 2 页。

② 泉州港务局、泉州港口协会编：《泉州港与海上丝绸之路》（三），北京：中国社会科学出版社，2005 年，第 478 页。

以针经图式付与领执，专一料理，事大责重，岂容怠忽。"① 巩珍是南京人，从军，宣德九年完成该书，可以说巩珍的记载是亲历所作。

漳平市最西北部双洋镇，虽然远离大海，又在重重大山之中，但是人们对海洋的情结似乎高于其他地区。仅仅带"洋"字的地名就有 14 个，他们分别是：后洋、田尾洋、路兜洋、洋坑、洋尾、赤洋、双洋镇、西洋、东洋、黄竹洋、上洋、东坂洋、南洋镇。这一奇特的地名现象，是否与这里出现一位伟大的航海家王景弘相关？波涛汹涌的宁洋溪能够与"洪涛接天，巨浪如山"大洋相比，总是能留下诸多未解之谜，让人们去思考。

三、王景弘可能在永乐十四年左右还乡探亲

在郑和下西洋长达 28 年中，王景弘长期在福建沿海工作，身为正使太监，完全有回家乡探亲的机会。但是目前没有发现探亲的记载，现只能从以下几点探讨。

（一）郑和曾于永乐九年（1411 年）十一月回故乡一次

这段经过，刻记在晋宁昆阳月山马哈只碑阴右上角，行格形式如下：

　　马氏第二子太监郑和奉命于永乐九年（1411 年）十一月二十二日到于祖宗坟茔祭扫追荐至闰十二月吉日回记耳②

郑和奉命回云南老家祭祖探亲，为王景弘回许家村祭祖探亲提供了先例。

（二）永乐十五年福建发生两件大事

（1）据《泉州回教先贤行香碑》记载："钦差总兵太监郑和前往西洋忽鲁谟斯等国公干，永乐十五年五月十六日于此行香，望灵圣庇祐，镇抚蒲和日记立。"作为正使的王景弘一定会参与行香活动。泉州距离香寮村路程更近，有可能在行香之前，或行香之后回家祭祖。

（2）永乐十五年（1417 年）八月，王景弘家乡发生农民起义。

　　八月己酉，福建沙县贼陈添保等伏诛，初，添保与县人杜孙、李乌嘴及龙溪余马郎，龙岩樊添受，永春林九十，德化张五官等聚众作乱，烧劫龙溪银场，杀光中官及士民三十余人。官军捕之，四散逃匿……至是福建守臣执送京师诛之。③

这场动乱的记载源于《明太祖实录》卷 192，足见其影响之大，杀中官就是

---

① 巩珍著，向达校注：《西洋番国志》，北京：中华书局，1982 年，第 6 页。
② 郑鹤声、郑一钧编：《郑和下西洋资料汇编》上册，济南：齐鲁书社，1980 年，第 10 页。
③ 胡丹辑考：《明代宦官史料长编》上册，南京：凤凰出版社，2014 年，第 117 页。

杀了监矿太监，当时郑和与王景弘都在福建，很可能协助福建守臣参与了平乱，顺便王景弘回乡祭祖也有可能。

（三）天台庵出土"永乐十四年"铸铁炉盖值得关注

我们从郑和下西洋时间表，得知第四次下西洋回国日期为永乐十三年七月，第五次下西洋出发日期为永乐十五年末。可见王景弘在福建期间有足够的时间回乡祭祖，答谢天台庵主持收留之恩。许家山早在明代开始炼铁，从这种角度去看待天台庵出土"永乐十四年"铭文炉盖，很可能王景弘就地取材铸造，然后布施天台庵之物。

（四）天台庵三条石质台阶古道工程十分艰难

在天台山天台庵已有三条分别通往永安、连城、宁洋的三条石质台阶古道。是何年、何人所修，不得而知。如果是众香客集资所建，也应该有一块记事碑。例如不远的山脚下，有清嘉庆二十四年（1819年）重修的香山桥碑，就发现许家山乡宾贡生王殿文，庠生王任煌等10人捐银47两。这块碑记，说明王景弘后裔在清嘉庆时还是兴旺的，有做善事的传统。综观天台庵三条古道工程，比起香山桥工程，要大上百倍，没有一定财力是很难完成的，只有对天台庵感情最深，当时的高级官员才有可能资助完成山道工程。正使太监王景弘正适合这一角色。明初的宦官做任何事也是低调的。郑和阔别多年回乡，也只是在其父墓碑后留下几行小字。王景弘为家乡修路，也算是回报家乡人民，做善事不留名也是正常的。

试论郑和与王景弘之死

庄为玑[*]

　　郑和大开海上丝绸之路，实可与汉代张骞开辟陆上丝绸之路相比美。而郑和下西洋比之张骞通西域，距今仅 500 余年，与近代生活更为关切。

一、关于郑和之死的问题

　　郑和与王景弘，在《明史》里，王仅附于郑传之后提了一句"永乐三年六月命和及其侪王景弘等通使西洋"，"宣德五年六月，帝以践祚岁久，而诸番国远者犹未朝贡，于是和、景弘复奉命历忽鲁谟斯等十七国而还"。[①]这样的记载太简单。

　　笔者在 1984 年 4 月 12 日香港《华侨日报》上发表一篇《论明版的〈郑和下西洋记〉》，云郑和客死古里。

　　在《西洋记》附录中有南京碑记四方：《静海寺重修记》《天妃宫御碑记》《御制重修天妃宫碑记》《碧峰寺非幻庵香火记》。从清朝的《古今图书集成》已证实，静海寺、天妃宫、碧峰寺都是实有的史迹，决非小说家所捏造。特别是"御碑""御制"，是皇帝的御笔，差一字都会人头落地的。从这四碑可证明郑和是客死海外，这是笔者当时对郑和之死的论断。

　　现将影印本照抄如下：《非幻庵香火圣像记》云：

　　　　永乐丁卯间，太宗文皇帝诏至称旨……时有太监郑和等，悉礼亲炙，求决心要，企仰至矣。

　　　　……至宣德改元，师主牛头，时灵监公深契往谒……尝谓师曰：吾因经西洋番邦诸国，其往返叨安，感戴皇上佛天之诃护出己缯，命工铸金铜像一十二躯，雕妆罗汉一十八位，并古铜炉瓶及钟磬、乐师、灯供具等，今安于宅，尚虑后之乏人崇侍。逮西洋回还，俱送小碧峰退居供奉，以为永远香火……

　　　　盖其遗嘱，有本族户侯郑灼、曰义，有侄曰珩，皆目击耳闻哉。不

＊　厦门大学教授。

①　《明史》卷 304，《宦官一》，北京：中华书局，1974 年，第 7767-7768 页。

期宣德庚戌，钦承上命，前往西洋，至癸丑岁，卒于古里国。有师宗谦，咸慕曩日惠，用以追悼，节次率领徒若干众，数诣宅建斋荐度。宣德乙（卯）公户侯曰义，侄曰珩、德兴，同先太监公共下西洋，杨公惠泉、袁公普性、黄公宗深、杜公普明、高公宣住，众同计议，不违先太监公日前遗嘱之言。又将前项圣像，若炉、瓶、钟、磬、灯、床，尽皆送碧峰之退居供奉，以满太监公生前之愿。

碑文中所谓宣德庚戌即五年（1430 年），宣德癸丑即八年（1433 年），乙卯即十年（1435 年）。这三个年代，一是郑和第七次下西洋之年代；二是郑和客死古里之年；三是郑和公户侯灼、侄珩，遵照郑和遗嘱办事之年。这三个年代都是碑文中所记载，应毋庸疑问的。

郑和之死的年代，有没有旁证呢？

我认为是有的。一是李士厚教授在北京抄到的《郑和家谱》首序云："后数有功于郑州，因赐姓郑，改名为和。后事成祖，努力王事，诏颁南京天库支钞万贯，赐郑和下番之费……后又受命使三十余国，止（亡）于王事，归葬牛首山，赐祭田万顷，诏以立功之处建立"。[1] 按原文"止"于王事，止字不通，应为"亡"之误，后来才归葬南京牛首山。如不是出使死在外国，怎么可以说死于王事，然后归葬呢？

二是清同治《上江两县志》载有"牛首山，太监郑和墓。永乐中命下西洋，宣德初，复命，卒于古里，赐葬山麓。"[2] 该志明言宣德初，卒于古里（即今印度南部海岸之科泽科德，Calicut）。

三是法国人伯希和《郑和下西洋考》云："郑和船队，归京于 1433 年 7 月 22 日。其中，毫无使人想到郑和殁于半道之事。又一方面，1434 年王景弘曾单独使苏门答剌，[3] 或者郑和此时已死；或者年老，不能作第八次之旅行。他死的地方应是南京，相传其墓尚在"。[4]

按他指出郑和船队回归南京于七月二十二日，祝允明《前闻记》所记《下西洋》条云：宣德八年（1433 年）艐船回洋，四月二十五日至苏门答剌，五月六日至满剌加，六月十三日至占城，七月二十二日船队才回到南京。从古里至南京就须四个月。既然说郑氏没于古里，则当在三月十一日，以后由王景弘带队回南京，而没指明郑和带队回南京，这是可疑的地方。伯希和推测郑和死在半道，

① 纪念伟大航海家郑和下西洋 580 周年筹备委员会、中国航海史研究会编：《郑和家世资料》，北京：人民交通出版社，1985 年第 7 页。
② 同治《上江两县志》卷 3，木刻本，第 39 页。
③ 《明史》卷 325。
④ 伯希和著：《郑和下西洋考》，冯承钧译，上海：商务印书馆，1935 年。

只说对了一半。后来又说，他应该死在南京，那就错了。但他指出 1434 年不派郑和，而派王景弘往苏门答刺，这是很合理的推论。

据郑鹤声的《郑和下西洋资料汇编》，从锡兰至古里顺风 10 昼夜，锡兰到苏门答刺，顺风须 12 昼夜。[①] 则从古里到苏门答刺须 22 昼夜。死尸在春夏之交是很难保存，怎么会安葬在苏门答刺或爪哇呢？笔者推测，回教风俗不主张留葬，也许郑和送回头发与鞋子，就是代表他的肉体，而后就地安葬于古里。至于说爪哇三宝垅有墓葬，也许是纪念他的登陆地点。费信《星槎胜览》说："传至我宣德七年，港口以入去马头回新村，居民环接……钦尊我朝皇上遣正使太监郑和等节，该赍捧诏敕赏赐国王。"[②] 可知郑和登陆爪哇，为明代盛事，爪哇王捧金筒叶表文，贡献方物，正在郑和使爪哇之后。则南京牛头山的郑和墓，应是他的衣冠冢，而且衣冠冢是依佛教的葬制，而不是回教葬制。

二、关于王景弘之死的问题

郑和与王景弘二人是下西洋的亲密战友，从永乐三年到宣德五年，他们两人始终合作无间。郑和不幸客死异邦，他的船队就由王景弘统领归国。可是《明史》只有郑和传而无王景弘传，以致他的事迹湮没不彰。《明史》载郑和是云南人，却没有记载王景弘是何处人。《明史》称，永乐三年（1405 年）"命和及其侪王景弘通使西洋"；《七修类稿》称："永乐五年命太监郑和、王景弘、侯显三人，往东南诸国"；费信《星槎胜览》称："永乐七年命太监王景弘等往诸番国"；《明史·郑和传》及《明史·苏门答刺》称："遣和与王景弘奉命历忽鲁谟斯等国"；《宣庙御制总集》有《赐太监王景弘诗》；而郑建庐《南洋三月记》则称："景弘卒于南洋爪哇三宝洞旁之土墩，即为王景弘之墓。"昔人所知王氏史实，仅此而已。

王景弘为福建省闽南人。我最近发现晋江东石蔡永兼著《西山杂志》中，有一则《四监通异域》云：侯显、尹庆、李兴、马彬四个太监，都是福建的宦官。侯为晋江侯厝人；尹庆为泉州承天寺檀樾之子；李兴为安溪人；马彬为莆田人。均为出使的宦官，为《明史》所不载。该书又一则《三宝下西洋》云：永乐三年，命中官郑和、王景弘、张文等造大舶百艘……王景弘，闽南人，雇泉州船以东石沿海名舣等，引从苏州刘家港入海，至泉州寄泊"。这段新资料说明明初的宦官，多闽南人，为他书所未提及。何以有此种现象，颇值得注意，闽滇两省人明代多被卖为奴，更有为太监者，史书亦曾述及之。

---

① 郑鹤声、郑一钧：《郑和下西洋资料汇编》上册，济南：齐鲁书社，1980 年，第 299–300 页。
② 费信著，冯承钧校注：《星槎胜览·爪哇国》，北京：中华书局，1954 年，第 13–15 页。

王景弘到底死在哪里？南洋诸书是否可靠？不能不令人置疑。余查之《明实录》有关王景弘事迹，颇有记述。《明实录》卷71开始即记郑和下西洋事，卷86、卷116、卷134、卷186、卷183等均记下西洋事。在皇祖太宗文皇帝（明成祖）第33册中，详记年月日。从永乐元年遣侯显往乌思藏（西藏）开始，六月令杨春、吕誏、杨瑄，十月，尹庆等出使。永乐二年正月，命小青子云、杨莫、赵羽工，九月王俊。永乐三年正月谭胜、杨信，都是郑和出使的使者。六月己卯，遣中官郑和等赍勅谕西洋诸国。以后，十一月令谭胜使巨港。四年五月，令田让使小古剌，八月马彬往占城，五年九月壬子，太监郑和使西洋诸国还。己卯尝使西洋官军，又遣王贵通往占城。六年正月，命王安往别失八里，九月癸酉，遣太监郑和等赍勅使古里……九年正月，升马贵，录其使西洋古里等处劳绩。六月乙巳，内官郑和等西洋诸国还。七月己巳赏官军使番还国者。八月使西洋官军刘海等十六人回，官人赏钞。甲寅，礼部兵部议奏下西洋官军平锡兰山战功。十年，遣吴宾往爪哇。十一月丙申，遣太监郑和等赍往满剌加、古里、忽鲁谟斯……十一年九月甲午遣李达等护送使臣。十二年正月己卯遣杨三宝往乌斯藏。十三年三月乙酉，遣陈季芳往琉球。七月癸卯，太监郑和等奉使西洋诸番国还。甲辰，遣侯显往榜葛剌诸番国。九月，郑和献苏门答剌贼首。十四年，命杨真子袭职，真从太监郑和使西洋，至锡兰山卒。十二月，遣中官郑和（往古里诸国），赐各国王。十五年六月，遣内官张瑄奉命使西洋诸国。九月遣张谦往古麻剌国……十六年四月遣童海赐太平，吕渊自日本还，杨忠使亦力把区。七月遣林贵往占城。十七年七月官军自西洋至。十八年四月遣杨敏往暹国。五月命兵部凡使西洋忽鲁谟斯等国回还（升级）。九月遣侯显使纳扑儿国。十月古麻剌王随张谦来。十九年正月己酉复遣太监郑往赐诸国王，就与使臣偕行。四月下番一应买办物件，暂行停止。二十年八月，中官郑和等使诸番国还。二十一年元月壬午，周鼎等使榜葛剌等国回。二十二年八月上崩。海外新受朝命者殆三十国。以上仅一两次述及王景弘事。

永乐二十二年（1424年）八月，上番官军赴南京镇守，召前户部尚书夏原吉同议。丁巳下西洋诸国宝船并皆停止，王疾大渐付位。

洪熙元年（1425年）二月戊申命太监郑和领下番官军守南京。于内则与内官王景弘、朱卜花、唐观保协同管事，遇有外事，同襄成后。四月勅南官太监王景弘。至此时，《明实录》始出现王景弘的记载。八月太监郑和等奏，请修理南京宫殿……十月选用下西洋官军1万人。

宣德元年（1426年）四月饬杜工忠四人，永乐中从太监郑和往西洋锡兰山，遇寇四人被掠，附贡船来归。二年（1427年）四月侯显往乌思藏。三年（1428

年）八月，命南京守备太监郑和、王景弘等以大绢绵布运附北京。四年（1429年）二月敕王景弘等，遣人省视（南京旧内）。四月造船。五年（1430年）六月戊寅遣冬监郑和赍诏往谕诸番国，六年（1431年）二月上命行在等遣付太监郑和舟还国，命和敕谕暹罗国王。七年（l432年）遣李贵送归（朝鲜）。八年（1433年）五月中官雷春使日本。八月、九月来贡国家甚多。

宣德十年（1435年）正月，上不豫，甲戌敕行在工部及南京守备李隆、太监王景弘等南京工部，凡各处采办、买办，一应物件，并营造物料，悉皆停罢。壬午，上即皇帝位。查宣德六年以后，已未见郑和名，而十年仍见王景弘事。

《英宗实录》中，宣德十年（1435年）正月乙酉，黄福掌南京机务，及太监王景弘等计议而行。十一年夏四月，命苏门答腊国王嗣为国王。先是以公务遣中官王景弘往其国，王遣其弟来京朝贡，（帝）嘉之，乃其家嗣应袭王爵，故有是命。六月南京守备袁诚，奏请以各卫风快舡四百艘作为战船，令王景弘及李隆、黄福等计议行之。正统元年（1436年）以下己起出下西洋，暂不录。

综上所述，王景弘自永乐出使，历宣德至正统尚活在人间。其时下西洋早已停止，王亦垂垂老矣。宣德以后，王氏仍受重用。正统以后，余未细查，恐已不久于人世，尚未查到他的死年，但可肯定王景弘之死必在正统以后。死的地点，可能在南京；不可能在外地，故三宝垅的王景弘墓，恐传闻失实，未足为信。

三、希望的尾声

（1）郑和下西洋既与今南洋有关，闻南洋有马来文《郑和传》，希望能予以全译，这对郑和研究，颇有所裨益，希郑和研究者注意及之。

（2）郑和七下西洋，《明史》《明实录》与《娄东刘家港天妃宫石刻通番事迹碑》、长乐《天妃灵应之记碑》所记大有不同。我意研究郑和必重视其亲笔碑铭，以证实史书之正误。《天妃灵应之记碑》系其最后手迹，更为重要。例如《明史》《明实录》缺记永乐五年第二次下西洋，而以第三次当做第二次；第四次，永乐十一年，他书均误为十年、十二年；第五次，永乐十五年，《明史》《明实录》均作十四年。而《明史》多记一次，永乐二十二年往旧港为《天妃灵应之记碑》所无，故研究郑和必以《天妃灵应之记碑》为准，方为正确。

（原载《海交史研究》，1987年第1期，第87-90页。）

王景弘及其后裔新探

——以明代卫所《武职选薄》档案为中心

张金红　徐　斌*

近年来随着郑和问题研究的进一步深入和扩展，国内外专家学者通过对郑和史料的再发掘，就王景弘问题展开了多方探讨和研究。已有的研究成果涉及王景弘的生平简历、王景弘与郑和的关系、王景弘的航海专长、王景弘的历史功绩以及在海外的影响等多领域。其中厦门大学庄为玑的《试论郑和与王景弘之死》[①]、南京大学陈琦的《王景弘简论》[②]和福建社会科学院徐晓望的《与郑和齐名的航海家》[③]三篇文章引发了学术界对王景弘问题的研究热情；之后，王景弘研究会的曹木旺在《王景弘籍贯考略》中对王景弘祖籍地作了较为详细的考察；中国科学院海洋研究所郑一钧在《论王景弘的历史功绩》中对王景弘在郑和下西洋航海事业中所起作用作了综合性的评价。其他研究成果也多被收入《明代大航海家王景弘》《王景弘与郑和下西洋》两本论文集中。但由于史料和谱牒的缺乏，王景弘的子嗣问题尚未有专论，本文以明代卫所《武职选簿》记载的武官档案为基本史料，对王景弘后裔情况及其在下西洋过程中所起的作用进行探讨。

一

明代卫所《武职选簿》是记载明京内各卫所职官袭替补选情况的登记簿册，[④]又称"军职黄簿"。[⑤]它编制了亲军卫、左军都督府、右军都督府、中军都督府、前军都督府、后军都督府、南京五军都督府管辖的各卫所职官档案。由于每一份档案涉及武职官员"姓名、年甲、贯址、父祖脚色、从军归附来历、征克地

*　张金红，福建师范大学社会历史学院讲师；徐斌，福建师范大学闽台区域研究中心副研究员。
①　庄为玑：《试论郑和与王景弘之死》，《海交史研究》，1987 年第 1 期。
②　陈琦：《王景弘简论》，《海交史研究》，1987 年第 1 期。
③　徐晓望：《与郑和齐名的航海家》，《福建日报》，1992 年 9 月 9 日。
④　中国第一历史档案馆、辽宁省档案馆编：《中国明朝档案总汇》第 1 卷，"编辑说明"，桂林：广西师范大学出版社，2001 年。
⑤　万历本《明会典》卷 122，《兵部·五》，上海：商务印书馆，1936 年，第 2508-2509 页。

方、杀获次数、受赏名目、升授职役并调守卫所"① 等详细内容，所以是了解明代武职官员个人及其祖辈、父辈历史的珍贵史料。兵部规定《武职选簿》以在京卫所和在外各都司卫所为单位，一卫立一选簿，一式两部。该选簿由兵部侍郎带领都御史、翰林官和兵部主事组成的编纂机构负责整理和誊写。永乐年间订立每三年清理一次，又称为"写黄"和"清黄"。两部选簿被分别称为"内黄"和"外黄"。经过御宝钤记之后，"内黄"锁入兵部内库铜柜之中，"外黄"交由内府司掌印官收管。每值兵部选官之后，被选武职官员必须到内府补充填写信息，即所谓"贴黄"。如出现资讯不符，则要查验新旧选簿乃至核对"内、外黄"，以杜绝日后在军籍或军职袭替上"滋生奸弊"。②

关于王景弘的籍贯身世，学术界已经基本达成共识，即根据康熙三十一年《宁洋县志·中官》的记载，"王景弘，集宁里人，明永乐间随太宗巡狩，有拥立皇储功，恩赐嗣子王祯世袭南京锦衣卫正千户。"以及乾隆三年《龙岩州志·人物·中官》中的记载，"王景弘，龙岩集贤里，后分属宁洋。永乐间随太宗巡狩，有拥立皇储功。赐嗣子王祯世袭南京锦衣卫正千户。"断定王景弘为龙岩集贤里人。而宁洋县在建县（始建县于明隆庆元年，即 1567 年）之前，隶属于龙岩县。根据曹木旺先生的考证，龙岩集贤里和宁洋县集宁里是同一地方，现在已改制为漳平市赤水镇香寮村。随着历史变迁，特别是清末民初的兵匪浩劫，原本人丁兴旺的香寮村王姓家族逐渐人口散失，宗祠颓废，家谱亦不知所踪。③ 不过从县志和州志的记录中可知，因王景弘与郑和一样有功于朝廷，受到"嗣子王祯世袭南京锦衣卫正千户"的特别恩赐。王景弘是太监，自然自己没有子女，不过上面史料显示他有一"嗣子"名叫王祯。王祯能成为正千户（正五品武官），下面带领 1 120 名兵丁，说明他的年岁不会小。王景弘与郑和一样从亲族中过继一个孩子的可能性极大。

有关王祯的生平及事迹，在卫所《武职选簿》的《南京见设卫、亲军卫、锦衣卫、镇抚司官员》卷宗里发现了一条详细档案，该档案誊写（或称"贴黄"）于成化二十三年（1487 年），"贴黄"人王心，录文如下：

> 王心：正千户，《外黄》查有：王洪（王心的高祖，笔者注）龙岩
> 县人。有伯父王真，永乐十二年选跟太监王景弘等下西洋公干，擒获伪
> 王苏干剌等，即次有功回还，永乐二十二年升锦衣卫左所正千户，宣德

① 万历本《明会典》卷 122，《兵部·五》，上海：商务印书馆，1936 年，第 2508-2509 页。
② 万历本《明会典》卷 122，《兵部·五》，上海：商务印书馆，1936 年，第 2508-2509 页；又参见陆容：《菽园杂记摘抄》卷 5，页 13 下至页 4 上，沈节甫：《记录汇编》卷 184。
③ 曹木旺：《王景弘籍贯考略》，载福建省国际文化经济交流中心、漳平市王景弘研究会编：《王景弘与郑和下西洋论文集》，香港：天马图书有限公司，2004 年，第 238-239 页。

七年没，无儿男。（王洪，笔者加）成化二十三年比替本卫水军所正千户，钦与世袭。

一辈王真　已载前黄。①

二辈王英　《旧选簿》查有：正统五年七月，王英，系锦衣卫带体故正千户王真亲弟。

三辈王洪　《旧选簿》查有：成化二十三年九月，王洪，龙岩县人，系南京锦衣卫水军所世袭正千户王英嫡长男。

四辈王臣　《旧选簿》查有：弘治二年八月，王臣，龙岩县人，系南京锦衣卫水军所故世袭正千户王洪嫡七男。

五辈王选　《旧选簿》查有：嘉靖二年十二月，王选，龙岩县，系南京锦衣卫水军所年老世袭正千户王臣嫡长男。

六辈王心　《旧选簿》查有：嘉靖二十年十月，王心，龙岩县人，系南京锦衣卫锦衣中所故正千户王选嫡七男。

七辈王贞吉　万历九年十二月，王贞吉年三十七岁，龙岩县人，系南京锦衣卫锦衣左所年老正千户王心嫡长男，比中一等。

八辈王建中　万历三十七年二月，大选过南京锦衣卫锦衣左所正千户一员，王建中年十九岁，系老疾正千户王贞吉嫡长孙，伊祖多支米麦二石一斗于本舍，俸内扣还，比中二等，对讫。

九辈王延祚　崇祯十三年十月，大选南京锦衣卫锦衣左所正千户一员，王延祚年二十四岁，系故正千户王建中嫡长男，比中三等。对讫。②

由上面档案可知，"王真"祖籍龙岩县，永乐二十年（1422 年）曾跟随太监王景弘下西洋公干。从时间上推断，"王真"参加了郑和与王景弘共同主持的第六次下西洋，这次出使受命于永乐十九年（1421 年）正月，归国于翌年（1422 年）八月。③"王真"还参加了郑和船队在苏门答剌平定叛乱的战役，擒获伪王苏干剌，立下战功。而史书记载，这一场战役却是发生在郑和、王景弘第四次下西洋（永乐十三年，1415 年）的时候。④ 这就进一步说明"王真"曾多次参加了郑和下西洋活动。这一位跟随王景弘下西洋公干的龙岩人"王真"和"嗣子王祯"是否是同一个人呢？

---

① "前黄"指前面经由"外黄"查证而来的那段文字。
② 中国第一历史档案馆、辽宁省档案馆编：《中国明朝档案总汇》第 73 卷，"王心条"，桂林：广西师范大学出版社，2001 年，第 97 页。
③ 《明成祖实录》卷 119；《明史》卷 304，《郑和传》，北京：中华书局，1974 年；巩珍著，向达校注：《西洋番国志·敕书二》，北京：中华书局，1961 年。
④ 《明史》卷 325，《苏门答剌传》；马欢：《瀛涯胜览·苏门答剌国》。

显然，仅仅根据以上信息尚不能断定二者为同一个人，毕竟名字不同。但是，在查阅卫所《武职选簿》其他人员档案过程中发现，负责选簿誊写的专人（兵部主事）经常将同音异字混用。而且恰恰就在《福州右卫》卷宗中有将同音字"祯"和"真"混用于同一份档案之中的现象，录文如下：

罗澄，试百户

一辈罗垒伍　《旧选簿》查有：永乐十八年四月福州右卫试百户罗垒伍。

二辈罗恭　《旧选簿》查有：宣德十年二月，罗恭，系福州右卫右所试百户罗垒伍嫡长男，父原系总旗，因下西洋公干，回还升，除前职。钦准本人仍替试百户。

三辈罗真　《旧选簿》查有：景泰三年五月，罗真，福清人，系福州右卫右所试百户罗恭嫡次男，祖罗垒伍原系总旗，差往西洋公干，回还升，除前职，病故。父袭前职，亦故。钦准本人仍袭试百户。

四辈罗缙　《旧选簿》查有成化二十一年七月，罗给，福清人，系福州右卫右所百户罗祯嫡长男，曾祖罗垒伍原系功升试百户，疾故。祖罗恭袭职病故。父袭职遇例。实授本人照例革替试百户。

五辈……①

留意档案中有下划线的部分，就会发现选簿誊写人在记入罗氏第四辈罗缙世系时，将第三辈"罗真"的名字抄为"罗祯"。究竟是由于同音而误抄，还是当时"祯"和"真"二字可以互用，尚不清楚。不过，我们有理由认为南京卫所《武职选簿》中提及的"王真"就是《宁洋县志》和《龙岩州志》里所载的王景弘嗣子"王祯"。因为实在不可能会有两个生活在同时代，与王景弘同籍，同为王景弘后辈而又出任同一高职武官的人存在。除了王景弘嗣子"王祯"之外，不可能还有一位王姓龙岩人及其后人可以获得世袭正千户这样的殊荣。在确定了王真的身份之后，根据《武职选簿》所提供的信息对王景弘后裔世系状况可作一些简单的整理。从永乐年间的"王祯"到崇祯年间的"王延祚"为止，王景弘后人共历时十代，可考9人。他们分别是第一代王祯和王英（永乐、正统年）、第二代王琪（成化年）、第三代王臣（弘治年）、第四代王选（嘉靖年）、第五代王心（嘉靖年）、第六代王贞吉（万历年）、第七代不明、第八代王建中（万历年）和第九代王延祚（崇祯）。其中一代王祯卒于宣德七年（1432年），六代王贞吉、八代王建中和九代王延祚可推算出生辰年份，其余的后人生卒年月都不

---

① 中国第一历史档案馆、辽宁省档案馆编：《中国明朝档案总汇》第 64 卷，"罗澄"条，桂林：广西师范大学出版社，2001 年，第 318、319 页。

详，参见文末世系表。

永乐二十二年（1425 年）秋八月仁宗登极，采纳夏原吉谏言，下诏停止郑和船队出使西洋，郑和船队的官兵全部调任作南京守备部队，王景弘成了南京陪都的守备太监。而从兵部选簿可知，王祯也就是在这一年里因下西洋和立战功升任南京锦衣卫左所正千户。必须留意的是，此时的王祯尚未获得县志和州志里所提及的"恩赐世袭"。

二

从洪熙元年（1425 年）开始，王景弘更多的是承担起守备南京、修葺宫殿以及照料宫廷内府等后勤事务，职责上也呈现出多样性的特点。《明仁宗实录》记载，洪熙元年二月"命太监郑和领下洋官军守南京，于内则与内官王景弘、朱卜花、唐观保协同管事；遇外有事，同襄城伯李隆、驸马都尉沐昕商议的当，然后施行。"① 就在仁宗皇帝驾崩的前一个月，还特别嘱咐王景弘"朕以来春还京，今遣匠人前来，尔即提督将九五殿各营院凡有渗漏之处随宜修葺，但可居足。不必过为整齐，以重人力。"② 充分说明了这一时期同为守备太监的王景弘和郑和虽然在工作分工上有所区别，但都得到仁宗的高度信任。众所周知，永乐朱棣膝下有四子，长子高炽、次子高煦、三子高燧和幼子高爔。永乐二年（1404 年）夏四月，成祖按例立长子高炽为太子，封高煦为汉王，高燧为赵王，③ 原以为这样一来可相安无事，避免骨肉相残。但高煦自恃靖难之役一直跟随父亲南征西战，且能征善战，对父亲之基业有特殊贡献，不满高炽成为太子，不断勾结武臣淇国公丘福、骑马王宁等人，多次预谋起事，试图易储夺嫡。④ 其弟高燧亦与宦官高煦结盟。⑤ 由于成祖偏信多疑，高炽的太子之位曾多次出现危机。

每当成祖北巡或西征时，高炽总是以太子监国身份代理南、北两京事务，由其为人忠厚、体恤民情，又善交儒臣、善扮士卒，⑥ 且长子朱瞻基（皇太孙）精明能干深受成祖喜爱，⑦ 永乐中后期他们父子已经基本控制了南、北两京局面。由于汉王高煦及其子瞻圻经常出入南京，所以积极联系、笼络两京大臣及内官太

① 《明仁宗实录》卷 7。

② 《明仁宗实录》卷 9。

③ 《明史》卷 6，《成祖本纪》，北京：中华书局，1974 年，第 81 页。

④ 《明史》卷 145，《列传三十三·丘福传》，北京：中华书局，1974 年，第 4088–4099 页；《明史》卷 121，《列传九·王宁传》，北京：中华书局，1974 年，第 3665 页。

⑤ 《明史》卷 36，《杨士奇传》，北京：中华书局，1974 年。

⑥ 《明史》卷 36，《杨士奇传》，北京：中华书局，1974 年。

⑦ 《明史》，北京：中华书局，1974 年，卷 6，《成祖本纪》第 91 页；卷 7，《成祖本纪》，第 93 页；卷 9，《宣宗本纪》，第 115 页。

监，获得他们的支持并控制住高煦势力，对皇太子高炽及其拥护者来说至关重要。从上文所录洪熙元年二月仁宗高炽给郑和的敕命来看，当时的王景弘已经成为南京宫廷内务的第一负责人了，其位十分重要。永乐二十二年（1424年）七月成祖崩于榆木川，八月高炽能够顺利即位而且隐瞒高煦个把月，这与南京朝臣和守备南京的内官、武官的鼎力协助是分不开的。[①] 可以推测王景弘当时是洪熙皇帝继承大统的主要拥护者之一，否则仁宗不会一即位，立刻钦点王景弘负责南京事务。

　　洪熙元年（1425年）五月，仁宗帝薨，太子朱瞻基当时以监国负责留守南京，承担谒祭皇陵和孝陵的责任。《明鉴》载："太子方谒陵，海寿至，太子即日就道。时南京颇传凶问。又传汉王高煦伏兵于道，邀太子。群臣请整兵卫，或请从间道行。太子不可，曰，君父在上，谁敢干之。释道弛还。至良乡，太监杨瑛、尚书夏原吉、吕震奉遗诏至。宣讫，太子哭尽哀，入宫发丧。越十日即位，大赦，以明年为宣德元年。"[②] 由此可见，朱瞻基是在南京大臣及内官的簇拥之下匆忙赶往北京继位的，也是费了一番周折。而时任南京守备太监的王景弘必定在这一过程中发挥积极作用，才有了县志和州志里的因"拥立皇储功，恩赐嗣子王祯世袭南京锦衣卫正千户"的记载。宣德帝朱瞻基上台伊始，就想同其祖父永乐帝一样有一番作为，扬威海外，下令郑和、王景弘进行第七次下西洋。《明史》载：宣德"五年，帝以外蕃贡使多不至，遣和及景弘遍历诸国，颁诏曰'朕恭膺天命，祗承太祖高皇帝、太宗文皇帝、仁宗昭皇帝大统，君临万邦，体祖宗之至仁，普辑宁于庶类。已大赦天下，纪元宣德。尔诸番国，远在海外，未有闻知。兹遣太监郑和、王景弘等赍诏往谕，其各敬天道，抚人民，共享太平之福'凡历二十余国。"[③] 在出发之际，宣宗皇帝曾亲自撰长诗分别赐赠郑和和王景弘两位正使太监。长诗既彰显自己将继承和发扬太祖、成祖和仁宗以来的外交政策，同时也表彰了两位太监不辞辛苦六下西洋的功绩。其中特意对王景弘的航海技术给予高度评价，并寄予厚望。《赐太监王景弘》诗录文如下：

　　　　南夷诸国蟠海中，海波险远迷西东。其人习性皆颛蒙，浮深泳浅鱼鳖同。自昔不与中华通，维皇太祖天命隆。薄海内外咸响风，中兴功烈维太宗。泽及远迩如春融，明明皇考务笃恭。至仁怀绥靡不容，三圣相承盛德洪。日月所照悉服从，贡琛纳赞来无穷。昔时将命尔最忠，大船摩曳冯夷宫。驱役飞廉决鸿蒙，遍历岛屿凌巨碛。覃宣德意化崆峒，天

① 《明史》卷7，《成祖本纪》，北京：中华书局，1974年，第104-105页。
② 印鸾章：《明鉴》卷2，第116页。
③ 《明史》卷325，《外国六》，北京：中华书局，1974年，第8420页。

地广大雨露浓，覆载之内皆时雍。朕今嗣统临外邦，继志述事在朕躬。
岛夷仰望纷喁喁，命尔奉使继前功。尔往抚谕敷朕衷，各使务善安田
农，相与辑睦戒击攻。念尔行涉春与冬，作诗赐尔期尔庸，勉旃尔庸当
益崇。①

综上所述，王景弘的"拥立皇储功"，实际上是拥立永乐、洪熙两朝太子，
他不仅仅效命于永乐皇帝，而且为仁宗和宣德两帝之功业立下了汗马功劳。所以
也才有宣德的"昔时将命尔最忠"的褒奖。正是因为王景弘的一番特殊贡献以
及与三朝帝王建立起来的特殊关系，才使得其嗣子王祯荣获"世袭"的恩典。

三

卫所《武职选簿》里的记录不仅使我们查出部分王景弘的后裔，还为《宁
洋县志》和《龙岩州志》中王祯的记载增添了许多新材料。王祯不止两次跟随
郑和、王景弘下西洋，并直接参加了永乐十三年九月壬寅（初八）在苏门答剌
国平息内乱，生擒苏干剌的那一场大军事战役。关于这次军事活动经委，史书和
太仓刘家港天妃宫《通番事迹碑》《天妃灵应之记碑》均有记载。这段史实《明
实录》是这样记录的：

> 苏门答剌国王宰奴里阿必丁遣王子剌查加那因等贡方物。太监郑和
> 献所获苏门答剌贼首苏干剌等。初，和奉使至苏门答剌，赐其王宰奴里
> 阿必丁彩币等物。苏干剌乃前伪王弟，方谋弑宰奴里阿必丁以夺其位，
> 且怒使臣赐不及己，领兵数万邀杀官军，和率众及其国兵与战，苏干剌
> 致走，追至喃渤利国，并其妻子俘以归。至是，献于行在，兵部尚书方
> 宾言："苏干剌大逆不道，宜付法司正其罪。"遂命刑部按法诛之。

由上文来看，郑和与王景弘是在贼首苏干剌企图弑王篡位，并"领兵数万邀
杀官军"的极端被动的情形下奋起反击，一举歼灭叛军并擒获苏干剌的。而一同
参与这次出使苏门答剌的马欢在《瀛涯胜览》中对这一场战役发生的背景作了
较为详细的纪录，这里不做全文引述，大意为：永乐五年（1407 年）至永乐七
年（1409 年）之间，苏门答剌国王宰奴里阿必丁被花面国王用毒箭射杀，王后
立誓愿以身相许能复仇、复国之能人。国中有老渔夫为之奋起并成为了新国王，
永乐十年间已故国王宰奴里阿必丁之子锁丹罕难阿必镇长大成人，杀新王（老渔
夫）取而代之。新王之子苏干剌不服，率人马自立山寨，不时发兵报复，最终为
郑和船队所灭。② 显然两种史书的记载是有出入的，目前学术界对这场战役的看

---

① 郑鹤声、郑一钧：《郑和下西洋资料汇编》中册（下），济南：齐鲁书社，1983 年，第 857 页。
② 马欢著，冯承钧校注：《瀛涯胜览·苏门答剌》。

法基本上有两种：一种是认为郑和此役生擒苏干剌是在帮助苏门答剌平定内乱，是师出有名的；① 一种是认为"未免有干涉别国内政之嫌，明成祖朱棣是这一行动的决策者，理应对此负完全责任"。② 不过，如何对此次战役进行定位或定性不是本文要探讨的内容，记载本次战役的文献还有费信的《星槎胜览》、巩珍的《西洋番国志》、严从简的《殊域周咨录》和查继佐的《罪惟录》等，内容上也都大同小异。由于这场战役首先由苏干剌领兵邀杀郑和船队挑起，所以郑和船队的反击是正当防卫，师出有名。战斗双方动员的人数相当多，郑和船队是精锐水师 2 万余人，苏干剌也是"领兵数万"。但是有关这场战役的具体情况（时间、地点等）一直以来没能发现更多的文献记载。

通过对兵部卫所《武职选簿》的分析整理，发现不少档案显示还有许多武官与王祯一道参加了这场战役，不少人还因立功而得到升迁。这些武官来自全国各地卫所，这里试以《锦衣卫》卷宗为主，举五例如下：

> 张通，新城县人。永乐四年往西洋等国，节次杀贼舡，五年升试百户。九年往锡兰山国，杀退番贼，升正千户。十年征西洋，白沙岸对敌有功，十三年升指挥佥事。③

> 刁先，楼霞县人。永乐元年充力士，九年杀退番贼奇功，升总旗。十三年西洋二次有功（于白沙岸与苏干剌对敌厮杀），升试百户。④

> 张政，通州人。原系总旗，二次下西洋，于白沙岸与苏干剌厮杀有功，永乐十三年升试百户。⑤

> 刘移住，华阴县人。永乐七年选下西洋公干，八年至锡兰山国给赐，九年为国王亚烈苦奈耳悖逆杀夺官军钱粮，就行征剿，擒国王，杀败番贼回还，本年升总旗。十年复下西洋公干，十二年至苏门答剌，闰九月白沙岸与苏干剌对敌厮杀回还，十三年钦升锦衣卫中后所试百户。宣德五年仍往西洋公干，八年回还，为患手足残疾。⑥

---

① 张维华主编：《郑和下西洋》，北京：人民交通出版社，1985 年，第 54 页。
② 刘志鹗：《郑和》，南京：江苏古籍出版社，1984 年，第 36 页，转引自孔令仁、马光汝、仲跻荣：《略论郑和的军事才能》，南京郑和研究会编：《郑和研究论文集》（第一辑），大连：大连海运学院出版社，1993 年。
③ 中国第一历史档案馆、辽宁省档案馆编：《中国明朝档案总汇》第 73 卷，"张通"条，桂林：广西师范大学出版社，2001 年，第 23 页。
④ 中国第一历史档案馆、辽宁省档案馆编：《中国明朝档案总汇》第 73 卷，"刁先"条，桂林：广西师范大学出版社，2001 年，第 86 页。
⑤ 中国第一历史档案馆、辽宁省档案馆编：《中国明朝档案总汇》第 73 卷，"张通"条，桂林：广西师范大学出版社，2001 年，第 23 页。
⑥ 中国第一历史档案馆、辽宁省档案馆编：《中国明朝档案总汇》第 73 卷，"刘移住"条，桂林：广西师范大学出版社，2001 年，第 145 页。

陶旺,乐清县人。洪武二十一年充军,永乐二年升小旗,七年升总
旗,下西洋白沙岸与苏干剌对敌厮杀有功,升实授百户。[①]

上述 5 人档案之中,第四条试百户"刘移住"的记录为我们提供了重要信
息。众所周知,郑和、王景弘于永乐十年(1412 年)十一月受命第四次下西洋,
根据以往经验和季风关系,舰队在福建长乐集结,进行补给和预备。十一年
(1413 年)冬乘东北季风起航南下西洋。《选簿》档案显示郑和船队于十二年
(1414 年)抵达苏门答剌,具体月份尚不清。接着就于同年"闰九月",在苏门
答剌的"白沙岸"的地方与苏干剌带领的"叛军""厮杀"。这样,《选簿》档
案就从具体时间、具体地点和具体人物(王祯、刘移住等)上,对这场战役作
了很好的资料性补充,纠正了一直以来将郑和生擒苏干剌定时在永乐十三年的错
误观点。

作为对苏门答剌一役的奖赏,成祖于永乐十三年(1415 年)九月命令"兵
部录官军战功,于是水军右卫流官指挥使唐敬、流官指金事王衡、金吾左卫流官
指挥林子宣、龙江左卫流官指挥金事胡俊、宽河卫流官指挥同知哈只皆命世袭。
锦衣卫正千户陆通、马贵、刘海俱升流官指挥金事,其余千百户旗军王复亨等百
四十余人升用有差。"[②] 王景弘嗣子王祯也许就在这 140 余人之中,只不过头衔
还只是个试百户吧。综上所述,通过对卫所《武职选簿》部分档案的分析,目
前可考证出的王景弘的后裔共十代 9 人,虽然尚无法完全推断出他们的生卒时间
及家庭组成的详细状况,至少对王景弘后代的历史情况的认识已经得到大大地丰
富。比如,自第一代王祯始至第四代的王臣为止服役于南京锦衣卫水师,而其后
的几代就转到陆面部队(南京锦衣卫左所);还有第七代的王贞吉还因多领军粮
受到降级处分等。现在所能研读到的《选簿》是成化年间"贴黄"(增补)的,
成化年以后的《选簿》如果还保存完好的话,相信还会有更多有关王景弘后裔
及其他下西洋人员组合的史料为人们发掘出来。

---

① 中国第一历史档案馆、辽宁省档案馆编:《中国明朝档案总汇》第 73 卷,"陶旺"条,桂林:广西师
  范大学出版社,2001 年,第 183 页。
② 《明太宗实录》卷 168。

附录：

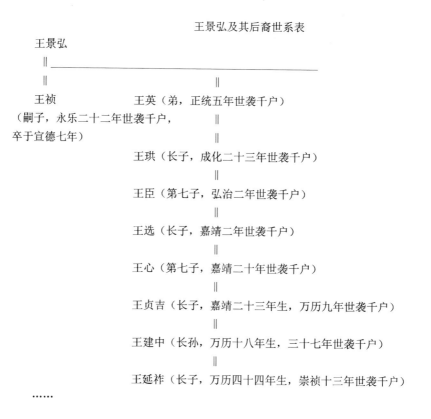

王景弘及其后裔世系表

王景弘
‖
‖　　　　　　　　　　　　　　　‖
王祯　　　　　　王英（弟，正统五年世袭千户）
（嗣子，永乐二十二年世袭千户，　　　‖
卒于宣德七年）　　　　　　　　‖
　　　　　　　王珙（长子，成化二十三年世袭千户）
　　　　　　　　　　‖
　　　　　　　王臣（第七子，弘治二年世袭千户）
　　　　　　　　　　‖
　　　　　　　王选（长子，嘉靖二年世袭千户）
　　　　　　　　　　‖
　　　　　　　王心（第七子，嘉靖二十年世袭千户）
　　　　　　　　　　‖
　　　　　　　王贞吉（长子，嘉靖二十三年生，万历九年世袭千户）
　　　　　　　　　　‖
　　　　　　　王建中（长孙，万历十八年生，三十七年世袭千户）
　　　　　　　　　　‖
　　　　　　　王延祚（长子，万历四十四年生，崇祯十三年世袭千户）
　　……

（原载《海交史研究》，2005 年第 2 期，第 44-54 页。）

王景弘宗教信仰初探

魏德新[*]

　　王景弘，这位论及下西洋之功可"与郑和并列而载入史册"的航海家，有关其身份的记述，在明清两代仅有"闽南人"三字。关于他的宗教信仰，更是无一字可考。偶见其香港曾锦波先生著《郑和下西洋考略》中有王景弘"非回教徒……死后（终年78岁），按伊斯兰教仪式安葬"之说，颇疑。"非回教徒"安用"伊斯兰教仪式安葬"？故本文旨在说明：生前被尊称为"伊斯兰教长老"，并"积极向周围地区的华侨和当地居民传播伊斯兰教"，"归真"后又"按伊斯兰教仪式安葬"的王景弘是一位真正的穆斯林。

一、生平事迹略考

（一）有别名若干

　　王景弘，这位多次同郑和一起下西洋的杰出官员和航海家，见于官方、民间及域外各种史料中别名（其中也可能有笔误）约有以下几种：

　　"敬宏"——

　　　　三宝洞旁有一墓。当时郑和、王敬宏同下南洋。王卒于此，故葬之，误传三保大人埋骨之处。[①]

　　"贵通"——

　　　　永乐二十二年（1424年）八月丁未……命大监王贵通率下番官军赴南京镇守……[②]

　　"清濂"——

　　　　大明皇帝遣太监郑和、王清濂等昭告于佛世尊……[③]

　　"三保"——

　　　　相传明太监王三保舟至台湾，投药于水中，令土番患病者于水中洗

＊　新疆乌鲁木齐铁路局。

① 转引自范中义、王振华著：《郑和下西洋》，北京：海洋出版社，1982年，第88页。
② 《明仁宗实录》卷1。
③ 黄省曾：《西洋朝贡典录》。

澡，即愈。①

"三宝"——

　　相传王三宝下西洋，呼鸟插箭，命在洋中为记。②

（二）出生闽南负命远洋的正使太监

王景弘下西洋之功显可与郑和相左右，但现今出版的工具书中对他却少有提及，即使涵盖历史人物最多的大型工具书《中国人名大辞典》《辞海》《辞源》也没有关于他的条文。仅有的一鳞半甲出自上海辞书出版社出版的《中国人名大辞典历史人物卷》中：

　　王景弘，明宦官。永乐三年（1405 年）任郑和副使，出使西洋。以后郑和第二次、第三次、第七次航行时也都同行。宣德九年（1434 年）又出使苏门答腊。死于爪哇。③

这 60 余字的辞条，是当今出版的工具书中，有关王景弘事迹介绍文字最多、也是唯一的一条。

在明清两代，有关王景弘生平事迹的史料主要如下。

清蔡永兼《西山杂志》载：

　　王景弘，闽南人，雇泉州舟，以东石沿海名舣导引，从苏州刘家港入海，至泉州寄泊。④

清王大海《海岛逸志》载：

　　王三保者，明宣德时内监也。明宣宗好宝玩。因命王三保、郑和等至西洋采买宝物，止于万丹。宝来尝王吧国。而三宝垄有三保洞，俗云三保遗迹，极有灵应。⑤

《明史·郑和传》载：

　　永乐三年（1405 年）六月，命和及其侪王景弘等通使西洋，将士卒二万七千八百余人，多赍金币，造大船……⑥

费信《星槎胜览》载：

　　永乐七年己丑（1409 年）上命正使太监郑和、王景弘等，统领官

① 林谦光：《台湾志略》。
② 陈伦炯：《南洋记》，王锡祺撰：《小方壶斋舆地丛钞》第 10 帙。
③ 廖盖隆等：《中国人名大辞典·历史人物卷》，上海：上海辞书出版社，1990 年，第 64 页。
④ 转引自庄为玑：《明下西洋郑和王景弘两正使的卒事考——兼论郑和的宗教观》，载南京郑和研究会编：《郑和研究论文集》（第一辑），大连：大连海运学院出版社，1993 年，第 485 页。
⑤ 王大海：《海岛逸志》卷 2，《人物考略》。
⑥ 《明史》卷 304，《郑和传》。

兵二万七千余人，驾驶海舶四十八号，往诸番国开读赏赐。①

据以上星星点点的史料可以看出，王景弘常年生长在福建沿海地区，对造船航海业十分熟悉，随郑和下西洋时，所征用的船只也是福建泉州地区建造的海船。在近 30 年的远航中，王景弘始终能与郑和相伴随，这与其他熟悉造船航海业以及出众的领导才能是分不开的。从为数不多的文献资料来看，王景弘不是一般的远航官员，而是同郑和共负有国家使命、统率着 2 万余军士的统帅。

景弘的官职，在各类史料中有"正使"和"副使"之说。因此有人认为，王景弘先为副使，后为正使。但根据嘉靖《太仓州志·通番事迹碑》载："明宣德六年岁次辛亥春期，正使太监郑和、王景弘，副使太监朱良、周福……"② 以及费信所记"上命正使太监郑和、王景弘等"来看，王景弘从首次下西洋便同郑和一样，是正使太监。这与《明史·郑和传》里对郑和及王景弘两人所用的"侪"字相符合。史料中所记两人同是"正使太监"，应是指他们品级相同；至于在下西洋的船队中，郑和与王景弘则应当是"主帅"和"副帅"的关系。

"王景弘一生中，无论是协助郑和完成七下西洋的伟业，或是致力于中国与亚非诸国的友好关系，还是在整理郑和航海资料方面，都无愧于与郑和并列而载入史册。"③

二、王景弘是一位穆斯林

（一）"非回教徒"辨疑

关于王景弘的民族宗教信仰，一向没有任何可以说明的文字资料，仅是在香港曾锦波所著的《郑和下西洋考略》中见到了一种说法：

　　郑和最亲信的副使王景弘。在第七次率领（船队）访问东南亚各国，作为一名非回教徒。王景弘曾把三宝垄回教堂改为寺庙。据考在三宝垄三保庙左边附近的亭阁竖有一块墓碑，就是王景弘病逝后的葬地。但是那些善男信女却相信是郑和的坟墓，因为一般以为王氏死于中国。其实恰巧相反。王景弘死后（终年 78 岁），按伊斯兰教仪式安葬，并在当地居民中获得了"三保大人的年高德劭的领航员"（kiai Jur Mudi Sampo Awang）的尊称，人们总要在每月阴历初一和十五日（前）往三

---

① 费信：《星槎胜览·占城国》。
② 江苏省太仓市政协文史委员会等编：《刘家港研究》，《太仓文史》第 11 辑，北京：中国农业出版社，1995 年，第 141 页。
③ 郑一钧著：《论郑和下西洋》，北京：海洋出版社，1985 年，第 62 页。

保洞膜拜郑和雕像和瞻仰王景弘之墓。[①]

曾先生指出王景弘是"一名非回教徒",不知依据为何？但就据下文来看，多是依据"王景弘曾把三宝垄回教堂改为寺庙"一事。可以设想，假如"非回教徒"是建立在把"回教堂改为寺庙"（以下简称"寺改庙"）这件事上，那就不得不提出个新的问题：王景弘果真做过"寺改庙"这件事吗？笔者认为不可能。其原因有三：一是"寺改庙"属改宗变教之大事，绝非王景弘个人能左右之事；二是王景弘一向作为郑和紧密相随、配合默契的副手，不大可能将郑和亲自创建的清真寺改为寺庙；三是在建寺之初的一段时间内，郑和的影响还不会发展到后来那种程度，即华侨华人、当地居民及各种宗教都能信仰崇拜的程度，因此，"寺改庙"尚不具备必要的客观条件。但是随着时间的推移，当郑和已经不只是属于"穆斯林的"或者是"中国人的"这一范畴之后，郑和便上升成了东南亚乃至被世界人民崇敬的榜样和形象。因此，在这一阶段"寺改庙"是完全有可能的，但这不会是王景弘个人的行为：

> 据印尼学者勃里亚布第称，郑和在三宝垄附近登陆时，那里原有一个清真寺。后来笃信伊斯兰教的郑和又在他部所驻扎的石洞内另建了一个清真寺。当地居民（主要是华侨）把该石洞作为三保太监初上三宝垄的一个神圣之洞，把它称为三保洞，并把郑和亲自建造的清真寺改为三保庙。[②]

从勃里亚布第先生的论述中，我们可以得出明确的结论："寺改庙"是"当地居民（主要是华侨）"所为。同时，作为华侨华人、当地居民以及众多宗教共同崇敬的伟人——郑和，令其局限在个非穆斯林不得入内的禁地——清真寺内，恐为崇拜者感情所不能接受。因此，华侨华人、当地居民及所属的众多宗教（伊斯兰教、佛教、道教、孔教等）经协商一致后，将一家之郑和变为大家之郑和的可能性是有的。进而言之，"寺改庙"也是一种发展之必然，但不会取决于个人意愿。的确，现今的"三保庙，既不像清真寺，又不像佛教的寺庙，也不像道教的宫观"，[③] 而是一个"体现多种宗教和文化色彩的庙宇"。[④] 这一现象足以

[①] 曾锦波：《三宝垄考》，载《郑和下西洋考略》，香港，1992年，第105页。引文中有些括号加注是笔者将书中文稿与再发表的同名文章［曾锦波：《三宝垄考》，南京郑和研究会编：《郑和研究论文集》（第一辑），大连：大连海运学院出版社，1993年，第117页］对照后所加。

[②] 孔远志：《印尼三宝垄的三保庙与华人》，载昆明郑和研究会编：《郑和：历史与现实——首届郑和研究国际会议集萃》，昆明：云南人民出版社，1995年，第314页。

[③] 孔远志：《印尼三宝垄的三保庙与华人》，载昆明郑和研究会编：《郑和：历史与现实——首届郑和研究国际会议集萃》，昆明：云南人民出版社，1995年，第318页。

[④] 孔远志：《印尼三宝垄的三保庙与华人》，载昆明郑和研究会编：《郑和：历史与现实——首届郑和研究国际会议集萃》，昆明：云南人民出版社，1995年，第318页。

说明，郑和之所以被称之为世界伟人，是因为他的言行已跨越了民族、宗教、国家的界限；这一现象也足以说明，"寺改庙"是一种时势之造就。因此，以其"寺改庙"推断王景弘是"一名非回教徒"，说服力是不足的。

（二）"按伊斯兰教仪式安葬"者定是穆斯林

曾先生指出王景弘是"一名非回教徒"后又接着指出："王景弘死后（终年78岁），按伊斯兰教仪式安葬"。既然是"非回教徒"，为什么死后要"按伊斯兰教仪式安葬"？稍有宗教常识的人都知道，"按伊斯兰教仪式安葬"，绝不是个随便拿来"用一用"的"大法"。即使是穆斯林最崇敬的"非回教徒"，在他去世后也不能"按伊斯兰教仪式安葬"，因为这是教规所不允许的。

王景弘"按伊斯兰教仪式安葬"，这在他终年归真之地——印度尼西亚是一致公认、无需争辩的事实。在国内，学者们也一再提及：

> 王景弘病愈后，没有驾船去追赶郑和的船队，而是带领船员们开荒种田，利用那艘木船在沿海开展商业活动。王景弘还积极向周围地区的华侨和当地居民传播伊斯兰教，并引导人们定期向三宝洞内郑和的小雕像膜拜。以表示对郑和的崇敬。王景弘在三宝垄定居，直到故世（年78岁）。当地居民将其遗体按伊斯兰教仪式安葬，并尊敬地称他为"三保大人的领航员和伊斯兰教长老"。①

从上述"按伊斯兰教仪式安葬"，尊称他为"伊斯兰教长老"，以及"积极向周围地区的华侨和当地居民传播伊斯兰教"来判断，王景弘肯定是一位虔诚的穆斯林。作为一个可享用伊斯兰教仪式安葬的亡者，他生前的条件必须是一位伊斯兰教信仰者——穆斯林；至少也应当是一位自愿归信伊斯兰教，确信真主独一，且又遵于教规的信教徒。假如亡者不符合教规，是不可能依照伊斯兰教仪式进行安葬的。

说王景弘是穆斯林，还有一条线索是，在清光绪年间，海内外的碑记史料中多次提到三宝洞为王景弘"归真之地"，② 这也绝非出自偶然。因为"归真"是伊斯兰教称呼穆斯林"去世"的专用词汇，同时也具有"来自真主归自真主"之意，对一个去世的非穆斯林是不会用这一称谓的。

从上面引述的文章中可以看出，王景弘在印尼有着"伊斯兰教长老"的重要宗教身份和"传播伊斯兰教"的事迹。这充分说明，王景弘绝不是一个在临

---

① 孔远志：《印尼三宝垄的三保庙与华人》，载昆明郑和研究会编：《郑和：历史与现实——首届郑和研究国际会议集萃》，昆明：云南人民出版社，1995年，第320页。
② 陈佳荣：《郑和、王景弘与三宝垄——重读〈海岛逸志〉有感》，载昆明郑和研究会编：《郑和：历史与现实——首届郑和研究国际会议集萃》，昆明：云南人民出版社，1995年，第324页。

终时才归信伊斯兰教的新穆斯林，而是一个能传播伊斯兰教的长老。这也与其"许多印尼报刊提到当年郑和和随同他下西洋的王景弘、马欢、郭崇礼等都是虔诚的伊斯兰教徒"的论点是相一致的。①

（原载《郑和研究》，2002 年第 2 期，第 54-56 页。）

---

① 孔远志：《郑和与印度尼西亚》，载南京郑和研究会编：《郑和研究论文集》（第一辑），大连：大连海运学院出版社，1993 年，第 103 页。

王景弘的祖籍及宗教信仰略考

王晓云*

在明朝下西洋中与郑和同列为正使太监的王景弘，功侔郑和，而其身世，正史缺乏记载，后人虽有探讨，却迄今未有定论。晋江一老先生珍藏有清刊本《毅轩杂志》一书，其中记述了航海家王景弘的祖籍为泉州，与以往的研究有所区别。本文把《毅轩杂志》的相关记载与其他史料相参照，对王景弘籍贯及宗教信仰进行探讨。

一、王景弘籍贯略考

随着郑和研究热潮的兴起，有关王景弘的生平事迹，曾引起国内外学术界、特别是东南亚国家和地区的重视。20 世纪 90 年代，文莱国家历史研究中心主任陡亨·贾米尔先生在访问南京期间，请南京雨花台区文物事业管理委员会主任杨新华先生对王景弘的生平进行考证。杨为此进行了深入的调研。福建省社科院历史研究所徐晓望先生亦有细致的考证。最后两人都认为，王景弘是福建省漳平市人。另外，漳平曹木旺先生研究考证认为，王景弘是漳平市赤水镇香寮村许家山自然村人。[1]现今所能查阅到的地方志书对王景弘生平相关的记载主要有：

乾隆《龙岩州志》卷 10《人物上·中官》载：

> 王景弘，龙岩集贤里人，后分属宁洋；永乐间随太宗巡狩，有拥立皇储功，赐嗣子王祯世袭南京锦衣卫正千户。

民国《宁洋县志·中官》载：

> 王景弘，集宁里人，明永乐间随太宗巡狩，有拥立皇储功，恩赐嗣子王祯，世袭南京锦衣卫正千户。

清《漳州府志·武勋》载：

> 王景弘，集贤里香寮人，从太宗北征，后有拥立功，授其子南京锦

＊　福建农林大学副教授。

[1]　曹木旺：《他曾与郑和齐名——闽籍先贤王景弘史迹考略》，《厦门晚报》，2004 年 7 月 21 日，生活乡土版。

衣卫正千户。①

然据晋江东石发现的清蔡永蒹所撰《西山杂志·四监通异域》载："永乐三年，成祖疑惠帝南逃，命中官郑和、王景弘、张文等造大舟百艘，率军二万七千余。王景弘，闽南人，调雇泉船，以东石沿海名舣导引，从苏州刘家港入海至泉州寄泊。上九日岩祈风，至清真寺祈祷。满载陶瓷、竹绣、币帛，历漳（州）、潮（州）、琼（州）、崖（州）至占城……泉司舵司，俱导之于泉。"②

由于龙岩集贤里在明朝乃属漳州管辖，当地通行闽南话，因此《西山杂志》谓王景弘为闽南人是有根据的，并未与志书记载相左。

近期又有新的史料发现。据晋江华衡老先生所藏，著者为民国初毅轩斋主人之《毅轩杂志》一书，卷13《名使录·王景弘》载：

> 王景弘出生于洪武四年辛亥十月丁卯，字琛琳，是家中三兄弟中的老季，后随父徙漳。母亲姓蔡，晋江东石女，闺名琬兰，知书识文崇佛。景弘幼聪慧，工诗词，谙熟梵文蕃语，还擅少林拳，善正骨，为人颇具豪气……宣德九年（1434），又出使苏门答腊。是年十月初七，景弘为救溺水之爪哇土著，不幸捐躯，终年六十三岁，葬爪哇国三宝村。

《泉州人名录》据此认为王景弘祖籍晋江青阳王厝，生于晋江县十都玉国乡，今东石镇麦园村。③ 这些记载是否真实可信？为此，有必要对《毅轩杂志》的史料价值进行考查。

相较于正史，《毅轩杂志》的某些记载明显有所出入。《明英宗实录》卷15载：

> 正统元年（1436年）三月丁卯朔，敕南京守备内外官员太监王景弘等：比闻南京承运等八库递年收贮财物数多，恐年久损坏，负累官攒人等。正统元年（1436年）三月甲申，敕王景弘等，于官库支胡椒、苏木共三百万斤，遣官运至北京交纳，毋得沿途生事扰人。

可见王景弘并未死于爪哇，他在宣德九年（1434年）出使苏门答剌后，仍继续生活于大陆。虽然如此，《毅轩杂志》的史料价值是不是就被否定了呢？当然不是。

书中指出王景弘年幼时便随父全家徙漳，佐证了前文所引之志书的记载。再而，书中也记录了不少曾随王景弘下西洋的泉州人，他们是黄逸初、张联抗、普

---

① 集贤里香寮，今漳平市赤水镇香寮村。
② 引自王四达：《郑和下西洋与泉州之关系》，《郑和研究》，1997年第4期。1987年厦门大学庄为玑教授在《海交史研究》发表论文《试论郑和与王景弘之死》，介绍了他发现《西山杂志》记载王景弘是闽南人的经过。
③ 《泉州人名录》，泉州历史网：http://qzhnet.dnscn.cn/qzh07.htm.

照、蔡良桢、苏世荣、蔡红树、杨其泽、吴士诚、施山秀、王东维、蔡贤法、王师如、黄影骐、曾闻如、叶德俊、苏远征、苏远荣、曾孟春、杨益盛、吴金土、蔡友渔、蔡钦岳、王世初、张宏盛、刘志坚以及塔头刘家裕、孙永生，白沙曾闻升、蔡有加，肖下肖景聪等 38 人。此外，还有东石蔡盛、李兴、洪保，安平、陈埭、蚶江等地的舵手陈荣、黄芳、颜彰、陈善成、林衍豪等 20 人。① 根据《毅轩杂志》所有者曾华衡先生的走访调查，各地的族谱上确实载有这些人的名姓，但仅简略注明，诸如外出"外夷"等，未再有更详细的出处和事迹介绍。②《西山杂志》也明确记载王景弘曾在泉州（晋江东石）招募水手。可见，《毅轩杂志》有相当一部分内容应该是真实可信的。

　　《毅轩杂志》上注有"明·陈春播原撰，紫竹居士辑录，毅轩斋抄译"的字样。"抄译"一词，透露出毅轩斋的著录确有所本，但有抄也有"译"，即在传抄过程中对原文进行了更改、解释，甚至可能有添枝加叶。《毅轩杂志》成书后，经紫竹居士和毅轩斋主人的辑录和抄译，内容有所增删和更改，最后成了今天所看到的版本。

　　仔细考究《毅轩杂志》的措词，可以发现，该书一些地方行文前后并不一致。比如，从"是家中三兄弟中的老季""母亲姓蔡"等字段来看，有现代文的记述味道，与明清记载王景弘或郑和一些传记史料不相符。"三宝村"，遍查《明史》等史书及地方史料，明代甚至清中期以前，爪哇未有"三宝村"地名，出现较早的只有"三宝垄"一词。另前文所引《明英宗实录》史料证明王景弘并未在宣德九年葬身于爪哇。而清中后期，南洋一带逐渐传闻王景弘葬身爪哇并越传越盛。由此推断，《毅轩杂志》有关王景弘逝世记载应是后人根据传闻所附加的。

　　有明一朝多次"禁海"，在这种政治气候下，王景弘必然遭受排挤，乃至掩而不彰。明成化年间，兵部侍郎刘大夏下令将下西洋史料付之一炬，有关王景弘的资料也随之化为乌有。在严令苛律之下，地方志书更不敢讳言，于是他的一生行迹，特别是其家世、出生、年少活动等情况史料阙如，许多学者都试图全面还原其真实历史面貌，但却囿于此。《毅轩杂志》的记载为王景弘的研究提供了新的借鉴，虽然内容真假杂陈，但有关出生于泉州东石一段记载，未可遽加否

---

① 《毅轩杂志》复印件，转引朱彩云：《这些泉州人随郑和下西洋》，《东南早报》，2004 年 12 月 21 日。
② 朱彩云：《这些泉州人随郑和下西洋》，《东南早报》，2004 年 12 月 21 日。曾华衡先生，晋江市农民藏书家，系安海镇赤店村人，生于 1947 年，平时酷爱收藏，主集地方史志、野史抄本、民俗类书籍、谱牒资料、地方报等，家里藏书 2 万余册，报刊万余种。现任国际民间藏书家联谊会秘书长。最近荣获中国乡土作家协会和中国民俗文学会联合颁发的"中国乡土文学奖"。据曾先生称，《毅轩杂志》是其祖上自清朝遗留下来的。

定。不管是出身于泉州或是龙岩漳平，王景弘为闽南人应是无疑的。

二、王景弘的宗教信仰辨疑

关于王景弘的宗教信仰，除了新疆魏德新先生曾在《王景弘宗教信仰初探》作了一些初步探讨外，学术界很少涉及这个问题。香港郑和研究会会长曾锦波先生著《郑和下西洋考略》一书中对此有过简短的论述。曾先生认为："郑和最亲信的副使王景弘，在第七次率领海船队访问东南亚各国，作为一名非回教徒，王景弘曾把三宝垄回教堂改为寺庙。据考在三宝垄三保庙左边附近的亭阁竖有一块墓碑，就是王景弘病逝后的葬地……但是那些善男信女却相信是郑和的坟墓，因为一般以为王氏死于中国，其实恰巧相反。王景弘死后（终年78岁），按伊斯兰教仪式安葬，并在当地居民中获得了'三保大人的年高德劭的领航员'的尊称，人们总要在每月阴历初一和十五日（前）往三保洞膜拜郑和雕像和瞻仰王景弘之墓。"[1] 魏先生对曾锦波所说的王景弘为"非伊斯兰教徒"持怀疑态度，在其论文中逐一批驳，认为王景弘是一名伊斯兰教徒。[2] 仔细阅读魏德新一文，论点新颖，批驳独到，但某些地方似乎过于绝对化了。本文就是在曾、魏两位学者先期研究的基础上，从以下方面对王景弘的宗教信仰再作一番分辨与考析。

（一）王景弘对回、佛的涉及，以主持"寺改庙"一事为例

魏先生认为将"回教堂改为寺庙"并不可能，原因有三：一是"寺改庙"属改宗变教之大事，绝非王景弘个人能左右之事；二是王景弘一向作为郑和紧密相随、配合默契的副手，不大可能将郑和亲自创建的清真寺改为寺庙；三是在建寺之初的一段时间内，郑和的影响还不会发展到后来那种使华侨华人、当地居民及各种宗教都能信仰崇拜的程度，因此，"寺改庙"尚不具备必要的客观条件。他认为"随着时间的推移，当郑和已经不只是属于'穆斯林的'或者是'中国人的'这一范畴之后，郑和便上升成了东南亚乃至被世界人民崇敬的榜样和形象"，这时"寺改庙"才有可能，但并不是王景弘个人的行为。[3] 没错，"寺改庙"确属改宗变教之大事，但并非不可实现，历史事件的发生本来就是必然性和偶然性共同作用的结果。王景弘完全有可能主持回教堂改为寺庙。

首先，王景弘在东南亚国家中富有极大的个人影响力。王景弘与郑和同列为正使太监，七次下西洋均与郑和同行，他在东南亚一带的影响力决不在郑和之下。《明史》卷325《苏门答剌传》载："宣德五年，帝以外番贡使多不至，遣和

① 转引自魏德新：《王景弘宗教信仰初探》，《郑和研究》，2002年第2期。
② 魏德新：《王景弘宗教信仰初探》，《郑和研究》，2002年第2期。
③ 魏德新：《王景弘宗教信仰初探》，《郑和研究》，2002年第2期。

及王景弘遍历诸国，凡历二十余国，苏门答剌与焉。明年遣使入贡者再。八年，贡麒麟。九年，王弟哈利之汉来朝，卒于京师，帝悯之，赠鸿胪少卿，赐谥，有司治丧葬，置守冢户。时景弘再使其国，王遣弟哈尼者罕随之入朝。"郑和于宣德八年（1433年）第七次下西洋归途中客死古里，王景弘又受命单独负责第八次航海，出使苏门答剌，出色完成任务，足见其卓越的才干和不凡的个人影响力。而此时距第一次下西洋已近30年，足可使郑和在当地民众中的影响达到魏先生所谓的"上升成了东南亚……人民崇敬的榜样和形象"。但历史事件的最终发生，必然条件固然不可或缺，但还需偶然因素的引导。"寺改庙"一事的促成，最终仍需某些具体人物来领导完成。如若王景弘确像当地传说那样，在爪哇滞留过较长一段时间的话，他必是当地中国侨民之首，以他的才干和声望，领导"寺改庙"一事自然是不二人选。

其次，正因为是"郑和下西洋紧密相随、配合默契的副手"，[①] 主持"寺改庙"才更具有信服力。王景弘随同郑和多次下西洋，遭遇多次海盗劫掠，风暴袭击，道经锡兰山又险被谋害，历经艰辛，九死一生，可以说两人不仅是一般的同僚，更是亲密的战友，所以在出外活动中郑和常把王景弘与己并列，[②] 明政府的诏书上也把他们二人相提并论，[③] 称其为郑和的"同侪"[④]。因此王景弘以其拥有的至高地位，郑和亲密合作伙伴的身份变更"寺为庙"就更具合理性了。而当地的侨民出于对郑和的景仰与崇拜，相信此乃出于郑和的意愿，此种变革也就更具信服力了。

再次，当地侨民信仰的特殊性使王景弘主持"寺改庙"成为可能。据印尼学者勃里亚布第称：郑和在三宝垄附近登陆时，那里原有一座清真寺，后来笃信伊斯兰教的郑和又在他驻扎的石洞附近另建一座清真寺。当地居民（主要是华侨）把该洞作为三保太监初上三宝垄的一个神圣之洞，称之为三保洞，并把郑和亲自营建的清真寺改为三保庙。[⑤] 在郑和去世不久，便有不少地方建庙塑像来纪念他，这种现象在国内屡见不鲜。当时南洋一带有许多华侨，相当一部分并未皈依伊斯兰教，即使是信奉真主的侨民仍带有浓厚的中国本土神灵观。且这些华人多是来自漳泉一带，福建多神混杂的民间传统信仰习惯仍具有深远的影响力，所以又把三保庙变成了"既不像清真寺，又不像佛教的寺庙，也不像道教的宫

---

① 魏德新：《王景弘宗教信仰初探》，《郑和研究》，2002年第2期。
② 在斯里兰卡"郑和碑"的碑文中两者同列就是一例。
③ 据费信的《星槎胜览》前集《占城国》载："永乐七年己丑（1409年），上命正使太监郑和、王景弘等，统领官兵二万七千余人，驾驶海舶四十八号，往诸番国开读赏赐。"
④ 《明史》卷304，《郑和传》，北京：中华书局，1974年。
⑤ 魏德新：《王景弘宗教信仰初探》，《郑和研究》，2002年第2期。

观"，而是一个"体现多种宗教和文化色彩的庙宇"。①

从"寺改庙"一事我们看到了王景弘很有可能涉及了回、佛的宗教行为，但其真实信仰，还需用更多的史实来说明。

（二）王景弘对佛教、伊斯兰教、道教的崇奉

《毅轩杂志》卷13《名使录·王景弘》载王景弘之母为晋江东石女，"知书识文崇佛"，而王景弘"幼聪慧，工诗词，谙熟梵文蕃语，还擅少林拳"。以此我们可得出两则信息：其一，若王景弘之母崇佛，则王景弘幼时必不可能信仰伊斯兰教。按伊斯兰教教规，如若其父笃信回教，其母也须改夫教方可入嫁，因此其父母不可能为穆斯林。其二，王景弘自幼"谙熟梵文蕃语，还擅少林拳"，表明他与佛教似乎有些渊源。同时，王景弘也多次会同郑和奉敕修建佛教和道教寺庙。永乐七年（1409年）二月初一他随同郑和建立了《布施锡兰山佛寺碑》，记述了所施之物，此碑现存科伦坡博物馆。永乐十年（1412年）六月十五日午时金陵大报恩寺动工重建，至宣德六年（1431年）八月初一完工，历时19年，工程浩大，其与郑和共同担任营造官。② 第一次下西洋出使至锡兰时，他又曾与郑和一道"劝国王阿烈苦奈儿敬奉佛教，远离外道"。③

另据许云樵《三宝公在南洋的传说》载：又有三宝墓，相传为三宝公归真之处，其实是尚书王景宏（弘）"触霉头"死了，葬在这里。④ 黄素封《南天乐园》第二十七篇《东印度境内的我国行迹》载：有三保洞，相传是三保大人晚年归真（成神）的地方，这当然是一种迷信的神话。⑤ 李长傅《荷属东印度华侨略史》载：三宝垄之时望安狮头山有三保洞，相传三保暮年归真之所，供三保太监遗像。⑥ 清光绪五年（1879年）三宝垄时望安碑文载：时望安为王公三宝大人归真之地，山明水秀，树木葱茏，麓有石门，天然成洞，三保圣神著灵于此，俗称三宝石洞者，以神得名也。⑦ 从"归真"二字来看，王景弘很可能是一名穆斯林。

此外，王景弘除了有信奉佛教、伊斯兰教的痕迹之外，还对道教神灵有所供奉。明宣德六年（1431年）辛亥，王景弘与郑和奉敕第七次出使西洋，分别在

---

① 魏德新：《王景弘宗教信仰初探》，《郑和研究》，2002年第2期。
② 葛远亮：《金陵梵刹志》卷31，《聚宝山报恩寺·塔图附志》，郑鹤声、郑一钧：《郑和下西洋资料汇编》下册，济南：齐鲁书社，1980年。
③ 巩珍：《西洋番国志》卷11，北京：中华书局，1961年。
④ 许云樵：《三宝公在南洋的传说》，《珊瑚》，1933年第3期。
⑤ 黄素封：《南天乐园》，香港：商务印书馆，1933年。
⑥ 李长傅：《荷属东印度华侨略史》，《南洋研究》，1937年第1期。
⑦ 张礼千：《三宝和宝船》，郑鹤声、郑一钧：《郑和下西洋资料汇编》下册，济南：齐鲁书社，1980年，第74页。

娄东刘家港天妃宫和长乐南山"山峰塔寺"刊立太仓刘家港《通番事迹碑》及《天妃灵应之记碑》，勒记此前六次统领船队所到西洋各国的功绩和本次（第七次）统领船队开洋的事实，并祈佑此次通番平安顺利。这表明王景弘也相信天妃女神的灵应。

三、王景弘宗教信仰复杂性因素

王景弘信仰是哪一种宗教？合理的解释应与郑和一样，是多种宗教的崇奉者。这种多教崇奉是由一定角度出发，具有兼容并蓄、实用灵活的特点。

王景弘的宗教行为之所以如此复杂是由其身份地位所决定的。按理，佛、道的多神教与伊斯兰教崇奉唯一"真主"是不相容的。但是，同列为正使，作为郑和的"同侪"，需统帅数百艘海船，指挥众多船工、舵手，为了顺应人心、笼络三军，便利军机，使其具备了多重信仰的可能性。并且，王景弘出使的西洋诸国中，有的崇奉伊斯兰、有的供养神佛，作为一个如此重要的使者，出于政治的需要，他不得不在宗教信仰上兼容并蓄。据此可以推测，不仅是郑和、王景弘，下西洋的多位领导成员也应如此。① 这也许正是锡兰山"郑和碑"所具特点的原因。

1911 年，在斯里兰卡南部海滨城市高尔市内的克里普斯路发掘的"郑和碑"，碑文是用中文、泰米尔文和波斯文刻成的。其中文为："大明皇帝遣太监郑和、王贵通等，昭告于佛世尊曰：仰惟慈尊，圆明广大，道臻玄妙，法济群伦，历劫沙河，悉归弘化，能仁慧力，妙应无方。惟锡兰山介乎海南，言言梵刹，灵感翕彰。比者遣使诏谕诸番，海道口开，深赖慈佑，人舟安利，来往无虞。永惟大德，礼用报施。谨以金银、织金、狩丝、宝幡、香炉、花瓶、表里、灯烛等物，布施佛寺，以充供养，惟世尊鉴之……"②

主要内容为颂扬佛世尊的功德，记述大明皇帝派遣太监郑和、王贵通出使锡兰山国，祈求佛祖保佑的心愿，并开列了所供物品的名单，落款为"永乐七年岁次己丑二月甲戌朔日谨施"。专家已考证，碑文中的"王贵通"即王景弘。泰米尔文的内容与中文内容大同小异，但供奉的对象不是佛世尊而是泰米尔族普遍信奉保护神毗湿奴。求他保佑郑和使团在远航途中万事吉祥如意。波斯文已残缺不全，有多处已被磨损，其大意是伊斯兰教的真主替郑和使团求福，落款是永乐七

---

① 出现这种情况的原因，许多学者在论述郑和宗教信仰时作过深刻的剖析，这里不再赘述。
② 参见李露晔著：《当中国称霸海上》，邱仲麟译，第六章；郑鹤声、郑一钧：《郑和下西洋资料汇编》上册，济南：齐鲁书社，1980 年，第 38 页。

年一月。① 王景弘一行对当地宗教的神灵都给予同等的奉祀。表面上，这似乎仅是中国使节虔敬、大方的表示，实际上，王景弘一行已意识到锡兰岛的信仰特点，也表明其自身宗教信仰的复杂性。

《西山杂志》又记载，王景弘于永乐三年"调雇泉船……至泉州寄泊。上九日岩祈风，至清真寺祈祷。"泉州九日山是佛教和道教圣地。泉州成为"海上丝绸之路"的著名港口后，每当船队出海过洋，都要上九日山的延福寺、昭惠庙祈风。昭惠庙所祀之神为通远王，曾是泉州"宋时最为灵著"的海神。通远王是民间神祇，带有佛道混合的特点。九日山昭惠庙自宋以来一直是泉州船民出海祈风的重要场所。《西山杂志》所谓王景弘"上九日岩祈风"指的应该是九日山的延福寺、昭惠庙。而泉州穆斯林出海祈风则是到泉州清净寺和灵山圣墓。《西山杂志》也揭示了王景弘的多教崇奉。

实际上，肩负特殊政治使命的王景弘，不论信奉何种宗教，其最根本的目的都是以此作为外出使团的精神保障，使他的船队成员能在凶险的航海和宣谕过程中，克服畏难情绪，得到精神上的慰藉，从而保证出使的成功，维持其在王朝中的政治地位。

[原载《福建师范大学学报》（哲学社会科学版），2007 年第 6 期，第 257—261 页。]

---

① 邓殿臣：《斯里兰卡的"郑和碑"》，郑鹤声、郑一钧：《郑和下西洋资料汇编》上册，济南：齐鲁书社，1980 年，第 89 页。

国内第一座郑和庙的调查

陈延杭*

1989 年底，厦门大学人类学系考古专家庄为玑教授，在厦门市侨联组织考察鸿渐村——曾任菲律宾总统的科拉松·许寰哥·阿基诺（Carazon Cojuangco Aquino）祖籍地时，发现该村有一新建的"二保庙"，证实该庙为纪念郑和和王景弘二位正使的庙宇，庄老认为有作详细复查的必要，即写信要我重访鸿渐村二保庙，经再次调查，对几个新发现的问题，写出如下报告。

一、二保庙的建造问题

二保庙旧建在"文革"被毁后，迁盖于新址，规模仅有原来一半，是乡人根据旧庙格式，于 1986 年重建的。庙内雕有郑和和王景弘两座坐像，左侧黑红脸，右侧粉红脸，有着太监帽、战袍装饰，旧庙前原有对联一副：

> 著千古之功勋职封太保
> 济万代乎黎庶德重凤山

太保或系太监的尊称。据说二保庙原建在旧地名张坑的小山上，该村原属泉州府同安县，新中国成立后改属漳州龙海县，地近九龙江下游。张坑庵内原有一尊是保生大帝（即吴真人，俗称大道公，为北宋名医吴本），他是原同安县积善里白礁村人，村民就在凤山筑有凤山宫；因山形似凤又似鸿而得名。古庙另有二保公，原在张坑山，后分灵到"六甲"（在鸿渐村附近地名），该庙于每年农历正月十四、十五和十六，都要张旗行香，游行至张坑"请火"（即晋谒原驻地），以示根源所在。

二保庙在鸿渐村，村民多数姓许，200 多年前，村人即有东渡台湾，在台湾云林县北港镇建有"侯天府庙"崇奉主神为"郑府圣侯"，最近台湾许姓曾到鸿渐村寻根，查询该村郑侯的来历。台湾信徒准备"回大陆祖庙进香、参拜、以表饮水思源之情，使香火绵延下去"。根据《许氏族谱》，已查到二保庙确系供奉郑和和王景弘的庙宇，俗名"三保公庙"或"郑和庙"。"郑侯"，可能即指"郑

---

*　集美大学教授。

和"。这就证明鸿渐村人200多年前渡台许姓的血缘关系,又证实鸿渐村的"郑侯庙"就是传入台湾的二保庙。原来,据查东南亚才有纪念郑和的寺庙,现在竟在大陆也找到一座郑和庙,而且在台湾还有一座分庙,这是很有价值的一个发现。

二、郑和诞生的日子问题

二保庙的民俗,对郑和的研究也颇有价值,据村民云:郑和诞生日子是农历八月二十三日,历代沿袭,或称为"华侨节"。因郑和下西洋时,许多华侨随往南洋,声望很大,郑和在南洋既然保佑华侨平安,又使华侨生意兴隆,并保佑出海的船民,所以,每年八月二十三日,当地华侨都纷纷回来为二保公做生日,请戏班唱戏,办宴席,祭祀,有时几台"正音"(闽南人对京剧的称呼)同时赛演,非常热闹。

这里有个很重要的问题:乡民保持的民俗说明,郑和生日在农历八月二十三,而迄今为止,所有史籍尚无郑和出生时间的记载,仅有一般的考证推论。如吴晗在《十六世纪前之中国与南洋》一文认为:"郑和当即洪武十四年(1381年)平定云南时所俘被阉之幼童,初侍燕王时其年当在十岁以内",[①] 从而推论郑和生于1371年。1979年版、1983年版的《辞海》,1982年版的《郑和下西洋》均持此说。而束世澄则提出郑和生于洪武六年(1373年),[②] 最近周绍泉根据袁嘉谷先生发现的《昆阳马哈只碑跋》推算,又称郑和生年当在洪武八年(1375年)。[③] 这样就有三种不同的出生年代,我们查考《同安县志》和《海澄县志》对此庙均无任何记载。这样一位对我国航海史作出了极其伟大的贡献,又创造了如此丰功伟绩的历史人物,只因为是太监,封建时代史家根本不重视,地志也容易忽略不书,只有依靠寥寥无几的民间传说来作推论。

鸿渐村二保庙的郑和诞生日期,到底从何而来?无从查考,仅从民间传说留下一些痕迹。鸿渐村,全名鸿渐尾(或鸿渐美)村名自宋有之,属同安县积善里二十都白昆阳保,离同安县西约50千米。1955年划为龙海县辖,按"界碑"记载:鸿渐尾"原名鸿渐美港,东至佛头港湾",地处九龙江口古月港的北岸。据一些老村民回忆,原来港汊没有船闸,船可驶入,鸿渐村铺有板石条,为靠泊船只的码头,20世纪50年代在清理淤泥小沟时,曾挖出朽烂的木船桅杆,则鸿渐村原来是鸿渐美河入海的港口,明代其港地颇为繁荣,为古月港北岸,从九龙

---

① 　吴晗:《十六世纪前之中国与南洋》,《清华学报》,第11卷第1期,1936年1月。
② 　束世澄:《郑和南征记》,转引自郑鹤声:《郑和遗事汇编》,上海:中华书局,1948年。
③ 　周绍泉:《郑和的生年和卒年》,《上海大学学报》(社科版),1985年第3期。

江口水路到厦门岛，只有几千米，清晰可见，可谓近在咫尺。

另据《闽都别记》一书中，有几个章回记述郑和下西洋的几位福建随从的轶事和郑和船队途经闽海（闽江口一带）的传闻，谈到"郑和、王景弘、侯显……新和……闻将至闽界……忽起大风吹转回头，人众皆忧……被漂没至风定，始能收泊山房，不知此处何地，人迹皆无唯见成群白鹭往来"，"郑和太监等船，泊至白鹭岛"。郑和船队在下西洋回航将至闽江口长乐时，被风吹回到白鹭岛，这白鹭岛就现在的厦门岛（简称鹭岛），像郑和所率这样大的船队漂入厦门港，有可能漂到离岛几千米的月港北岸的鸿渐美港，而且是比较大的船，或是正使的船因而留下郑和、王景弘的事迹，又有该村大批乡民下南洋就有崇拜二保公的信仰，故建立了这个二保庙。明万历本的《泉州府志》记有阉宦传，可见同安也许与宦官有关。又《西山杂志》曾记有"王景弘，闽南人，雇泉州船，以东石沿海名舵导引从苏州刘家港入海至泉州寄泊"，可知王景弘这宦官的确实情况。另有一个可能东南亚多有建庙纪念郑和，鸿渐村是侨乡，是否旅外华侨后来从南洋又接传回来建庙的，也未可知。

三、郑和与王景弘的塑像问题

二保庙中有两尊塑像，即大保公郑和与二保公王景弘，装饰一样都穿战袍，而且同样色彩，属武将或是从事技术劳动的服饰，从这两尊相同的塑像可以证明郑和、王景弘都是正使，从而更正有些书报误以王景弘为副使的记载，如《辞海》（新版）王景弘条写道："永乐三年任郑和的副使出使西洋"。中国历史小丛书《古代旅行家的故事》、祖国丛书《海外赤子——华侨》《江苏史话》等都称王景弘为副使。

不过，两尊雕像，哪一尊是郑和，哪一尊是王景弘呢？乡人称：每年抬出去游行的一尊是黑红色脸的，可能这尊就是郑和，侨乡比较崇拜郑和，因为郑和是钦差。我们还可以从郑和和王景弘的出身、经历及从事的工作进行分析和比较。

郑和，明洪武十四年（1387年），明太祖朱元璋命傅友德、蓝玉、沐英等征云南，11岁的郑和被捕入军中，后随军至北京，又从征于漠北、辽东等地。洪武二十三年，燕王朱棣奉命督师北伐，傅友德军燕王节制，郑和始入燕王藩邸。建文元年（1399年）"靖难之变"发生，燕王起兵，郑和"从起兵有功，累擢太监"，特别是郑村坝一役郑和追随燕王左右，并亲自指挥鏖战，冲锋陷阵，立下大功，朱棣才赐姓郑（原姓马），成为得力内臣，被奉诏出使西洋。史书对郑和总的评价是"丰躯伟貌，博辩机敏"，"和有智略，知兵习战"，是一位勇于征战，体魄魁梧的武将。

王景弘在正史记载的材料更少，只见《西山杂志》说他是"闽南人"，罗懋登的《三宝太监西洋记通俗演义》中，有叙述王景弘解释几个有关印度洋流旋涡为"海眼泄水之处，名字叫做尾闾"。说明其对下西洋水程很熟悉及持有一定的见解，还有其他一些记载，可以说明王景弘航海技术、操船技能、医术、建筑等都是很有才能的，他是个知识面广，技术熟练，航海经验丰富的技术人员，所以下西洋一开始就与郑和共同率船队远航。

比较两位太监，郑和是行伍出身，身躯伟貌，知兵习战，应该是庙中左侧脸部颜色黑红色的一尊，就是乡人每年抬出在辖境内游行的侨乡崇拜的钦差。王景弘闽南人，熟悉"火长""舟师"技术，航海、医术、建筑等技术知识，是善于钻研技术的，应该是庙中右侧粉红色文人脸的那一尊。

以上关于二保庙、郑和诞生日和郑和与王景弘塑像的调查和分析，主要都是闽南保留的民俗，并有传入台湾。由于史籍或方志均未找到有关上述问题的直接记述的资料，因此还有待于作进一步的调查与探讨，不过雕塑二保公像则是在国内首次发现的，而且都是历史书籍所没有的，这也就特别有价值，因之提出来就教于诸位郑和研究学者。

（原载《海交史研究》，1990 年第 2 期，第 85-89 页，第 2 页。）

南京"王景弘地券"的发现与初步认识

祁海宁　龚巨平[*]

2012 年 10 月，南京市博物馆考古部在配合基建的过程中于南京市雨花台区赛虹桥街道凤凰村三组一户已拆迁民居的废墟内，采集到一方保存完整、字迹清晰的石质地券。该地券的本名为"高上后土皇地祇卖地券文"，券文中详细记载了明正统元年（1436 年）内官监太监王景弘向后土神购买阴地一事。下为便于叙述与介绍，我们将该地券另称为"王景弘地券"。

王景弘与郑和一样，同为统帅明初下西洋船队的正使太监，是创造中国航海七下西洋壮举的关键人物。宣德八年（1433 年），郑和在第七次下西洋途中不幸病逝，王景弘作为统帅率领船队安全回航。此后他一直担任南京守备太监，直至正统初年。遗憾的是，有关他的史料严重匮乏，致使王景弘研究长期无法深入开展。此次王景弘地券的发现，提供了许多前所未见的信息，对于研究王景弘的葬地与坟寺、生卒年代、隶属衙门等相关问题，具有非常重要的价值。

一、地券的发现地点与过程

发现该地券的凤凰村位于南京主城的西南部，与明代南京主城的正南门（明代称为聚宝门、现称为中华门）的直线距离恰好为 5 千米，与明代南京外郭城的西南门（安德门）相距约 2 千米（见图 1）。南京主城的南部和西南部，从地形上看，是一大片连绵分布的低山、丘陵地带，统称为"石子冈"。凤凰村位于石子冈的西南部。由于石子冈地区的土质、地形地貌适宜建葬，自古就成为南京最主要的埋葬区之一。《三国志·吴书》对此即有记载："建业南有长陵，名曰石子冈，葬者依焉。"[①]与此同时，自东吴时期高僧康僧会在南京城南创建江南第一座佛寺——建初寺开始，佛教文化就在石子冈一带深入发展，寺院大兴。六朝时期这一带先后涌现出长干寺、高座寺、新亭寺、天王寺、旷野寺、铁索罗寺等众多名寺；发展至明代，该地区香火更为旺盛，天界寺、大报恩寺、能仁寺、高座寺、永宁寺、西天寺、普德寺、崇因寺等大小伽蓝比邻而居，使得这一地区成为

＊　祁海宁，南京市考古研究院副院长、研究员；龚巨平，南京市考古研究院副研究员。
① 陈寿：《三国志》卷 64，《吴书·诸葛滕二孙濮阳传》，北京：中华书局，1982 年，第 1441 页。

了南京佛教寺院分布最为密集的区域，也产生了南京流传广泛的一句俗语——"出了南门皆是寺（事）"。我们认为，王景弘地券最终在石子冈出土，与这一地区独特的自然地理环境和历史文化传统有着密不可分的联系。

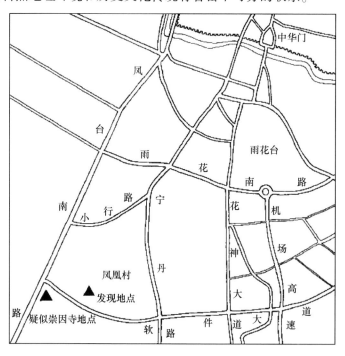

图 1　地券发现地点位置图

　　发现该地券后，我们推测王景弘的墓葬很可能位于凤凰村这一片区域，因此进行了密集的考古勘探，先后在此区域内发现和发掘出六朝时期古墓葬 11 座、宋代墓葬 2 座、明代墓葬 3 座、清代墓葬 2 座。在发现的 3 座明代墓葬中，一座为平面呈长方形的砖砌券顶单室墓，长仅 2.8、宽 2.6 米，内葬一男二女，且出土了明晚期的"万历通宝"，因此不可能为王景弘墓；另两座皆为长方形竖穴土坑墓，长仅 2.2 米，不仅葬制简陋，与王景弘的身份等级严重不符，而且根据两墓出土的青花瓷罐、铜镜、陶砚、铜钱等陪葬器物分析，全部为明代晚期的遗物，因此它们也皆不可能为王景弘墓。

　　目前虽然在凤凰村三组的范围内未能找到王景弘墓，但是希望并未完全丧失，三组东侧原二组、一组的范围内仍有大片区域尚未开发和动迁。不过应该看到，凤凰村以往的建筑规模很大，原有的地下遗存很可能已在建设过程中遭到了彻底毁坏。对此，我们应该有所认识和准备。

二、地券的基本内容

王景弘地券为青石质地，近方形，高 41、宽 40.8、厚 6 厘米。券文头尾分别以楷、篆两种大号字体题刻"高上后土皇地祇卖地券文"之名称；中间正文为楷体、字号缩小，以一行正写、一行倒写的回文形式刻成，以反映买、卖双方对坐、对书的场景（见图 2）。券文共 18 行，350 字，现将其内容标点如下：

高上后土皇地祇卖地券文

后土皇系后/土主宰，今有地一段，坐落地名应天府江宁县安德门外崇因/寺东。见今东至青龙、西至白虎、南至朱雀、北至玄武、中有勾陈，/分治五土。今凭两来人田交佑引至内府内官监太监王景弘/向前承买，当日三面言定，时值价钱玖仟玖佰玖拾玖贯玖文，/置立地券，当日成交了当。其钱及券当日两相交领并足讫，即/无未尽短少分文。所作交易系是二家情愿，非相抑逼；亦不是/虚钱实券，未卖之先并不曾将在公私神祇上重行典卖。此地/系是后土自己物业，与上下土府诸神无干，亦不是盗卖他人/物业。如有一事一件来历不明，后土自管落，并不干买主之/事，听从买主管业建立塔院。今恐无凭，故立卖地券文与买主，/永远收执为照用。正统元年太岁丙辰四月建己巳丁酉朔/二十五日辛酉辛卯吉时。立券神后土皇、同卖/人太岁神、证见神东王公、同见/神西王母、两来神田交佑、同立/券神崇因寺护伽蓝神。依经为，/书人鬼谷仙。/

□高上后土皇地祇卖地券文（"□"为一特殊道符）

地券是我国古代特有的一种带有浓厚道教迷信色彩、专门用于陪葬的明器，因此又被称为"冥契""幽契"。它发源于西汉，盛行于东汉，唐宋以后风行于大江南北。地券的用途在于模仿人间土地交易的行为，由拟建墓者向鬼神购买阴宅用地，并以契约的形式加以明确，从而使得在此营建的墓葬获得鬼神的认可与护佑。江西出土的南宋嘉泰四年（1204 年）周必大买地券，对于地券的这一功能交代得非常清楚："青乌子曰，按鬼律云，葬不斩草、买地、立券，谓之盗葬。"①

地券在明代墓葬中常见，在已发现的明代宦官墓葬中经常出土，不过有的是双券、有的为单券。比如 2005 年南京市江宁区正德学院发现的明都知监太监杨庆墓，出土的地券为一合两块，两券各刻"合同"二字之一半，可以合二为一。

①　陈柏泉：《江西出土墓志选编》，南昌：江西教育出版社，1991 年，第 566 页。

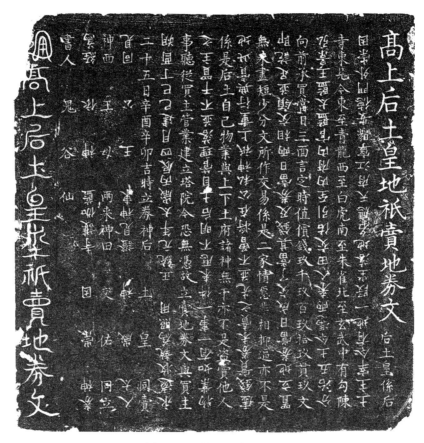

图 2　"王景弘地券"拓片

券文明确指出："券立二本，一本奉付后土，一本乞付墓中，令故考太监杨公收
把，准备付身，永远照用。"[1] 2010 年南京市江宁区祖堂山发现的明都知监太监
洪保墓出土的亦为双券，以铁箍捆系。可惜石质风化严重，文字内容无法辨
识。[2] 2005 年成都市高新区"新北小区四期"工地发现的明蜀王府宦官周有龄
墓，出土地券虽仅一块，然而其正反两面皆刻有券文，分别为买地人周有龄和卖
地人"山家土府神君"的执照，因此它是一种特殊的双券。[3] 出土单块地券的墓
葬也有不少，如 1953 年南京市江宁区西善桥英台寺山发现的明司礼监太监金英
墓，墓室中仅出土一块方形地券，券文末尾指明："券付亡过太监金英神魂收执，

① 邵磊：《明代宦官杨庆墓的考古发掘与初步认识》，《东南文化》，2010 年第 2 期。
② 南京市博物馆、江宁区博物馆：《南京市祖堂山明代洪保墓》，《考古》，2012 年第 5 期。
③ 成都文物考古研究所：《成都"新北小区四期"明代太监墓群发掘简报》，《成都考古发现（2006）》，
北京：科学出版社，2008 年，第 350 页。

承为照证。"[1] 1991 年河北遵化市苏家洼镇发现的太监王法兴墓也是如此，墓中仅有一块陶瓦制成的梯形地券，券文末尾曰："今立券者，右给付受地太监王法兴。准此。"[2] 2003 年成都市红牌楼工地发现的明蜀王府内奉何珊墓，出土的也是单券，其文末尾亦曰："右券一本，给付墓中亡官何珊收执存照。"[3] 从地券为土地买卖凭证这一性质来看，完整的地券应为双券，买卖双方各执一券。杨庆、洪保、周有龄地券即是如此；而一些墓葬虽然仅出土单券，但是未必真的仅有一券。王法兴、何珊地券皆称右券给付亡者，强烈暗示另有左券。左券应该给付地神，它们很可能没有放置于墓葬之中，而是被埋藏于墓葬之外。根据这一分析，我们推测，原始的、完整的"王景弘地券"很可能也是一合二券，一券为我们现在看到的"高上后土皇地祇卖地券文"，另一券可能名为"大明内官监太监王景弘买地券文"。前者原本埋藏于墓外，被凤凰村村民无意中发现，抬回家中；而后者一直放置于墓内，目前还在静待我们的发现。当然这是最理想的情况。如前所述，一合二券全部放置于墓内的情况也很常见。若是那样，就意味着王景弘墓葬此前已遭严重破坏。

地券文的内容一般都是真实与虚拟、真人与鬼神相互交织。本次发现的王景弘地券同样如此。券文之中，买地人王景弘、他于崇因寺之东购得土地、正统元年的立券时间等，皆为真人、真事、真时；而阴间土地的所有者后土皇、同卖人太岁神、证见神东王公、同见神西王母、两来神田交佑，同立券神崇因寺护伽蓝神、书人鬼谷仙等皆为道教文化、堪舆术士虚拟出来的各路鬼神。另外，"东至青龙、西至白虎、南至朱雀、北至玄武"的地界以及"玖仟玖佰玖拾玖贯玖文"的地价亦明显为虚指。通读该地券文，排除其中神秘虚诞的内容，可以得到以下基本史实：明英宗正统元年，官职为内官监太监的王景弘，于南京安德门外崇因寺东侧（见图 1）购买了一块土地，用于建造塔院。

三、地券内容的初步认识

根据地券提供的信息，我们认为至少在三个方面弥补了史料的不足。

（一）王景弘的葬地与坟寺

明清时代的宦官大多崇佛，有实力的大珰在为自己营葬的过程中，往往同时建寺籍僧，使之将来为己守冢。这在当时宦官云集的南、北二京，成为一种普遍

---

[1]　华东文物工作队：《南京南郊英台寺山明金英墓清理记》，《文物参考资料》，1954 年第 12 期。

[2]　晏子友：《明代太监王法兴墓》，《紫禁城》，1999 年第 4 期。

[3]　成都文物考古研究所：《成都红牌楼明蜀太监墓群发掘简报》，《成都考古发现（2003）》，北京：科学出版社，2005 年，第 484 页。

的社会现象。明代内官刘若愚就曾指出："中官最信因果，好佛者众，其坟必僧、寺也。"① 清人龚景翰也曾记录过北京周遭的情况："薄游京城之外，而环城三四野往往有佛寺，宏阔壮丽，奇伟不可胜计。询之皆阉人之葬地也。阉人既卜葬于此，乃更创立大寺于其旁，使浮屠者居之，以为其守冢之人。"② 历年来，南京市考古工作者在南京城南地区先后收集和发掘出多方明代宦官的墓志与寿藏铭，它们记载的内容使上述情况一再得到印证。比如，南京守备、内官监太监罗智的墓志记载，罗智"于城南安德乡购地一所，山明水秀，生气攸聚，卜为寿藏。且傍建梵刹，具章上请，赐额曰'静明寺'"；内官监太监杨云的寿藏铭记载，杨云"乃择山水明秀之地，悉罄己赀翔建梵刹，为国祝釐，为民祈福，规制宏丽，辉映林壑。具疏以闻，赐额'普应寺'。后则公营圹之所也"；南京守备、内官监太监余俊墓志记载："公择地于安德乡，上其事于朝，请立祠若寺，以诏永久。上眷方深，可其奏，仍各赐额：祠曰'彰勤'，寺曰'祝禧'"；③ 2010 年出土的都知监太监洪保寿藏铭同样记载，洪保"捐舍宝钞五百千贯，修造祖堂寺轮藏一所；又建东峰庵一所，度剃十二僧……预为此圹者，使住世弟、男知所奉祀焉"。④ 而据《非幻庵香火圣像记》所载，郑和生前"出己缗，命工铸金铜像一十二躯，雕妆罗汉一十八位，并古铜炉瓶及钟声乐师、灯供具等"，计划"逮候西洋回还，俱送小碧峰退居供奉，以为永远香火"，郑和的朋友和族人子弟皆知这是郑和的遗嘱——"所以言者，有深旨哉"。⑤ 可见郑和早就安排以小碧峰寺为坟寺，并做了大量准备，只是由于突然病殁域外而可能未能如愿。

根据文献与实物资料揭橥的事实，我们不难判断，王景弘在地券中与后土神买地订约"听从买主管业建立塔院"，表明他决定在此地建立一座寺院。此时的王景弘已是垂暮之年，他出资建立寺院明显与其他大珰一样，是为身后事计，该寺应为其坟寺。同时也就表明，他为自己选定的葬地就是崇因寺东侧的这片土地。在王景弘地券出土之前，一些学者根据王景弘原籍福建而又葬地不明，曾经推测他死后很可能归葬于闽。王景弘地券出土之后，这种推测即不成立。王景弘与郑和、洪保、罗智、杨庆等宦官一样，虽然籍贯各异，但是最终都入葬于他们

---

① 刘若愚：《酌中志》卷 22，《见闻琐事杂记》，北京：北京古籍出版社，1994 年，第 200 页。
② 龚景翰：《游大慧寺记》，《光绪顺天府志·京师志十七·寺观二》，北京：北京古籍出版社，1987 年，第 548 页。
③ 邵磊：《南京出土部分明代宦官墓志考释》，《学耕文获集——南京市博物馆论文选》，南京：江苏人民出版社，2008 年，第 212、213 页。
④ 南京市博物馆、江宁区博物馆：《南京市祖堂山明代洪保墓》，《考古》，2012 年第 5 期。
⑤ 《非幻庵香火圣像记》，原载明万历刻本罗懋登《三宝太监西洋记通俗演义》第 100 回之后。本文引自郑鹤声、郑一钧主编：《郑和下西洋资料汇编（增编本）》中册，北京：海洋出版社，2005 年，第 1147、1148 页。

长期为官的大明都城——南京。

在地券中多次被提及的崇因寺，目前已不存，但在明人葛寅亮所撰《金陵梵刹志》中对其有较为详细的记载。由于该寺位于产生过"新亭对泣"著名典故的新亭，该书因此称之为"新亭崇因寺"。该条记曰：

> （新亭崇因寺）在郭外，南城安德乡。北去所统报恩寺十里、聚宝门十里。刘宋时，名旷野寺。齐废。梁大同中，复。唐开元中，以懒融尝居，改禅居院。太和中，改崇果院。宋改寺额曰崇因。嘉靖间，重修。此地旧为新亭，有王、谢遗迹，宋苏长公画像颂。又刘谊诗云："十里重因寺，临江水气中。"皆为寺证据。所领小刹，曰英台寺、慈善寺、兴福寺、凤岭寺。①

通过这段记载可知，崇因寺的历史源远流长，最早为南朝时期创立的旷野寺，其后历经唐、宋、明，虽然名称不同，但代代不绝。在这段记载中，最重要的是指出了崇因寺与聚宝门和报恩寺的距离为 10 里。按古代 1 里相当于今天 576 米，10 里即约 5700 米。② 聚宝门与大报恩寺遗址今天皆存，经测算，这两处距离凤凰村王景弘地券发现地点的距离为 5000 米。地券发现地点属于王景弘葬地和坟寺的范围，位于崇因寺之东，因此崇因寺本址则应再向西稍许，因此正好符合《金陵梵刹志》所记其与聚宝门和大报恩寺相距 10 里的记载。

那么崇因寺是否就是王景弘的坟寺呢？我们认为崇因寺与王景弘关系肯定极为密切，从其葬地紧邻该寺，地券将"崇因寺护伽蓝神"确立为"同立券神"等处，表现得十分明显，但是不能就此简单地将崇因寺当做王景弘的坟寺。因为从上述罗智、杨云、洪保等与王景弘身份、时代相近的明代大铛的作为来看，他们都"悉罄己赀刱建梵刹"，即创建新寺作为自己的坟寺。其中，洪保的作为颇能说明问题。洪保生前与祖堂寺关系十分密切，"捐舍宝钞五百千贯，修造祖堂寺轮藏一所"，但是洪保并未将祖堂寺定为坟寺，而是"建东峰庵一所，度剃十二僧"。据发掘者考证，东峰庵即后来之宁海寺，就在祖堂寺东侧近旁，相距不过数百米。③ 内官监太监罗智同样如此。罗智的葬地紧邻南京南郊之牛首山，该处有著名的大刹弘觉寺，但是罗智并未直接以弘觉寺为坟寺，而是奏请皇帝批准另建静明寺，然后将静明寺归于弘觉寺之下管辖。④ 郑和的做法亦是如此。《非幻庵香火圣像记》明确指出，郑和要求将自己制作的佛像、供具等物，"俱送小

---

① 葛寅亮：《金陵梵刹志》卷 40，《新亭崇因寺》，天津：天津人民出版社，2007 年，第 583 页。
② 杨生民：《中国里的长度演变考》，《中国经济史研究》，2005 年第 1 期；陈连洛：《从大同北魏永固陵制看古代的长度单位——里》，《山西大同大学学报》（社会科学版），第 23 卷第 3 期。
③ 王志高：《洪保寿藏铭综考》，《郑和研究》，2010 年第 3 期。
④ 葛寅亮：《金陵梵刹志》卷 33，《牛首山弘觉寺》，天津：天津人民出版社，2007 年，第 503 页。

碧峰退居供奉，以为永远香火"。南京本有碧峰寺，据《金陵梵刹志》记载："（碧峰寺）在都门外，南城安德街。东去所统报恩寺二里，东北去聚宝门二里……国朝洪武中，敕建，居异僧金碧峰，因名寺。近禅僧大方募建千佛阁。所领小刹，曰永福寺。"[①] 这座寺院是明太祖朱元璋为高僧金碧峰敕建，规模大、等级高，向称碧峰寺，它不可能另于寺额前加"小"，而称"小碧峰"。因此郑和打算为己坟寺的"小碧峰"肯定不是该寺，而应是一座由郑和创建或重建，归于碧峰寺名下管辖的小刹。笔者怀疑永福寺有可能就是郑和原本计划的坟寺。《金陵梵刹志》对永福寺记曰："在都门外，南城安德街天竺山前。北去所领碧峰寺相邻，东北去聚宝门二里。天顺间，诂庵禅师建。按，乾道志：在广济仓东。旧在冶城东南，本晋开福寺。后徙此，改景福寺。南唐避讳，改额。宋、元名永福尼寺。旧有孔雀坛，成化中毁。弘治辛酉，重修。今居士张应文复募重修，度越前刹。"[②] 这段记载虽未提及郑和，但是可以发现该寺从元末到明成化年之间的情况语焉不详，不能排除郑和曾对该寺的恢复与建设作出过重要贡献，从而将它立为坟寺的可能性。

总之，明代大铛的坟寺虽然依附于已有之大寺，但通常不直接以其为坟寺，而是尽力另建小寺。究其原因，可能是由于大寺地位尊崇、人多事杂、难以专为其用，而自建之小刹可以为他们专心守坟。回归至王景弘坟寺的问题，地券中明确指出买主将"建立塔院"，说明王景弘本意与郑和、洪保、罗智这些生前同僚一样，创建属于自己的坟寺，该寺计划建于崇因寺东侧，建成后无疑将归属于崇因寺管辖。不过这座塔院是否最终建成，尚有疑问，我们下文将做分析。《金陵梵刹志》记载了崇因寺下辖的四座小刹，略加分析就可发现，它们皆不可能为王景弘所建之坟寺——英台寺"东去所领崇因寺五里"、慈善寺"东去所领崇因寺四里"、兴福寺"东去所领崇因寺七里"，它们皆位于崇因寺之西，与王景弘所买之地方位不合；另一座凤岭寺"西去所领崇因寺十里……宣德元年，右善世溥洽示寂，龛于凤岭之阳，建塔院，赐额"。[③] 该寺虽然位于崇因寺之东，但相距达 10 里，而且明确记载为溥洽所建，因此亦不可能。

（二）王景弘的生年与卒年

王景弘生于何年，以往由于史料的缺乏，学界很难给出可信的答案。此次地券的出土，为我们探讨这个问题提供了一条宝贵的线索。

王景弘地券中提及了多位神祇，其中后土、太岁、东王公、西王母、鬼谷仙

---

① 葛寅亮：《金陵梵刹志》卷 39，《碧峰寺》，天津：天津人民出版社，2007 年，第 575 页。

② 葛寅亮：《金陵梵刹志》卷 40，《新亭崇因寺》，天津：天津人民出版社，2007 年，第 582 页。

③ 葛寅亮：《金陵梵刹志》卷 40，《新亭崇因寺》，天津：天津人民出版社，2007 年，第 588、589 页。

等，自两汉地券兴起以来，在全国各地的地券中屡屡出现，与他们类似的还有岁月主、五帝使者女青、白鹤仙、张坚固、李定度、杨筠松（杨救贫）等，这些神祇在地券中的作用一般是固定的，比如后土是地神，是土地的出让者；东王公、西王母、太岁、岁月主、张坚固、李定度等，主要充当保人和见证人；杨筠松本是唐僖宗时掌管灵台地理事务的官员，由于精于风水之术，被堪舆术士神化，在地券中承担起为墓主选定吉穴的重任；鬼谷仙、白鹤仙经常充当书写人；而女青被认为是天帝、太上老君和元始天尊的使者，又负责掌管鬼律，所以在地券中由她代表上天对地券的合法性进行确认。总之，地券中各路神祇的名号虽然众多，看似纷繁杂乱，但实际上各司其职，皆有所用，绝非阴阳先生随意而写。值得注意的是，此次在王景弘地券中出现了两位罕见的神祇两来神田交佑和崇因寺护伽蓝神，他们的名号在其他地券中极少出现，或者根本没有出现过，打破了以往地券行文相对固定的套路。这说明他们二位对于王景弘具有特别重要的意义，特意被列入地券之中。崇因寺护伽蓝神的出现与作用似较容易推测，我们认为他很可能是为王景弘买地而特意新创的神祇。正如上文所析，王景弘买地是为建立坟寺，而其坟寺紧邻崇因寺，且将属该寺管辖，因此在地券中拟创出这位崇因寺护伽蓝神，使之与后土共同立券，意味着让他代表崇因寺对王景弘买地的行为给予认可，并对王景弘将来的坟寺给予庇佑。

田交佑之名虽然在以往的地券中很少出现，但他存在于道教典籍《灵宝天尊说禄库受生经》之中，并非新创。《灵宝天尊说禄库受生经》的编撰者与年代皆不详，然而该经为《正统道藏》所收，其成书年代应该较早。该经重点阐述了一种受生还债的思想，它认为：凡人在托生之前，皆从地府的禄库之中借贷过钱财，因而受生为人，是为"受生钱"。人出生之后，应该"钦敬三宝，方便布施，设斋诵经，行种种善缘，及依吾教诵念此经，烧还禄库受生钱者，得三生为男子身"；如果"负欠冥司受生钱财，在世不还，更相诳妄，死入地狱，万劫方牧畜兽身，轮转果报"。为了便于人们还此阴债，该经详细列举了十二生辰之人分别对应的地府十二禄库，以及各库曹官的姓氏，要求人们根据各自生辰向各库归还受生钱。更为关键的是，该经又详细列举十二生辰之人的"本命元辰"，强调人们只有向自己的"本命元辰"许钱，才可来生继续为人。其相关经文我们引录如下：

> 子生人，本命元辰刘文真，当得人身，许钱七千贯。丑生人，本命元辰孟侯，当得人身，许钱九千贯。寅生人，本命元辰锺元，当得人身，许钱六千贯。卯生人，本命元辰郝元，当得人身，许钱一万贯。辰生人，本命元辰李文亮，当得人身，许钱五千四佰贯。巳生人，本命元

辰曹交，当得人身，许钱一千贯。午生人，本命元辰张巳，当得人身，许钱九千贯。未生人，本命元辰孙恭，当得人身，许钱四千贯。申生人，本命元辰杜准，当得人身，许钱八千贯。酉生人，本命元辰田交佑，当得人身，许钱五千贯。戌生人，本命元辰崔渐进，当得人身，许钱五千贯。亥生人，本命元辰王爽，当得人身，许钱六千贯。①

从现代人的角度看这本经书，或许荒诞不经，充满了迷信思想，但是在古代很多人的心目中，它是必须虔诚遵行的经典。正是通过此经我们得知，田交佑乃是酉年生人的"本命元辰"，他在很大程度上掌管着该生辰之人来生的命运。王景弘在地券中特意以他为两来神，通过他向后土买地。由此我们不难推测：王景弘很可能是酉年生人，属鸡，田交佑乃是他的"本命元辰"。另外我们还注意到，《灵宝天尊说禄库受生经》虽为道教经书，但是其中混杂了大量佛教思想：比如它既强调人们需"烧还禄库受生钱"，"负欠冥司受生钱财……死入地狱"；同时又强调人们要"钦敬三宝，方便布施，设斋诵经，行种种善缘"。联想到王景弘、洪保、罗智等明代大铛都是既按照道教仪轨斩草、买地、立券，又按照佛教方式建寺、籍僧，因此很难说这本经书所阐述的佛道交融的思想不是他们行为的理论依据之一。

由于文献史料的缺失与疏漏，在地下文物资料出土以前，领导七下西洋活动的众多关键人物——无论是正使太监郑和、王景弘，还是多位副使太监，以及负责后勤保障工作的内承运库大使、南京守备太监等人，他们的生卒之年都是难解之谜。自20世纪50年代以来，罗智、杨庆、洪保等三位参与过下西洋活动的关键人物的墓葬先后被发现，出土了记载详细的墓志（寿藏铭）材料，才使这一状况有所改善。这三位人物的墓志文不仅将他们本人的生卒年交代得十分清楚，也为我们探索王景弘的生卒年提供了重要的参照系。正如上文所析，王景弘地券的出土使我们了解到王景弘很可能是酉年生人，但是能否进一步明确到哪一年，还需要其他信息参与分析。洪保、杨庆均为直接参加下西洋活动的副使太监，罗智曾任主管下西洋后勤保障的南京守备太监，他们与郑和、王景弘皆为同僚和副手的关系。据洪保等人的墓志文记载，洪保生于洪武三年（1370年），永乐三年（1405年）郑和第一次下西洋36岁；杨庆生于元至正二十七年（1367年），永乐三年时39岁；罗智生于洪武八年（1375年），永乐三年时31岁。由此可见，永乐三年郑和第一次下西洋时，领导层成员的年龄普遍在30余岁。而郑和、王景弘作为这支船队的主帅，职务、承担的责任皆在这些人之上，其年龄

---

① 《灵宝天尊说禄库受生经》，底本收于《正统道藏》洞玄部本文类。本文引自张继禹主编：《中华道藏》第4册，北京：华夏出版社，2004年，第286、287页。

虽说不一定比他们年长，但至少应当相仿。以此条件为基础，加上地券提供的信息，我们发现洪武二年（1369 年，农历己酉年）很可能是王景弘的出生年——如果王景弘于该年出生，永乐三年第一次下西洋时，他正好 37 岁，年富力强，堪挑大梁；如果推后一轮，假设他出生于洪武十四年（1381 年，农历辛酉年），那么第一次下西洋时，他年仅 25 岁，年龄过轻，难以服众；如果提前一轮，假设他出生于元至正十七年（1357 年，农历丁酉年），那么第一次下西洋时，他已49 岁。虽尚有可能，然而至宣德五年（1430 年）他最后一次奉命下西洋时，将达 74 岁。这明显不合理，明宣宗不可能让这样一位古稀老人率领大军，出入惊涛骇浪。综上，只要王景弘本命年为酉年这一前提正确，那么他出生于洪武二年（1369 年）是可以基本确定的。

在王景弘地券的末尾，有"正统元年四月二十五日"这个明确的纪年数据，这可以看作王景弘开始为自己预制寿藏的日子。从预制寿藏到去世，中间存在无法确定的距离——比如，据洪保寿藏铭的记载，洪保于宣德九年（1434 年）、65岁时预制寿藏，而他在正统六年（1441 年）、72 岁时仍然健在，尚能接受皇太后的委任，为正统皇帝访择皇后，其间相隔至少在 7 年以上；[1] 而据杨云寿藏铭记载，其于成化五年（1469 年）、79 岁时预作寿藏，至成化九年（1473 年）、83岁时去世，相隔为 4 年。[2] 因此，很显然我们不能将正统元年四月二十五日作为王景弘去世的日期。陈学霖先生在《明王景弘下西洋史事钩沉》一文中，通过全面检索《明实录》的记载发现，王景弘最后一次出现于《明实录》是在正统二年（1437 年）十月癸未条，当时明英宗要求王景弘与成国公朱勇、新建伯李玉等南京重要官员共同整训南京军备。其后《明实录》之中就再未出现过王景弘的名字，而且南京守备太监也很快以罗智、袁诚等人接任。由此陈先生推测王景弘应于正统二年末告老或逝世。[3] 笔者认为，在无其他新出史料的情况下，这仍是王景弘卒年最为可信的推测，其时王景弘应为 68 岁。

应该看到，距离正统二年末，正统元年四月二十五日这个预制寿藏的起点实在过于接近。要想完成建寺、建坟两项任务，时间十分仓促。联系到正统二年十月明英宗仍然要求王景弘会同主持南都军训重任，我们认为，如果王景弘确实于正统二年末去世，那么他应该是由于操劳过度、突发疾病去世，这是一年前王景弘预制寿藏时所不能预知的情况。也正是由于这个原因，我们推测王景弘的坟寺

① 《皇明诏令》卷 11，《续修四库全书》史部第 457 册，上海：上海古籍出版社，2002 年，第 227 页。
② 邵磊：《南京出土部分明代宦官墓志考释》，《学耕文获集——南京市博物馆论文选》，南京：江苏人民出版社 2008 年，第 213 页。
③ 陈学霖：《明王景弘下西洋史事钩沉》，《汉学研究》，第 9 卷第 2 期，1991 年。

或许未能如愿建成，从而导致《金陵梵刹志》未将该寺收入"新亭崇因寺"条下。

（三）王景弘的隶属衙门

明代宦官势大权重，人数众多。为管理和使用宦官，明政府设有所谓的"二十四衙门"：即十二监（司礼、内官、御用、司设、御马、神宫、尚膳、尚宝、印绶、直殿、尚衣、都知）、四司（惜薪、钟鼓、宝钞、混堂）、八局（兵仗、银作、浣衣、巾帽、针工、内织染、酒醋面、司苑）。① 这些衙门的首领称为太监，是所有宦官中地位最高者。明代受皇帝信任的宦官，可以直接秉承皇命，管军、管民、管钱，对外朝政治、经济、军事、外交、司法等各个领域进行深度干预；但是无论他们在外所奉何差，其基本身份仍是"内官"，必须隶属于内廷的宦官机构。反过来看，明代能够出人头地的宦官，一般都必须先在"二十四衙门"中的某一部门获得太监、少监等较高地位，方才有机会口含天宪，出入外廷，显赫一时。

明初下西洋船队的最高领导层皆由宦官组成，除郑和、王景弘外，还有侯显、洪保、杨庆、唐观保、李兴、朱良、周满、杨真、张达、吴忠、罗智等多人。他们先后获得太监的职衔，不过分属不同的部门。通过检索文献和出土资料，我们目前可以了解其中一部分人的隶属情况。比如，据《明史·侯显传》记载，侯显原为司礼少监，其后"以奉使劳，擢太监"，由此可知侯显隶属于明代最为显赫的司礼监。② 又如，明人王直《抑庵文集》中收录有《户部右侍郎吴公墓志铭》，记载户部右侍郎吴玺所历一事："正统己未徙内库，勅都知监大监洪保、魏国公徐显宗与公理其事。库物以巨万计，二公重臣多惮烦，一惟公是赖。"③ 由此可知洪保隶属于都知监。这一信息已被出土的洪保寿藏铭所证实。而根据出土墓志材料，我们得知罗智"永乐丙申，掌内官监事。洪熙乙巳，升本监太监"；而杨庆为"都知监太监"。最有意思的是，郑和的隶属信息来源于其父马哈只的墓志铭，若无这件宝贵的实物证据，我们迄今仍然无法得知郑和本"为内官监太监"。④

王景弘作为七下西洋的主帅之一，以往的史料——无论是正史、稗官杂记，还是海内外陆续发现的文物实证材料，皆只记载了他的宦官身份、等级，以及所

① 《明史》卷74，《职官志三·宦官》，北京：中华书局，1974年，第1818-1820页。
② 《明史》卷304，北京：中华书局，1974年，第7768、7769页。
③ 王直：《户部右侍郎吴公墓志铭》，《抑庵文集》卷10，四库全书本。
④ 纪念伟大航海家郑和下西洋580周年筹备委员会、中国航海史研究会主编：《郑和史迹文物选》，北京：人民交通出版社，1985年，第2页。

负责的区域，却从没有交代清楚他属于宦官系统中的哪一具体部门。

比如，在最重要的正史材料《明实录》中，自最早的永乐五年（1407年）九月庚辰条至最晚的正统二年（1437年）十月癸未条，王景弘（按：洪熙朝以前称为王贵通，其后改称景弘①）先后出现的称谓有太监（永乐五年九月庚辰条、永乐二十年八月丁未条、宣德四年二月乙未条、宣德五年六月戊寅条、宣德十年正月甲戌条、宣德十年正月辛丑条、正统元年三月丁卯条、正统二年十月癸未条②）、内官（洪熙元年二月戊申条③）、南京太监（洪熙元年四月甲辰条、宣德三年六月庚戌条④）、守备太监（洪熙元年六月辛亥条、宣德十年六月丁巳条⑤）、南京守备太监（宣德三年八月庚辰条、正统元年二月乙未条、正统元年三月甲申条⑥）、中官（宣德十年四月癸卯条⑦）；在清代官修《明史》之中有三处提及王景弘，其中《郑和传》称他为郑和"其侪"，《外国传·苏门答剌》将他与郑和同称为"太监"。⑧

另外，有关王景弘的记载还出现于下西洋随行人员所作札记、文人著述、稗官杂史等多种文献。比如巩珍的《西洋番国志》，在《自序》中称王景弘为"正使太监"，在所收宣德五年五月初四日的皇帝勅书中，称他为"太监"；⑨ 费信所著《星槎胜览》中，同样称王景弘为"正使太监"；⑩ 郎瑛《七修类稿》称王景弘为"太监"；⑪ 葛寅亮《金陵梵刹志》卷2收录了明代多位皇帝的谕旨，其中就有专门敕谕郑和、王景弘等人的，直接称他们为"太监"；⑫ 南明佚名者所编之《天妃显圣录》中，则称王贵通为"内官""太监"。⑬

在以往发现的文物实证材料中，与王景弘密切相关的有：发现于斯里兰卡的

---

① 王景一人两名之问题，陈学霖先生《明王景弘下西洋史事钩沉》一文有详细论证，可资参阅。

② 分别见《明太宗实录》卷71，第999页；《明仁宗实录》卷1上，第6页；《明宣宗实录》卷51，第1123、1124页；《明宣宗实录》卷67，第1576、1577页；《明宣宗实录》卷115，第2597页；《明英宗实录》卷1，第34页；《明英宗实录》卷15，第276页；《明英宗实录》卷35，第691页，台北："中央研究院"历史语言研究所影印本，1962年，以下引用版本皆同。

③ 《明仁宗实录》卷1上，第6页。

④ 分别见《明仁宗实录》卷9上，第282、283页，《明宣宗实录》卷44，第1095页。

⑤ 分别见《明宣宗实录》卷2，第31页，《明英宗实录》卷6，第122页。

⑥ 分别见《明宣宗实录》卷46，第1095页，《明英宗实录》卷14，第267、268页；《明英宗实录》卷15，第289页。

⑦ 《明英宗实录》卷4，第83页。

⑧ 分别见《明史》卷304，第7766页，《明史》卷325，第8420页，北京：中华书局，1974年。

⑨ 巩珍著，向达校注：《西洋番国志》，北京：中华书局，2000年，第5、10页。

⑩ 费信：《星槎胜览》序和卷1《占城国》，上海涵芬楼《学海类编》本，第119册，1921年。

⑪ 郎瑛：《七修类稿》卷12，《三保太监》，上海：上海书店出版社，2001年，第124页。

⑫ 葛寅亮：《金陵梵刹志》卷2，《钦录集·宣德三年》，天津：天津人民出版社，2007年，第81页。

⑬ 分别见《天妃显圣录》之《历朝袭封致祭祀》条和《东海护内使张源》条，《台湾文献丛刊》第77种，台北：台湾银行经济研究所1960年，第9、39页。

《布施锡兰山佛寺碑》、原立于太仓刘家港天妃宫的《通番事迹记碑》、发现于福建长乐的《天妃灵应之记碑》,发现于福建南平的"郑和铜钟"等。《布施锡兰山佛寺碑》开篇即说:"大明皇帝命太监郑和、王贵通……";① 《通番事迹记碑》和《天妃灵应之记碑》皆在碑文末尾署名"正使太监郑和、王景弘……";② "郑和铜钟"上署名的供养者为"太监郑和、王景弘等同官军人等"。③

　　综上所述,在以往所见各种史料之中,或者点出王景弘的宦官身份,如"内官""中官";或者强调他的职权级别,如"正使太监""守备太监";或者指明他所在及管辖的区域,如"南京太监""南京守备太监"等。在官私史籍中最常用的显然是"太监"一词,因为该称谓兼顾了内官的身份与职级。然而不管上述哪一条记载、哪一种称谓,都忽略了王景弘隶属何监这个基本信息。此次地券的出土,填补了这一空白,明确告知我们王景弘同样为"内官监太监",使我们对于《明史》记载的王景弘乃郑和之"侪",有了更为深刻的理解。毫无疑问,这是王景弘地券给予我们的又一重要贡献。

（原载《东南文化》,2014 年第 1 期,第 98–106 页。）

---

① 龙村倪:《郑和布施锡兰山佛寺碑汉文通解》,台湾《中华科技史学会会刊》,第 10 期;吴之洪:《郑和〈布施锡兰山佛寺碑〉碑文考》,《黑龙江史志》,2009 年第 20 期。
② 纪念伟大航海家郑和下西洋 580 周年筹备委员会、中国航海史研究会主编:《郑和史迹文物选》,北京:人民交通出版社,1985 年,第 23、54 页。
③ 刘东瑞、卢保康:《郑和铜钟考》,《文物》,1985 年第 1 期。

郑和、王景弘与三宝垄

——重读《海岛逸志》有感

陈佳荣[*]

以郑和、王景弘为正使的明朝舰队之屡下西洋，是为富有世界意义的中外航海交通盛事，早已备受海内外舆论及学术界的重视。有关的载籍及研究成果实可谓汗牛充栋，比比皆是，唯某些史事囿于记载之疏略，仍出现言人人殊、聚讼不休的局面。例如，郑和、王景弘是否到过甚或埋葬于爪哇的三宝垄，迄今依然传说纷纭，未有定论。不久前，笔者因执编姚楠、吴琅璇校注的清王大海《海岛逸志》，[①]重温此方面的资料，感触良多，故乃草成拙文就教于四方之大家。

一、爪哇盛传郑和、王景弘到过三宝垄

据学者考订，郑和七下西洋的航程，大概每一次都包括印度尼西亚的爪哇在内。但所到之处，主要是该岛的东部地区，即《星槎胜览》《瀛涯胜览》《西洋番国志》诸书记及的杜板（Tuban，又译赌班、厨闽）、新村（Geresik，又作革儿昔、锦石）、苏鲁马益（Surabaya，又作苏儿把牙、泗水）、满者伯夷（Majapahit）。当时爪哇处于满者伯夷王朝时期，故明朝舰队航抵东北岸，而至其首都，[②]自是顺理成章之事。

尽管郑和随员的上述笔录及明代官私著作均未提及三宝垄，《郑和航海图》亦未载其名，可是长期以来在三宝垄的华侨中，却一直流传着郑和及其侪王景弘下西洋时来过当地的故事。1879 年（光绪五年），三宝垄（Semarang）华侨黄志信曾立碑以志其事："时望安（指 Semongan 河口）为王公三宝大人归真之地，

---

[*]　香港中西交通史学者，中国中外关系史研究会名誉会长。

①　《海岛逸志》，清代侨居印尼雅加达、三宝垄的福建龙溪人王大海所撰，成书于乾隆五十六年（1791年）。姚楠、吴琅璇据嘉庆十一年（1806 年）的漳园刊巾箱本（6 卷）予以校注，于 1992 年 10 月由香港学津书店出版，列为香港中文大学与上海市华侨历史学会合编的"海外华人历史珍本文献"第一种。

②　满者伯夷（一译麻喏八歇）王国的首都故址在布兰塔斯河（Brantas R.）下游，位泗水西南，或谓即今慈班（Modjokerto）一带。参见笔者同谢方、陆峻岭：《古代南海地名汇释》，北京：中华书局，1986 年，第 818 页。

山明水秀，树木葱茏，麓有石门，天然成洞，三保圣神著灵于此，俗称三保洞者，以神得名也"。① 1908 年（光绪三十四年），羲皇正胤《三保洞记》有云："爪哇三宝垄之三保洞者，开南洋殖民伟业之副使王公景弘归真处也……宣德中叶，卒于三保洞。"②

相传郑和率船队沿爪哇北岸航行时，副手王景弘忽患重病，郑和遂命船队在三宝垄附近登陆，把王景弘安置于山洞内疗病。后来船队继续西航，王景弘病愈后则长居三宝垄，并卒于当地。③ 在三宝垄三保洞前有三保井、三保庙，旁有三保墩（传为下西洋舰队一舟沉没处）及三保墓。三保墓，或指为王景弘葬所。或指为郑和本人的坟地。④

有关郑和、王景弘在爪哇的这类传说，至迟可追溯到清代。格伦威尔德1875年的《马来群岛及满剌加考》已提及郑和、王三保在爪哇的事迹，并为伯希和所引。⑤ 但该书和上述黄志信所立碑都出现于光绪初年，而最早的比较系统的文字记载，应推乾隆年间成书的王大海《海岛逸志》。

《海岛逸志》卷 2《人物考略》的第一节就标以"王三保"的专题，其文如下：

---

① 参见张礼千：《三宝和宝船》，载《东方杂志》，第 41 卷第 10 号，1945 年 5 月。

② 羲皇正胤：《三保洞记》，《民报》，第 26 期。

③ 参见印尼华裔学者林天佑《三宝垄历史——自三保时代至华人公馆的撤销（1416-1931）》，该书印尼文版于 1932 年由三宝垄和巴达维亚何金友书店出版，1984 年暨南大学华侨研究所出版了李学民、陈巽华的中译本。另见 Donald E. Willmott, *The Chinese of Semarang: A Changing Minority Community in Indonesia*, Ithaca, N.Y.: Cornell University Press, 1960, pp. 1-3。

④ 林天佑指出："在三宝垄的三宝庙附近，有一块墓碑，可能是王景弘的葬地。但三宝垄的善男信女都相信是郑和的坟墓，因为一般以为王氏死于中国"（林天佑：《三宝垄历史——自三保时代至华人公馆的撤销（1416-1931）》，李学民、陈巽华译，暨南大学华侨华人研究所，1984 年，第 87 页）。有关三宝垄的郑和、王景弘传说，载籍多如牛毛，不胜枚举，例如：梁绍文：《南洋旅行漫记》，北京：中华书局，1924 年；侯鸿鉴：《南洋旅行记》，无锡：竞志女校，1920 年；许云樵：《三宝公在南洋的传说》，载《珊瑚》，第 3 卷第 2 期，1933 年 7 月；郑健庐：《南洋三月记》，上海：中华书局，1934 年；沈厥成、刘士木：《南洋地理》下册，上海：商务印书馆，1937 年；黄素封：《南天乐园》，上海：商务印书馆，1934 年；郑鹤声：《郑和遗事汇编》，上海：中华书局，1948 年；高事恒：《南洋论》，上海：南洋经济研究所，1948 年；潘醒农：《东南亚名胜》，新加坡：南岛出版社，1954 年；黄东涛：《南洋集锦》，香港：骆驼出版社，1979 年；温广益等：《印度尼西亚华侨史》，北京：海洋出版社，1985 年；张维华等：《郑和下西洋》，北京：人民交通出版社，1985 年；李学民、黄昆章：《印尼华侨史》，广州：广东高等教育出版社，1987 年；学明：《印尼名胜古迹》，载香港《华人》月刊，1987 年第 10 期；郑鹤声、郑一钧：《郑和下西洋资料汇编》下册，济南：齐鲁书社，1989 年；朱杰勤：《东南亚华侨史》，北京：高等教育出版社，1990 年；孔远志：《印尼三宝垄的三保庙与华人》，载《郑和研究》，第 12 期，1991 年 5 月（作者另有《历史上的一个谜——关于郑和是否到过三宝垄的问题》，载《南亚东南亚评论》）；李原、陈大璋：《海外华人及其居住地概况》，北京：中国华侨出版公司，1991 年。

⑤ W. P. Groeneveldt, *Notes on Malaya Archipelago and Malacca*, Batavia, 1876, p. 170. 另见伯希和著：《郑和下西洋考》，冯承钧译，上海：商务印书馆，1934 年，第 17 页引。格化威尔德之书另在 1960 年于雅加达出版，名 *Historical Notes on Indonesia and Malaya Compiled from Chinese Sources*，参见该书 44-45 页。

王三保者，明宣德时内监也。明宣宗好宝玩，因命王三保、郑和等至西洋采买宝物，止于万丹，实未尝至吧因。而三宝垄就有三保洞，俗云三保遗迹，极有灵应。每朔望士女云集，拜祷其处。井里汶海中有屿，长数百里，名蛇屿，相传其蛇有大珠，为三保所取，死而化为长屿以祸人。说颇荒唐，存之以备考。

该书提及郑和、王景弘尚有数处，兹略引之：

华人自明宣德王三保、郑和等下西洋采买宝物，至今通商往来不绝。[1]

如王三保之开创，功庇一方。[2]

自明宣德时，命王三保下西洋采办珠宝，纪于国史。[3]

全书由序至内文，均把王三保置于郑和之前，或单提王三保，似乎王景弘在爪哇三宝垄的名声更大。这与前引的传说大致是相合的。

二、郑和下西洋时是否可能到三宝垄

研究郑和、王景弘与三宝垄的关系，首先要分析他们有没有可能经过该处。由于缺乏确实的记载，光靠传说或片言只语的史料是很难判断的，这就需要以其他方面，如航线行程的探讨，作为辅助研究的方法。人们经常提出，郑和是否到过台湾？郑和是否到过菲律宾？然因缺乏史料及航程的佐证，故始终聚讼不休。至于三宝垄，如结合下西洋航程及传说而分析，此一问题或可露出一线之曙光。

根据明代祝允明的《前闻记》，郑和第七次下西洋去程是由占城到爪哇（苏鲁马益）的，中途经过何地不详。而明陆容《菽园杂记》卷3叙及第三次下西洋时，则提到假里马达（Karimata）、交阑山（Gelam I.）二地。证以《郑和航海图》，除假里马达、交阑山外，在爪哇岛北面尚有吉利闷，即今之卡里摩爪哇岛（Karimunjawa I.）。然而由吉利闷南下，是直达杜板、新村、苏鲁马益等地，还是先到爪哇北岸其他地方，再由西向东行驶，《郑和航海图》并未详绘。

若依黄省曾的《西洋朝贡典录》，当时的航线应是由卡里摩爪哇岛南行，抵达爪哇北岸后再向东航向杜板等地。该书虽作于正德年间，然作者自谓"余乃摭拾译人之言，若《星槎》《瀛涯》《针位》诸论……"云云，是考证郑和下西洋的珍贵文献。该书卷上《爪哇国第三》记曰：

鸡笼之屿（应即 Karimata I.），又十更至勾栏之山（Gelam I.），可

---

[1]　王大海：《海岛逸志》卷1，《西洋纪略·噶喇吧》。

[2]　王大海：《海岛逸志》自序。

[3]　王大海：《海岛逸志》周学恭序。

以治薪、水。又三十更平吉里门之山（Karimunjawa I.）。又五更平胡椒
之山（应即爪哇岛北岸的布格 Bugel 角一带）。又三更平那参之山……

　　由爪哇新村而往，针位五更而至杜板。又五更平那参之山。又四更
平胡椒之山。又四更至吉里门之山。①

可见下西洋时来往爪哇的航线，都经过爪哇岛北岸的布格角一带。其地离三
宝垅不远，而明代永乐三年入贡的金猫里（又作合猫里）也可能在其附近的淡
目（Demak），② 该处文化发展及回教传播颇有可观。

三、郑和等如到三宝垅应在何时

《三宝垅历史》作者林天佑判断他们是在第五次下西洋时到过三宝垅的，因
系在北岸从东向西航行，故应为离爪哇赴苏门答腊的航程中。至于是否可能，牵
涉到王景弘参与下西洋的次数。过去一般根据《明史》《明实录》《星槎胜览》
及郎瑛《七修类稿》所载，认为王景弘参加了第一、二、三、七次下西洋。但
陈学霖撰《明王景弘下西洋史事钩沉》一文，③ 详证王景弘在永乐朝以王贵通名
著称，④ 并引南明佚名编之《天妃显圣录》证明王景弘之于下西洋几乎无役
不与。

尽管郑和、王景弘第五次下西洋时到三宝垅或有可能，唯据上引《海岛逸
志》之文，则以宣德间第七次下西洋的可能性最大，时在宣德七年（1432 年）
离爪哇之六月。除《海岛逸志》外，在该书之前出版的程逊我《噶喇吧纪略》
及《噶喇吧纪略拾遗》也屡屡提及"宣德时太监王三保下西洋"而至爪哇之事，
可为佐证。⑤

为什么《噶喇吧纪略》《海岛逸志》等书均突出王景弘呢？这有可能是受到
明代后期某些著作的影响，如《殊域周咨录》卷 8 云："成化间，有中贵迎合上
意者，举永乐故事以告，诏索郑和出使水程"。⑥ 但类似的话在《续藏书》卷 16

---

① 上引两段文字见明黄省曾著、谢方校注：《西洋朝贡典录》，北京：中华书局，1982 年，第 18、33 页。
② 参见拙作：《金猫里、合猫里和猫里务考》，载《中外关系史论丛》第一辑，北京：世界知识出版社，
　 1985 年。
③ 陈学霖：《明王景弘下西洋史事钩沉》，载台北《汉学研究》，第 9 卷第 2 期，1991 年 12 月。
④ 诸种论著中，王景弘的异名颇多，如王贵通（《布施锡兰山佛寺碑》《天妃显圣录》《明实录》）、王
　 清濂（因误辨《布施锡兰山佛寺碑》拓文所致）、王三保（见上引《海岛逸志》等）。苏尔梦等在
　 《椰城华族庙宇志》中提到，郑和及其追随者 Wang Zhu- Cheng（王朱成）在爪哇备受崇敬，此王朱成
　 究系何人，值得考证：Claudine Salmon and Denys Lombard, *The Chinese of Jakarta*, *Temples and
　 Commonal Life*, SECMI, Gueret, 1977, p. XLIX.
⑤ 程逊我又名程日炌，清代福建漳浦人，曾于 1729—1736 年旅居巴达维亚七载，所撰《噶喇吧纪略》
　 及《拾遗》等书刊于《逊敏堂丛书》，文前有乾隆十三年（1748 年）题记。上述学津书店出版的《海
　 岛逸志校注》将其书收为附录。
⑥ 严从简著，余思黎点校：《殊域周咨录》，北京：中华书局，1993 年，第 307 页。

《项襄毅公传》所引的《项忠年谱》就成了"时朝廷好宝玩，中贵言宣德中尝遣太监王三保使西洋，获奇珍异货无算。帝乃命中贵到部，查王三保至西洋时水程。"① 当然，也不排除王景弘确如爪哇传说所云，在三宝垅养过病，与当地结下不解之缘。

四、郑和有无可能葬于三宝垅

随着新资料的陆续发现，郑和于第七次下西洋时在宣德八年（癸丑，1433年）卒于印度古里（Calicut）渐成定论。如《新刻全像三宝太监西洋记通俗演义》（三山道人刻本）卷20所附天顺元年（1457年）《非幻庵香火圣像记》一文称，郑和"不期宣德庚戌钦承上命，前往西洋，至癸丑岁卒于古里"。② 另康熙《江宁县志》载："三宝太监郑和墓，在牛首山之西麓。永乐中命下西洋……宣德初，复命入西洋，卒于古里国。此则赐葬衣冠处也"。③ 同治十三年（1874年）刊《上江两县志·牛首山》大体沿袭上文："太监郑和墓：永乐中命下西洋，宣德初复命，卒于古里，赐葬山麓。"

但郑和究竟卒于宣德八年（1433年）何月，似尚难确定。据祝允明《前闻记》，下西洋舰队于宣德七年十一月十八日到古里，二十二日离开；宣德八年三月十一日回古里，二十日离古里启航东返。如果郑和率领舰队由古里到忽鲁谟斯等地然后再回古里，自可断其逝于宣德八年三月十一日至二十日间。唯从有关史料分析，郑和很可能在初到古里时就病倒了。如《西洋朝贡典录》卷下《天方国第二十三》云："宣德中使郑和至西洋，遣通事七人赍麝香、瓷器、缎匹同本国船至国，一年往回。"《明史·天方传》《明通鉴》卷21、《咸宾录》卷4、《皇明象胥录》卷7所载大致一样。唯当时随郑和下西洋的巩珍所撰《西洋番国志·天方国》所载则不同："宣德五年，钦奉朝命开诏，遍谕诸番，太监洪保分綜到古里国。适默伽国有使人来，因择通事等七人同往，去回一年"，《瀛涯胜览》之文大同。可见由古里赴天方的使者已非郑和直接派出，而由洪保所遣。另如郑和果能离古里西航，则前往天方朝圣自是这位"马哈只"后裔继承父祖之志的良机，但他终于没有去。

郑和既卒于古里，其遗体又葬于何处呢？这也是聚讼不休、迄无定谳的问

① 李贽：《续藏书》卷16，《项襄毅公传》，北京：中华书局，1959年，第323页。观此数文，所谓王景弘晚年专事《赴西洋水程》一说颇值商榷。
② 郑一钧：《郑和死于一四三三年》，《光明日报》，1983年3月16日。另见庄为玑：《论明版的〈郑和下西洋记〉》，载香港《华侨日报》，1984年4月12日。
③ 纪念伟大航海家郑和下西洋580周年筹备委员会、中国航海史研究会主编：《郑和史迹文物选》，北京：人民交通出版社，1985年，第20页。

题，大致有三宝垅、南京、古里三说。① 郑一钧《郑和死于一四三三年》结合爪哇传说，认为因遗体不能长期保存，有可能中途葬于三宝垅。唯据《前闻记》，下西洋舰队回程并未经爪哇，而是过马六甲海峡后北上经占城返国。如欲赶时间，似无再南下爪哇之理。南京牛首山现有郑和墓，但康熙《江宁县志》云为赐葬衣冠处。另《明一统志》、嘉靖《南畿志》《江南通志》等详列南京的明代诸臣墓，包括渤泥国王墓，但并未谈及郑和。是因该墓后修，或明朝士子对太监有成见，或其他原由不得而知。按，明代有正德、万历等《江宁县志》及其他地理专书，很值得详细翻查，综合比较，或可觅得一些蛛丝马迹。②

先师庄为玑教授在《试论郑和与王景弘之死》一文中指出："从古里到苏门答剌须二十二昼夜。死尸在春夏之交是很难保存，怎么会安葬在苏门答剌或爪哇呢？据我推测，回教风俗不主张留葬，也许郑和送回头发与鞋子，就是代表他的肉体，而后就地安葬于古里吧！"此说颇为合理。幼时常听家乡人说，闽南船工极忌在海船上携带尸体，怕船覆人没；在560年前的明朝皇家舰队上是否流行此种风俗，则不得而知。诚然，如果当时人们对郑和至为尊敬，不顾一切把他的尸体带回南京，也不是不可能的。不过要提出更有力的资料证明，方可推翻康熙《江宁县志》的"衣冠冢"之说。

五、王景弘有无可能在三宝垅养病

笔者以为，目前并无足够的资料，可以完全排除王景弘在是次下西洋时曾于三宝垅养过病的可能。这涉及王景弘在是次下西洋全过程所扮演的角色，以及舰队返国后一年半内王景弘的行踪问题。

众所周知，《明实录》及刘家港碑、长乐南山寺碑等明载王景弘在第七次下西洋时，是仅次于郑和的正使太监。鉴于郑和死于古里，故诸多论著均认为此后王景弘"自然"地担负起统率舰队的重任。倘若王景弘停在三宝垅养病，就难以充任下西洋舰队的后期统率者。其实并无多少史料证明第七次下西洋舰队是由王景弘带回京的。前面说过，由古里赴天方的使者是洪保派出的。《非幻庵香火圣像记》所述参与执行郑和遗嘱者，也不见王景弘的名。另有些著作据郁永河《裨海纪游》转引《明会典》有"赤嵌汲水"一语等材料，认为第七次下西洋返

---

① 主三宝垅说者，如郑一钧《郑和死于一四三三年》（《光明日报》，1983年3月16日）及某些爪哇传说；主南京说者，如张维华等：《郑和下西洋》，北京：人民交通出版社，1985年；主古里说者，如庄为玑：《试论郑和与王景弘之死》，《海交史研究》，1987年第1期，另上引陈学霖：《明王景弘下西洋史事钩沉》（台北《汉学研究》，第9卷第2期，1991年12月）赞同之。
② 倪波：《江苏方志考》，吉林省地方志编纂委员会等刊印，1985年。

航经台湾海峡时，王景弘曾于宣德八年五月底率部分船只在赤坎（赤嵌，今安平）短暂停留。① 唯有关判断或据《前闻记》文演绎而来，该书记下西洋舰队于是年"五月十日回到昆仑洋，二十三日到赤坎，二十六到占城"。此赤坎绝非台湾的赤嵌，而位于越南的东南岸，指格嘎角（Mui Ke Ga）一带。因此，不能以某些古籍的推测，来证明王景弘带船队回航，并到过台湾。

如果仔细翻检《明实录》宣德间的记载，可以发现，自宣德八年七月初六下西洋使者回京（据《前闻记》），从此没有出现郑和的消息，而在宣德十年一月前也缺乏王景弘的踪迹。假若王景弘及时随下西洋舰队返国，似无理由如此。按明成祖迁都北京后，京军编制分为京师京营（五军营、三千营、神机营）和南京京营。南京京营设守备官节制，据《明史·仁宗本纪》，永乐廿二年九月戊子始设南京守备，以襄城伯李隆为之，通常称为"外守备"。洪熙元年二月戊申，命太监郑和守备南京，又称为"内守备"。若据《明实录》，永乐二十二年八月丁未已"命太监王贵通率下番官军赴南京镇守"，洪熙元年二月戊申才"命太监郑和领下番官军守南京，于内则与内官王景弘、朱卜花、唐观保协同管事；遇外有事，同襄城伯李隆、驸马都尉沐昕商议的当，然后施行"。故第七次下西洋前，郑和、王景弘实为南京的正副守备太监。后因二人带队下西洋，故由他人代其职。宣德五年五月初四日增敕"南京守备太监杨庆、罗智、唐观保，大使袁诚：今命太监郑和等往西洋忽鲁谟斯等国公干"云云，② 即此证明。但《明实录》宣德九年正月辛丑载"南京太监罗智等奏有盗"，③ 看来罗智仍继续任其职，而王景弘则不知何处去。

关于第七次下西洋后至宣德末年间王景弘的去向，尚有一事值得探讨，即出使苏门答剌问题。《明史·苏门答剌传》云："（宣德）八年，贡麒麟。九年，王弟哈利之汉来朝，卒于京。帝悯之，赠鸿胪少卿，赐诰，有司治丧葬，置守冢户。时景弘再使其国，王遣弟哈尼者罕随入朝。明年至，言王老不能治事，诸传位于子。乃封其子阿卜赛亦的为国王，自是贡使渐稀。"明谈迁《国榷》卷22云："（宣德八年）闰八月辛亥朔，苏门答剌国王宰奴里阿必丁……各入贡。天方进麒麟，上御奉天门受之。苏门答剌以弟哈利之汉来朝，卒京师，赠鸿胪寺少

① 张维华主编：《郑和下西洋》，北京：人民交通出版社，1985年，第59页；孔令仁等：《郑和》，西安：三秦出版社，1991年，第99页。关于郑和、王景弘与台湾的关系，尚可参见方豪：《从〈顺风相送〉探索郑和或其他同时出使人员来台湾的可能性》，载《方豪六十自定稿》上册，台北：台湾学生书局，1969年。
② 巩珍著，向达校注，……：中华书局，1961年，第10页。
③ 《明宣宗实录》卷108。或谓罗智之名始见于《明英宗实录》卷35（与袁诚并列为南京守备太监），观……宣德五年五月初四敕书，非也。

卿，赐祭葬"。倘若与《明实录》仔细比勘，则上面记载各有错讹。兹详引《明实录》的诸段文字如下：

> 宣德八年闰八月辛亥朔，苏门答剌国王宰奴里阿必丁遣弟哈利之汉等……天方国王头目沙献等来朝，贡麒麟、象、马诸物。上御奉天门受之。
>
> （宣德八年闰八月庚午）赐苏门答剌国王弟哈利之汉、生……等六十六人白金、彩币、绢布……赐哈利之汉等冠带。①
>
> （宣德九年二月辛未）苏门答剌国王弟哈利之汉朝贡至京，以疾卒。上谓行在礼部曰：彼万里来朝，倾诚归向，今死当降始终之恩；遂赠鸿胪寺少卿，赐诰，命官治丧葬，始守冢户。②
>
> （宣德十年四月）癸卯，命苏门答剌国王宰奴里阿必丁男阿卜赛亦的嗣为国王。先是以公务遣中官王景弘往其国，宰奴里阿必丁遣弟哈尼者罕等来京朝贡，具奏耄年不能事事。上嘉宰奴里阿必丁素尊朝廷，修职贡，而阿卜赛亦的乃其家嗣，应袭王爵，故有是命，宴赉哈尼者罕等加厚。③

陈学霖《明王景弘下西洋史事钩沉》一文认为，王景弘不可能于宣德九年再使苏门答剌，"先是……往其国"指王景弘于第七次下西洋时曾至苏门答剌，《明史》撰者误读《明实录》原文，遂错言其再次出使苏门答剌。此说虽不为无理，唯综观《明实录》各段，哈利之汉是随同下西洋使者来朝，于九年二月卒于京。然封王事却在一年后，除非哈尼者罕与哈利之汉是一人，"宴赉哈尼者罕等加厚"指哈利之汉死前的事，否则王景弘仍有可能在宣德九年间到苏门答剌作短暂的出使。而王景弘养病、返国、再出使的可能正可解释其相当一段时间未见载籍的缘由。

六、下西洋时王景弘是否长留三宝垄不返

如果王景弘确于宣德九年间再次出使苏门答剌，则爪哇关于王景弘下西洋时长留三宝垄不返的传说，自然不攻自破。即使上述出使为子虚乌有，也有其他更充足的证据，说明此种传说的不可靠。因为根据《明实录》，从宣德十年正月到英宗正统初年，均不乏王景弘的记载，兹引录如下：

> 宣德十年春正月……甲戌，敕行在工部及南京守备襄城伯李隆、太

---

① 《明宣宗实录》卷105。
② 《明宣宗实录》卷108。
③ 《明英宗实录》卷4。

监王景弘等，南京工部，凡各处采办应物料并营造物料，悉皆停罢。①

（宣德十年正月）辛丑，命户命尚书黄福参赞南京机务，赐之敕曰：……今特命卿参赞襄城伯李隆机务，抚绥兵民，训练军马，凡百庶物，同隆及太监王景弘等计议而。②

（宣德十年六月）丁巳，南京守务内承运库大使袁诚奏请以各卫风快船四百艘作战船。令都督陈政总督渡江。上敕守备太监王景弘及襄城伯李隆、少保兼户部尚书黄福等计议行之。③

（正统元年二月）己未，敕南京守备太监王景弘等及襄城伯李隆、参赞机务少保兼户部尚书黄福曰：朕夙夜倦倦，惟体祖宗爱恤百姓之心，一切造作悉皆停罢。④

（正统元年三月丁卯朔）敕南京守备内外官员太监王景弘等曰：比闻南京承运等八库，递年收贮财物数多，恐年久损坏，负累官攒人等。敕至，尔等即会各库官员，公同拣阅。⑤

（正统元年三月甲申）敕南京守备太监王景弘等，于官库支胡椒、苏木共三百万斤，委官送至北京交纳，毋得沿途生事扰人。⑥

此后，南京方面多由李隆、黄福奏事奉敕，不见王景弘之名。正统二年十月戊辰甚至出现这样的记载："监察御史李在修等劾奏南京守备太监罗智、袁诚，各纵奴杀人"。但这并不表示王景弘已退职或去世，因为同月至十二月的其他记载表明，王景弘虽离南京，却调升北京任职：

（正统二年十月）甲戌，命太子太保成国公朱勇选军。先是勇奏五军营原操马步官军调遣各边备御并逃故者，共缺二万五千有奇……从之。⑦

（正统二年十月）癸未，敕谕太子太保成国公朱勇……曰：兹特命尔等同太监王景弘等，整点在京各卫及见在守备一应官人等，选拔精锐编成队伍，如法操练。⑧

（正统二年十二月）辛未，太子太保成国公朱勇等奏，奉命选拔三

① 《明宣宗实录》卷115。
② 《明英宗实录》卷1。
③ 《明英宗实录》卷6。
④ 《明英宗实录》卷14。
⑤ 《明英宗实录》卷15。
⑥ 《明英宗实录》卷15。
⑦ 《明英宗实录》卷35。
⑧ 《明英宗实录》卷35。

千大营、五军、神机等营精锐官军十五万一千有奇。①

《国榷》卷23载："（英宗正统二年十月）甲戌，太子太保成国公朱勇……同太监王景弘等大选京军，得十五万一千有奇"，此乃合上面数段而言，月份略有错讹。由上可见，正统元年后，王景弘已由南京守备太监而参与提督京师京营，相当于后来的提督太监，这无疑是种高升，显见他长留三宝垄未返说不确。

七、王景弘有无可能死在三宝垄

由于宣德末年或正统初年仍见有王景弘的记载，故部分论者不仅否认王景弘长留三宝垄不返的传说，而且也主张王景弘肯定死在国内，三宝垄的王三保墓纯属误传。② 新编《辞海》及《水运技术词典》③ 则明确指出王景弘"死于爪哇"；如此断言虽不很妥当，唯倘无王景弘死于国内的确证，就不能推翻他死在葬在三宝垄的可能性。

难道说，王景弘是正统二年后单独出海到爪哇定居吗？这确实难说。先师庄为玑上述文章所引的清蔡永蒹《西山杂志》有云，"王景弘，闽南人，雇泉州舟，以东石沿海名舣导引，从苏州刘家港入海，至泉州寄泊"。明清时，闽泉一带多漂洋过海不返者，"过番"几乎成了当地的风俗习惯。如果王景弘在屡下西洋时，对爪哇某地风光一直心仪而未能释怀，决心晚年至彼处归西，恐亦非天方夜谭式的故事。

既然许多问题都未获确切史料之解答，吾人或应暂且保留下述的可能：王景弘曾在三宝垄养过病晚年死于爪哇并葬在三宝垄。须知口耳相传的民间传说也是史料的来源之一，有时野史或口头传说，比起迭经御用文人蓄意删改的"正史"，还要可靠得多。只要没有充分的证据，切忌作随意的肯定或否定。谨以拙文为郑和下西洋的研究添加一砖一瓦，敬请诸方贤达不吝赐教，以匡不逮。

（原载《郑和研究》，1994年第2期，第41-47页。）

---

① 《明英宗实录》卷37。
② 庄景辉：《随从郑和下西洋的福建人员考》，《泉州文史》，第9期，1986年12月；庄为玑：《试论郑和与王景弘之死》，《海交史研究》，1987年第1期；陈琦：《王景弘简论》，《海交史研究》，1987年第1期。
③ 《水运技术词典》编辑委员会：《水运技术词典·古代水运与木帆船分册》，北京：人民交通出版社，1980年，第46页。

王景弘与文莱"王三品"

杨新华[*]

　　王景弘和郑和同为下西洋的正使，自明永乐三年至宣德八年的 28 年间，共率船队远航西洋，遍访亚非 30 多个国家和地区，对促进中国与亚非各国的友好往来及经济、文化交流作出了重要贡献。

　　应该说，王景弘与郑和是最亲密的战友，他们的友谊是"建立在共同事业的基础之上的"。如果说郑和是中国伟大的航海家的话，那么王景弘也应该戴上这顶桂冠。然而在古今的图书中，难得找到记述他功绩的只语片言。就是在《明史·郑和传》中，也仅记载："永乐三年六月，命和及其侪王景弘等通使西洋，将士卒二万七千八百余人，多赍金币，造大舶"，"当成祖时，锐意通四夷，奉使多用中贵，西洋则和、景弘，西域则李达，迤北则海童，而西番则率使侯显"。

　　清代蔡永兼在《西山杂志·四监通异域》中记载："王景弘，闽南人，雇泉州船以东石沿海名舣导引，从苏州刘家港入海，至泉州寄泊。"

　　关于他的生平事迹，在《七修类稿》和《星槎胜览》中也有记述，但都是依附在郑和之后，没有单独列出。《七修类稿》卷 12《三宝太监》："永乐丁亥（1407 年）命太监郑和、景弘、侯显三人往东南诸国赏赐宣谕。"《星槎胜览·占城国条》："永乐七年（1409 年）乙丑，上命正使太监郑和、王景弘等，统帅官兵二万七千余人，驾驶海舶四十八号，往诸番国开读赏赐"。

　　1981 年，福建南平市的文物工作者在废旧物资中发现并抢救下一口铜钟，铜钟上的铭文除有"国泰民安，风调雨顺"外，还有一段小字："永远长生供养，祈保西洋往回平安，吉祥如意者。大明宣德六年岁次辛亥仲夏吉日，太监郑和、王景弘等同官军人等，发心铸造铜钟一口。"这口铜钟高 83 厘米，口径 49 厘米，厚 2 厘米，重 77 千克，钟的外形为双龙交蟠钮葵口状，其腰部有两圈饰纹，上为回纹，下为云带纹，饰纹之间有八卦图像 5 处，钟的肩部有 12 组相连的如意云纹。

　　铭文告诉我们，铜钟是宣德六年（1431 年）夏季铸造的，这正是郑和、王

＊　原南京市文物局副局长。

景弘等第七次下西洋的前夕。根据祝允明《前闻记》留下的时间表，郑和船队于宣德六年二月二十六日到长乐，9个月后才出航。也许郑和在出海前预感到了什么，这次出航之后，竟于癸丑岁"卒于古里"。郑和逝世以后，王景弘率领着2万多人的船队，顺利返回了南京。

近年，笔者与福建漳平曹木旺先生交往甚密。据木旺先生考证，王景弘系漳平市赤水镇香寮村许家山自然村人，该村原属龙岩县集贤里，后分属宁洋县，1965年撤销宁洋县时划归漳平。从明永乐三年（1405年）至宣德八年（1433年）28年间，王景弘以正使和总兵的身份，参与组织和领导了下西洋的活动。

1995年8月，笔者访问文莱，了解到在文莱有一条"王三品路"。当地人都说，这条路与郑和下西洋有关。多年来，关于郑和船队是否到过文莱，一直是专家们探讨的问题。因为斯里巴加湾市有这条"王总兵路"，那么郑和船队到过文莱应为无疑。

这里所说的"郑和船队"，是指整个下西洋的船队，并非指郑和本人。郑和下西洋时，每次要率领27 000人左右，一二百艘大小船只，"云帆高张，昼夜星驰"。郑和船队所到国家，有大者，如古里、忽鲁谟斯；有小者，如南浡里、那孤儿。于是，就出现了"分综航行"的情况。所谓"分综航行"，是指由某一位副使带领一支船队，朝另一个航向出发，去访问某一个或某几个国家，完成任务后，再约定到某一港口集中。郑和船队七次下西洋，每一次都采取了分综的办法。

根据《新编郑和航海图集》图示和标示，郑和船队是在第二、第五次下西洋时到达文莱国的。《郑和下西洋往返时间及所经国家和地区简表》载：第二次下西洋奉诏日期为永乐五年（1407年）九月十三日，出发日期为同年冬末或次年春初，回国日期为永乐七年（1409年）夏末，所经主要国家和地区有：占城、暹罗、浡泥、爪哇、满刺加、锡兰、加异勒、柯枝、古里等。第五次下西洋奉诏日期为永乐十四年（1416年）十二月十日，出发日期为永乐十五年（1417年）秋冬季节，回国日期为永乐十七年（1419年）七月十七日，所经主要国家和地区有：占城、浡泥、爪哇、彭亨、满刺加、锡兰、沙里湾泥、柯枝、古里、木骨都束、卜刺哇、阿丹、刺撒、忽鲁谟斯、麻林等。

关于郑和船队到过文莱的记载，还可以见诸于明代陆容撰写的《菽园杂记》。据载："太监郑和、王景弘、侯显等，统率官兵二万七千有奇，驾宝船四十八艘，奉诏旨赏赐历东南诸番，以通西洋。是年九月，由太仓刘家港开船出海，所历诸番地面，曰占城国，曰灵山……曰浡泥国、曰苏禄国"。对于《菽园杂记》，《四库全书》"提要"评介：《菽园杂记》"于明代朝野故实，叙述颇详，多可与史相参证，旁及谈谐杂事，皆并列简编"。应该说，陆容的笔记所起的佐证作用，可信程度颇大。

在文莱，还有关于中国寡妇山的传说。中国寡妇山又名神山，位于沙巴州的热带雨林中，海拔13 455英尺，是东南亚最高的山峰。该山名源于当地土著嘉达山语，意译为中国寡妇山。

笔者采访文莱华人名流刘华源、王昭英夫妇并参阅文莱马拉奕中华中学黄邦禄先生的文章，当地民间传说，很久很久以前，一位中国王子来到这里，到山上去寻找一颗名贵的龙珠。龙珠藏在山顶一个非常险要的地方，而这个地方又有一条凶猛的恶龙在看守。中国王子费尽九牛二虎之力，攀上山崖，经过殊死搏斗，终于杀死恶龙而取得龙珠。在中国王子攀山斗龙的过程中，一位当地最美丽的嘉达山族少女始终隐蔽在暗处，她为中国王子的毅力和勇气所折服，不禁深深地爱上了中国王子。后来他们结了婚，中国王子送给那位嘉达山少女的礼物，便是那颗名贵的龙珠。一段时间以后，中国王子想念故乡和亲人，日不进食，夜不成寐。于是，在一个刮着南风的清晨，王子告别了妻子，开始了回乡的远航。依依惜别之际，王子答应很快便回来夫妻团圆。

一年过去了，两年过去了，王子没有回来。妻子失去了心爱的丈夫，非常悲伤，每天登上神山顶眺望远方，从日出到日落，盼望丈夫突然出现在眼前。最终，她失望了，由于悲伤过度和体质虚弱，她已不能下山，渐渐地便成了山顶上的一块巨石，巨石仍然在眺望远方。为了纪念那位纯情妻子，当地人便从此把神山称为"中国寡妇山"。

另有刘子政先生《中国寡妇山传奇》，叙述大约在元末明初，中国派了一位姓王的大将来到北婆罗洲，偶然邂近了一位杜顺（Dusun，马来语"园林"之意）酋长的女儿。其女冰肤丽质，惊为天人。几番追求，其女答应嫁给大将。这是中国人与杜顺人的第一次联姻。婚后数月，大将思乡心切，征得爱妻同意，返国探亲。岂料，此大将一去数年，杳无音讯。其妻日夜思念，空守香帏，后登上神山顶，绝望之余，跃湖而终。从此，就留下了"中国寡妇山"的传说。

既然是传说，便无从考证其版本哪一个正确，哪一个不正确。但与第二个版本相吻合的却有一段史实依据。元至元二十九年（1292年）二月，爪哇国（今印度尼西亚爪哇岛）对元诏使孟琪施以墨刑。先用刀在其颈颊等处刺刻，然后再涂上墨，使其永远不能褪去。元世祖忽必烈闻报后极为气愤，派出战舰千艘、精兵2万，自泉州出发，攻打爪哇。在此同时，元世祖又派兵进驻加里曼丹，在其东北部的支那巴丹岸建立行省，兼辖苏禄群岛。那么，"姓王的大将"的传说很可能就是发生在那个有历史条件的时期。时至今日，北婆罗洲（1963年9月10

日改名沙巴）的地名仍以"支那"起头，如"支那咨鲁山"即"中国寡妇山"，"支那巴丹岸"即"中国河"等。类似的传说，还有若干，不叙也罢，然牵涉到文莱信奉伊斯兰教、苏丹王室成员与中国人联姻的传说却另有文章。

文莱信奉伊斯兰教的说法，大约是在 15 世纪中叶。其时，古城暹罗、爪哇、琉球等国，借到中国朝贡之机，大做走私生意，明政府禁止这一带国家再来进贡，文莱当然也在其中。就在中国与文莱等国的关系渐趋疏淡之时，伊斯兰教却在文莱渐渐发展起来。第一位接受伊斯兰教的国王，是阿拉伯尔达达，传说他是毕沙雅人，他娶柔佛公主为后，柔佛苏丹引导他皈依伊斯兰教。回文莱以后他成为文莱第一任苏丹。后来，阿拉伯尔达达和柔佛公主的女儿嫁给了华人王三品，王三品遂成为第二任苏丹。王三品与苏丹的女儿又生了一个女孩，嫁给了阿拉伯人阿里，阿里成了第三任苏丹柏克。苏丹柏克在他的统治期间，建立了一座规模宏大的清真寺，使全国伊斯兰化，并采用伊斯兰教法律。

文莱苏丹有三种血统，即毕沙雅、阿拉伯、中国。自第三任苏丹柏克之后，凡举行登基典礼，三族服装都要具备。首相戴阿拉伯头巾，穿伊斯兰教衣服；第二、第三大臣要穿中国及印度服装，第四大臣要加系腰布在裤带上，代表毕沙雅。

传说源于生活，源于传统，能够流传下来说明已经被历史所认可，被人民大众所接受。传说，也是经过多少代人的口诵、修改，也许再流传下去，还会有人不断地对其进行加工修改，以与时代和传说传人的意愿相吻合。

据笔者听到的若干"版本"言，每一个传说都离不开"王"姓，而且时代几乎都定位在中国的明代初年，于是，笔者提出假设："王三品"是否"王总兵"的别音？而"总兵"的身份地位相当高，误以为或误传其为王子，也应在情理之中。而如果真是"王总兵"的话，那么又和郑和下西洋时期的王景弘又有所联系。王景弘虽为郑和助手，但也是"正使""总兵"。郑和船队分舰航行时，王景弘应该到过文莱，而文莱现有的"王三品路"亦为"王总兵路"之音误。

2004 年 4 月，笔者第二次访问文莱。在文莱国家文物局官员和国家博物馆专家陪同下，我们一行 5 人考察了中国古瓷器遗址。遗址位于首都斯里巴加湾市郊外的一条河边。该河为文莱河支流，去年底为拓宽河道，放火焚烧了河两岸的热带雨林，在清理现场时，发现了大量中国古代瓷器碎片。在长达 2 千米多的河两岸距水约 50 米的范围内，覆盖着厚厚的中国瓷器碎片。数量之多，令人惊叹。这里所说的多，是指遍地皆是，每一脚落下去，都能踩到碎片，想避都避不开，笔者乘着快艇沿河去上游和下游各 1 千米左右的地方考察，一上岸，落脚便是瓷片。文莱考古专家对其进行发掘，有的地方深度竟达 1 米以上，瓷器大部分为宋代民窑产品，几乎囊括了白瓷青瓷和影青等种类和杯、盘、碗、罐、执壶、奁盒、韩瓶等各类器型，许多残片上刻有"××记""胡"等汉字落款，也有墨写汉字和花画。除了瓷器，遗址上还有象牙手镯、金戒指、铜钱等。铜钱的品种也很丰富，有开元通宝、大观通宝、宣和通宝等。更令人惊异的是，器物虽为中国产品，但花饰都有异国情调。

2005 年下半年，文莱国家博物馆出版关于这个遗址的专著，笔者应文莱达鲁萨兰国文青体部文物管理局哈吉玛塔希穆局长之邀，写了几句话印在书的封底，内容为：即使是在中国国内，面积如此之大、出土文物数量如此之多、种类如此之丰富的以宋代瓷器为主的遗址也颇不多见。应该说，这是一个历史之谜，但无疑是中国和文莱友好交往的历史见证，盼望在今后的文化交流合作中，共同解开这个谜。

综上所述，中国与文莱的友好交往源远流长，中国王景弘与文莱"王三品"的故事脍炙人口，还有安葬在文莱爱丁堡桥畔回教墓地的泉州判院蒲公和"体魄托葬中华"的浡泥国王麻那惹加那乃等前辈先贤，都是在把中国和文莱以及其他国家的友好往来，不断地推向一个个新阶段。因为他们而留传下来的宋碑、郑和礁、景弘岛、三宝井、三宝庙、王总兵路、浡泥国王墓等历史遗存，也在积极地发挥着证实中国和文莱以及其他国家友好交往历史的作用。

（原载福建省国际文化经济交流中心、漳平市王景弘研究会编：《王景弘与郑和下西洋》，第 226－232 页；又载《郑和研究》，2005 年第 1 期，第 67－70 页。）

王景弘文学资源在文莱和龙岩的
发现与链接

张　惟[*]

关于华文文学，我们通常看作是以汉语言文学为载体表述的反映各个国家和地域生活的文学，或许更侧重其母语形式上的共同而忽略了历史内容和文化渊源上的相通。

文莱苏丹国首都巴加湾市离王宫不远的一条美丽大街命名为"王总兵路"，以纪念同郑和并列为正使太监、总兵的王景弘率领船队到达并访问文莱（明代称为渤泥），[①]这里留下了许多关于王景弘的口传文学故事和传说。而在王景弘的故国和家乡，最近20多年才彻底查清他的籍贯和有关生平。可见，文莱的王景弘文学资源，比故乡福建龙岩漳平赤水镇香寮村还久远而生动。

2005年是郑和、王景弘率领船队下西洋600周年纪念，文莱华文作家协会参加主办在厦门大学举行的第六届世界华文文学研讨会，文莱苏丹国的作家们带来的以王景弘文学资源进行创作的作品，则不仅是汉语言文学形式上的意义，而且具有中国、文莱以至世界的共同主题。

王景弘是世界航海事业的先驱者，比哥伦布还早87年，他的足迹遍布南洋群岛，尤其与文莱国有深缘，留下动人的传说及对其事迹的纪念，甚至比他的故国家乡龙岩漳平更多。

王景弘为明代龙岩县集贤里人（今属龙岩市漳平赤水），自永乐三年（1405年）至宣德八年（1433年），他与郑和同为正使太监总兵率领船队七下西洋，郑和逝世后，他又曾率队第八次下西洋，他在船队的地位，相当于郑和的副统帅兼总船长。其功勋显赫，而在故国尤其是家乡却少为人知。[②]

王景弘文学资源在故国家乡的佚失和在文莱的发现、保存与弘扬，有其历史的因由和轨迹可寻。

＊　闽西文学院院长、研究员，福建省龙岩市作家协会主席。

①　张开龙：《汶莱有条"王景弘总兵路"》，《人民日报》（海外版），2002年6月20日。

②　徐晓望：《八次下西洋的王景弘》，载福建省国际文化经济交流中心、漳平市王景弘研究会编：《王景弘与郑和下西洋》，香港：香港天马图书有限公司，2004年。

其一是王景弘与郑和同为正使总兵率船队下西洋，两人的排名郑和在前，《明史》入传只以郑和为代表人物列传是可以理解的。按《明史·郑和传》记载："命和及其侪王景弘等通使西洋，将士卒二万七千八百余人……"① 这段文字的叙述，虽以郑和为主，但明显两人的地位是平等的，后人有牵强附会，解读王景弘为副使。既有正副之分，船队统帅只提郑和，不提与之并列正使的王景弘，就似乎是简当了。其实，除了有些地方可简便，历史研究上应完整地称"郑和、王景弘率领船队下西洋"，如后人简称以刘伯承为司令员、邓小平为政委的二野为"刘邓大军"才体现出简约的科学性。

其二是与王景弘的先世为汉族不断南迁的河洛移民及融入海洋文化后扑朔迷离经历有关。

中原姓氏发源于黄河流域，王姓郡望为琅琊，以致离王景弘死后年代较近的明万历年间罗懋登撰《西洋记》，称王景弘为山东青州人。后清代晋江蔡永蒹著《西山杂志》才作正确的记述："王景弘，闽南人，雇泉州船以东石沿海名舵等，引从苏州刘家港入海，至泉州寄泊。"但闽南一词甚广，后人多往泉、漳、厦地志寻找。其实，王景弘出生之地，时为漳州府龙岩县集贤里，泛称闽南无错，不过稍后龙岩升格为州，集贤里又划属宁洋县，今并入漳平市，新中国成立后，龙岩州又与汀州府合并成为一个地区，通称闽西，以致后人忽略了当时的龙岩（含漳平）实际上是闽南语言文化区，后经历史学者徐晓望查阅清代《龙岩州志》，记述"王景弘，龙岩集贤里人，后分属宁洋"，并在《福建日报》1992 年 9 月 9 日发表《与郑和齐名的航海家》一文揭之于世，才广泛为世人所知。

王景弘的身世之谜公开之后，我们就能更清楚地知道他在郑和、王景弘下西洋船队中的杰出和独特作用。汉族先民移民南下，在泉州、漳州、龙岩、潮州、温州南部、海南岛、台湾一带形成河洛人，是汉族的黄土文化向蓝色的海洋文化嬗变的一支民系。王景弘生长在九龙江边，小时候到泉州当舟子，他熟悉造船和航行，能绘制海图。以正使总兵身份作为郑和主帅的第二把手，他主要是分管航海技术的，担当船长的角色，可见其重要性。而且他将闽南人的妈祖信仰带到船队，传播海外，使河洛文化在中外交流中得到更广阔的发展。②

自中原南下沿海的河洛人，唐代已立泉州、漳州并列大郡，除了地濒海边，有谓大唐的海外开放政策，是闽南海洋文化的真正源头。③ 至宋代，海外贸易往

① 《明史》卷 304，《郑和传》。
② 陈琦：《王景弘简论》，《海交史研究》，1987 年第 1 期，第 13 页。
③ 许维勤：《移民传统与海洋文化》，福建省炎黄文化研究会：《闽南文化研究》，福州：海峡文艺出版社，2004 年。

来已使闽南人超越了土地对眼界的局限而将目光注视海洋。从漳州府龙岩县走向泉州港当舟子的王景弘，成了第一批走向远洋的中国人，他作为郑和、王景弘船队下西洋的航行指挥官，比意大利哥伦布第一次远航早了 87 年。①

据朱鉴秋、李万权等编制的《新编郑和航海图集》，郑和、王景弘船队下西洋是在第二次（1407 年）、第五次（1416 年）到达文莱。何以文莱人民修建了纪念王景弘的"王总兵路"，而没有留下郑和的轨迹？似乎可以这样推测，当时整个船队有 27 000 余人，大小船只 200 余只，"云帆高张，昼夜星驰"，有的较小国家便需"分粽航行"，两次带队登上文莱的是地位仅次于主帅郑和的另一位正使总兵王景弘，便可以理解了。

文莱国王和士民尊崇王景弘，一方面他是友好的上国使节，另一方面也因王景弘个人的学识和人格。在船队中，王景弘是指挥航行的首席航海家，他给船队带来闽人的妈祖信仰，适应了南洋各国海洋文化的需要。也许还有一点不能忽略，王景弘自小在通商港口泉州当舟子，受阿拉伯商人的影响信奉回教，他和郑和都是虔诚的回教徒，登岸后教导随从和当地人尊崇伊斯兰教习俗，而被尊奉为"尊贵的三保航海者"和城市保护神。

在文莱和南洋各国，都有许多关于王景弘的动人故事和传说，王景弘的文学资源，应是文莱和其故乡龙岩市漳平市以至整个华文文学创作丰富源泉，也是我们研究河洛（闽南）文化在海外传播流布的一个重要线索。

（原载《闽西职业技术学院学报》，2006 年第 2 期，第 9-10 页。）

---

① 陈培基：《王景弘：出自龙岩的伟大航海家》，龙岩文化研究会：《龙》文化丛刊，2002 年第 3 期，第 1-34 页。

王景弘到台湾史事考略

黄 瀚

永乐、宣德年间，是明朝政治和经济的繁盛时期。郑和、王景弘下西洋，就是在这个时代背景中出现的。明成祖时锐意通四夷，开始派出史无前例的庞大船队，访问海外各国。

台湾海峡是郑和船队开洋出海的必经海域。船队每次出访，大都从苏州刘家港泛海南下，停泊在长乐太平港，伺候风信，筹措物资，尔后从五虎门或福建沿海其他港口出洋。根据现有史料评析，郑和下西洋曾经到过台湾，特别是与郑和同为船队正使太监的王景弘，在八下西洋的历程中，更是两次到过台湾。王景弘与台湾有着特别的感情，与当地高山族人密切交往，增强了台湾与大陆的联系与交流，促进了两岸文化的融合。

一、史料记载郑和、王景弘到过台湾

在台湾的地方志和明、清两代学者的游记、传记等史料中，有关于郑和与王景弘率领船队到过台湾的记述。

在海内外民间，王景弘被尊称为王三保（宝）。康熙二十二年（1684 年），施琅率兵统一台湾后，设一府（台湾）三县（台湾、凤山、诸罗），以及澎湖巡检司，均隶属于福建省。台湾首任知府蒋毓英编撰的第一部官方《台湾府志》（清康熙二十三年，1685 年）卷 1《沿革》记载："台湾，古荒裔之地。明宣德间，太监王三保下西洋，舟曾过此，以土番不可教化，投药于水中而去，此亦得之故老之传闻也。"高拱乾《台湾府志》（清康熙三十二年，1694 年）记载："宣德间，太监王三保下西洋，因风过此。"

此后，在康熙及乾隆年间"重修"或"续修"的四部《台湾府志》中，均沿用上述有关记载。陈文达《凤山县志》（康熙五十九年，1720 年）卷 1《封域志·建置》记载："明宣德间，太监王三保舟遇风经此。"道光《重纂福建通志》引《台湾府志》所载云："明宣德间，太监王三保舟下西洋，因风泊此。"郑亦邹《郑成功传》（清康熙年间）记载："台湾为土番部族……前明宣德太监王三保舟下西洋，因风过此。"

《明史》卷 323《外国传·鸡笼》记载："鸡笼山在澎湖屿东北，故名北港，又名东番，去泉州甚迩。地多深山大泽，聚落星散。无君长，有十五社，社多者千人，少或五六百人。无徭赋，以子女多者为雄，听其号令。虽居海中，酷畏海，不善操舟，老死不与邻国往来。永乐时，郑和遍历东西洋，靡不献琛恐后，独东番远避不至。和恶之，家贻一铜铃，俾挂诸项，盖拟之狗国也。其后，人反宝之，富者至掇数枚，曰：此祖宗所遗……"

在更早的明代史料中，已经有关于郑和下西洋到台湾的记载。明陈第《东番记》（万历三十年，1602 年）记载："永乐初，郑内监航海谕诸夷，东番独远窜不听约，于是家贻一铜铃使颈之……至今犹传为宝。"明陆容《菽园杂记》（成化年间）记载："……太监郑和、王景弘、侯显等，统率官军二万七千有奇，驾宝船四十八艘，奉诏旨赏赐，历东南诸国，以通西洋。是岁九月，由太仓刘家港开船出洋，而历诸蕃地面，曰占城国……曰琉球国，曰三岛国，曰渤泥国，曰苏禄国……"

明初，以福建——文莱的海上航路为中线，划分东、西洋。张燮《东西洋考》（明万历四十五年，1617 年）认为"文莱即婆罗国，东洋尽处，西洋所自起也。"东海、太平洋西部，为东洋；南海西部、印度洋为西洋。郑和船队下洋，也曾经到过琉球、三岛、苏禄等东洋国家，包括台湾一带。

明黄省曾《西洋朝贡典录》（正德庚辰，1520 年）记载郑和使团到海外各国的事迹，把琉球国列为第九。谢方注云："本书所记之琉球国，包括今琉球群岛与我国台湾岛，即明代之大琉球（今琉球群岛）及小琉球（在今台湾西部）。"文中述及"翠麓之山"等四座山和"澎湖岛"等三座岛屿，均归属台湾。

反映郑和船队航海线路的《顺风相送》一书记载，明代从菲律宾到琉球的航路，其间要经过台湾的北港、淡水、鸡笼等港口。[①]

徐晓望在《王景弘与台南市》文中指出："郑和出使外洋的亲历者费信在其名著《星槎胜览》中记载了郑和第三次出海所到国家，其中即有苏禄和琉球之名。苏禄今属菲律宾，而琉球今属日本，二者之间即为属于中国的台湾岛，从苏禄到琉球，或者从琉球到苏禄，台湾岛都是不可绕过的。所以，既然郑和及王景弘到过苏禄和琉球，肯定到过台湾海面……郑和的船队有数万人，沿途补充淡水是必做的工作，他们路过台南海湾，上岸汲水是合理的。因此台湾方志有关郑和、王景弘等人登陆台南的记载，都是可信的。"

陈学霖在《明王景弘下西洋史事钩沉》文中指出："下番舟师分棕航海，有

① 徐晓望：《早期台湾海峡史研究》，福州：海风出版社，2006 年，第 53 页。

无到过台湾澎湖与附近岛屿，明代史籍失载，不过按照航路及风候情况，无疑必会经过，由是上陆暂驻的可能性极大。"

连横著于 1921 年的《台湾通史》卷 1《开辟纪》作出如下记述："永乐中，太监郑和舟下西洋，诸夷靡不贡献，独东番远避不至。东番者台湾之番也，和恶之，率师入台，东番降服，家赋一铜铃，俾挂项间。其后人反宝之，富者至掇数枚，是为中国三略台湾之事。初，和入台，舟泊赤嵌，取水大井。赤嵌番社名，今为台南府治，其井尚存。而凤山有三宝姜，居民食之疾瘳。云为郑和所遗，则和入台且至内地，或谓在大冈山也。"

二、郑和船队到台湾的动机与可行性

郑和船队到台湾有什么动机呢？郑和下西洋的目的，应该也是郑和、王景弘到台湾的动机。《明史》卷 304《宦官传·郑和》记载："成祖疑惠帝亡海外，欲踪迹之。且欲耀兵异域，示中国富强。"船队每次下西洋，总是带去皇上的诏谕和赏赐，表明"宣德化而柔远人"。[1]《明史》卷 325《苏门答剌》记载："（宣德）五年，帝以外番贡使多不至，遣和及王景弘遍历诸国。颁诏曰……兹遣太监郑和、王景弘等赍诏往谕，其各敬天道，抚人民，共享太平之福。"为了充实新都北京内苑，下洋"采买宝物"，也让海外各国贡献奇珍异兽。明李贽《续藏书》记载："明朝廷好宝玩，中贵言宣德中尝遣太监王三保使西洋，猎其珍异货无算。"清王大海《海岛逸志》卷 2《人物考略·王三保》记载："明宣宗好宝玩，因命王三保、郑和等至西洋采买宝物"。综上所述，其动机大约是为了踪迹建文，扬威通好，海外寻宝。郑和船队到台湾，也怀着这样的目的，但却没有成功。

川口长孺《台湾割据志》记载："土番居海中，畏海，不善操舟，故老死不与他夷相往来——其地不载版图。永乐初，郑和航海，抚谕诸夷，东西洋献琛恐后，独东番远避不出。和恶之，家赋一铜铃，俾挂项，拟之狗国以辱焉。番不悟，传以宝之（《明史》《闽书》郑成功传曰：宣德中，太监王三保舟下西洋，因风过之）。"[2]

郑和船队每到一地，诏谕和赏赐之后，总是邀请该国前来朝贡，台湾土著人却不愿来进贡，故此才有"独东番远避不出"和"东番独远窜不听约"之说，并引起"和恶之，率师入台，东番降服"。

郑和船队能够横渡海流险恶的台湾海峡吗？郑和下西洋拥有当时第一流的船

---

①　福建长乐《天妃之神灵应记碑》。
②　徐晓望：《早期台湾海峡史研究》，福州：海风出版社，2006 年，第 53 页。

舰、舵师船工和航海技术，完全具备横渡台湾海峡的条件。仅以航海技术而言，即有针经图式、罗盘指南、物标导航、天文定位等。当时随同郑和下西洋的巩珍在其著作《西洋番国志》中记载："命正使太监郑和、王景弘等兼督武臣，统率官兵数万，乘驾宝船百艘，前往海外……惟观日月升坠，以辨西东，星斗高低，度量远近，皆斫木为盘，书刻干支字，浮针于水，指向行舟……始则预行福建广浙，选取驾船民梢中有经惯下海者称为'火长'，用作船师，乃以针经图式付与领执，专一料理，事大责重，岂容怠忽。"

李玉昆在《伟大的航海家王景弘》一文中论说："预行福建广浙选用船师的人，可能就是王景弘。在王景弘的领导下，宝船队有一批训练有素的航海技术人员：火长、舵工、班碇手、铁锚手、搭材手、民梢、水手、阴阳官、阴阳生等，分别负责指挥航向航速、看针操舵、起落船锚、升帆落篷、摇橹划桨、铁木工匠，和天文、气象、水文的观测、预报工作。"

王景弘作为远航船队的正使，在航海前，主要负责船队的航海事务，负责船舶的征集、航海技术人员的甄选，航海路线的选择确认等准备工作。在航海中，王景弘与郑和共同肩负指挥船队前往各国访问的重任。同时，王景弘曾著有《赴西洋水程》或《洋更》等航海实用手册。

郑和船队七下西洋的过程中，在"洪涛接天，巨浪如山"的险恶大洋中，倘且能够"云帆高张，昼夜星驰，涉彼狂澜，若履通衢"，[①] 远涉南海和印度洋沿岸 30 多个国家和地区，自然毫无必要避开海流险恶的台湾海峡。而且台湾海峡就在船队数次出洋的航道上，或许为了补充淡水停泊，或许因为遇上台风偶然飘至，顺风也好，避风也好，完全可能"因风过此"到台湾。

对郑和是否到过台湾，长期以来引起学界数番争论。笔者在网上查阅台湾学者黄秀政《郑和到台湾传说考释》的部分文稿，该文综述 20 世纪 60 年代以来台湾学界对郑和到台湾的论争。由于缺乏第一手记载史料，有些学者认为郑和船队"走西洋针路，未采东洋路线"，"缺乏到台湾或澎湖的动机"，"台湾海峡的海流险恶不利横渡"，由此对郑和到台湾持怀疑观点。但也有不少学者给予肯定。其中有 1967 年方豪从一些早期文献资料和传说，"推论郑和至少到过澎湖（平湖）；其他出使人员如王三保，极可能到过台湾……不能因台湾有王三保传说而否认王三保到过台湾……应承认王三保来台之可能性极大。"尔后，有郭廷以《台湾史事概说》一文认为："第一，郑和的远航队自江南启航之后，大都先到福建长乐五虎门停留，再开船出洋，很容易和台湾西岸接触。"其次，王三保即

---

① 福建长乐《天妃之神灵应记碑》。

王景弘，也是这个使团成员。再次，郑和船队不一定是所有船只联衔而行，经常分队航行。"而王景弘来台的可能性尤大，他的名声不及郑和之大，而台湾关于他的传说反较郑多"。

三、王景弘与台湾的关系特别密切

为什么在台湾地方志等史料中记载的多是王三保王景弘，而较少郑和的记述呢？张桂林《郑和船队到过台湾初步考叙》认为：

其一，由于王景弘是闽南人，"航海知识比较广博……他是一位仅次于郑和的著名航海家，在东南沿海地区尤其是福建，颇有影响。"

其二，"从台湾移民史来看"，福建人不断涌入台湾，"由于民间牢固的地方观念，使闽人王景弘在台湾人民中有较大影响，甚至超过郑和。"

"基此原因，清代台湾史料记载中，有时只提太监王三保到过台湾，而不提郑和，就成为容易理解了。这样，也会给人以假象，好像伟大航海家郑和没有去过台湾。史实证明，郑和船队下西洋时，郑和与王景弘都到过台湾。"①

此外，或许还有第三个原因，就是王景弘曾经单独率领船队到台湾，从事过一些活动，颇得当地民众好感，影响较为广泛，故此在史志中必然多有王三保到台湾的相关记载。王景弘虽然与郑和是同"侪"关系，同为船队的正使，但郑和是领衔的主帅。在历史文献中，记述郑和下西洋行事时，背后往往有王景弘；而记述王景弘行事，则大多不一定包括郑和。那些只记载王三保到台湾行事的史料，恰好说明王景弘曾经有一次单独率船队到台湾。王景弘到台湾，决非独自成行，他是作为船队的正使身份，率领船队前往台湾。因此，应该把王景弘到台湾，视作郑和下西洋行动的重要组成部分。

徐晓望《王景弘与台南市》认为："台湾史籍记载王景弘多于郑和，这是因为王景弘比郑和多一次抵达台湾。"

清蔡永蒹所著《西山杂志·三宝下西洋》记载："王景弘，闽南人，雇泉州船，以东石沿海名舵导引，从苏州刘家港入海，至泉州寄泊。"

明万历元年（1573 年）《漳州府志》卷 31《宁洋县·武勋》记载："王景弘，集贤里香寮人。从太宗北征，后有拥立功，授其子宁南京锦衣卫正千户。"清康熙三十一年修《宁洋县志》卷 10《杂事志·中官》记载："王景宏（弘），集贤里龙岩人，后分属宁洋。永乐间随太宗巡狩，有拥立皇储功，赐嗣子王桢世袭南京锦衣卫正千户。"清乾隆三年版《龙岩州志》卷 10《中官》记载："明·

---

① 张桂林：《郑和船队到过台湾初步考叙》，《福建史志》，总第 52 期，1993 年。

王景弘，龙岩集贤里人，后分属宁洋。"集贤里香寮，现为漳平市赤水镇香寮村。郑和下西洋时，还没有漳平和宁洋县。漳平置县于明成化七年（1471年），置县前为九龙乡；宁洋置县于明隆庆元年（1567年），置县前为集贤里。漳平、宁洋置县前后均隶属于漳州府，语言和民俗习惯与闽南相同。漳平是以闽南文化为主的多元文化地域，居民祖先约有半数迁自客家地区，至今还存在讲客家话的"客家方言岛"现象。

陈学霖《明王景弘下西洋史事钩沉》认为："郑和是全权执行下西洋的总师，统筹指挥泛洋的舟师，因此在记载中他的名字都是领衔。但是王景弘有相同的官阶和专门的职务，负责航海的针路和管理舰队，中间还奉命单独出使番国。""王景弘亦为内官太监，是与郑和出使西洋的首席正使，几乎每役俱与，洪熙罢停通番宝船后移任南京守备，宣德时再衔命下西洋，与郑和为一时瑜亮……而在民间传说里，他以三保（宝）之名与郑和共称。"

郑一钧《论王景弘的历史功绩》指出："王景弘是福建籍人士，又熟悉福建沿海地区航海之事，其至台湾之前，肯定对台湾有所了解，甚至同福建地区到过台湾的当地居民有过接触，所以，在郑和使团的领导成员中，王景弘对台湾是有着特别的感情的，他与台湾的关系也特别密切，在台湾流行不少与之相关的传说，也就是情理之中的事了。"

四、王景弘何时到过台湾

由于史籍缺乏直接记载，因此难以确定郑和与王景弘到台湾的具体时间。笔者只能从郑和船队下西洋的行程和现有史料中，推测可能到台湾的年代。

前引陆容《菽园杂记》及费信《星槎胜览》记郑和船队第三次出海所到国家，内中均有苏禄和琉球。苏禄，今菲律宾南部；琉球，今属日本。台湾正处于苏禄与琉球航道之间。郑和船队极有可能顺风顺路泊靠台湾。明费信《星槎胜览》记载："永乐七年（1409年）己丑，上命正使太监郑和、王景弘等统领官兵二万七千余人，驾驶海舶四十八号，往诸番国，开读赏赐。是岁秋九月，自太仓刘家港开船，十月到福建长乐太平港停泊，十二月于福建五虎门开洋，张十二帆，顺风十昼夜到占城国。"九年（1411年）六月返回南京。此为第三次下西洋，永乐七年（1409年）与九年（1411年）之间。

此外，尚有如下两则重要的记载：

清吴振臣《闽游偶记》（康熙五十二年1713年）记载："澎湖为台湾门户，有三十六屿，各屿俱在海洋中……曾闻明永乐丁亥（永乐五年）命太监郑和、王景弘、侯显三人往东南诸国赏赐宣谕。郑和旧名三保，故云三保太监下西洋，因风过此。"①此次为第二次下西洋，五年（1407年）冬出洋，至七年（1409年）夏始还朝。

清龚柴《台湾小志》记载："明成祖永乐年末年，遣太监王三宝至西洋……遍历诸邦，采风问俗。宣宗宣德五年，三宝回行，近闽海，为大风所吹飘至台湾，是为华人入岛之始。越数旬，三宝取药草数种，扬帆返国。"②

宣德五年（1430年），为船队第七次出海时间，宣德八年（1433年），回行。

郑一钧《论王景弘的历史功绩》指出："郑和下西洋曾到过台湾，这是事实，不过这里所记'宣宗宣德五年，三宝回行'，则有误。宣德五年为郑和第七次下西洋离国的一年，返航时郑和已于宣德八年四月初旬在古里去世，此后船队由王景弘率领'回行'。另据清吴振臣《闽游偶记》记载：'澎湖为台湾门户，有三十六屿……'据两书所记，至少在永乐和宣德年间，王景弘曾两度到过台湾，其中宣德年间船队返回时，由王景弘一人率众来到台湾。"

（宣德八年），郑和在第七次下西洋的途中，病逝于古里，王景弘率船队安然回国。宣德九年，王景弘再次奉命往苏门答剌国，这是他的第八次下西洋。《明史》325卷《外国传·苏门答剌》记载："（宣德）九年，王弟哈利之汉来朝，卒于京。帝悯之，赠鸿胪少卿，赐诰。有司治丧葬，置守冢户。时景弘再使其国，王遣弟哈尼者罕随入朝。明年至。言王老不能治事。请传位于子，乃封其子阿卜赛亦的为国王，自是贡使渐稀。"此次，是王景弘独自率船队出洋。时为宣德九年。

台湾早期学者东嘉生在其著作《台湾经济史概说》（1943年）中指出："明永乐年间（1403年），以遍历东西两洋而在东洋史上闻名的郑和，率师至澎湖；又宣德时（1430年），宦官汪（王）三保于赴南洋之时，偶然飘至台湾，据说曾为'土番'栽植药草而后离去。"

如上所述，虽然无法确定郑和、王景弘率领船队到台湾的具体时间，但可以推测在明朝永乐和宣德年间，王景弘曾经两度到过台湾。永乐年间，郑和及王景弘曾经率领船队到台湾或澎湖列岛；而在宣德年间，船队远航返回时，由王景弘独自率领船队到台湾。

五、王景弘在台湾做过什么事

台湾于东汉时，被称为夷洲；隋朝，称为流求（琉球）；元朝，澎湖置巡检

---

① 王锡祺撰：《小方壶斋舆地丛钞》（续编）第9帙，《闽游偶记·六》。
② 王锡祺撰：《小方壶斋舆地丛钞》第9帙，《台湾小志·一》。

司，隶属晋江；明朝，称为小琉球、东番、北港、台湾。

明张燮《东西洋考》卷5《东洋列国考·东番考·鸡笼淡水》记载："鸡笼山、淡水洋在澎湖屿之东北，故名北港，又名东番云。深山大泽，聚落星散，凡十五社……四序以草青为岁首。土宜五谷，而皆旱耕……其地多竹，大至数拱，长十丈。伐竹构屋，而茨以茅，广长数雉，聚族以居……"

王景弘到台湾时，当地以高山族居民为主。人口稀疏，资源丰富。船队停泊之后，除了"取水"补给之外，还与当地居民密切交往，因此在台湾的地方志和后人著作中，留下了不少记载。

《台湾府志》（康熙二十三年，1685年）（蒋志）卷10《古迹》记载：

井，明宣德间，太监王三保到此，曾在此井取水，即今西定坊大井也。

药水，在凤山县淡水社，相传明三保太监曾投药水中，今土番百病，水洗立愈。

三宝姜，相传岗山巅明三宝太监曾植姜其上，至今常有姜成丛，樵夫偶然得之，结草为记，次日寻之，弗获故道。若得其姜，百病食之皆瘥。

《台湾府志》（康熙三十二年1694）（高志）记载：

大井，开凿莫知年代。相传明宣德间太监王三保到台，曾于此井汲水，即今府治西定坊大井也。

药水，在凤山县淡水社。相传明太监王三保投药水中，令土番染病者水中洗澡，即愈。

三保姜，凤山县有之。相传明太监王三保植姜冈山上，至今尚有产者……有得者，可疗百病。

此后在康熙、乾隆年间"重修"或"续修"的四部《台湾府志》中，也有相类似的记载。

清王士桢《香祖笔记》卷2记载："凤山县有姜，名三宝姜，相传明初三宝太监所植，可疗百病。"《凤山县志》卷11载："明太监王三保，植姜岗上，至今尚有产者，有意求觅，终不可得。樵夫偶见，结草为记。有得者，可治百病。"清郁永河《裨海纪游》记载："惟《明会典》太监王三保赴西洋水程，有'赤嵌汲水'一语，又不详赤嵌何地。"清林谦光《台湾志略》记载："相传明太监王三保舟至台湾，投药于水中，令土番患病者于水中洗澡，即愈。"

不管是"蒋志"，还是"高志"，或是后人的游记史料，都记述了王景弘率领船队到台湾所做的事：一是"赤嵌汲水"；二是"凤山植姜"；三是"药水疗病"。可见王景弘除了有航海专长和外交能力之外，还具有民间草药医学知识，也乐于为当地居民治病解难。

《台湾府志》等虽然使用"传闻""相传"等措词，但绝非空穴来风的无稽之谈。只能说明古人治学之严谨，而不该成为今人一味否定的依据。正因为带一些神秘色彩，更显示民间口耳相传的特色。这些传说，只能进一步佐证王景弘到过台湾的事实。正如清蒋师辙《台游日记》（光绪十八年）卷3所评述："又引台湾志略云，明太监王三保舟至台，投药水中，令土番染病者水中洗澡即愈；三保植姜冈山上，至今尚有产者，有意求觅终不可得，得者可疗百病……俗至传为盛事，则其声势之熏灼，概可想见。台湾时为荒岛，倮人群居，不异鸟兽，忽睹中国衣冠，得不惊为天神。而三保所以愚惑之者，又必故神其术。怪诞之说殆自此兴钦。"

陈佳荣在《郑和、王景弘与三宝垅》中指出："须知口耳相传的民间传说也是史料的来源之一，有时野史或口头传说，比起迭经御用文人蓄意删改的'正史'，还要可靠得多。只要没有充分的证据，切忌作随意的肯定或否定。"

清朝第一位巡台御史黄叔璥著《台海槎使录》卷1《赤嵌笔谈·水程》（康熙六十一年，1722年）记载其在台的亲身经历："舟子各洋皆有秘本，云王三保所遗，余借录，名曰《洋更》。"王景弘入台时，当地土著人"虽居海中，酷畏海，不善操舟"。王景弘曾经向他们传授航海知识，并留下记载航海必备的针位簿或航海图式之类的实用手册《洋更》。以至代代相传，视为珍宝。这个记载，证实了王景弘的入台行迹，并记述了王景弘到台湾所做的又一件好事：传授下洋秘本。

此外，还有郑和船队"家赐铜铃"和"引妈祖香火入台"之说。明张燮《东西洋考·鸡笼淡水》记载："永乐初，郑中贵航海，谕诸夷，东番独远窜不听约。家赐一铜铃，使颈之……至今犹传为宝，富者至掇数枚，曰是祖宗所赐云。"在《东番志》《台湾割据志》和《明史》中，均有相类似的记载。

《世界妈祖庙大全·台南大天后宫》记载："相传三宝太监引湄州香火入台奉祀，其后在宁南坊建天妃宫，明末有住持僧圣知者，与宁靖王交情深厚，王殉难后，允许将王府改庙，奉祀妈祖，为台湾岛最早的妈祖香火。"《台南大天后宫碑记》记述："考台之始祀神，盖肇于明宣德间郑和七使西洋，舟次赤嵌，汲水祈风……"

这就是有关史料记载的郑和、王景弘船队在台湾所做的事情。

六、王景弘到台湾的积极影响

郑和、王景弘船队到台湾，密切了台湾与祖国大陆的联系。郑一钧《论王景弘的历史功绩》指出："因此，王景弘可与郑和并列，是历史明确记载率领祖国中央政府代表团进驻台湾的第一人，从这种意义上，并且也只是仅限于这种意义上，史称王景弘率领郑和使团在下西洋途中进驻台湾相当一段时间，'为华人入岛之始'，在台湾历史上是一件大事……由此看来，加强对王景弘的研究，特别是加强对王景弘与台湾关系的研究，对进一步推动海峡两岸学术和文化的交流与合作，增强中华民族的凝聚力，促进祖国统一大业，无疑是有着重要的现实意义的。"

清陈梦林等编纂台湾第一部县志《诸罗县志》（雍正二年，1724 年）卷 8《番俗·杂俗》记载："妇生产，偕婴儿以冷水浴之。病不知药饵、针灸。辄浴于河。言大土置药水中以济诸番。冬日渡河，亦群浴为戏。或云明太监王三保航海到台，见番俗元冥，弃药于水，浴可以已疾。"

康熙四十二年任台湾海防同知的孙湘南著《赤嵌集》，有诗云："崩泉下涧三尺波，女儿投水如群鹅。中官投药山之阿，至今仙气留云窝。生男洗涤意非它，无挛无靡无沉疴。他日纵浪有勋业，为鲸为鲤为蛟鼍。"[1]

黄叔璥著《台海槎使录》（康熙六十一年，1722 年）卷 8《番俗杂记》录其《番社杂咏二十四首·浴儿》诗云："生儿出浴向河滨，仙气长留冷逼人，三保当年曾到处，南洋诸国尽称神。"另从网上查到作者注："明太监王三保出使西洋，到赤嵌汲水，投御药于涧水中，至今番俗生儿即入水洗，谓有仙气。"

清乾隆二十八年任台湾凤山教谕的宋仕阶所著《小琉球漫志》卷 4《瀛涯渔唱》诗云："漫道龙宫出秘方，灵虚殿迩路茫茫。蠲除瘴疠轻卢扁，觅得凤山三宝姜。"

乾隆间，陈蔚《台湾竹枝词》第 25 首："昔日中官投药去，至今蛮地解医方，樵夫曳野冈山上，无意拾来三宝姜。"此诗注云："明太监三保曾泊舟台湾，投药水中，今土番有病者浴之，即愈。又植姜山上，至今尚有产者，名三保姜，获之可疗百疾，然有意求觅终不可得。"

清咸丰年间，任台湾府学教谕的刘家谋，著有《海音后诗》1 卷，有诗曰："旧迹空余大井头，败篷断缆可曾留？沧桑变幻真弹指，徒步同登赤嵌楼。"[2]

"三保井""三保姜""三保药"等记载，表明了王景弘当年率领船队到过台湾，并为当地人民做了不少好事，产生积极的影响，故此受到当地民众的怀念，以至融入当地民间传统习俗，为历代游历台湾的文人学士所吟诵。

道光《厦门志》卷 6《台运略》："台湾，内地一大仓储也。当其初辟，地气

---

① 连横：《台湾诗乘》卷 1，1921 年。
② 连横：《台湾诗乘》卷 4，1921 年。

滋厚，为从古未经开垦之土。三熟四熟不齐，泉漳粤三地民人开垦之……"

王景弘率领郑和船队入台，停驻数旬时间，广泛接触了当地居民，融入当地社会，传播大陆先进的文化和生产、航海技术，增加了台湾人民对祖国大陆的了解，密切了汉人与当地高山族人的关系。同时，船队回国之后，必定会向大陆人民介绍台湾的各种情况，扩大了台湾在大陆的影响，促进了民族联系与交流，推动本土居民与此后来台汉人的团结，增强了民族凝聚力。郑和下西洋之后，闽人粤人大量移民到台湾，拓荒开垦。明末崇祯年间，对台移民人数达到数万人。

妈祖信仰，是船队远航的精神慰藉，也是中华传统文化的特征。郑和船队出海前要祭祀天妃，回来之后要酬谢天妃。第七次下西洋前，在长乐立《天妃之神灵应之记碑》，感谢天妃保佑之德。"溟渤之间，或遇风涛，即有神灯烛于帆樯，灵光一临，则变险为夷，虽在颠连，亦保无虞。"张燮《东西洋考》卷9《舟师考·祭祀》记载："天妃世居莆之湄洲屿，五代闽王时都巡检林愿之第六女也……国朝永乐间，内官郑和有西洋之役，各上灵迹，命修祠宇。"郑和船队官兵曾在南京凤仪门外、苏州刘家港，以及湄州、长乐、泉州、晋江、惠安等沿海地区新建或重修天妃宫。

明永乐、宣德年间，郑和、王景弘船队避风汲水，驶入台南赤嵌，引湄州妈祖庙香火入台奉祀，其后在宁南坊建天后宫，为台湾官办的最早妈祖香火，也是台湾第一座以天后宫冠名的妈祖庙。这座大天后宫，位于台南市永福路二段二二七巷十八号，至今依然香火旺盛。相距百米远的民权路与永福路口，便是当年郑和船队取水的"大井头"。这是郑和、王景弘到台湾的历史遗迹。两岸民间的妈祖信仰，说明两岸的文化同源。据说，至今在台湾有妈祖庙3 000多座，信众1 600多万人。①

除此之外，据说至今在台湾仍然可以找到台南三宝姜，宜兰郑和神木，台北三宝饭等。福建龙海角美镇鸿渐村有一座"二保公庙"，供奉的是郑和与王景弘两位正使。这是国内发现的第一座郑和庙。而在台湾云林县北港镇也有一座郑和庙，名为郑圣侯庙，是从鸿渐村的"二保公庙"分灵出去的。可见两岸民众同心，对郑和与王景弘的历史功绩，永怀景仰之情。郑和、王景弘率领船队到台湾，传承和发展了中华文化，促进两岸文化的融合，对台湾地区的文化和习俗，产生了深远的影响。特别是王景弘率领船队到台湾，留下许多佳话，成为两岸共同的民族记忆，永载史册。

（原载《郑和研究动态》，2010年第3期，第12—17页。）

---

① 据福建电视台报道《在台湾感受妈祖文化》，2010年4月23日。

《西洋记》中的王景弘形象

周茹燕[*]

15 世纪我国明代罗懋登所著的《西洋记》，是以郑和、王景弘下西洋为题材的长篇神魔小说，也是中国海洋文学的扛鼎之作。郑和、王景弘无疑是全书的主要人物。关于《西洋记》中郑和形象的研究，笔者曾以《〈西洋记〉中的郑和形象》为题，撰写了论文。该文作为上海郑和研究中心与德国慕尼黑大学中欧合作研究的成果——《〈三宝太监西洋记通俗演义〉之研究》中的一篇，于 2011 年 7 月由德国威斯巴登 Harrassowitz Verlag 出版。并发表于《郑和研究动态》2012 年第 1 期（总第 23 期）。在分析研究《西洋记》郑和形象的同时，笔者对书中与郑和齐名的伟大航海家王景弘产生了浓厚的兴趣和关注。长期以来，由于种种原因（包括太监地位低下、正史无传、下西洋活动突然中止、档案资料被毁等因素）造成了史料短缺，使王景弘的史迹掩而不彰，得不到应有的重视和研究，成为“被遗忘的郑和”。20 世纪 80 年代以来，随着郑和研究的深入、研究的视野与范围的拓展，人们对王景弘的研究越来越重视，发掘并考证了一些新材料，涌现出一批新的研究成果。时至今日，对大航海家王景弘的研究已经成为研究郑和下西洋不可或缺的一个组成部分。《西洋记》中的王景弘与郑和并驾齐驱，在长达 7 年的下西洋历程中，率领庞大的船队访问了 30 多个国家和地区，与之建立睦邻友好关系，胜利完成了明朝政府交托的“抚夷安邦”的任务，创造了人类航海史上的伟业。小说人物王景弘身上所展示的“三教圆融”“三教合一”的时代精神；儒雅、忠诚、仁义、包容和智勇双全的性格特征；他与郑和以及下西洋万千官兵共同创造的辉煌业绩，充分体现了中华民族的优秀品德和智慧，闪耀着爱国主义、集体主义的光辉，值得我们深入研究、努力传承、发扬光大。

一、《西洋记》创作的时代背景和写作意图

《西洋记》刊刻于明万历二十五年（1597 年），当时的中国内忧外患频仍。明嘉靖、万历年间，东方的日本已经构成对中国的严重威胁。这表现在两方面：

＊　华东师范大学教授。

一方面，当时日本的实际统治者封建领主丰臣秀吉在统一日本后，于 1592 年发动了对朝鲜的侵略战争，并虎视眈眈，扬言要征服明朝，"迁都北京"。另一方面，由日本海盗、浪人组成的倭寇又不断侵扰我国的沿海地区，烧杀掳掠，无恶不作，使数十万生灵涂炭、民不聊生。而当时的最高统治者面对倭寇的大肆侵扰，却软弱无能，无所作为。对此，罗懋登十分愤懑。他在自序中阐明了自己的创作意图："今日东事倥偬，何如西戎即序，何可令王、郑二公见，当事者尚兴抚髀之思乎！"他深感晚明国势衰微，盼望能有郑和、王景弘这样的英雄重返海疆，平定倭寇，扬威海外。他也希望当今执政者能以历史上的英雄事迹自励，重振国威。这里作者的矛头直指当朝统治者，字里行间洋溢着浓烈的爱国主义感情。

　　"三教圆融""三教合一"是罗懋登创作《西洋记》时的思想文化背景。"三教"指儒、释、道。自两汉佛教传入、道教产生起，三教之间就存在着既互争雄长、又相互汲取的情况。这种三教合流的思潮产生了两种社会效果：一是促进了佛教的发展，万历年间佛教大盛，除了因为最高统治者大力提倡外，也与此有着密切关系。二是对晚明文人产生了深刻的影响，他们多数三教兼综。如李贽，一方面提倡"三教归儒"，另一方面又落发为僧；袁宏道认为"一切人皆具三教"。著名的理学大师王阳明则说："夫禅之学与圣人之学皆求其心也，也相去毫厘耳。"这种"三教圆融""三教兼综"的思想文化色彩，不仅影响晚明文人的生活态度，而且影响他们的创作实践。同时形成了晚明时期师无定法、不拘一格宽阔的学术精神。罗懋登生于明正德十二年（1517 年），历经嘉靖朝 45 年，到万历朝丁酉岁（1597 年）时出版《西洋记》，已年届八旬。[1] 在长达 80 年的人生历程中，他亲身经历了佛道争锋和三教合流的历史进程，不仅深受"三教圆融""三教合一"社会思潮的影响，而且将之融入到《西洋记》的艺术创作中。他在小说中塑造了佛祖金碧峰、道家张天师以及儒家代表王景弘的艺术形象。而且精心设计了小说的主要情节是佛、道、儒三家保驾护航，辅佐郑和下西洋的故事。在"三教"合力的推动下，郑和大军攻坚克难，战胜妖魔鬼怪、番兵番将，取得了抚夷安邦的巨大成就，最终实现了明成祖"万邦来朝"的宏伟梦想。因此"三教圆融""三教合一"也是罗懋登为日趋衰落的晚明王朝开出的一帖重拾辉煌的济世良方。

---

[1]　郑闰：《〈西洋记〉作者罗懋登考略》，载时平、普塔克编：《〈三宝太监西洋记通俗演义〉之研究》，德国威斯巴登：Harrassowitz Verlag，2011 年，第 15-22 页。

二、小说中的王景弘与历史人物的不同之处

历史上王景弘的身世与郑和大致相同，都是年幼被阉入宫，同为燕王朱棣的侍从，也都在朱棣以"靖难"为名，起兵夺取皇位的战争中立了大功，因而被提升为太监（内官最高品级，正四品），得到皇帝的宠幸，并且被任命为下西洋正使。后来还同为南京守备。那么，历史上的王景弘与小说中的王景弘有哪些不同呢？据作者分析，其主要不同点有三：

（一）籍贯

王景弘原籍何地？史无明文，因此长期以来成为难解之谜。20 世纪 80 年代以来，庄为玑、徐晓望等专家先后在清蔡永兼《西山杂志》和乾隆年间修订的《龙岩州志》中获得重要信息，认为王景弘是闽南人，准确地说应是龙岩集贤里人。2000 年前后，经漳平市旅游局长曹木旺、市博物馆长罗宜生等人多次到漳平市赤水镇香寮村进行实地考察，确认王景弘应是福建漳平市集贤里香寮村许家山自然村人。至此王景弘的籍贯得以明确，并得到了史学界的广泛认同。这也是近年来王景弘研究的一大收获。

《西洋记》说王景弘是"山东青州府人士"，有的历史小说如《郑和》（朱苏进、陈敏莉合著）则说王景弘与郑和同为云南昆阳人，小时候一起在滇池边玩水，是喝滇池水长大的。这些都是小说家言，不足为凭。

（二）职务与身份

历史上的王景弘身出身低微，文化程度不高。根据目前所能见到的最早有关王景弘的记载："王景弘，集宁里人，明永乐间随太宗巡守，有拥立皇储功，恩赐嗣子王祯，世袭南京锦衣卫正千户。"[①] 可见王景弘并非来自书香门第。《西洋记》中把他描绘成兵部尚书，作为儒家的代表人物，这是作者出于艺术创作的需要，并非历史真实情况。

历史上的王景弘与郑和的品级、职衔、身份相同，即同为内官太监，同为下西洋船队使团正使。但郑和是船队的统领，第一位的首领，统揽全局，领衔指挥船队。负责全权执行明成祖对海外诸国的方针政策，并且拥有外交、通商、军事等方面的绝对权力。而且郑和除"太监正使"的身份，还有"钦差总兵太监"的头衔，这是王景弘所没有的。因此郑和排名在王景弘之前，权力在王景弘之上，也是理所当然的。王景弘是船队使团的"正使"，但是第二位的首领，主要掌管航海针路和管理船队，是负责航海事务的统领。在漫长的下西洋航程中，发

---

① 《宁洋县志·中官》（康熙三十一年）。

挥了重要的技术保障作用。因此《西洋记》第 15 回说王景弘是下西洋"副总兵官，挂征西副元帅之印"是没有根据的，也不符合历史事实。这一说法还影响到《辞海》（1979 年版）和《福建名人录》（1995 年版）等书，它们都把王景弘说成是"下西洋副使"，这也是不准确的。但必须指出的是，《西洋记》尽管把王景弘定位为"下西洋副元帅"，但仍然对他十分尊重，这从正元帅郑和尊称他为"王爷""王先生"，与他亲如兄弟、情同手足；对他言听计从，十分信任。以及大小官兵均称他为"元帅"，并且服从他的领导等方面，都可以证明。

（三）下西洋的次数

郑和下西洋先后七次，自明永乐三年至宣德八年（1405—1433 年）。王景弘究竟参加了几次？目前学术界分别五、七、八次等说，迄今尚无定论，有待进一步深入研究。而在《西洋记》中，郑和、王景弘下西洋被浓缩成一次，自永乐七年至永乐十四年（1409—1416 年），历时"七年有余"，先后经过 39 个国家和地区。这在《西洋记》第 99 回中有明确的记载。

三、《西洋记》中王景弘的性格特征

"文学是人学"，《西洋记》比较成功地塑造了佛祖金碧峰、道家代表人物张天师以及儒家代表人物王景弘和下西洋主帅郑和的艺术形象。特别是在王景弘形象塑造上，善于通过人物的外貌、神态、语言、行动、环境描写和鲜活的细节塑造人物的性格，使王景弘具有鲜明的性格特征，儒雅厚重，虎虎有生气。令人读后甚至会觉得小说中的王景弘形象似较郑和形象更为鲜明，更有个性，具有亲和力和感召力。

王景弘的性格特征主要表现在以下几方面：

（一）儒雅

儒雅、厚重是《西洋记》中王景弘的外貌和气质特征。这在第 15 回王景弘出场亮相中便可看出。明成祖朱棣为了实现"抚夷取宝""万国来朝"的伟大梦想，决定派大军远征西洋，并在文武百官中征聘正、副元帅。圣旨虽下，朝会上却鸦雀无声，无人响应。钦天监官员禀报：夜观天象，正副元帅应是"帅心入斗口，光照尚书垣"。后来经过青年侯伯刘诚意的大力推荐，内官太监郑和担任总兵官，挂了帅印。书中接着写道：

> 圣上道："征取西洋，次用副总兵官员一员，挂征西副元帅之印，朕还取得有坐龙金印一颗在这里，是那一员肯去征西，出班挂印？"又问了一声，还不见有人答应。圣上道："适来钦天监照见'帅心入斗

口，光照尚书垣'，司礼监是个斗口了。今番副元帅却应在尚书垣。你们六部中须则着一个出来挂印。"道犹未已，只见在班中闪出位大臣，垂绅正笏，万岁三呼，说道："臣愿征西、臣愿挂副元帅之印。"圣上把个龙眼观看之时，这一位大臣，身长九尺，腰大十围，面阔口方，肌肥骨重。读书而登进士之第，仕宦而历谏议之郎。九转三迁，践枢陟要。先任三边总制，屹万里之长城，现居六部尚书，校八方之戍籍。参赞机务，为盐为梅；中府协同，乃文乃武。堂堂相貌，说什么燕颔食肉之资；耿耿心怀，总是些马革裹尸之志。正是：门迎珠履三千客，户纳貔貅百万兵。原来是姓王名某，山东青州府人士，现任兵部尚书。圣上道："兵部尚书，你肯征进西洋么？你肯挂副元帅之印么？"王尚书道："小臣仰仗天威，誓立足异域，万里封侯。小臣愿下西洋，小臣愿挂副元帅之印。"圣旨道："着印绶监递印与他，着中书科写敕与他。"王尚书挂了印，领了敕，谢了恩，竟回本班而去。①

这里，作者用十分简洁的笔法刻画了王景弘的外貌："身长九尺，腰大十围，面阔口方，肌肥骨重。"这与明代著名相术家袁忠彻在《古今识鉴》中所描绘的郑和面貌极其相似，可谓相貌堂堂，威风凛凛。《西洋记》又介绍他的履历："读书而登进士之第，仕宦而历谏议之郎……先任三边总制，屹万里之长城，现居六部尚书，校八方之戍籍"，"现任兵部尚书"。可见他饱读诗书，能文能武。既是一名勇将、虎将，又是一位儒将、雅士。他忠心报国，主动请缨，愿挂征西副元帅之印，得到皇帝的赞许和认可。

《西洋记》中的王景弘，不仅熟读四书五经，擅长文韬武略，而且能诗善书，在中外文化交流中发挥了重要作用。如第 61 回写郑和船队抵达古俚后，王景弘提议在远离中国十万余里的古俚国建碑亭、立石碣，"勒碑纪程"。这一建议得到郑和的首肯，并由王景弘"挥笔书之"。王景弘书写的铭文记载了中、古两国的传统友谊，并促进双方外交关系的发展。据向达先生考证，此事不仅符合史实，而且《西洋记》所载石碣铭文"'此去中国，十万余程，民物咸若，熙皞同情，永示万世，地平天成'，大足以校订《瀛涯》的错误。"是宝贵的史料。

又如第 78 回，写郑和大军抵达祖法儿国，"二位元帅、天师、国师，还有四个公公"接受番王邀请，到礼拜寺行香。礼拜已毕，马公公提议以诗"纪绩"。得到众人响应。正元帅郑和以一首旧作题壁，王景弘则援笔题写律诗一首：

> 桑落谈心快，楼船趁晓开。忽看天接水，已听浪如雷。不少孤臣

---

① 罗懋登著，陆树仑、竺少华校点：《三宝太监西洋记通俗演义》上，上海：上海古籍出版社，1985 年，第 194–195 页。

泪，谁多报主才？夷氛应扫净，早晚凯歌回。①

这首诗不仅写出海浪汹涌的眼前景象，而且诉述了自己的立志"扫净夷氛"凯旋的必胜决心和信心。他还对众人的诗作从文字、内容到叶韵进行评点，显示了深厚的文学造诣和儒雅的风采。

（二）忠诚

忠、孝、节、义是儒家的道德规范，而"忠"则列在首位。王景弘的最大特点就是"忠"，忠于国家、忠于君王，宣德五年（1430 年），宣宗继统已 5 年，而海外诸藩国"未有闻知"，特遣郑和、王景弘等下西洋告知各国，是为郑和第七次下西洋。行前，为壮行色，明宣宗朱瞻基亲撰长诗分别赠给郑和与王景弘，这是极其难得的殊荣。在《赐太监郑和》诗中，着重表彰郑和在统兵打仗中的贡献："或万有一敢拒逆，尔时麾兵试一击，丑类骈首歼锋镝，遂致天威震蛮貊。"而在《赐太监王景弘》诗中，则重在表彰他的忠心，嘉奖他的航海技术和统领庞大船队出航，遍历海外各国访问的功勋。诗曰：

> 南夷诸国蟠海中，海波险远迷西东。
> 其人习性皆颛蒙，浮生泳浅鱼鳖同。
> 自昔不与中华通，维皇太祖天命隆。
> 薄海内外咸响风，中兴功烈维太宗。
> 泽及远迩如春融，明明皇考务笃恭。
> 至仁怀绥靡不容，三圣相承盛德洪。
> 日月所照悉服从，贡琛纳赞来无穷。
> 昔时将命尔最忠，大船摩曳冯夷宫。
> 驱役飞廉决鸿蒙，遍历岛屿凌巨谼。
> 覃宣德意化崆峒，天地广大雨露浓。
> 覆载之内皆时雍，朕今嗣通临外邦，
> 继志述事在朕躬，岛夷仰望纷喁喁。
> 命尔奉命继前功，尔往抚谕敷朕衷，
> 各使务善安田农，相与辑睦戒击攻。
> 念尔行涉春与冬，作诗赐尔期尔庸，
> 勉旃尔庸当益崇。②

---

① 罗懋登著，陆树仑、竺少华校点：《三宝太监西洋记通俗演义》下，上海：上海古籍出版社，1985 年，第 1011 页。

② 转引自郑鹤声、郑一钧：《郑和下西洋资料汇编》上册，济南：齐鲁书社，1980 年，第 155-156 页。

此诗表达多层意思：① 回顾历史，记述自太祖、太宗（成祖）、仁宗以来，明王朝与南夷诸国所建立的睦邻友好的外交关系；② 赞扬王景弘的耿耿忠心，表彰他的航海技术和昔日访问南夷各国的功勋；③ 表达自己继承父、祖遗志，重续与南夷各国友好的愿望；④ 派遣王景弘再次出使，要求以和为贵，"务善"，"辑睦"，切戒武力。

诗中"昔时将命尔最忠"，突出了王景弘的最大特点是忠诚。历史上的王景弘是如此，小说《西洋记》中表现的王景弘对国家、对君王的拳拳忠心同样如此。

前述《西洋记》第15回，明成祖朱棣决定远征西洋，拟在百官中征召正、副元帅，但朝会上却"文官鸦悄不鸣，武班风停草止"，无人响应。而王景弘虽身为兵部尚书，却主动请缨，愿替君王分忧，担任征西副元帅，协助郑和下西洋。王景弘的忠诚还表现在一些细节上。如第16回写宝船厂动工，皇帝要求有几员大臣督工。工部马尚书表态：职责所在，愿时常督率。接着兵部王尚书出班奏道："造船事务重大，小臣愿时常督率。"因此被皇帝称赞为"敬事后食之臣"。第17回写下西洋需兴工造锚，皇帝询问百官："是那个肯去造锚哩？"又是王景弘"稽首顿首"，"情愿协同造锚"。

《西洋记》中，王景弘对国家和君王的忠诚主要表现在他自始至终尽心尽力辅佐郑和下西洋，与郑和一起完成明王朝所托付的"抚夷安邦"、睦邻友好的使命。

（三）仁义

"仁者爱人"，"仁"是儒家思想的核心。王景弘处事常常以儒家的"仁"为本。《西洋记》中最典型的例子是第19回"白鳝精闹红江口，白龙精吵白龙江"。这一回故事情节曲折，写郑和船队抵达白龙江，准备由江入海。这时"江上狂风大作，白浪掀天。大小宝船尽皆颠危之甚。"原来是江中的老白龙要吃人。按张天师的说法："需得五百名生人祭了他"，才能风平浪静。郑和急于出海，无奈想减量用50名病军祭江；而副帅王景弘则认为"人命关天，事非小可"，从儒家"仁者爱人"的思想出发，坚决反对以生人祭海。他说："我思想起来，人命关天，事非小可，我们虽是执掌兵权，生杀所系，却是有罪者杀，无罪者生。这五十名军士跟随我们来下西洋，背井离乡，抛父母，弃妻子，也只指望功成之日，归来受赏，父母妻子还有个团圆之时。岂可今日方才出得江来，就将这些无辜的人役祭江，于心何忍！"不料却遭到马太监的激烈反对，王景弘对此"越加愁闷"。并说道："人皆有不忍人之心，况兼行一不义，杀一不辜，虽得天下不为也。五十个人的性命，平白地致他于死，天理人心何安！"这里王景弘的"愁闷"和他的"不忍"之心,足以反映他"仁者爱人"的高超情怀。正、副元帅争执不下,只得向佛祖金碧峰求教。金国师智慧超人,慈悲为怀,具有佛家"救人一命,胜造七级浮屠"的理念。他一语点破迷津:"既是看过《三国志》来,岂不闻诸葛亮祭泸水之事乎?"郑、王二人听了,恍然大悟,立即命人用纸糊成军人模样,"肚里安上些猪羊鹅鸭血脏"等物,冒充病军,"祭祀了老龙"。由此,不仅救了50名军人的性命,而且解了白龙江之厄。尤其精彩的是,这一段描写生动地显示了有关人物不同的性格特征,使小说人物人各有貌,具有吸引力和可读性。如张天师提出以500名军人祭江,只考虑满足老白龙"吃人"的需求,显示了对生命的冷漠;郑和拟以50名病军祭江,实属无奈与焦躁;金碧峰长老的高超智慧与慈悲较之众人又胜出一筹;而王景弘一次再次仗义执言以及对于他"低头不语","眉头捺上双簧锁,心内平填万斛愁"的神态、动作的描写充分显示了他常怀"仁义"之心的性格特征,体现了儒家"仁者爱人"的真谛。

又如第64回写到在金眼国获胜之后,郑和吩咐斩了两名愚顽抗拒的番将,并下令把那些番兵尽行斩杀。王景弘当即对他进行规劝,指出这些番兵与番王、三太子和番将哈里虎是有区别的,建议放他们回去,传语番王,叫他早早归顺,"体天地好生之仁"。郑和采纳了他的建议,从"仁义"出发,言辞恳切地对番兵进行开导,使他们感动不已,"两泪双流"。再也不敢与明朝大军对抗。

(四)包容

"海纳百川,有容乃大"。大气、宽厚、常存包容之心是王景弘性格的又一特点。王景弘的包容表现在他虽是兵部尚书,智勇双全,文武全才,却甘当绿叶,一心一意辅佐太监郑和下西洋。只要郑和作出正确的决策和行动,他就会在第一时间予以赞扬与支持。如第59回写明军船队将到锡兰国,郑和察觉"锡兰国反复不常,意欲谋害我师。"决定"就在今夜收住了宝船,遣两员上将,领几百精兵,乘其不备而攻拔之,不知可否?"王爷道:"兵法有云:'兵之情贵速',老公公兼程而进,是也。兵法又云:'攻其所不戒'。老公公乘其不备而攻拔之,是已。"老公公动与孙子相符,何患什么西洋不服?这里不仅写出了王景弘熟谙兵法,而且表明了他对郑和的大力支持。因此"王爷说得好,三宝老爷大喜。"

又如第50回写郑和宝船行到龙牙山,蓝旗官报道:"前哨副都督张爷拿住百十号小船,千数强盗。"张柏薰报道:"船是贼船,人是强盗,专在这个地方上掳掠为生……"打算"把这些强盗一人一刀,令远人怕惧,今后不敢为非。"但是郑和却认为"与其劫之以威,不若怀之以德。"并亲自审问,知道他们皆因"无田可耕,难以度日,故此不得已而为之。"郑和不仅宽恕了他们,还吩咐军政司取过好酒十坛,去到龙牙门上流头,泼在水面上,让这些强盗到下流头水面上去饮用"清酒"。教导他们"今后只可清饥，不可浊饱。"并命石匠镌刻"道不拾遗"石碑，作为永久纪念。"使后人见之，改行从善。"对此，王景弘赞扬道："元帅与人为善之心，天地同大。"表示充分肯定与赞美。又如第84回写兵至阿丹国。郑和有意安排筵宴，让包括金国师、张天师、王元帅在内的大小将领通宵宴饮。而自己却假装肚腹疼痛、上吐下泻先行告退。但天亮之后，蓝旗官却来报道："元帅老爷昨夜三更时分，已自进了阿丹城。这如今在阿丹国国王朝堂之上，相请三位老爷。"原来郑和假称生病，实际上却乘着夜半时分众人欢宴之际，神不知鬼不觉地派亲信混入阿丹国，智擒阿丹国王，并使阿丹国诚心归附。"兵贵机密"，这里用的是"掩袭"之计。平时郑和与王景弘亲如兄弟，情同手足。知无不言，言无不尽。这次为了"保密"，连王景弘也瞒了。事后郑和向王景弘"请罪"。王爷道："连我学生也瞒了。我说里应外合，老元帅还哄我割鸡焉用牛刀。"老爷道"恕罪了！兵机贵密，不得不然。"王爷道："怎么敢说个'罪'字？才见得老元帅之高。"由此可见王景弘心胸开阔，遇事能从大处考虑，能以宽容之心待人，并不拘泥于小节。而当郑和偶有差错时，王景弘也能坚持原则，据理力争。而目的仍然是为了更好地辅佐郑和下西洋。上述白龙江祭老龙事件即为一例。

王景弘的包容还体现在对各种宗教的圆融和尊重。作为儒家的代表，他对佛祖金碧峰无比崇敬，对道家张天师非常尊重，对天妃妈祖十分信仰，对回教真主真诚礼拜……对多元宗教的一视同仁与崇敬，显示了他圆融、和谐的宗教观和大气、包容的性格特征。

佛祖金碧峰是《西洋记》中佛教的代表人物，也是全书的男主角。据明郎瑛引《客座新闻》记载："太祖建都南京，和尚金碧峰启之。"又据《古今图书集成·职方典·江宁府·碧峰寺》记载："明洪武中敕建，居异僧金碧峰因名。"又有"碧峰寺非幻庵有沉香罗汉一堂，乃非幻禅师下西洋取来。"之说。可见，历史上确有金碧峰其人，而且他的徒弟非幻去过西洋。

《西洋记》小说共100回，其第1至第7回，写碧峰长老出生、出家、降魔之事；第8至第14回为碧峰长老与张天师斗法之事；第15回以后则为郑和、王景弘挂帅招兵西征，在碧峰长老和张天师的帮助下斩除妖孽；诸国入贡，郑和建祠之事。从小说内容的概述，可见书中故事大多涉及金碧峰。在《西洋记》100回的回目中，提到金碧峰（包括国师、长老）有24次，提到郑和的（包括三宝、元帅）仅10次。可见其在《西洋记》中的地位之高，所占篇幅之多。

《西洋记》中的金碧峰长老，半人半神，神人结合，是佛的化身。他的前生是三千古佛的班头燃灯佛，如来佛祖的授记师父。他为解"东土厄难"，救回

"大千徒众"而临凡投胎杭州金员外家、度化为佛，号碧峰。后来，明成祖拜他为护国国师，让他为郑和下西洋保驾护航。概括起来，《西洋记》中的金碧峰具有两大特点：一是超人法力。第22回说他具有"拆天补地，推山塞海，呼风唤雨，役鬼驱神，袖囤乾坤，怀揣日月"的超人佛力，集忠诚、慈悲、仁爱、智慧、刚毅果断、无坚不摧等优秀品质于一身。他在小说里代表着光明、文明、正义的力量。郑和下西洋之所以取得通使39国的胜利，全仗他超人的佛法。他在"抚夷取宝"进程中的作用远在郑和、王景弘之上，是书中的"男一号"。

佛祖金碧峰的第二大特点是慈悲为怀，善待生命。"慈悲"和"不杀"是佛教生命观的核心价值理念。佛教创始至今2 500多年来，始终以慈悲为怀，把"不杀生"列为根本戒律。《西洋记》中的金碧峰长老始终以大慈大悲之心，珍惜人身、善待生命。他多次劝阻元帅郑和，不要轻易杀人，更不要滥杀无辜。甚至还做法事超度阵亡的番将、番兵。郑和有时虽然心中不服，但也不敢违拗。如第40回写爪哇国王都马板"无故杀我天使，无故杀我从者百七十人，又无故并吞东王"，郑和本准备要刀斧手把番王剥皮、剐肉、拆骨头。但国师前来求情，元帅不得不遵。后来将番王押往北京，经明成祖亲自教育后悔过自新，从此"岁岁朝贡"，与明朝建立了长久的睦邻友好关系。又如第84回在银眼国拿住了国王及大小番官、番吏，郑和叫刀斧手过来，"一概都砍了他的头，把这满城番子都血洗了他。"书中接着写道：

> 三宝老爷怒发雷霆，双眉直竖。王爷也不好劝得，天师也不好劝得，只有国师慈悲为怀，说道："元帅在上，看贫僧薄面，饶了他们罢！"国师比别人不同，凡事多得他的佛力，元帅不好违拗，只得吩咐且住。[①]

金国师一言救下多少生灵，足见他的慈悲心肠。

王景弘是否信佛，史无明文。在《西洋记》中，王景弘对佛教的态度主要体现在对佛祖金碧峰的敬仰与崇信上。具体表现在下西洋每至一国遇有重大困难时，郑和、王景弘两位帅总是首先向国师金碧峰汇报，聆听教诲，依计而行。这样的例子在小说中随处可见，不胜枚举。特别是王景弘对佛祖的决策深信不疑，其信仰的程度有时甚至在郑和之上。如上述第19回"白龙精吵白龙江"中，佛祖金碧峰一语破的："既是看过《三国志》来，岂不闻诸葛亮祭泸水之事乎？"建议用"调包计"骗过老白龙，以解白龙江之厄。书中写道：长老仅一句话："把个二位元帅说得满天欢喜，计上心来，抚掌大笑。三宝老爷又有些瘆气，说

---

① 罗懋登著，陆树仑、竺少华校点：《三宝太监西洋记通俗演义》下，上海：上海古籍出版社，1985年，第1083页。

道：'只怕算不的哩！'尚书道：'岂不闻梁武帝宗庙以面为牺牲，享帝享亲且可，何况一妖精乎？'老爷说道：'是，是，是！'"这里，显然是王景弘说服了郑和，解除了他的疑虑，他们一起坚决按佛祖的意见办，同时也体现了对佛祖金碧峰的无比信仰与崇敬。

至于金碧峰本着佛家"救人一命，胜造七级浮屠"的理念，救了50名明朝军人和众多番兵、番将乃至红莲公主等人的性命，这与王景弘儒家的"仁者爱人"的"不忍之心"是互相融通的，这也正是"三教圆融""三教合一"的思想根源之一。同时也是王景弘深深敬仰碧峰长老的内在原因之一。

《西洋记》中道教的代表人物是张真人，即张天师。这是一个虚拟的小说人物，但道教始祖张道陵的后裔，世居龙虎山，袭承道法，却是事实。《西洋记》第57回"金碧峰转南京城 张三峰见万岁爷"写道教仙师张三峰朝见万岁爷，"得了万岁（玄武帝下凡）的真性"，协助金国师收服金毛道长的故事。说明当时佛、道两教相互联合、相互融通的情况。在明朝历史上，自明太祖开国起至太宗（成祖）、仁宗、宣宗直至英、代、宪、孝、武、世、神等朝皇帝，为了加强对广大百姓的思想统治，无不利用佛、道两教。由于各朝采用不同的宗教政策，有的崇尚佛教、有的推重道教，也有的佛、道并重。因此佛、道之间时有争斗，有时甚至达到你死我活、十分惨烈的程度。如明武宗宠幸佛门子弟，特别崇奉喇嘛教、使佛教势力迅速膨胀。明世宗佞道成癖，他即位后，一反过去历代皇帝佛道并重或重佛甚于崇道的传统，大肆兴道灭佛，拆佛像、毁佛寺、逐僧人……无所不用其极。尤其是使道教与政治相结合，不仅把一切功绩都归之于道教，而且连朝廷政事有不决者也听命于神仙。并迷信方药方术，常服食仙丹。以至"晚年须发脱落……丹毒并作而亡。"至穆宗隆庆时，鉴于嘉靖崇道过滥的教训，又将方士、道士驱逐出宫，并剥夺某些道长、天师的爵位、名号、投入监狱，处以极刑。道教由此衰落。至神宗万历时，由于皇太后信奉佛教，于是又礼佛成俟，佛教势力由此大兴。《西洋记》作者罗懋登生于明正德十二年，历经嘉靖朝45年，隆庆六年，又置身于万历朝，他亲眼目睹了正德、嘉靖，隆庆、万历诸朝佛、道争斗、此起彼伏的历史情况，感慨系之，于是在《西洋记》第10至第14回写下了佛道争锋的相关情节，从一个侧面折射出明嘉靖至万历间佛道争斗的历史真实。《西洋记》第10回"张天师兴道灭僧 金碧峰南来救难"写张天师假借"取传国玉玺"之名，蓄意陷害僧家。书中写张天师向皇帝启奏：

> 天师道："陛下要用取玺之计，先将南北两京十三省庵庙禅林里和尚一齐灭了，方才臣有一计，前往西洋取其国玺，手到玺来。"万岁爷只是取宝的心胜，便自准依所奏，即时传出一道旨意，尽灭佛门。该礼

部知道，礼部移交关会两京十三省，晓谕天下僧人，无论地方远近，以关文到日为制，但限七日之内下山还俗。七日以内未下山者发口外为民，七日以外不下山者，以违背圣旨论，俗家全部处斩。四邻通同，不行举首者，发边远充军。①

由此可见当时为兴道灭佛而立法、执法，是多么严酷。

《西洋记》中的张天师在第8至第14回与碧峰长老斗法。他心胸狭窄、妒贤嫉能，屡次想置碧峰禅师于死地。但是碧峰长老心胸开阔、慈悲为怀、宽宏大量、信守承诺。经过反复赌赛，碧峰长老以佛法斗败了张天师的道术，救了佛门厄难。并且不计前嫌，宽恕了张天师。这一切终于感动了张天师，使他幡然悔悟，从最初的不可一世到愿拜金碧峰为师，口称"弟子"。并说："今后再不敢胡为，望乞赦罪。"还欣然接受皇帝诏命，与金国师一起扶助郑和下西洋。小说作者对张天师虽有嘲笑，但也常常让他手提七星剑，烧飞符，遣天神天将，在除魔灭怪的战斗中发挥先锋作用。郑和、王景弘对张天师也很尊重，遇有重大问题和困厄，都及时征求天师的意见。在对妖魔鬼怪的战斗中，重视发挥他的作用。小说中，恢弘大度的王景弘与张天师还颇有些"交情"，他们在频繁的战斗间隙，尚能谈古论今，相互推重，并对下西洋的战斗任务交换意见和看法。如第77回"王尚书计收禅师 木骨国拜进降表"中，写郑和船队兵抵木骨都束国，恰遇飞跋禅师作怪。王景弘指挥战斗。他下令束草为军，还淋上一碗狗血，魔污飞钹，使它们再也不能飞将起来任意砍头、杀人，最后智擒了飞跋禅师和陀罗尊者。取得了对木骨都束国、竹步国和卜剌哇国战斗的胜利。战斗结束后，张天师向王景弘请教战争获胜的原委，并作诗称赞。书中写道：

好王爷。果然是：今代麒麟阁，何人第一功？开府当朝杰，论兵迈古风。清海无传箭，天山早挂弓。胡人愁逐北，苑马又从东。勋业青冥上，交情气概中。②

天妃是我国东南沿海民间传说中的海神。据《福建通志》等书记载，天妃姓林，名默，福建莆田湄洲屿人。天妃来自民间，天性孝顺，以治病救人为己任，又能扶弱济困，竭力为乡邻排忧解难，拯救海难。宋太宗雍熙四年（987年）二月十九日羽化成仙。此后经常披朱衣飞翔海上，佑护海上航行人船平安。因此深受沿海沿江一带人民的崇敬，尊为妈祖。自宋以来无论官民，凡出海航

① 罗懋登著，陆树仑、竺少华校点：《三宝太监西洋记通俗演义》上，上海：上海古籍出版社，1985年，第126页。
② 罗懋登著，陆树仑、竺少华校点：《三宝太监西洋记通俗演义》下，上海：上海古籍出版社，1985年，第991页。

行，为求平安，必求妈祖保佑。郑和船队亦不例外。郑和每次下西洋前和归国后都要祭祀天妃，兴建天妃庙宇，树碑建亭，虔诚祷祝。即使在波浪滔天的大海上，也要举行祷祝仪式，乞求天妃"庇佑"。现存江苏太仓刘家港《通番事迹记碑》和福建长乐的《天妃之神灵应之记碑》都是郑和、王景弘信仰天妃的实证。

在《西洋记》中有五、六处提到天妃红灯，写天妃以"红纱灯指路"，"导引大明国宝船来下西洋"。可见天妃在下西洋航行中的重要地位。特别是小说第22回"天妃宫夜助天灯"，写郑和船队过吸铁岭，进入茫茫的西洋大海，一时间，乌天黑地，风狂浪大，宝船将危。郑和、王景弘二位元帅即时下跪，稽首顿首，乞求天神护佑。书中写道：

> 祷告已毕，只见半空中划喇一声响，响声里吊下一个天神。天神手里拿着一笼红灯，明明白白听见那个天神喝道："什么人作风哩？"又喝声道："什么人作浪哩？"那天神却就有些妙处，喝声风，风就不见了风；喝声浪，浪就不见了浪。一会儿风平浪静，大小宝船渐渐的归帮。二位元帅又跪着说道："多谢神力扶持，再生之恩，报答不尽。伏望天神通一个名姓，待弟子等回朝之日，表奏朝廷，敕建祠宇，永受万年香火，以表弟子等区区之心。"只听得半空中那位尊神说道："吾神天妃宫主是也。奉玉帝敕旨，永护大明国宝船。汝等日间瞻视太阳所行，夜来观看红灯所在，永无疏失，福国庇民。"刚道了几句话儿，却又不见了这个红灯。须臾之间，太阳朗照，大小宝船齐来拢邦。天师、国师重聚。二位元帅叩头伸谢而起。①

这一片段，描绘天妃显灵与郑和、王景弘祝祷乞求"庇佑"的情景，极其生动、形象。不但写出了郑和、王景弘等人对天妃的无比信仰，而且富有文学意味，给人留下深刻的印象。是《西洋记》中脍炙人口的片段，常为各家中国文学史所引用。

《西洋记》中还有郑和、王景弘等人礼拜真主的记载。郑和出生回族世家，自幼笃信伊斯里兰教。王景弘本非回族，国内史料上也未记载其是否信仰伊斯兰教。但在东南亚有大量关于郑和、王景弘信仰并传播伊斯兰教的传说。如："王景弘本人除了务农外，还向当地（印度尼西亚三宝垄）居民传播伊斯兰教"，"王景弘与郑和一样，是一位虔诚的回教徒……当王景弘87岁时，被埋葬在一个穆斯林墓地……"，"（王景弘）教当地（三宝垄）居民和华侨耕种，经商并向他

---

① 罗懋登著，陆树仑、竺少华校点：《三宝太监西洋记通俗演义》上，上海：上海古籍出版社，1985年，第283—284页。

们传播伊斯兰教"等。① 这些都是根据当地的民间传说推测而来。

郑和下西洋所经国家和地区，其中多数信奉伊斯兰教。《西洋记》中所描写的信奉伊斯兰教的国家大都"国富民饶"，"上下相安"，"富而有礼"。睦邻友好。郑和、王景弘到此与他们友好相处、礼尚往来。同时礼拜真主、答谢厚爱。如第 78 回写在祖法儿国，"二位元帅，天师、国师，还有四个公公，借着番王的请期，先到礼拜寺等行一炷香"然后众人赋诗纪绩。又如第 86 回写郑和等人来到天堂国：

> 只见风景融和，上下安帖。自西以来，未之有也……国王道："敝国即古筠冲之地，名为天堂国，又名西域。回教祖师始于敝国阐扬教法，至今国人，悉遵教门，不养猪，不造酒，田颇肥，稻颇饶，居民安业，风俗好善。卑末为民上者，不敢科敛于民，下民也无贫难之苦，无乞丐，无盗贼，不设刑罚，自然淳化，上下安和，自古到今。实不相瞒列位所说，是个极乐之国。"元帅赞道："无怀氏之民与？葛天氏之民与！"②

可见天方国既是回教圣地，也是西方极乐天堂。是郑和的理想之国，也是作者罗懋登的理想之国。在这极乐之国，金国师、张天师、郑、王二元帅，列位公公、大小将官俱都"游玩不尽"，"礼拜伸谢"，气氛融洽和谐，体现了对回教真主的崇敬。

综上所述，王景弘崇敬佛祖，尊重道家、信仰天妃、礼拜真主，反映了他多元、兼容、圆融、和谐的宗教观，也显示了他大气、包容的性格特征。

（五）智勇双全，文武全才

或许是作者罗懋登对王景弘情有独钟，他笔下的王景弘形象近乎完美。不仅具有儒雅、忠诚、仁义、包容等美德，而且智勇双全，才华出众。《西洋记》中的王景弘是一名能征惯战的虎将、儒将；又是一位卓越的军事指挥家；还是一位善于运用《孙子兵法》指导军事行动和总结战争经验的军事理论家。

王景弘在《西洋记》第 15 回中作为兵部尚书首次出场，他被皇帝任命为下西洋副元帅。第 16 回碧峰长老又向皇帝介绍了王景弘的来历："兵部尚书也不是个凡胎，却是上界白虎星临凡。有了这个虎将镇压军门，方才个斩将搴旗，摧枯

---

① 李金明：《王景弘及其在印度尼西亚三宝垅的传说》，载福建省国际文化经济交流中心、中国人民政治协商会议漳平市委员会编：《明代大航海家王景弘》（漳平文史资料总第 27 辑），2003 年，第 37-47 页。

② 罗懋登著，陆树仑、竺少华校点：《三宝太监西洋记通俗演义》下，上海：上海古籍出版社，1985 年，第 1110 页。

拉朽。”这里“白虎星临凡”“虎将”“斩将搴旗，摧枯拉朽”，既是对王景弘的定位和作用的肯定，也使他蒙上了一层神秘的面纱。

王景弘又是一位卓越的军事指挥家。他指挥的战斗常能奇兵突袭，取得意想不到的战果。《西洋记》中郑和下西洋共经39国和地区。在这39国中大都发生过或大或小的战争。其中在金莲宝象国、爪哇国、女儿国、撒发国、金眼国、木骨都束国、银眼国、阿丹国、酆都国等9个国家都曾发生过规模较大的战争。在这9个国家中，王景弘独当一面或参与指挥的有金眼国、木骨都束国、银眼国等3个国家的战斗。《西洋记》第62回写“大明兵进金眼国”，遇到了负隅顽抗的总兵官西海蛟，气焰嚣张，十分厉害。西海蛟先是打败了水师都督陈堂、副都督张柏等南朝将领，后来又扬言：“不出三日之外，一定要枭他的元帅，捉他的将官。若不成功，誓不回朝见主。”元帅郑和破格任用了身材矮胖的金天雷，金天雷善于用计，一连两日，不与西海蛟拼斗，“骄他的志，盈他的气”，待其懈怠之际，第三日一举砍下了西海蛟的头。

第66回写西海蛟死后，金眼国王的三太子和驸马哈里虎仍不死心，继续与郑和大军对抗。三太子与哈里虎商议，准备用“夜战”“水战”和“火攻”来对付明朝军队。三太子道：“我受箭而归，南船疑我十死八九。就是日上，他料我不能厮杀，莫说是夜晚间，他岂提防于我？况且今夜这等大风，他愈加不提防于我。我和你领了水兵，驾了海鳅船，劫他的水寨。只是这等劫他，还不是高？每船上多带些荻芦柴草之类，堆塞他的船上，放起火不来，教他上天无路，入地无门。这个计较，你说可拿定赢他么？”于是依计而行，形势对郑和大军来说十分严峻。郑和“即时传令诸将，会集帐前，商议退兵之策。”面临大敌，王景弘提出要“总一个大主张”。郑和马上道：“今日之事，悉凭王爷主张就是”。于是王景弘摆兵布阵，对战斗做出总的安排。

> 王爷道：“依学生之见，水军大都督陈堂领战船五十只，水军五百名，各带神枪、神箭、鸟嘴铳一干夜战兵器，停泊在水寨左侧，以待贼兵。中军炮响为号。水军副都督解应彪统领战船五十只，水兵五百名，各带神枪、神箭，鸟嘴铳一干夜战兵器，停泊在水寨右侧，以待贼兵。中军炮响为号。参将周元泰统兵回来进口之时，拦住他杀他一阵。听候喇叭天鹅声为号。都司吴成统领哨船五十只，水军五百名，各带硫磺、焰硝引火之物，埋伏在海口上西一边空阔去所，以待贼兵回来进口之时，拦住他杀他一阵。听候喇叭天鹅声为号。游击将军刘天爵统领哨船二十只，水兵二百名，各带风火子母炮，往来冲突放炮，以张我兵威势。游击将军黄怀德统领小哨船十只，水兵一百，各带号笛一管，往来

巡哨，觇视敌兵来否，远近号笛，报知中军。马如龙、胡应凤、黄彪、沙彦章各领步兵五百名、埋伏海口里面两边崖上空阔去所，防备番兵逃走上崖，两路截杀。以铳响三声为号。"①

王景弘条分缕析，摆兵布阵井井有条，难怪郑和赞道："调度周密多得王先生"。正是由于如此周密的布防，并以其人之道还治其人之身，同样使用"夜战""水战"和"火攻"，使三太子、哈里虎无以售其奸，最后只能落得"三太子举刀自刎哈里虎溺水身亡"的可悲下场！

银眼国之战更是惊心动魄。第80回写百里雁是银眼国的总兵官，他"跨了一匹马，提着两口刀，带着一支军马，出在通海关外下寨安营，声声讨战。"接到蓝旗官的报告后，元帅道："前三日不许出兵，后三日我在这里自有令箭相传，不许乱动，违者军令施行。"诸将得令，一连三日不曾出兵。

从第四日到第八日，郑和虽派出王良、唐英、黄栋良、金天雷等将官出战，却都是"只许输，不许赢"。直到第九日夜半之时，才由副帅王景弘"亲自游营"，准备鏖战。只见"王爷一骑马当头，六员游击六骑马跟着后面。各人身披重甲，手持利刀，从四营里走起，一直走到山脚下……"此后王景弘并不急于与百里雁交战，而是命令部队根据号令，安营扎寨。"十里一营"，"五十里就是五处大营"。然后每天督促官兵用沙土、石子盖起五座敌楼。并在第四座敌楼上面悬挂一面大匾，上书"衡阳关"三个大字，又在"衡阳关"下挂上"百里雁死此楼下"的横匾，以此激怒百里雁。最后，通过心理战术和火攻之法，将百里雁和他的四个副将，三、五百个番兵，团团围住。使他们上天无路，入地无门，只能在熊熊烈焰中束手待毙。由此可见王景弘运用"出其不意，攻其不备"的战术之高明。

王景弘还是一位善于运用《孙子兵法》指导军事行动和总结战争经验的军事理论家。银眼国大胜之后，郑和与王景弘之间就有一场运用兵法理论总结战争经验的对话。书中第81回写道：

> 大小将官都来上帐上，和王爷庆功。王爷道："诸将士用力，学生何功！"三宝老爷说道："王爷今日正是运筹帷幄之中，决胜千里之外。初然传令，一连三日不许出战，连咱学生心上（都）有老大的疑惑。"王爷道："初然间番将甚锐，况兼有许多技能，未易争锋。兵法有云'攻坚则劫'，三日不出军，正所谓坚其坚者。"老爷道："落后之时，只许输不许赢，这是怎么说？"王爷道："我强，而反示之以弱。兵法

---

① 罗懋登著，陆树仑、竺少华校点：《三宝太监西洋记通俗演义》下，上海：上海古籍出版社，1985年，第851页。

有云'兵骄者灭',许输不许赢,正所谓骄其气。"老爷道:"移兵山下,却又筑起许多敌楼来,都说道劳民动众,咱学生心上也又不明。"王爷道:"通海关外,旷荡无垠,地势在敌;宝林山下,道里有限,地势就在我。兵法有云:'善战者,其势险,其节难',我所以移过营来,又竖起五个敌楼,正所谓'势如雕弩,节若发机。'"老爷道:"不许擅用火药,是什么意思?"王爷道:"令其不知,猝然无备。正所谓:出其不意,攻其所不备。"老爷道:"敌楼上悬着'衡阳关'的三字匾,这是什么意思?"王爷道:"番将名字叫做百里雁。衡阳雁断,为之兆也。"老爷道:"又悬着个'百里雁死此楼下'的牌,这是什么意思?"王爷道:"即是庞涓死此树下,先夺其气也。"老爷道:"用圆石子儿漫街道,却又掩上沙土,这是什么意思?"王爷这句话不肯说破,只说道:"这个倒没有什么意思。"王爷这一番调度,这一场大功,那个不说道:"王爷妙算高天下,富有胸中百万兵。"①

由此可见王景弘善于运用兵法理论指导总结战争实践,其水平之高超,令人叹服。

王景弘不但能武,而且能文。古俚题碑,祖法儿题诗显示了他深厚的文学功底和才华。同时,他还制作虎头牌,运用文字开展"抚夷取宝"的宣传工作,收到很好的效果。

"抚夷取宝"是郑和下西洋的宗旨,也是贯穿全书的一条主线。上自永乐皇帝、郑、王两位元帅,张天师、金国师,下至张先锋、刘先锋、唐状元等诸多战将,乃至王明这样的普通士兵,无不以"抚夷取宝"为己任。而且在下西洋的征途中积极向蕃国将领宣传"抚夷取宝"的宗旨,但大多是在两军对阵时向对方进行宣传。此时,刀光剑影、战鼓雷鸣,宣传效果并不显著。后来,根据王景弘的建议,将"抚夷取宝"的内容制成虎头牌昭示所到各国,使各番王及兵将都能了解郑和船队下西洋的目的就是为了"抚夷取宝",大军到达各国只是合理合法地领取一张通关牒文,既不占人土地,也不灭人社稷,从而使番国上下心悦诚服,与之建立睦邻友好的外交关系。

此外,王景弘见多识广、博闻强记。又能结合实际,灵活运用。如第77回木骨都束国之战王景弘束草为军,以狗血淋在假军人身上,从而魔污飞跋,使其失灵,就是运用了民间的驱魔除妖之法。又如他十分熟悉下西洋的航海针路和航海技术,《西洋记》对此也有所提及。如第50回,写郑和船队离开女儿国前行,

---

① 罗懋登著,陆树仑、竺少华校点:《三宝太监西洋记通俗演义》下,上海:上海古籍出版社,1985年,第1039页。

只见前方出现了白茫茫一片古怪的水，"旋成三五里的一个大水涡，如天崩地塌般轰响。"郑和不知何故，向王景弘请教。王不假思索地回答："这是个海眼泄水之处，名字叫做尾闾。"并说"书上都有记载"。郑和担心前路难行，王景弘又说："这如今转身往西走就去得。"同时还说："日上不要走"，"晚上照着天灯所行，万无一失。"据考证该地为今马尔代夫群岛海域的几个巨大的印度洋流旋涡，极易覆舟。① 这一事例说明王景弘对下西洋水程十分熟悉，平时读书留意一些危险航区的海洋特征，并牢记在心。因此在危急关头能以高超的航海技术和丰富的航海经验引导船队转危为安。由此可见称赞王景弘"智勇双全，文武全才"确是名不虚传，实至名归。

由于作者的时代和阶级局限，《西洋记》在王景弘形象的塑造上也存在着缺陷和不足，有的还比较严重。一是渲染以明朝为中心的华夏正统观念，强调"大一统"。二是编造了一些残酷暴戾的"吃人"故事。而让王景弘也参与其中。这既不符合历史事实，也与王景弘"仁者爱人"的儒家思想背道而驰，因此是不真实的。

总体而言，《西洋记》比较成功地塑造了王景弘的英雄形象。《西洋记》中的王景弘是一位具有卓越军事才能和掌握高超航海技术的元帅。他具有儒雅、忠诚、仁义、包容和智勇双全的性格特征。在下西洋的历程中，他和主帅郑和一起统率庞大船队，克服千难万险，遍访西洋各国，圆满地完成了明朝政府所交托的睦邻友好、"抚夷安邦"的使命。

[原载时平、普塔克编：《〈三宝太监西洋记通俗演义〉之研究》（第二集），德国威斯巴登：Harrassowitz Verlag，2013 年，第 73-89 页。]

---

① 陈琦：《王景弘简论》，载福建省国际文化经济交流中心、漳平市王景弘研究会编：《王景弘与郑和下西洋》，香港：天马图书有限公司，2004 年，第 114 页。

《西洋记》插图中的郑和与王景弘

周茹燕　楼慧珍[*]

一、《西洋记》插图本述略

《西洋记》自明万历二十五年（1597 年）刊刻问世，至今已有 400 余年的历史。由于作者罗懋登具有针砭时弊、直面当朝统治者的勇气和呼唤郑和、王景弘再现人间，重振国威的爱国主义情愫，再加上围绕郑和下西洋事迹编撰许多人、仙、妖大战的神魔故事；因而此书一经出版就引起了广大读者的关注与共鸣。从而也促进了书商的翻刻与推广。据邹振环研究，此书在明末清初和清末民初国难当头、海防危机深重之际，曾掀起了两次刊刻高潮。20 世纪 80 年代以来，随着东海、南海问题的凸显，郑和下西洋的爱国主义主题再次受到重视。《西洋记》又一次成为出版界刊印的热点，并以各种形式多次印行出版。

在长期的流传过程中，《西洋记》版本众多，类型多样。既有书名和回数的不同，如《新刻全像三宝太监西洋记》明万历二十五年（1597 年）百回精刻本和《新刻绣像三宝开港记》120 回本，清咸丰己未（1859 年）厦门文德堂刊本，两者书名、回数均不相同。[①] 又有不同时代的版本，如晚明精刻本、清刻本、民国排印本和建国后版本等，还有各种不同类型的版本如木刻本、石印本、铅印本、影印本等多种类型。其代表作为明万历年间原刻本、明三山道人刻本、清步月楼复刻本；光绪七年（1881 年）申报馆排印本《新刻三宝太监西洋记通俗演义》、光绪二十二年（1896 年）上海书局石印本《图像三宝太监下西洋记》等。建国以后，尤其是 20 世纪 80 年代以来出版的《西洋记》，先后有陆树仑、竺少华校点《三宝太监西洋记通俗演义》（上海古籍出版社，1985 年）；明清善本小说丛刊初编本《三宝太监西洋记通俗演义》（上海古籍出版社，1985 年）；《三宝太监西洋记通俗演义》（台北：天一出版社，1985 年）；石仁和校点《三宝太监西洋记》（北京：华夏出版社，1995 年）；吴哲缩编《三宝太监西洋记通俗演

---

[*]　周茹燕，华东师范大学教授；楼慧珍，上海工程技术大学副教授。

[①]　邹振环：《〈西洋记〉的刊刻与明清海防危机中的"郑和记忆"》，收入时平、普塔克编：《〈三宝太监西洋记通俗演义〉之研究》，德国威斯巴登：Harrassowitz Verlag，2011 年，第 23-37 页。

义》（北京：中国少年儿童出版社，2000年）等10余种。

《西洋记》版本中最引人注目的是插图本。何谓插图？《辞海》的解释是："又名'插画'。指插附在书本中的图画。有的印在正文中间，有的用插页方式，对正文内容起补充说明或艺术欣赏作用。如我国过去的'出相''绣像''全图'等即是。""现在一般所说的插图，主要指文学作品的艺术插图，画家在忠于作品的思想内容基础上，进行构思和构图，因此文学插图又具有独立的艺术价值。"① 长篇小说《西洋记》的插图就是具有独立艺术价值的插图。

《西洋记》现存版本颇多，且一开始即以插图本形式出现。现藏北京国家图书馆的明万历二十五年（1597年）《新刻三宝太监西洋记通俗演义》百回精刊本，全书20卷，每卷5回，共100回，被认为是明刻本中最早的版本。② 此书封面已散佚，在回目编排上多以人名罗列，重复单调。在文字使用上说话的语式甚多，颇似话本。每回均有插图，采用阴刻，古雅细致。③ 向达对此书插图颇为称道："《新刻全像三宝太监通俗演义》，每回有图两幅，颇为古雅；不是俗手所绘。如第三十五回'姜金定水围逃生'一图，小卒所持幡上有一梵字阿字，很是清楚；并不是胡乱图画可比，可见一斑。"④

目前常见的版本有万历二十五年（1597年）三山道人刊刻的百回本。该版封面题"万历西洋记演义"，次页分三栏，右栏上作"三宝太监全传"，右栏下又别题"映旭斋藏版"（或作"映雪斋藏版"），中栏大字书名"西洋记"，左栏题"步月楼梓行"，因此有"步月楼复刻本"之说。该版首页第一行均有"新刻全像三宝太监通俗演义"字样，之左署有"二南里人编次"，"三山道人绣梓"⑤。

本文以北京郑和与海洋文化研究会提供的、现藏北京国家图书馆的明万历二十六年（1598年）三山道人刻本《新刻全像三宝太监西洋记通俗演义》（以下简称《西洋记》）为依据，对插图中的郑和、王景弘形象进行研究。此书亦为晚明精刊本。全书100回，分为20卷，每卷5回。每回有插图2幅，共计200幅。插图在每回的位置不固定，比较灵活。插图线条流畅，古雅细致。阴刻，勾勒人物神态逼真、形象生动。背景简洁，黑白分明。从图的布局来看，每幅图右

① 辞海编辑委员会编：《辞海》，上海：上海辞书出版社，1979年，第1617页。
② 庄为玑：《论明版〈三宝太监西洋记通俗演义〉》，《海交史研究》，1985年第1期。
③ 邹振环：《〈西洋记〉的刊刻与明清海防危机中的"郑和记忆"》，收入时平、普塔克编：《〈三宝太监西洋记通俗演义〉之研究》，德国威斯巴登：Harrassowitz Verlag，2011年，第27页。
④ 向达：《关于三宝太监下西洋的几种资料》，载《唐代长安与西域文明》，北京：三联书店，1987年，第558页。
⑤ 邹振环：《〈西洋记〉的刊刻与明清海防危机中的"郑和记忆"》，收入时平、普塔克编：《〈三宝太监西洋记通俗演义〉之研究》，德国威斯巴登：Harrassowitz Verlag，2011年，第28页。

上角刻有图题，与回目的文字相吻合，即第一幅图为回目的上半句；第二幅图为回目下半句。如18回插图，第一幅的图题为"金銮殿大宴百官"，第二幅的图题为"三叉河亲排銮驾"。另外，图的左右两边，还有图联。如第22回"天妃宫夜助天灯"，其图联的上联是"海屋天灯五色晓霞开日观"，下联为"天街慈雨万株秋霞滴云根"，文字清丽婉约，含蓄隽永。并对本回内容起了点题作用。

其版式是每半页12行，行25字，版心上刻"出象西洋记"，单鱼尾。下注卷数。此书题"三山道人绣梓"，说明它的出版者是"三山道人"。"三山道人"何许人也？向达推测："'三山道人'或是三山街的一家书贾，原本应刊刻于金陵。"① 明代金陵三山街位于南京聚宝门（今中华门）之北，是当时南京最热闹的地方，也是书铺荟萃之所。胡从经认为："'三山道人'应是富春堂主人唐富春。富春堂系明代金陵著名书肆，坊主唐富春，别号三山道人，所刊戏曲小说甚多。近代学者吴梅曾说：'富春刊传奇，共有百种'（《青楼记》题跋），罗懋登与此坊的关系密切，其长篇小说《西洋记》，即署'三山道人绣梓'；其传奇《新刻出象音注观世音修行香山记》，亦系'金陵三山对溪唐氏富春堂梓'。"② 据此，三山道人刻本也就是富春堂刻本。

《西洋记》的版本大多附有插图，有的书名上虽未加"新刻绣像""图像"等字样，但其中也有不少附有插图或插页，如建国后出版的《西洋记》版本，所附插图大多选印部分明刻本插图。因此插图本是《西洋记》刊本的一大特色。

二、《西洋记》插图中的郑和、王景弘形象

《西洋记》，明万历二十六年（1598年）三山道人刻本，每回插图2幅，全书共200幅。这些插图雅俗共赏、老少皆宜。反映了画家对小说内容的理解和诠释，是各回内容的形象展示。如果把它们连起来观看，又可以窥见《西洋记》全书的内容梗概。200幅中绘有郑和、王景弘形象的图幅为44幅，约占全书插图的四分之一。其中描绘郑和个人形象的有6幅，描绘王景弘个人形象的有4幅，其余34幅都是郑和、王景弘同时出现在画面上，体现了小说中所表现的亲如手足、情同兄弟的亲密关系。

（一）外貌

关于郑和的性格、外貌，及被推举为统兵大元帅的经过，以明代著名相术家袁忠彻（1377—1459年）的记述最为详细：

---

① 向达：《关于三宝太监下西洋的几种资料》，载《唐代长安与西域文明》，北京：三联书店，1987年，第557页。
② 姜德明主编：《现代书话丛书·胡从经书话》，北京：北京出版社，1997年。

　　内侍郑和，即三保也，云南人。身长九尺，腰大十围，四岳峻而鼻小，法反此者极贵。眉目分明，耳白过面，齿如编贝，行如虎步，声音洪亮。后以靖难功授内官太监。永乐欲通东南夷，上问："以三保领兵何如？"忠彻对曰："三保姿貌才智，内侍中无与比者，臣察其气色，诚可任。"①

　　《西洋记》15回通过举荐人刘诚意之口刻画了郑和的形象：身材颀长，"面阔风颐"，"虎头燕颔"，"河目海口"，"铁面剑眉"，一副威风凛凛的将帅之相。

　　41回插图（1）"张天师连胜火母"（见图1），此图分为左右两半幅，右半幅描绘郑和端坐，王景弘侧立。左半幅王景弘端坐，郑和接受将士呈上的捷报。画面中的郑和长身玉立、英俊洒脱；眉目上扬、面露喜色；显示出胜利后的喜悦。画面中的王景弘同样眼角上翘，面露笑容。

图1　《西洋记》第41回插图（1）"张天师连胜火母"

　　《西洋记》46回通过女儿国王的眼睛，刻画了郑和的形象："人物清秀、语言俊朗，举止端详。"可见在《西洋记》作者罗懋登笔下，郑和是一个英俊、威武而又举止端庄的英雄形象。纵观《西洋记》插图中的郑和形象，画家的描绘与小说作者的刻画相吻合，插图中的郑和就是一个长身玉立、英气勃勃的统帅形象。

　　如46回插图（1）"元帅亲进女儿国"（见图2），背景是黑色森严的女儿国

① 袁忠彻：《古今识鉴》卷8。

图 2　《西洋记》第 46 回插图（1）"元帅亲进女儿国"

城墙，画面描绘郑和骑马勇闯女儿国。前有两名军士带路，后有侍从护卫。侍从手擎华盖。马上的郑和面貌英俊、目光炯炯，闪耀着智慧的光辉，显示出必胜的信心。

《西洋记》15 回，作者用十分简洁的笔法刻画了王景弘的外貌："身长九尺，腰大十围，面阔口方，肌肥骨重。"这与明代著名相术家袁忠彻在《古今识鉴》中所描绘的郑和面貌极其相似，可谓相貌堂堂，威风凛凛。《西洋记》又介绍他的履历："读书而登进士之第，仕宦而历谏议之郎……先任三边总制，屹万里之长城，现居六部尚书，校八方之戍籍。"可见他饱读诗书，能文能武。既是一名勇将，虎将，又是一位儒将、雅士。他忠心报国，主动请缨，愿挂征西副元帅之印，得到皇帝的赞许和认可。《西洋记》17 回插图（1）（见图 3）中，王景弘居左与马尚书交谈，郑和侧立倾听。图中的王景弘身穿补服、头戴乌纱帽，足着文武朝皂靴。身材魁梧，气宇不凡；儒雅厚重，相貌堂堂。

（二）服饰

明代的服饰法制体现封建宗法社会严格的等级制度。明代官员的常服也称"补服"，这是一种以补子的图像鲜明地体现封建宗法社会等级制度的服饰。所谓补服，是在大襟袍（盘领右衽袍）胸前和背后缀有"补子"而得名，以区分文武职别及品级高低。其制始于明初，明朝官阶九品，制作出的服装也如官阶。官员的品级只能从服饰的颜色及图案花纹上区别。如明代官服，一至四品绯色，

图 3 《西洋记》17 回插图（1）

五至七品青色，八、九品绿色。其图案花纹，一品大独科花，径 5 寸，其次是越往下越小。二品小独科花，径 3 寸。三品散搭花，径 2 寸。四、五品小杂花，径 1 寸。六七品小杂花，径 1 寸。八品官员以下无花纹。

明洪武二十四年（1391 年）始定补子制度。补子一律用方形，用金线或彩丝绣织成禽兽图案，文官用禽，武官用兽。文官一品仙鹤，二品金鸡，三品孔雀，四品云雀，五品白鹇，六品鹭鸶，七品鸂鶒（类似鸳鸯），八品黄鹂，九品鹌鹑……武官一、二品狮子，三品虎，四品豹，五品熊罴，六品、七品彪，八品犀牛，九品海马……不同官品等级用不同的图案。

特定的场合有特定的服饰要求，朝廷辅臣：白玉腰带，穿织金蟒袍。展角幞头，牙牌、牌穗，乌纱幞头，白绢袜，皂皮云头履，鞋行。公事时：皂绉纱幞头，腰束玉革带；常朝时头戴乌纱帽，皂皮铜线靴，腰束玉革带。

《西洋记》中郑和是船队统领、下西洋主帅，内官太监，钦差总兵太监。王景弘是下西洋副总兵官，挂征西副元帅印。他们俩的官阶是武四品。常朝时应戴乌纱帽，着盘领补服（武四品的补子图案是豹），内穿交领中单，腰束玉革带，皂皮铜线靴。

三山帽称"三山"，是明代太监所戴的一种官帽。以漆纱制成。圆顶，帽后高出一片山墙：中凸，两边削肩，呈三山之势。古时，三山冠算是流行度不低的一种冠冕。从唐到明，起初唐朝隐士戴三山帽来表示神仙之风，后来是被元朝武将戴上，再后来明朝的太监也附庸风雅地戴起来了，这些戴冠者都不是平头老百姓，都有一定的社会地位，起码也是个中上阶层人士才戴得，他们以此彰表自身的高雅趣味。

《西洋记》中一则是为了突出郑和身份高贵，表示来历不凡；二则因郑和具有内官太监、钦差总兵太监的特定官衔。因此他戴的是三山冠。

在小说第46回"元帅亲进女儿国"里，郑和的穿戴是"南膳部洲大明国朱皇帝驾下统兵招讨大元帅"的服饰："头上戴一顶嵌金三山帽，身上穿一领簇锦蟒龙袍，腰里系一条玲珑白玉带，脚下穿一双文武皂朝靴。"符合他的身份和官阶。

《西洋记》插图中郑和的服饰就是据此描绘：头戴三山帽，身穿盘领补服，腰系白玉带，足蹬文武皂朝靴。而王景弘的服饰则是头戴乌纱帽，身穿盘领补服，足着文武皂朝靴。

因此，我们可以根据图中人物的外貌、服饰来辨别郑和、王景弘的艺术形象。

（三）性格特征

郑和、王景弘是《西洋记》中的主要人物，也是插图作者重点描绘的对象。画家用流畅的线条，黑白分明的笔触，刻画了他们在不同情景下的面貌、神态、展示了他们的性格特征。

1. 忠心耿耿

"忠"是儒家道德规范的首要标准。郑和、王景弘远航西洋最本质的特点是忠诚，忠于君王、忠于国家。宣德五年（1430年）郑和第七次下西洋，行前为壮行色，明宣宗朱瞻基亲撰长诗分别赠给郑和与王景弘，这是极其难得的殊荣。在《赐太监王景弘》诗中，明宣宗明确指出"昔时命将尔最忠"，着重表彰他的忠心。《西洋记》15回插图（2）"朝廷选挂印将军"（见图4）图联为："天子临轩雉扇才分金阙晓，将军挂印龙旗尽引玉阶春。"内容为皇帝亲选下西洋正副元帅。这也是郑和、王景弘首次出场的画面。图中描绘明成祖端坐案前，戴翼善冠，面呈悦色。身穿有团龙及十二章文样的服饰，盘领窄袖，前后及两肩各织金盘龙。腰束玉带、足蹬皮靴，气宇非凡。郑和头戴三山帽，身着补服，腰束玉革带，长身玉立，气宇轩昂，身体略微前躬，面向明成祖拱手谢恩。王景弘则头戴乌纱帽，身着补服，手执笏板跪倒在地磕头谢恩。此图描绘了帝王授命，大将领命的情景，显示了郑和、王景弘的拳拳忠心。

图4 《西洋记》第15回插图（2）"朝廷选挂印将军"

18回图（2）"三叉河亲排銮驾"（见图5）描绘郑和、王景弘挂帅后，拜别君王，准备远航。画面上，三叉河口场面热闹，花草繁茂、明成祖端坐龙辇，亲排銮驾送行。郑和、王景弘跪地拜别，以示不负重托，忠心报国。

图5 《西洋记》第18回图（2）"三叉河亲排銮驾"

2. 勇敢刚毅

"两军相争勇者胜"。勇敢刚毅是下西洋统兵大元帅郑和、副元帅王景弘的英雄本色。

下西洋的征途十分艰险，要与天斗、与地斗，与妖魔鬼怪、番兵番将斗。但郑和、王景弘不畏艰险，以大无畏的精神战胜千难万险，表现了勇敢刚毅的性格特征。

21回插图（1）图题为："软水洋换将硬水"（见图6），题联为"顿撤软洋彩鹢饱风潮路稳，全凭佛力天风吹浪海痕消。"此图描绘郑和过"软水洋"的场景。"软水洋"是"下西洋第一个关隘"，是一道难以逾越的自然障碍。从古以来只有唐朝唐僧师徒四人赴西天取经时，依仗佛法经过一趟。这一次多亏金碧峰国师上天入地、夜访东海龙王，得其援助，借来硬水，撤去软水（金碧峰用佛家钵盂盛得800里软水）。从而使大海风平浪静，庞大的郑和船队得以乘风破浪"扬帆鼓楫而行"。

图6 《西洋记》第21回插图（1）"软水洋换将硬水"

此图描绘郑和端坐帅船，"面阔风颐"，"虎头燕颔"，"河目海口"，"铁面剑眉"，一派威风凛凛的将帅之相。画中的他目光炯炯，正视前方、胸有成竹、稳如泰山；与一旁的船吏、侍者夸张的动作形成鲜明的对比，更显出他勇敢刚毅、一往直前的大将风范。

　　王景弘是一员儒将、雅士，也是一名虎将、勇将。《西洋记》80回写银眼国总兵百里雁十分骄横刁蛮，他带了一支军马向郑和大军挑战。接到报告后，元帅道："前三日不许出兵，后三日我在这里有令箭相传，不许乱动，违者军令施行。"第四日到第八日，郑和虽派出王良、唐英等将官出战，却都是"只许输，不许赢"。直到第九日夜半之时，才由副帅王景弘"亲自游营"。"王爷一骑马当头，六员游击六骑马跟在后面"，"各人身披重甲，手持利刀，从四营里走起，一直走到山下"。寥寥数语，王景弘一马当先、勇敢刚毅的英雄形象跃然纸上。后来又是足智多谋的他运用"心理战术"和"火攻"之法将百里雁和他的四个副将、三五百个番兵，团团围住，使他们上天无路、入地无门，只能在熊熊烈焰中束手待毙。

　　在80回插图（2）"王爷计擒百里雁"（见图7）中，王景弘端坐帐内，骄横的百里雁束手就擒，跪倒在地，听候"王爷"发落。

图7　《西洋记》第80回插图（2）"王爷计擒百里雁"

3. 仁者爱人

　　"仁"是儒家思想的核心。王景弘处事常以儒家的"仁义"为本。《西洋记》中最典型的例子是第19回"白鳝精闹红江口，白龙精吵白龙江"。这一回故事情节曲折，写郑和船队抵达白龙江，准备由江入海。这时"江上狂风大作，白浪掀天，大小宝船尽皆颠危之甚。"原来江中的老白龙要吃人。按张天师的说法："需得500名生人祭了他"，才能风平浪静。郑和急于出海，无奈想减量用50名病军祭江；而副帅王景弘则认为"人命关天，事非小可"，从儒家"仁者爱人"的思想出发，坚决反对以生人祭海。正、副元帅争执不下，只得向佛祖金碧峰求教。金国师智慧超人，慈悲为怀，具有佛家"救人一命，胜造七级浮屠"的理念。他一语破的："既是看过《三国志》来，岂不闻诸葛亮泸水之事乎？"郑、王二人恍然大悟，立即命人用纸糊成军人模样，"肚里安上些猪羊鹅鸭血脏"等物，冒充病军，用"掉包计"战胜了老龙。由此不仅救了50名军人的性命，而且解了白龙江之厄。尤其精彩的是，这一段描写生动地显示了有关人物不同的性格特征，使小说人物人各有貌，具有吸引力和可读性。如张天师的冷漠，郑和的焦躁与无奈；金碧峰长老的高超智慧与慈悲，以及王景弘一次再次仗义执言，和对他"低头不语"，"眉头揽上双簧锁，心内平填万斛愁"的神态，动作的描写都充分显示了他常怀"仁义"之心的性格特征，体现了儒家"仁者爱人"的真谛。

图 8　《西洋记》第 19 回（2）"白龙精吵白龙江"

　　19 回插图（2）图题为"白龙精吵白龙江"（见图 8），图联为："紫雾池中端拟奋鳞歌帝力，白龙江下那堪俛首读妖书"。画面是"真人府"的船舱，船头上站着两名兵丁，舱顶上飘扬着"抚夷取宝"的大旗，舱门两侧贴着"天下诸神免见，四海龙王免朝"的对联，洋溢着浓郁的道家气氛。船舱内端坐着四位"下西洋"的领导成员：佛祖金碧峰、道家张天师、儒家代表、副元帅王景弘和大元帅郑和。座中的金国师和张天师是正面象。金国师慈眉善目、眼眉上扬，眼中闪耀着智慧的光芒。张天师眼睑向下，显示出冷漠的神态。郑和与王景弘是侧面象，他们正因意见不同、争执不下而向佛祖倾诉……简洁的画面把各人不同的心态刻画得入木三分。

4. 圆融和谐

《西洋记》涉及佛教、道教、儒教、天妃、回教等多种宗教和民间信仰。《西洋记》中郑和、王景弘的宗教观具有多元、兼容、圆融、和谐的特点。这些特点主要体现在他们对不同宗教及其代表人物的态度上。

《西洋记》中佛教的代表人物是佛祖金碧峰，他有两大特点，一是具有超人佛力，能够"拆天补地，推山塞海，呼风唤雨，役鬼驱神，袖囤乾坤，怀揣日月"，集忠诚、慈悲、仁爱、智慧、刚毅果断、无坚不摧等优良品质于一身，他在小说里代表着光明、文明、正义的力量。郑和下西洋之所以取得通使 39 国的胜利，多仗他超人的佛法。二是慈悲为怀，善待生命。他曾多次劝阻元帅郑和，不要轻易杀人，更不要滥杀无辜。前述"白龙精吵白龙江"一回中，他一言救下 50 名病军的性命，即为一例。历史上郑和曾接受"菩萨戒"皈依佛门，法名"福善"，是一个虔诚的佛教徒。王景弘是否信佛，史无明文。小说中，他们二人对金碧峰言听计从，心悦诚服。体现了对佛教的无比尊重与信仰。上述《西洋记》19 回插图（2）中郑和、王景弘向佛祖金碧峰求教，也充分说明了这一点。

《西洋记》中道教的代表人物是张真人，即张天师。这是一个虚拟的人物。小说中，张天师在 8 至 14 回与碧峰长老斗法，他妒贤嫉能，心胸狭窄，甚至想置碧峰禅师于死地。但碧峰长老心胸开阔，慈悲为怀，信守承诺，不计前嫌。终于感动了张天师，使他幡然悔悟，愿拜金碧峰为师。并欣然接受皇帝诏命，与金国师一起扶助郑和下西洋。小说作者对张天师虽有嘲笑，但也常常让他手提七星宝剑、烧飞符、遣天神天将，在除魔灭怪的战斗中发挥先锋作用。郑和、王景弘对张天师也很推崇，遇有重大问题和困厄，都及时征求张天师的意见。在对妖魔鬼怪的战斗中，重视发挥他的作用。王景弘与张天师的私交还很不错，96 回插图（2）"天师飞剑斩摩伽"，就是画郑和船队返航途中，张天师用飞剑斩杀作恶多端的摩伽鱼。而王景弘则陪同在旁。

天妃是我国东南沿海民间传说中的海神。天妃姓林，名默，福建莆田湄洲屿人。她天性孝顺，以治病救人为己任，又能扶弱济困，竭力为乡邻排忧解难，拯救海难。宋太宗雍熙四年（987 年）二月十九日羽化成仙。此后经常披朱衣飞翔海上，佑护海上航行人船平安。因此深受沿海沿江一带人民崇敬，尊为妈祖。郑和船队每次下西洋前和归国后都要祭祀天妃，兴建天妃庙宇，树碑建亭，虔诚祷祝。

图9　《西洋记》第22回插图（1）图题为"天妃宫夜助天灯"

在《西洋记》中有五、六处提到天妃红灯。22回插图（1）图题为"天妃宫夜助天灯"（见图9），其图联上联为"海屋天灯五色晓霞开日观"，下联为"天街慈雨万株秋露滴云根"。文字清丽婉约，颇有神韵。画面上大海波涛汹涌，郑、王二元帅虔诚跪拜。急难之时得到天妃红灯相助，使大海风平浪静，人船平安。这一画幅充分表达了郑和、王景弘对天妃的信仰与崇敬。

郑和出身回族世家，自幼笃信伊斯兰教。王景弘本非回族，国内史料上也未见有关他信仰伊斯兰教的记载。但在东南亚有大量关于郑和、王景弘信仰并传播伊斯兰教的传说。郑和下西洋所经国家和地区，其中多数信奉伊斯兰教。这些国家大都"国富民饶"，"上下相安"，"富而有礼"，睦邻友好。郑和、王景弘到此与他们友好相处、礼尚往来。同时礼拜真主、答谢厚爱。76回在祖法国、86回在天方国均是如此。特别是86回插图（2）（见图10），描绘郑和在天方国礼拜寺访问古迹，礼拜真主，充分显示了他对伊斯兰教的信仰与崇敬。

郑和、王景弘多元、兼容、圆融、和谐的宗教观从一个侧面显示了他们胸怀广阔、大气包容的性格特点。

（四）军事与外交才能

郑和、王景弘具有杰出的军事才能和卓越的外交才能。

图 10　《西洋记》第 86 回插图（2）

1. 杰出的军事才能

郑和下西洋以和为贵，奉行"抚夷安邦"、睦邻友好的外交政策。所到各国，总是先礼后兵，从不主动挑起战争。只有在对方拒绝或一再挑衅下，才进行自卫反击。因此在"七下西洋"的征程中，诉诸武力的历史事件仅仅只有三件。《西洋记》是一部以写兵事见长的长篇神魔小说，小说中的战争描写颇多，在郑和大军所到的 39 国中大多发生过或大或小的战争。其中在金莲宝象国、女儿国、撒发国、金眼国、木骨都束国、银眼国、阿丹国、酆都国等 9 个国家还发生过规模较大的战争。郑和、王景弘在战争中首先坚持"抚夷安邦"、睦邻友好的外交政策：一不主动挑战，二不占人土地，三不派兵驻守。这在郑和与大小将领的口头宣传和虎头牌昭示的内容中都可看到。在小说多幅插图中，船头上"抚夷取宝"的大旗迎风飘扬也说明了这一点。二是自卫反击，出奇制胜。显示了高超的军事指挥才能。典型事例有二：一是第 45 回在爪哇国，郑和要重赏"王神姑"，由于王神姑作恶多端，大小官员都有些不服。连番王都马板、番将咬海干都借机大骂王神姑。元帅郑和却不慌不忙地叫"王神姑"把披挂除了，原来这是左哨黄全彦扮的假王神姑。郑和元帅在这里用的是"啜赚"之法，让假王神姑与番将总兵官咬海干做假夫妻，然后由她引路"到一村捉一村头目，一起赶到殿上，捉住番王，却才住手"。于是人人称赞，说道："真好元帅，运筹帷幄之中，决胜千里之外"。

图 11　《西洋记》第 45 回插图（1）"元帅重治爪哇国"

45 回插图（1）"元帅重治爪哇国"（见图 11），描绘胜利后的筵宴。郑和、王景弘端坐上位，众将领团团围坐，饮酒庆功，论功行赏。筵宴中还有将士拔剑起舞，一派热烈欢乐气象。

另一例是兵至阿丹国，郑和有意安排筵宴，让大小将领通宵宴饮。自己却假装肚腹疼痛，提前告退。天亮之后，蓝旗官来报，说郑和已带着亲信人马混入阿丹国，智擒阿丹国王，并使其诚心归附。"兵贵机密"，这里用的是"掩袭"之计。

85 回插图（2）"阿丹国进贡方物"（见图 12）描绘的是阿丹国王投诚后，官吏络绎不绝前来进贡土产方物。画中描绘王景弘端坐帐中、番王陪坐的场面。

王景弘与郑和一样足智多谋，善用奇兵突袭的办法，取得意想不到的战果。如前述 80 回中，王景弘用"心理战"和"火攻之法"，使银眼国总兵官百里雁堕入圈套被活活烧死即为一例。而 80 回插图（2）中则让百里雁被"王爷"生擒，跪倒在地听候发落。77 回插图（1）"王尚书计擒禅师"（见图 13）中又用"魔污"飞跋的方法，计擒飞跋禅师，让嚣张一时的他失败跪地，接受王景弘的审判。

2. 卓越的外交才能

《西洋记》自 22 回至 93 回，写郑和大军访问东南亚、西亚的 39 个国家和地区。这些国家可分为富国和贫国两种类型。按其对明朝大军的不同态度，又可分

图 12 《西洋记》第 85 回插图（2）"阿丹国进贡方物"

图 13 《西洋记》第 77 回插图（1）"王尚书计擒禅师"

为富而有礼、富而无礼以及贫而有礼、贫而少礼、贫而无礼等五种类型。郑和根据不同类型国家的不同特点，采用既有针对性，又有灵活性的外交策略，取得良好的外交效果。郑和卓越的外交才能、高明的外交策略在小说插图中都有所展示。如：吸葛剌、忽鲁谟斯、天方等国都是富而好礼之国，他们对明朝的态度是恭敬有加、厚礼相赠；郑和对之采取的策略是：相敬如宾，礼尚往来，彼此结下深厚友谊。

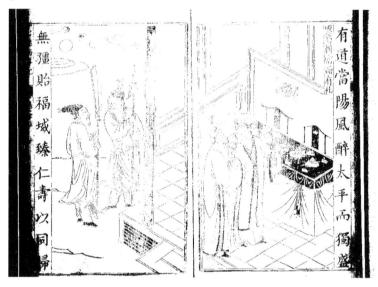

图 14　《西洋记》第 72 回插图（1）"吸葛剌富而有礼"

如 72 回插图（1）"吸葛剌富而有礼"（见图 14）画面描绘郑和身穿吸葛剌民族服装（长坎肩），与国王谈笑风生。

又如 79 回（1）"宝船经过忽鲁谟"（见图 15），描绘王景弘独坐船舱，郑和在船头极目远眺，面带笑容，呈现出将抵忽鲁谟斯的欢悦心情。而金莲宝象国、爪哇国、金眼国、银眼国等却是富而无礼之国，他们对明朝的态度是寻衅闹事，挑起战争。郑和采取的策略是先礼后兵，严惩不贷。

如 31 回插图（2）"张天师尽扫妖兵"（见图 16）中妖女姜金定被捆绑在地，听候郑和、王景弘审问发落。又如 38 回插图（1）"爪哇国负固不宾"（见图 17）中，王景弘中坐审问，谢文彬、咬海干跪倒在地，两旁老军高举刀剑，作准备斩首状……这样的插图还有不少，值得注意的是，画面上的郑和、王景弘都是以胜利者的姿态出现。这也反映了当时民间渴望胜利、呼唤英雄的心理。

与富国相对的是贫国，如重伽罗国、哑鲁国、阿鲁国、溜山国、大葛兰等都是贫而有礼之国。他们对明朝的态度十分恭敬，竭尽所能，进贡送礼。郑和非常体谅他们的艰辛，不仅免除他们的贡物、礼金，而且多加赏赐，给予援助。至于故临国、默伽国、小葛兰、孤儿国等贫而少礼的国家，大多国小民贫，不习诗文，不懂礼仪，郑和用中华文化礼仪教育、感化他们，使之改恶从善。如 60 回

图 15　《西洋记》第 79 回插图（1）"宝船经过忽鲁谟"

图 16　《西洋记》第 31 回插图（2）"张天师尽扫妖兵"

插图（2）描绘小葛兰国王诚心投降，郑和收受礼物，赏赐巾服。并教他升降揖逊，礼乐雍容。而对于锡兰、木骨都束等贫而无礼、负隅顽抗的小国，则采取首恶必办，胁从不问的策略，促使他们分化，最终不得不降服。

　　正是由于郑和、王景弘坚决执行明王朝"抚夷安邦"、睦邻友好的外交政

图 17　《西洋记》第 38 回插图（1）"爪哇国负固不宾"

策，使许多国家不战而降、自愿归附。一些历来与中国交好的国家，更是诚心接待、热烈欢迎来自中国的使者。50 回插图（2）"满喇伽诚心接待"（见图 18）就是其中的代表。

图 18　《西洋记》第 50 回插图（2）"满喇伽诚心接待"

三、《西洋记》插图的风格特点

当我们面对陌生的古代文学作品时，插图跨越文字与时空，为我们展开了古代的生活画卷，以及绘刻者对文字的理解和想象，展示了中国传统版刻插图的古典美。

木雕版画是中国古籍插图最为主流的形式，它随着雕版印刷技术的发生、发展而逐渐兴盛起来。明代是雕版插图的黄金时代。明初雕版插图的制作，无论是形式还是格调，都因袭元代，保留了元代以雄浑粗豪为胜、上图下文的插图风格。其雕版插图制作的特点主要是不拘泥于细节，不苛求婉丽，而是以稳健朴拙的刀锋，表现出劲整的线描，具有庄重严肃的风格。嘉靖、隆庆年间建安书贾刘龙田等人，大胆革新了传统建安插图上图下文的形式，变狭长小幅为全页之图。

明万历年间，雕版插图有了突飞猛进的发展。金陵、徽州、杭州、建安各地的刊印事业急剧发达起来。初期，金陵各家风格各异，像唐氏富春堂，运用粗毫大笔表现庄整、雄健、劲挺之趣。这一时期由于知名画家投入到绘制版画的行列，刻工和画工已开始分工，涌现出大量优秀的版刻插图。由于这一时期画家和刻手的紧密合作，刻工注意保留画家的风格、技法和情趣，在大量刊刻的画谱中，出现了不少优秀作品。

在金陵书业中，以唐氏坊肆为最盛，据张秀民考证有 15 家之多，其中以富春堂、文林阁、广庆唐、世德唐最有名。金陵刻书数量之宏富首推富春堂，所刻戏曲类书籍不下百种。富春堂主人唐富春，号三山道人。所见牌记多刊署"金陵唐对溪富春唐""三山街书林富春堂""金陵三山街唐氏富春堂"等。《三宝太监西洋记通俗演义》（简称《西洋记》），"三山道人绣梓"，明万历二十六年（1598 年）刊。插图有浓郁地域特色，舞台感十分强烈。版图多为半幅或整幅版面，构图简洁；双面大幅图版，两侧题要式联语；画面以人物为主，人物动作及表情夸张；画面背景十分简练，点到为止；整个插图粗犷中透出浑朴之气，表现出庄重、雄健、粗犷的风格，使人观后如饮醇酒，回味绵长。

中国画中以少胜多的艺术手法，往往以极少的笔墨点到为止，留下大面积空白给人以更多的想象空间，这在戏剧舞台上得到了创造性的发挥。富春堂刊刻的《西洋记》插图，构图处理极具舞台感：通过俯视角度的屋檐、以双构或填黑的木柱石墩、回形的墙围、墨底阴刻的砖纹，平移的方格地面等表现室内空间。

室外空间则通过层层递进的水平曲线加以点点小草，寥寥数笔即表达了山野的环境；表现天空常衬以双线卷云，海洋则衬以双线水纹，通过一棵树，几片树叶，几根花草，一顶军帐……便交代了人物所处的特定环境。

《西洋记》插图运用"铁线描"的硬线勾勒轮廓并衬以小块面的阴刻墨底几乎贯穿于全书的插图中，形成独特的风格。小块面的阴刻墨底有船桅、帷幔、人物的冠帽、砖纹、假山、树木、旗子等。墨底中有阴刻显得灵动不沉闷，整个画面白中有黑，黑中有白，黑白对比极为鲜明，显得雅拙生动、雄健有力。

富春堂刻工把握住粉本中笔墨的粗细变化，刀锋劲健的刊刻方式将原作者的运笔之势、线条的起笔和收笔，笔墨效果等表达得淋漓尽致。特别是对脸部表情的表达，一笔而过的眼神塑造更显神奇，不同的起笔顿挫使人物的喜怒哀乐跃然纸面（如20回图2中通过眼神表达了四位主要人物佛祖金碧峰、道家代表人物张天师以及儒家代表人物王景弘和下西洋主帅郑和当时的心绪）。刻画人物动态夸张，表情贴切，服饰体现了明万历年间的时代特征，衣纹的表达流畅生动、放收自如，从而使人物形象更为鲜明生动。

（原载《郑和研究动态》，2015 年第 2 期，第 3–12 页。）

附录一　王景弘生平纪事

时　平

王景弘是明代著名的航海家、外交家，是与郑和统帅船队出使的正使太监，也是郑和下西洋最重要的助手。从历史文献考察，王景弘历经洪武、建文、永乐、洪熙、宣德和正统六朝，最辉煌的时期在永乐宣德之际，与郑和多次齐名同"偕"出使东南亚和印度洋诸国。① 历史上记载王景弘事迹的史籍匮乏零散，在《明实录》《明史》及相关方志、碑铭中保留为数不多的记录，尚未发现有关谱牒资料记述。近30年来，学术界对王景弘的研究时有推进。依据发现的方志记载，结合田野考察，搞清王景弘的籍贯；依据历史文献研究，明确王景弘与郑和同为钦差正使地位以及擅长航海事务的特征；依据发现的"王景弘地券"，对王景弘的宗教信仰和生卒年进行有价值的探讨；依据福建发现的《王氏族谱》和明朝卫所档案，基本搞清王景弘祖先来源，梳理部分王景弘后裔世袭；依据明末小说，对王景弘的历史形象进行讨论等等。由于记载资料的局限，这些研究尚没对王景弘生平和历史形象形成一个比较完整的认识。多年以来，上海郑和研究中心在与王景弘故里漳平市交流合作中，对有关王景弘研究资料进行系统搜集整理，并依据发现的历史文献、文物、传说和田野考察等资料，大体厘清王景弘生平脉络，对王景弘历史面貌初步形成一个较为整体的认知。这种研究，从以往立足局部视角考察，转向从整体视域的分析，有助于对历史人物更全面地进行认识和评价。

梳理王景弘生平活动、尤其是下西洋纪事，是构建王景弘整体性研究的重要基础。唐代史学家颜师古在《汉书注》中说："纪，理也，统理众事而系之于年月者也。"② 本文以纪来统王景弘活动事迹，尽可能理清生平年代脉络。鉴于记载王景弘史籍局限，出使事迹也多杂糅在与郑和共同下西洋的活动之中。就下西洋历史而言，从船队规模、航海范围、分綜航行、对外事务、航海技术运用多由出使领导团队集体协作完成。王景弘与郑和作为共同率领下西洋船队正使身份，两人活动具有高度的共性特征，许多活动难以清晰区割史实归属。据此，本文以

---

① 《明史》卷304《郑和传》记载："永乐三年六月命和及其侪王景弘等通使西洋。"
② 颜师古：《汉书注》卷1上，《高帝纪第一上》。

寻同建整、存异另注的思路来梳理王景弘生平纪事。明确梳理本纪事的主要依据：第一，根据原始或第一手历史文献和文物记录为先，对不同记载采用注释说明；第二，对不确定、杂糅和有争论的记载，采用学术界当前多数认同的观点，对争议问题另注说明，待今后明确真相加以修正；第三，根据王景弘与郑和共同出使身份，史籍和碑刻所记多为并列，两人参与的历史活动，均视作共同经历的史实；第四，本项纪事以王景弘作为叙事主体。目前整理的纪事，一些内容存有争议，但对王景弘生平整体性建立是必要的，一方面可以形成对王景弘较为完整的认识，另一方面也可以从中发现需要进一步解决的问题。本纪事只是一个初次研究结果，内容选取也限于自己的判断，漏错难免，请学术界同仁批评指正。

商周至元朝（公元前 16 世纪—1367 年）

王景弘故里香寮村，位于福建漳平市西北赤水镇，与三明市永安毗邻。古代为集贤里一部分。香寮村群山环抱，天台山、紫云洞山、香炉山等闻名遐迩。香寮原名"香山"，由唐末迁入肇基曹氏四公出世时香雾蒙山三日得名。后外籍移民搭寮定居，习称"香寮"。[①] 据现代考古发现，香寮村的历史有 3000 多年。当地学者评价香寮历史特点，是"古村落形成于商周时期，繁荣于明清之际。"[②]

商周时期（前 16 世纪—前 771 年）　　根据考古发现的印纹陶片和石制等器物，在商周时期，香寮地区已有古越先民渔猎和农耕活动。[③]

晋太康三年（282 年）　　香寮村属晋安郡新罗县（县治今长汀县境）苦草镇（镇署今新罗区境）。

南齐中兴二年（502 年）二月　　香寮村改隶梁安郡。[④] 南梁天监年间（502—519 年）置梁安郡下辖晋安、龙溪、兰水三县。

南梁大同六年（540 年）　　香寮村划归龙溪县。龙溪县是析晋安郡晋安县地域设置，属晋安郡。南朝陈武帝永定元年（557 年），升晋安郡为闽州，管辖晋安、建安、梁安三郡。

南陈光大年间（567—568 年）　　改梁安郡为南安郡，辖境相当今福建晋江、

---

① 见漳平市地名志编辑委员会：《漳平地名录》，1996 年。另一种说法，"据传唐朝末年，曹姓人即来此定居，以经营生产香末为主，在溪边搭寮，安装水礁舂米，故名香寮。"载漳平县地名志编辑办公室编：《漳平县地名简志》，1985 年。

② 詹柏山主编：《香寮村史》，北京：中国文化出版社，2011 年，第 1 页。

③ 罗岩：《明代航海家王景弘史事初考》，载福建省国际文化经济交流中心、漳平市王景弘研究会编：《王景弘与郑和下西洋论文集》，香港：天马图书有限公司，2004 年。罗岩本名罗宜生，原漳平市博物馆馆长。

④ 关于梁安郡设置的时间有不同的记载。参见廖大珂：《梁安郡历史与王氏家族》，《海交史研究》，1997 年第 2 期，第 2 页；郭联志：《关于汉族早期开发闽南的两个史实问题——龙溪县与南安郡设置年代考》，《闽都文化研究》，2004 年第 1 期。

九龙江、木兰溪流域及厦门、同安、金门等市县地。

唐开元二十四年（736年） 香寮村改隶汀州府新罗县（县治今新罗区境）。

唐天宝元年（742年） 新罗县划归龙岩县，集贤里（包括香寮村）仍属龙岩县管辖。

唐大历十二年（777年） 集贤里随龙岩县划归漳州府管辖。

唐中和五年（即光启元年，885年） 先祖王审知26岁，随兄王审潮、王审邽自河南光州固始带领王氏族人，参加王绪义军南下入闽，征讨八闽疆界。① 王审知是王景弘的祖先。②

唐光启二年（886年）春 王审知兄弟奉命征讨沙县二十七都十八盂蝙蝠洞——虫必婆洞（今永安市青水乡积谷寮村），在昆岗境（今青水乡龙吴村光坑自然村）罗兜祠居住三年。王审知即为光坑罗兜村王氏开基始祖。

唐大顺元年（890年） 王母徐氏寿终，葬在昆岗境清坑（今青水乡茶果场部后），墓名"梅花落地"。

五代闽王延政天德元年（943年） 王审知四子王延政携长子王继成、次子王继昌回光坑（原名昆岗境）居住，为徐氏夫人守墓。天德二年（944年）朱文进在福州兵变，诛王氏家族。天德三年（945年）南唐攻占建州（今建瓯），③ 改建州为永安军，旋改忠义军，闽灭亡。王延政裔孙迁徙尤溪四十一都（今永安青水）避居，在此繁衍王氏后裔。据福建永安青水《太原王氏族谱》记载，香寮村王氏祖先从"尤溪四十一都徙居而来。"④ 明万历编修《永安县志》记载，"永安县，析本沙二十四都上四宝及……共九都，又析尤溪之四十都、四十一都、四十二都、四十三都，共四都为邑。"⑤ 又据漳平易坑《王氏族谱》记载，先祖王大成开基尤溪四十一都，传七代王四徙居郭行坑，派衍分支徙迁数处，后又迁宁洋、漳平等地。唐末后有王姓家族始迁香寮洋上傅，后长房迁居香寮许家山自

① 福建永安青水畲族乡王氏族谱：《太原王氏族谱》第一册，"入闽建国纪略"；永安市《青水乡志·人物篇》"开闽王光坑开基始祖的王审知"，1989年。
② 罗岩：《明代航海家王景弘史事初考》，载福建省国际文化经济交流中心、漳平市王景弘研究会编：《王景弘与郑和下西洋论文集》，香港：天马图书有限公司，2004年。
③ 五代闽龙启二年（934年）属闽，天德三年（945年）改建州为永安军，旋改忠义军。宋开宝八年（975年）改忠义军为建州（行政中心驻今建瓯市），治平三年（1066年）析建安、浦城、建阳县地置瓯宁县，绍兴三十二年（1162年）以宋孝宗旧邸，升建州为建宁府（府衙驻今建瓯市），属福建路。元至元十五年（1278年）改建宁府为建宁路，属江浙行中书省福建道宣慰使司管辖。明洪武元年（1368年）为建宁府，属福建布政使司。
④ 罗岩：《明代航海家王景弘史事初考》，载福建省国际文化经济交流中心、漳平市王景弘研究会编：《王景弘与郑和下西洋论文集》，香港：天马图书有限公司，2004年。
⑤ 万历《永安县志》卷3，《建置志·疆域》。

然村，次房迁居漳平市双洋镇百种畲村，三房迁居永安市小陶镇吴地村北罗畲自然村。①

明洪武时期（1368—1398年）

元年（1368年）正月四日② 明朝建立，定都南京。朱元璋称帝，国号大明，年号洪武，史称明太祖。

二年（1369年） 王景弘出生。③ 籍贯在福建省龙岩漳平市赤水镇香寮村许家山自然村。④ 万历元年《漳州府志·宁洋县》："王景弘，集贤里香寮人，从太宗北征。后有拥立功，授其子宁南京锦衣卫正千户。"⑤

香寮位于赤水镇北部，距赤水圩集镇10千米。管辖旦洋、后溪、桥上、桥下、东山、后洋、盖竹溪、林地等自然村，包括许家山、谢头坂、山背岭等废村，共有面积58平方千米。

---

① 曹木旺：《王景弘籍贯考略》，载福建省国际文化经济交流中心、漳平市王景弘研究会编：《王景弘与郑和下西洋论文集》，香港：天马图书有限公司，2004年，第237-243页。

② 洪武元年农历正月初四，公历是1368年1月23日。

③ 有关王景弘生卒时间，目前有两种观点。一种根据福建晋江曾华衡所藏民国初年《毅轩杂志》，书中注有"明陈春播原撰，紫竹居士辑录，毅轩斋抄译"。在《毅轩杂志》卷13《名使录·王景弘》记录："王景弘出生于洪武四年辛亥十月丁卯，字琛琳，是家中三兄弟中的老季，后随父徙漳。母亲姓蔡，晋江东石女，闺名琬兰，知书识文崇佛。景弘幼聪慧，工诗词，谙熟梵文蕃语，还擅少林拳，善正骨，为人颇具豪气……宣德九年，又出使苏门答腊。是年十月初七，景弘为救溺水之爪哇土著，不幸捐躯，终年六十三岁，葬爪哇国三宝村。"记录王景弘生于洪武四年（1371年），地点是晋江县十都玉国乡（今东石镇麦园村）。卒于宣德九年（1434年），死在爪哇。该书属于传抄编撰，增录不少民间传闻等故事，学术界认为可信度不高。另一种观点，根据2012年10月在南京市雨花台区赛虹桥街道凤凰村发现的"高上后土皇地祇卖地券文"（又称"王景弘地券"），最后记录的时间是"正统元年太岁丙辰四月建己巳丁酉朔二十五日辛酉辛卯吉时"。学者研究推断，地券记录的酉年，"洪武二年（1369年，农历己酉年）很可能是王景弘的出生年"。地券末尾有"正统元年四月二十五日"明确纪年，可看作王景弘开始为自己预制寿藏时间。《明实录》中最后一次出现王景弘名字是正统二年（1437年）十月癸未。学者研究提出"在无其他新出史料的情况下，这仍是王景弘卒年最为可信的推测"。参见祁海宁、龚巨平在《南京"王景弘地券"的发现与初步认识》中对"王景弘的生年与卒年"考证推定的观点。载《东南文化》，2014年第1期，第98-106页。在没有发现准确历史依据之前，本文暂采用第二种观点。

④ 参见徐晓望：《与郑和齐名的航海家王景弘》，《福建日报》，1992年9月9日；曹木旺：《王景弘籍贯考略》，载福建省国际文化经济交流中心、漳平市王景弘研究会编：《王景弘与郑和下西洋论文集》，香港：天马图书有限公司，2004年，第237-243页。

⑤ 罗青霄等：《漳州府志》（万历元年）卷31，第18页；另见《宁洋县志·中官》（康熙三十一年）记载，"王景弘，集宁里人，明永乐间随太宗巡狩，有拥立皇储功恩赐嗣子王祯，世袭南京锦衣卫正千户"。《龙岩州志》（乾隆三年）卷10《中官》载："明王景弘，龙岩集贤里人，后分属宁洋。永乐间随太宗巡狩，有拥立皇储功，赐其嗣子王祯世袭南京锦衣卫正千户"。《宁洋县志》（同治十三年）卷8《中官》载："王景宏（弘），集贤里龙岩人，后分属宁洋。永乐间随太宗巡狩，有拥立皇储功，赐嗣子王祯世袭南京锦衣卫正千户。"宁洋县建县前属龙岩县，始建明隆庆元年（1567年），集贤里（今赤水）属该县辖地。《宁洋县志·舆地志·肇建》记载"祥考宁洋地方，故龙岩县集贤里之东西洋。"1734年龙岩县升为直隶州辖漳平、宁洋两县。1956年7月，撤销宁洋县，并入漳平县后为赤水香寮村。1990年漳平撤县建市。

十三年春（1380 年）　　燕王朱棣（1360—1424 年）21 岁，正式就藩北平。

十三年至二十年（1380—1387 年）　　王景弘在童少时期遭受阉割，送进宫廷，期间分赐燕王府。①

二十一年至三十一年（1388—1398 年）　　王景弘在北平燕王府，接受朱棣以及姚广孝等名士培养，受到良好教育，有不错的武功。② 从年龄和后来担任钦差正使出使西洋身份考察，此间王景弘随燕王参与征战漠北蒙元等战事，成为朱棣信任的宦官。

建文时期（1399—1402 年）

元年（1399 年）　　洪武三十一年闰五月十日，明太祖朱元璋驾崩，③ 皇太孙朱允炆继承皇位，年号建文，史称惠帝。

元年（1399 年）七月五日　　燕王朱棣以清君侧、靖国难为名，发动"靖难之役"。战事从河北、山东至江苏境内，历时近四年。史籍中没有关于王景弘的记录。十一月燕军与李景隆大军在郑村坝（位于北平东约 20 里，今北京东坝）会战。从《抄郑氏家谱首序》记载有关郑和"数（有）功于郑州（即北京郑村坝），因赐姓郑，改名为和"，④ 可以推断与郑和身份相同的王景弘参加了"靖难之役"。朱棣登基后，受到重用。王景弘与郑和属于有战功的宦官。《明史·郑和传》记载：郑和"初事燕王于藩邸，从起兵有功。"⑤ 明人郎瑛《七修类稿》也载："今人以为三保太监下洋，不知郑和旧名三保，皆靖难内臣有功者。"⑥ 查继佐《罪惟录》记载："燕王时，皆以阉从起兵有功。"⑦ 燕王府同事经历，为此后长期合作奠定基础。

四年（1402 年）六月十三日　　燕军攻下京城应天府（今南京），建文帝朱允炆下落不明。六月十七日，朱棣即位，次年改元永乐。王景弘随到京城。

---

① 参见徐晓望：《与郑和齐名的航海家王景弘》，《郑和研究》，2007 年第 3 期，第 52 页。作者提出阉童是先阉割再送进宫廷，不是幼童入宫后再阉割。依据《新唐书·吐突承璀传》记载："是时，诸道岁进阉儿，号'私白'，闽、岭最多，后皆任事，当时谓闽为中官区薮。"见欧阳修等：《新唐书》卷207，《吐突承璀传》，北京：中华书局，1975 年，第 5870 页。唐无名氏《玉泉子》云："诸道每岁送阉人，所谓'私白'者，闽为首焉。且多任用，以故大阉已下，桑梓多系闽焉。时以为中官数泽。"见佚名：《玉泉子》，文渊阁四库全书本，第 13 页。
② 参见徐晓望：《与郑和齐名的航海家王景弘》，《郑和研究》，2007 年第 3 期，第 53 页、第 55-56 页。
③ 《明太祖实录》卷 257。
④ 《抄郑氏家谱首序》，载纪念伟大航海家郑和下西洋 580 周年筹备委员会、中国航海史研究会：《郑和家世资料》，北京：人民交通出版社，1985 年，第 6 页。
⑤ 《明史》卷 304，《郑和传》。
⑥ 郎瑛：《七修类稿》卷 12，《三宝太监》，上海：上海书店出版社，2001 年，第 124 页。
⑦ 查继佐：《罪惟录》传 29，《郑和传》。

永乐时期（1403—1424 年）

元年（1403 年）　明朝永乐元年。朱棣庙号明太宗，后嘉靖皇帝改庙号为"成祖"，史称明成祖。王景弘担任内宫太监。

三年（1405 年）六月十五日　永乐皇帝下旨郑和与王景弘为钦差正使出使西洋。《明史》记载："永乐三年六月，命和及其侪王景弘等通使西洋"。① 费信在《星槎胜览》序中写有："太宗文皇帝继统，文明之治格于四表，于是屡命正使太监郑和、王景弘、侯显等开道九夷八蛮。"②

永乐三年（1405 年）　王景弘到泉州进行下西洋准备活动。据清嘉庆年间蔡永兼抄《西山杂志·三保太监下西洋》记有，"永乐三年，成祖疑惠帝南逃，命中官郑和、王景弘、张文等造大船百艘，率军二万七千余。王景弘闽南人，雇泉船，以东石沿海名舣导引，从苏州刘家港入海，至泉州寄泊。上九日岩祈风，至清真寺祈祷。"③ 九日山昭惠庙，自宋以来一直是泉州船民出海祈风的重要场所。

三年（1405 年）十二月上中旬　王景弘与郑和从福建长乐启航，出闽江口五虎门进入台湾海峡，乘东北季风出使西洋。《明史》记载率"将士卒二万七千八百余人，多赍金币。造大舶，修四十四丈、广十八丈者六十二。"④ 长乐《天妃灵应之记碑》记载："永乐三年，统领舟师至古里等国。"

三年十二月下旬或四年（1406 年）初⑤　王景弘与郑和率船队顺风十日抵达占城（今越南中南部）。马欢《瀛涯胜览·占城国》记录："在广南大海之南。自福建之长乐县五虎门开船，往西南行，好风十日可到。其国南连真腊国，西接交趾界，东北俱临大海。国之东北百里有一海口，名新州港。港岸有一石塔为记，诸处船只到此舣泊登岸。"⑥ 船队在占城和安南沿海一带滞留数月，配合陆上明军解决安南黎氏政权篡权和对外扩张问题。⑦

---

① 《明史》卷 304，《郑和传》。

② 冯承钧校注：《星槎胜览校注》"附四卷本星槎胜览序"（转纪录汇编本），台北：台湾商务印书馆，1962 年，第 11 页。徐晓望认为，自第一次下西洋开始，王景弘与郑和就并列正使。参见徐晓望：《与郑和齐名的航海家王景弘》，《郑和研究》，2007 年第 3 期，第 54 页。

③ 学者指出《西山杂志》只有稿本，一般认为该书为清代蔡永兼著，但文中多有"满清"之类民国时代用语，应是后人所著。此条纪事暂录，有待进一步考证。

④ 《明史》卷 304，《郑和传》。

⑤ 采用时间，根据郑一钧著：《论郑和下西洋》（修订本），北京：海洋出版社，2005 年，第 238 页。

⑥ 马欢原著，万明校注：《明钞本〈瀛涯胜览〉校注》，北京：海洋出版社，2005 年，第 7-8 页。

⑦ 郑一钧著：《论郑和下西洋》（修订本），北京：海洋出版社，2005 年，第 239 页。另杨新华在《中浡交往备忘录》中认为，（永乐五年）"十二月一日，明成祖遣诏封麻那惹加那乃为王，并颁赐印诰、敕行、勘合并礼物等。"载南京郑和研究会编：《郑和研究论文集》（第一辑），大连：大连海运学院出版社，1993 年，第 124 页。

四年（1406 年）六月底　王景弘与郑和率船队抵达爪哇。适逢岛上爪哇西王与东王内战，东王战败被杀。船队"经过东王治所，官军登岸市易，为西王兵所杀者一百七十人。西王闻之惧，至是遣人谢罪。上遣使赍敕谕都马板曰：尔居南海，能修职贡。使者往来，以礼迎送。朕当嘉之。尔比与东王构兵而累及朝廷所遣使百七十余人，皆杀，此何辜也？"① 西王都马板遣使谢罪，愿赔 6 万两黄金抚偿死者。明朝以和平方式解决误杀事件。

四年（1406 年）下半年　王景弘与郑和率领船队沿线访问旧港、满刺加、苏门答剌、南渤里等国。

四年下半年至五年（1407 年）上半年　王景弘与郑和出使船队访问渤泥国，封前渤泥国王马合漠沙世子麻那惹加那乃继承王位，赐印符诰命。②

五年（1407 年）上半年　下西洋船队抵达"西洋大国"古里。马欢《瀛涯胜览·古里国》记载："永乐五年，朝廷命正使太监郑和等赍诏敕赐其国王诰命银印，及升赏各头目品级冠带。宝船到彼，起建碑庭，立石云：'去中国十万余里，民物咸若，熙皞同风，刻石于兹，永示万世。'"③ 在古里进行封赐、立碑和贸易等活动。

五年（1407 年）五月中旬至七月　王景弘与郑和率领船队，在返回途中歼灭旧港海盗陈祖义集团。④《明太宗实录》记载："（永乐五年九月）壬子，太监郑和使西洋诸国还，械至海贼陈祖义等。初和至旧港遇祖义等，遣人招谕之。祖义降诈，而潜谋要却官军要劫官军。和等觉之，整兵提备。祖义率众来劫，和出兵与战，祖义大败。杀贼党五千余人，烧贼船十艘，获其七艘及伪铜印二颗，生擒祖义等三人。既至京师命悉斩之。"⑤ 马欢《瀛涯胜览·旧港国》记载："永乐五年，朝廷差太监郑和等统领西洋大宝船到此处。有施进卿者，亦广东人也，来报陈祖义凶横等情，被太监郑和生擒陈祖义等，回朝伏诛，就赐施进卿冠带，归

---

① 《明太宗实录》卷 71。

② 据郑一钧著：《论郑和下西洋》（修订本），北京：海洋出版社，2005 年，第 245 页。郑和船队几次访问渤泥，学术界有不同观点。杨新华在《王景弘与文莱"王三品"》文中，依据《新编郑和航海图集》图示和标示，认为第二次、第五次下西洋访问渤泥国，载《郑和研究》，2005 年第 1 期，第 68 页。陈学文在《明永乐时中国与渤泥国的友好关系》中，认为永乐朝访问渤泥有 1405、1408、1411 年三次，载南京郑和研究会编：《郑和研究论文集》（第一辑），大连：大连海运学院出版社，1993 年，第 135 页。

③ 马欢原著，万明校注：《明钞本〈瀛涯胜览〉校注》，北京：海洋出版社，2005 年，第 63 页。

④ 推断王景弘与郑和下西洋船队返航旧港的时间。郑和船队在印度洋航海是按照季风活动规律，其中每次从印度洋候风返航中转站是印度洋东端的满剌加，抵达满剌加时间在 4 月下旬或 5 月上旬，中旬乘西南季风返航。从旧港顺风返回，途径占城、太仓等再至南京的时间，所需不少于一个半月，《明太宗实录》记载，郑和船队于永乐五年九月二日返京。

⑤ 《明太宗实录》卷 71。

旧港为大头目，以主其地。"①

五年（1407 年）九月 设立旧港宣慰司。《明太宗实录》记载"设旧港宣慰使司，命进卿为宣慰使，赐印诰冠带、文绮、纱罗"。②

五年（1407 年）九月二日 王景弘与郑和率领下西洋船队回京。

五年（1407 年） 回京后，王景弘与郑和以天妃神灵护佑海上平安，奏请朝廷建天妃宫感恩，明成祖赐建龙江天妃宫。此后每次下西洋前后，都前往龙江天妃宫祭祀妈祖。

五年（1407 年）九月五日 永乐皇帝命造海船，作为下西洋之用。《明太宗实录》记载："（九月）乙卯，命都指挥汪浩改造海船二百四十九艘，备使西洋诸国。"③

五年（1407 年）九月十三日 永乐皇帝命王景弘与郑和第二次下西洋。《天妃灵应之记碑》记载："永乐五年，统领舟师，往爪哇、古里、柯枝、暹罗等国，王各以珍宝、珍禽、异兽贡献，至七年回还。"明郎瑛《七修类稿》卷 12记载："永乐丁亥（1407 年），命太监郑和、王景弘、侯显三人往东南诸国，赏赐宣谕。"④

五年（1407 年）冬 王景弘与郑和率领船队从长乐出使西洋。

七年（1409 年）二月一日 明朝在南京选石制作《布施锡兰山佛寺碑》，⑤碑末署名郑和、王贵通⑥等。该碑碑额部分呈拱形，正反面均刻有五爪双龙戏珠精美浮雕，碑身背面光滑无文字，正面长方体四周均以中式花纹雕饰。石碑碑文区域约 112 厘米高，69 厘米宽，边缘饰有花边。石碑右侧 112 厘米高、25.4 厘米宽的区域雕刻的是中文；其余部分则分别雕刻的是泰米尔文和波斯文。三种文字阴刻而成，中文居右从上至下正楷竖书，自右向左计 11 行凡 275 字，泰米尔文居左上端自左向右横书，波斯文居左下端自右向左横书，汉、泰米尔及波斯三种文字。汉文碑文如下："大明皇帝遣太监郑和、王贵通等昭告于佛世尊曰：仰惟慈尊，圆明广大，道臻玄妙，法济群伦。历劫河沙，悉归弘化，能仁慧力，妙

① 马欢原著，万明校注：《明钞本〈瀛涯胜览〉校注》，北京：海洋出版社，2005 年，第 28—29 页。
② 《明太宗实录》卷 71。
③ 《明太宗实录》卷 71。
④ 郎瑛：《七修类稿》卷 12，上海：上海书店出版社，2001 年，第 124 页。
⑤ 刘迎胜：《郑和船队锡兰山之战史料研究——中国海军首次大规模远洋登陆作战》，《元史及民族与边疆研究集刊》，2011 年第 1 期，上海：上海古籍出版社，第 78—100 页。
⑥ 王贵通，学术界多认为是王景弘。参见陈学霖：《明王景弘下西洋史事钩沉》，载《汉学研究》（台北），第 9 卷第 2 期，1991 年 12 月；郑一钧：《论王景弘的历史功绩》，《郑和研究》，2004 年第 3 期，第 59—67 页。李金明认为把王景弘与王贵通推测为同一人证据不足。见李金明：《王景弘与郑和下西洋》，福建省国际文化经济交流中心、漳平市王景弘研究会编：《王景弘与郑和下西洋论文集》，香港：天马图书有限公司，2004 年，第 23—35 页。

应无方。惟锡兰山介乎海南，言言梵刹，灵感翕遵彰。比者遣使诏谕诸番，海道之开，深赖慈佑，人舟安利，来往无虞，永惟大德，礼用报施。谨以金银、织金纻丝宝旛、香炉、花瓶、纻丝、表里、灯烛等物，布施佛寺，以充供养。惟世尊鉴之。总计布施锡兰山立佛等寺供养：金壹仟钱、银伍仟钱，各色纻丝伍拾疋、各色绢伍拾疋、织金纻丝宝旛肆对：内红贰对、黄壹对、青壹对，古铜香炉伍对、餙金座全古铜花瓶伍对、餙金座全黄铜烛台伍对、餙金座全黄铜灯盏伍个、餙金座全朱红漆餙金香盒伍个、金莲花陆对、香油贰仟伍佰觔、蜡烛壹拾对、檀香壹拾炷。时永乐七年岁次己丑二月甲戌朔日谨施。"① 说明下西洋船队已经注意到锡兰山国存在佛教、印度教和伊斯兰教三个主要宗教，在岛内形成三个割据政权。岛上带有强烈的宗教色彩，因此准备第三次下西洋访问时敬献布施。

七年（1409 年）夏末 王景弘与郑和下西洋第二次下西洋回国。此次出使先后访问占城、爪哇、满刺加、暹罗、渤泥、苏门答腊、锡兰山、小葛兰、柯枝、古里、加异勒等国。

七年（1409 年）九月 永乐皇帝命王景弘与郑和第三次下西洋。费信《星槎胜览》记载："永乐七年己丑，上命正使太监郑和、王景弘等统领官兵二万七千余人，驾使（驶）海舶四十八号，往诸番国开读赏赐。"② 福建长乐《天妃灵应之记碑》也载："永乐七年，统领舟师，往前各国"。

下西洋船队从太仓启程。费信《星槎胜览·占城国》记载："是岁秋九月，自太仓刘家港开船"。③

七年（1409 年）十月 王景弘与郑和率船队抵福建长乐候风。费信《星槎胜览·占城国》记载："（永乐七年）十月到福建长乐太平港泊。"④

七年（1409 年）十二月 王景弘与郑和率领下西洋船队从长乐启航出使，十日后到达占城访问，酋长身着盛装，在 500 多官兵护卫下，乘象出迎明朝使者，接受封赏和朝贡。费信《星槎胜览·占城国》记载：永乐七年"十二月，福建五虎门开洋，张十二帆，顺风十昼夜，至占城国。临海有港曰新洲，西抵交趾，北连中国。他番宝船到彼，其酋长头戴三山金花冠，身披锦花手巾，臂腿四腕，俱以金镯，足穿玳瑁履，腰束八宝方带，如妆塑金刚状。乘象，前后拥随番兵五百馀，或执锋刃短枪，或舞皮牌，捶善鼓，吹椰笛壳筒。其部领乘马出郊迎

---

① 刘迎胜：《郑和船队锡兰山之战史料研究——中国海军首次大规模远洋登陆作战》，《元史及民族与边疆研究集刊》，2011 年第 1 期，上海：上海古籍出版社，第 78–100 页。
② 冯承钧校注：《星槎胜览校注》前集，《占城国》，台北：台湾商务印书馆，1962 年，第 1 页。
③ 冯承钧校注：《星槎胜览校注》前集，《占城国》，台北：台湾商务印书馆，1962 年，第 1 页。
④ 冯承钧校注：《星槎胜览校注》前集，《占城国》，台北：台湾商务印书馆，1962 年，第 1 页。

接诏赏，下象膝行，匍匐感沐天恩，奉贡方物。"① 此次出使主要是送外国使节回国。

永乐八年（1410 年）②　　明朝船队在王景弘与郑和带领下再次前往暹罗，交涉遣返何八观等人事项。③

王景弘与郑和率船队抵达满剌加。满剌加当时是暹罗属地，郑和奉永乐帝命册封满剌加酋长拜里米苏剌为王，赐给双台银印，冠带袍服，树碑并建立满剌加国，暹罗自此不敢侵扰满剌加。马欢《瀛涯胜览·满剌加国》记载："永乐七年己丑，上命正使太监郑和等统赍诏敕赐头目双台银印，冠带袍服，建碑封城，遂名满剌加国。是后暹罗莫敢侵扰。其头目蒙恩为王"。④ 费信《星槎胜览·满剌加国》记载："永乐七年，皇上命正使太监郑和等赍捧诏敕，赐以双台银印，冠带袍服，建碑封域，为满剌加国，其暹罗始不敢扰。"⑤

郑和与王景弘派官兵进满剌加附近九洲山采香。费信《星槎胜览·九洲山国》记载："永乐七年，正使太监郑和等，差官兵入山采香，得茎有八九尺长者、八九尺大者六株，香清味远，黑花细纹，其实罕哉！"⑥

王景弘与郑和率船队抵达锡兰山国，立《布施锡兰山佛寺碑》。费信《星槎胜览·锡兰山国》记载："永乐七年，皇上命正使太监郑和等赍捧诏敕、金银供器、彩妆、织金宝幡，布施于寺，及建石碑以崇皇图之治，赏赐国王头目。"⑦ 明人严从简《殊域周咨录》记载，"本朝永乐七年，中使郑和偕行人泛海至其国，赍金银供器、采妆织金宝幡，布施于其寺。赏赐国主亚烈苦奈儿，诏谕之。"⑧

九年（1411 年）一月至四月间　　回程时再次访问锡兰山国，明朝船队与锡兰山国发生战事。亚烈苦奈儿诱骗郑和到国中，发兵 5 万围攻郑和船队，又伐木阻断郑和归路。郑和趁敌军倾巢而出，国中空虚，带领随从 2 000 官兵，趁夜突袭亚烈苦奈儿王城，破城而入，生擒亚烈苦奈儿并家属。费信《星槎胜览·锡兰山国》记载："其王亚烈苦奈儿负固不恭，谋害舟师。我正使太监郑和等深机密

① 冯承钧校注：《星槎胜览校注》前集，《占城国》，台北：台湾商务印书馆，1962 年，第 1 页。
② 根据费信《星槎胜览·占城国》记载：郑和下西洋船队于永乐七年"十二月，福建五虎门开洋"，抵达暹罗之前还要途经占城等国，因此抵达暹罗的时间应该为永乐八年上半年，史籍中记录的"永乐七年"是指第三次下西洋从福建开洋的时间。
③ 严从简：《殊域周咨录》卷 8，《南蛮·暹罗》。
④ 马欢原著，万明校注：《明钞本〈瀛涯胜览〉校注》，北京：海洋出版社，2005 年，第 37 页。
⑤ 冯承钧校注：《星槎胜览校注》前集，《满剌加国》，台北：台湾商务印书馆，1962 年，第 20 页。
⑥ 冯承钧校注：《星槎胜览校注》前集，《满剌加国》，台北：台湾商务印书馆，1962 年，第 21 页。
⑦ 冯承钧校注：《星槎胜览校注》前集，《锡兰山国》，台北：台湾商务印书馆，1962 年，第 29–30 页。
⑧ 严从简：《殊域周咨录》卷 9，《苏门答剌·锡兰》。

策，暗设兵器，三令五申，使众衔枚疾走，夜半之际，信炮一声，奋勇杀入，生擒其王。永乐九年，归献阙下。寻蒙恩宥，俾复归国，四夷悉钦。"①《明史·锡兰山》记载："永乐中，郑和使西洋至其地，其王亚烈苦奈儿欲害和，和觉，去之他国。王又不睦邻境，屡邀劫往来使臣，诸蕃皆苦之。及和归，复经其地，乃诱和至国中，发兵五万劫和，塞归路。和乃率步卒二千，由间道乘虚攻拔其城，生擒亚烈苦奈儿及妻子、头目，献俘于朝。廷臣请行戮，帝悯其无知，并妻子皆释，且给以衣食。命择其族之贤者立之。有邪把乃那者，诸俘囚咸称其贤，乃遣使赍印诰，封为王，其旧王亦遣归。自是海外诸蕃益服天子威德，贡使载道，王遂屡入贡。"②

九年（1411 年）六月十六日 王景弘与郑和第三次下西洋回京。《明太宗实录》记载回京时间"永乐九年六月乙巳（十六日）"。俘虏锡兰山国王亚烈苦奈儿，献俘于朝。帝赦不诛，释归国。据《明太宗实录》载：第三次下西洋"太监郑和赍敕使古里、满剌加、苏门答剌、阿鲁、加异勒、爪哇、暹罗、占城、柯枝、阿拨把丹、小柯兰、南巫里、甘把里诸国，赐其王锦绮纱罗。"③

十年（1412 年） 王景弘受命至闽浙沿海一带招募大批水手和造船工匠，在太仓、长乐、福州、泉州等地督练水师，监造海船，修建天妃宫。因而出现随郑和、王景弘出征的官兵"多闽人"现象。④

在太平港长乐候风期间，为酬谢海神天妃保佑，奏请永乐皇帝恩准，在长乐南山塔旁建起一座天妃行宫，作为船队官兵祈祷场所。《长乐县志》记载"制甚壮丽"。《天妃灵应之记碑》称颂行宫"既严且整"。20 世纪 80 年代建造长乐郑和史迹陈列馆时，在原址发现天妃宫圆柱石两个，高 30 厘米，宽 43 厘米，雕琢相当精细。

十年（1412 年）十一月十五日 王景弘与郑和奉谕第四次下西洋。《明太宗实录》记载："永乐十年十一月丙申，遣太监郑和等赍敕往赐满剌加、爪哇、占城、苏门答剌、阿鲁、柯枝、古里、南渤利、彭亨、急兰丹、加巽勒、忽鲁谟斯、比剌、溜山、孙剌诸国王锦绮纱罗采绢等物有差。"⑤ "永乐十年十一月丙申"为奉使日期，出使西洋时间在次年。

永乐十一年（1413 年）冬 王景弘与郑和从福建长乐乘东北季风起航出使

---

① 冯承钧校注：《星槎胜览校注》前集，《锡兰山国》，台北：台湾商务印书馆，1962 年，第 30 页。
② 《明史·列传·外国七·锡兰山》。《明太宗实录》卷 116，"永乐九年六月乙巳"条记载相同。
③ 《明太宗实录》卷 83。
④ 福建省漳平市地方志编纂委员会编：《漳平县志》卷 7，《人物志·王景弘》，北京：三联书店，1995 年。
⑤ 《明太宗实录》卷 134。

西洋。《天妃灵应之记碑》载为永乐十一年。另据西安羊市大清真寺《重修清净禅寺碑》记载："永乐十一年四月，太监郑和奉敕差往西域天方国，道出陕西，求可以通译国语可佐信使者，乃得本寺掌教哈三焉。"可知第四次出使开洋时间在永乐十一年（1413 年）冬。除哈三外，通事马欢首次随行。据《瀛涯胜览》卷首序云："永乐十一年癸巳，太宗文皇帝敕命正使太监郑和统领宝船往西洋诸番开读赏赐，余以通译番书，亦被使末。"还记载此次出使船队"宝舡六十三号，大者长四十四丈，阔一十八丈，中者长三十七丈，阔一十五丈。""计下西洋官校、旗军、勇士、通事、民稍、买办、书手，通计二万七千六百七十员，官八百六十八员，军二万六千八百名，指挥九十三员，都指挥二员，千户一百八十四员百户四百三员，户部郎中一员，阴阳官一员，教谕一员，舍人两名，医官、医士一百八十员，余丁两名，正使太监七员，监丞五员，小监十员，内官。内史五十三员。"①还包括指挥唐敬、王衡、林子宣、胡俊、哈同等。船队先到占城，奉帝命赐占城王冠带。

十一年（1413 年）　永乐皇帝北上到北京建新都。王景弘随太子朱高炽在南京监国，兼管招募舟师、监造海船等事务，为出使西洋做准备。②

十二年（1414 年）闰九月　王景弘与郑和率领船队官兵先后在白沙岸与苏门答剌国发生战事，协助平息苏门答剌内乱，生擒伪王苏干剌。明朝《卫所武职选簿》明确记载王景弘和王真（桢）父子参加了苏门答剌之役。"王心"条记载："正千户，《外黄》查有：王洪（王心的高祖，笔者注）龙岩县人。有伯父王真，永乐十二年选跟太监王景弘等下西洋公干，擒获伪王苏干剌等，即次有功回还"。③ 参战的还有张通"十年征西洋，白沙岸对敌有功，十三年升指挥金事。"刁先"十三年西洋二次有功（于白沙岸与苏干剌对敌厮杀），升试百户。"张政"二次下西洋，于白沙岸与苏干剌厮杀有功，永乐十三年升试百户。"刘移住"十年复下西洋公干，十二年至苏门答剌，闰九月白沙岸与苏干剌对敌厮杀回还，十三年钦升锦衣卫中后所试百户。"陶旺"下西洋白沙岸与苏干剌对敌厮杀有功，升实授百户。"④《明太宗实录》记载"太监郑和献所获苏门答剌贼首苏干剌等。初和奉使至苏门答剌，赐其王宰奴里阿必丁彩币等物，苏干剌乃前伪王

① 马欢原著，万明校注：《明钞本〈瀛涯胜览〉校注》，北京：海洋出版社，2005 年，第 1 页，第 5-6 页。

② 福建省漳平市地方志编纂委员会编：《漳平县志》卷 7，《人物志·王景弘》，北京：三联书店，1995 年。

③ 中国第一历史档案馆、辽宁省档案馆编：《中国明朝档案总汇》第 73 卷，"王心"条，桂林：广西师范大学出版社，2001 年，第 97 页。

④ 分别见中国第一历史档案馆、辽宁省档案馆编：《中国明朝档案总汇》第 73 卷，"张通"条、"刁先"条、"张政"条、"刘移住"条，桂林：广西师范大学出版社，2001 年，第 23、86、23、145 页。

弟，方谋弑宰奴阿必丁，以夺其位，且怒使臣赐不及己，领兵数万邀杀官军。和率众及其国兵与战，苏干剌败走，追至喃渤利国，并其妻子俘以归。"① 费信《星槎胜览·苏门答剌国》记载："永乐十一年，伪王苏干剌寇窃其国，王遣使赴阙陈诉请救，上命正使太监郑和等统率官兵剿捕，生擒伪王。"②

十三年（1415年）七月八日 王景弘与郑和率船队回京。此次航行，下西洋船队首次访问非洲东岸的麻林、木骨都束、卜剌哇等国。

十三年（1415年）九月壬寅 王景弘与郑和一行押解苏干剌回京，"兵部尚书方宾言：苏干剌大逆不道，宜付法司正其罪。遂命刑部按法诛之。"③ 马欢《瀛涯胜览·苏门答剌国》记载："永乐十三年，正使太监郑和等船到彼，发兵擒获苏干剌，赴阙明正其罪。"④

十三年（1415年）九月八日 明朝嘉奖参加苏门答剌国战役有功官兵150多名。《明太宗实录》记载：永乐皇帝"命兵部录官军战功，于是水军右卫流官指挥使唐敬、流官指挥佥事王衡、金吾左卫流官指挥使林子宣、龙江左卫流官指挥佥事胡后、宽河卫流官指挥同知哈只，皆命世袭锦衣卫正千户。陆通、马贵、张通、刘海俱升流官指挥佥事。其余千、百户、旗军王复亨等百四十余人升用有差"。⑤ 王景弘嗣子王祯或名列其中，应该是试百户。⑥

十四年（1416年）四月六日 第四次下西洋归来，王景弘与郑和为感恩妈祖庇佑下西洋海上平安归来，奏请在南京仪凤门外天妃宫竖立《御制弘仁普济天妃宫之碑》。碑文由永乐皇帝朱棣亲自撰写。碑以青石刻制，高5.48米，宽1.5米、厚0.5米。下承龟趺，上刻螭龙，碑额篆书，碑文正楷，共699字，记载了郑和事迹和航海主要经历。⑦

十四年（1416年）十二月十日 王景弘与郑和奉旨第五次下西洋。据《明史》记载，第五次奉使日期，"在（永乐）十四年冬，满剌加、古里等十九国咸遣使朝贡，辞还，复命和等偕往"。⑧

十五年（1417年） 开洋前夕，王景弘率领军官和道士前往庙宇坐堂祭拜天妃，祈求神灵护佑航海平安。《天妃显圣录》记载："永乐十五年，钦差内官

---

① 《明太宗实录》卷168。
② 冯承钧校注：《星槎胜览校注》前集，《锡兰山国》，台北：台湾商务印书馆，1962年，第23页。
③ 《明太宗实录》卷168。
④ 马欢原著，万明校注：《明钞本〈瀛涯胜览〉校注》，北京：海洋出版社，2005年，第44页。
⑤ 《明太宗实录》卷168。
⑥ 张金红、徐斌：《王景弘及其后裔新探——以明代卫所〈武职选薄〉档案为中心》，《福建史志》，2005年第5期，第52-56页。
⑦ 南京下关静海寺《御制弘仁普济天妃宫之碑》。
⑧ 《明史》卷304，《郑和传》。

王贵通、莫信、周福率领千户彭佑、百户韩翊并道士诣庙，修设开洋清醮。"①

十五年（1417 年）五月 王景弘与郑和等在泉州立《泉州行香碑》。碑文记载："钦差总兵太监郑和前往西洋忽鲁谟斯等国公干，永乐十五年五月于此行香，望灵圣庇佑。镇抚蒲和日记立。"

十五年（1417 年）冬 王景弘与郑和率下西洋船队开洋，有僧人胜惠偕行。此次航行，先护送来访诸国使臣回国。《天妃灵应之记碑》记载："永乐十五年，统领舟师往西域，其忽鲁谟斯国进狮子、金钱豹、大西马。阿丹国进麒麟，番名祖剌法，并长角马哈兽。木骨都束国进花福绿并狮子。卜剌哇国进千里骆驼并驼鸡。爪哇、古里国进縻里羔兽。若乃藏山隐海之灵物，沉沙栖陆之伟宝，莫不争先呈献，或遣王男，或遣王叔、王弟，赍捧金叶表文朝贡。"再次访问木骨都束、卜剌哇、麻林等东非国家。

十七年（1419 年）七月十七日 王景弘与郑和率船队回国，永乐皇帝命礼部奖赏下西洋官军。《明史·成祖本纪》记载："（永乐十七年）秋七月庚申，郑和还。"②《明太宗实录》记载："永乐十七年秋七月，官军自西洋还。上谕行在礼部臣曰：将士涉历海洋，逾十数载，万里，经数十国，盖亦劳矣。宜赏劳之。于是都指挥人赏钞二十锭，指挥人十八锭，千百户卫所镇抚人十六锭，火长人等八十五锭，旗军人等十三锭。"③

十九年（1421 年）正月三十日 王景弘与郑和奉旨第六次下西洋。"十九年春正月……癸巳，郑和复使西洋。"④ 还有孔和卜花、唐观保、杨庆、洪保、李恺、杨敏、周满等副使同行。《明太宗实录》记载："永乐十九年正月戊子，忽鲁谟斯……不剌哇、木骨都束……十六国遣使贡名马、方物，命礼部宴劳之。癸巳，忽鲁谟斯等十六国使臣还国，赐钞币表里。"⑤ 《天妃灵应之记碑》记载："永乐十九年，统领舟师，遣忽鲁谟斯等国，使臣久侍京都者，悉还本国。其各国王益修职贡，视前有加。"《天妃显圣录》记载："本年，太监王贵通等又奉命往西洋，祷祝显应。"⑥ 明代《卫所武职选簿》中也有记载。⑦

十九年（1421 年）二月初 王景弘与郑和率船队出洋。护送忽鲁谟斯、阿丹、祖法儿、剌撒、卜剌哇、木骨都束、古里、柯枝、加异勒、锡兰山、溜山、

---

① 佚名：《天妃显圣录·历朝褒封致祭诏诰》。

② 《明史》卷 7，《成祖本纪三》。

③ 《明太宗实录》卷 214。

④ 《明史》卷 7，《成祖本纪三》。

⑤ 《明太宗实录》卷 232。

⑥ 佚名：《天妃显圣录·东海护内使张源》。

⑦ 中国第一历史档案馆、辽宁省档案馆编：《中国明朝档案总汇》第 73 卷，"王心"条，桂林：广西师范大学出版社，2001 年，第 97 页。

喃渤利、苏门答剌、阿鲁、满剌加、甘巴里等 16 国使节返国。永乐帝 "复遣太监郑和等赍敕及锦绮、纱罗、绫绢等物，赐诸国王，就与使臣偕"。①

二十年（1422 年）八月十八日　第六次下西洋船队回京。永乐二十年八月壬寅，"郑和还"。②

二十二年（1424 年）七月十八日　永乐皇帝朱棣在榆木川驾崩。

二十二年（1424 年）　王景弘嗣子王祯（即王真）因下西洋累功升南京锦衣卫左所正千户世袭千户。③

二十二年（1424 年）八月　命王景弘（时用名王贵通）率下西洋官军赴南京镇守。据《明太宗实录》记载，永乐二十二年八月丁未已 "命太监王贵通率下番官军赴南京镇守"④

二十二年（1424 年）九月七日　皇太子朱高炽继承帝位，年号洪熙，史称明仁宗。同日下诏停止郑和船队出使西洋。

洪熙时期（1425 年）

洪熙元年（1425 年）二月戊申　下西洋船队官兵充任南京守备部队，王景弘和郑和担任南京陪都守备太监。《明史》记载："洪熙元年二月，仁宗命和以下番诸军守备南京。南京设守备，自和始也。"⑤《明仁宗实录》记载洪熙元年二月戊申 "命太监郑和领下番官军守南京，于内则与内官王景弘、朱卜花、唐观保协同管事；遇外有事，同襄城伯李隆、驸马都尉沐昕商议的当，然后施行。"⑥说明王景弘是掌管南京军队的主要负责人之一，郑和负责全面领导职责。

元年（1425 年）四月甲辰　仁宗皇帝命南京王景弘负责管理修理宫殿事务。《明仁宗实录》记载："朕以来春还京，今遣匠人前来，尔即提督将九五殿各营院凡有渗漏之处随宜修葺，但可居足。不必过为整齐，以重人力。"⑦

元年（1425 年）八月　王景弘与郑和选用下西洋官兵一万余人修造南京大报恩寺等宫庙。

---

① 《明太宗实录》卷 232。
② 《明史》卷 7，《成祖本纪三》。
③ 中国第一历史档案馆、辽宁省档案馆编：《中国明朝档案总汇》第 73 卷，"王心"条，桂林：广西师范大学出版社，2001 年，第 97 页。此时王祯尚未获得县志和州志里所提及的 "恩赐世袭"。康熙三十一年《宁洋县志·中官》记载，"王景弘，集宁里人，明永乐间随太宗巡狩，有拥立皇储功，恩赐嗣子王祯世袭南京锦衣卫正千户。"乾隆三年《龙岩州志·人物·中官》记载，"王景弘，龙岩集贤里，后分属宁洋。永乐间随太宗巡狩，有拥立皇储功。赐嗣子王祯世袭南京锦衣卫正千户。"
④ 《明仁宗实录》卷 1。
⑤ 《明史》卷 304，《郑和传》。
⑥ 《明仁宗实录》卷 7。
⑦ 《明仁宗实录》卷 9 上。

二年（1425年）五月二十九日　仁宗皇帝朱高炽猝死宫内钦安殿（非御花园中钦安殿），终年47岁。死后被谥为孝昭皇帝，庙号仁宗。

元年（1425年）六月二十七日　皇太子朱瞻基正式登基，年号宣德，史称宣宗。王景弘在支持太子朱瞻基登基时立下功劳。《龙岩州志》记录："有拥立皇储功，赐嗣子王祯世袭南京锦衣卫正千户。"①

宣德时期（1426—1435年）

元年（1426年）二月壬辰　王景弘与郑和等上奏宣宗皇帝修理南京皇家建筑。《明宣宗实录》记载："南京守备郑和等奏：天地坛、大祀殿并门廊、斋宫、及山川坛殿廊、厨库俱已朽敝，请加修理。"②"郑和等"应包括在南京担任要职的王景弘。

三年（1428年）八月　王景弘与郑和等如期完成重修南京大报恩寺工程。宣宗下谕郑和、王景弘等提调修葺，配备饰物，着内府各衙门库开支物件造办，打发供应物件及赏赐僧人。《金陵梵刹志》卷2《敕书》记载："敕太监尚义、郑和、王景弘、唐观（保）、罗智等：南京大报恩寺完成了，启建告成大斋七昼夜，燃点长明塔灯，特敕尔等提调修葺，合用物件，着内府该衙门该库开支物件造办，打发供应物料及赏赐僧人。就于天财库支钞。着礼部等衙门买用塔灯用香油，着供用库按月送用。"③

三年（1428年）八月　王景弘受命将大绢绵布等运到北京。④

四年（1429年）　王景弘受命省视南京旧皇宫。

四年（1429年）二月乙未　命王景弘等负责保障移居南京旧内郢王、育王宫眷生活起居。《明宣宗实录》记载："命内官杨礼移郢王育王宫眷居南京旧内，敕太监王景弘等，凡岁时朝暮衣服饮食百需，皆内府依期给之，仍时遣人省视，不许怠慢。"⑤

四年（1429年）四月　王景弘奉旨开始督造船只，操练水兵，准备再次下西洋。

五年（1430年）五月四日　宣宗诏谕南京守备太监杨庆等，照数支发王景弘与郑和等出使所需钱粮物资。巩珍《西洋番国志》收录此《敕书》："敕：南京守备太监杨庆、罗智、唐观保、大使袁诚：今命太监郑和等往西洋忽鲁谋

①　张铤球等：乾隆《龙岩州志》卷10，《人物上·中官》，龙岩市方志编纂委员会，1987年。
②　《明宣宗实录》卷14。
③　《金陵梵刹志》卷2，杜祥主编：《中国教史志汇刊》第一辑，台北：明文书局，1980年，第286页。
④　《明宣宗实录》卷8。
⑤　《明宣宗实录》卷51。

（谟）斯等国公干，大小舡六十一只，该关领原交南京入库各衙门一应正钱粮，并赏赐番王头目人等钱币等物……尔等即照数放支与太监郑和、王景弘、李兴、朱良、杨真、右少监洪保等，开领前去应用，不许稽缓，故敕。宣德五年五月初四日。"①

五年（1430 年）六月九日　宣宗朱瞻基命王景弘与郑和第七次出使西洋。据《明宣宗实录》记载："宣德五年六月戊寅（初九），遣太监郑和等赍诏往谕诸番国，诏曰：'朕恭膺天命，祗嗣太祖高皇帝，太宗文皇帝、仁宗昭皇帝大统，君临万邦，体祖宗之至仁，普辑宁于庶类，已大赦天下，纪元宣德，咸与维新。尔诸番国远外海外，未有闻知，兹特遣太监郑和、王景弘等赍诏往谕，其各敬顺天道，抚辑人民，以共享太平之福。'"②《明史》记载："宣德五年六月，帝以践阼岁久，而诸番国远者犹未朝贡，于是和、景弘复奉命历忽鲁谟斯等十七国而还。"③《明史》记载："（宣德）五年，帝以外蕃贡使多不至，遣和及王景弘遍历诸国，颁诏曰：'朕恭膺天命，祗承太祖高皇帝、太宗文皇帝、仁宗昭皇帝大统，君临万邦，体祖宗之至仁，普辑宁于庶类。已大赦天下，纪元宣德。尔诸蕃国，远在海外，未有闻知。兹遣太监郑和、王景弘等赍诏往谕，其各敬天道，抚人民，共享太平之福。'凡历二十余国，苏门答剌与焉。"④宣德皇帝朱瞻基《赐太监王景弘》诗如下：

> 南夷诸国蟠海中，海波险远迷西东。
> 其人习性皆颛蒙，浮深泳浅鱼鳖同。
> 自昔不与中华通，维皇太祖天命隆。
> 薄海内外咸响风，中兴功烈维太宗。
> 泽及远迩如春融，明明皇考务笃恭。
> 至仁怀绥靡不容，三圣相承盛德洪。
> 日月所照悉服从，贡琛纳赆来无穷。
> 昔时将命尔最忠，大船摩曳冯夷宫。
> 驱役飞廉决鸿蒙，遍历岛屿凌巨碕。
> 覃宣德意化崆峒，天地广大雨露浓，
> 覆载之内皆时雍。朕今嗣统临外邦，
> 继志述事在朕躬。岛夷仰望纷喁喁，

---

① 巩珍著，向达校注：《西洋番国志·敕书》，北京：中华书局，2000 年，第 9 页。
② 《明宣宗实录》卷 67。
③ 《明史》卷 304，《郑和传》。
④ 《明史》卷 325，《列传·外国六·苏门答剌国》。

命尔奉使继前功。尔往抚谕敷朕衷，

各使务善安田农。相与辑睦戒击攻。

念尔行涉春与冬，作诗赐尔期尔庸。

勉旃尔庸当益崇。①

五年冬　下西洋官兵在太仓刘家港修饰天妃宫。刘家港天妃宫《通番事迹碑》记载："宣德五年冬，复奉使诸番国，舣舟祠下，官军等瞻礼勤诚，祝享络绎，神之殿堂，益加修饰，弘胜旧规。复重建岠山小姐之神祠于宫之后，殿堂神像，粲然一新，官校军民，咸乐趋事，自有不容已者，非神之功德感于人心而致乎！"

五年闰十二月（1931 年 1 月）六日　王景弘与郑和率领船队从南京龙湾（今南京下关）开船，率领官兵 27411 人出使西洋。《天妃灵应之记碑》记载："宣德六年，仍统舟师，往诸番国"。

五年闰十二月（1931 年 1 月）十日　下西洋船队航至徐山停泊，二十日出附子门。②

五年闰十二月（1931 年）二十一日　船队抵达刘家港。王景弘与郑和在天妃宫立《通番事迹碑》。碑中记载："明宣德六年，岁次辛亥春正朔，正使太监郑和、王景弘，副使太监朱良、周福、洪保、杨真，左少监张达等立。"简要记述前六次下西洋的历程，赞颂天妃神灵的庇佑。

六年（1431 年）二月十六日　下西洋船队到达长乐太平港，在此进行一系列下西洋准备工作。期间重修长乐南山天妃宫、三峰塔寺，新建三清宝殿。

六年（1431 年）五月　王景弘与郑和铸造铜钟一口，献奉寺庙。③上书铭文曰："永远长生供养，祈保西洋回往平安，吉祥如意者。大明宣德六年岁次辛亥仲夏吉日，太监郑和、王景弘等同官军人等，发心铸造铜钟一口。"

六年（1431 年）十一月　王景弘与郑和等启航前，于"宣德六年岁次辛亥仲冬吉日"在长乐南山寺刻立《天妃灵应之记》碑。碑材采用黑色页岩，高 1.62 米，宽 0.78 米，厚 0.16 米。石碑正文四周镌刻着缠枝蕃莲花纹。正文楷书计 31 行，共 1177 字。署名"正使太监郑和、王景弘，副使太监李兴、朱良、周

---

① 明宣宗：《宣庙御制总集》，转引郑鹤声、郑一钧编：《郑和下西洋资料汇编》中册（下），济南：齐鲁书社，1983 年，第 857 页。

② 祝允明：《前闻记·下西洋》。

③ 徐晓望认为：该钟是"郑和给长乐南山寺上供的铜钟。"见徐晓望：《与郑和齐名的航海家王景弘》，《郑和研究》，2007 年第 3 期，第 53 页。另刘东瑞、卢保康在《郑和铜钟小考》中提出："宣德六年二月（1431 年 4 月）船队抵达福建长乐城，在这里等候冬季的东北季风。五月，郑和等顺闽江而上，在富屯溪岸边的南平镇（今南平市西）铸此钟，祈求保佑'开洋成功'。"载《文物》，1985 年第 1 期，第 75 页。

满、洪保、杨真、张达、吴忠，都指挥朱真、王衡等立。正一住持杨一初稽首请立石。"

六年（1431 年）十一月十二日　王景弘与郑和率船队到闽江入海处的福斗山（今粗芦岛，古名荻壶岛，现属连江县管头镇）集结，做出海前最后准备，并等候台湾海峡最有利东北季风时机。

六年（1431 年）十二月九日　王景弘与郑和率领船队出五虎门第七次下西洋。根据明代祝允明《前闻记·下西洋》记载，有官校、旗军、火长、舵工、班碇手、通事、办事、书算手、医士、铁锚搭材等匠、水手、民梢等共27 550人。

六年十二月中旬至八年（1433 年）六月中旬　王景弘第七次下西洋时期抵达台湾。现据康熙《台湾府志》记载："明宣德间，太监王三保下西洋，舟曾过此，以土番不可教化，投药于水中而去，此亦得之故老之传闻也。"陈文达《凤山县志》记载："明宣德间，太监王三保舟遇风经此。"[①] 龚柴《台湾小志》记载："宣宗宣德五年，三宝回行，近闽海，为大风所吹飘至台湾，是为华人入岛之始。越数旬，三宝取药草数种，扬帆返国。"[②] 在台湾从事"井，明宣德间，太监王三保到此，曾在此井取水，即今西定坊大井也。药水，在凤山县淡水社，相传明三保太监曾投药水中，今土番百病，水洗立愈。三宝姜，相传岗山巅明三宝太监曾植姜其上，至今常有姜成丛，樵夫偶然得之，结草为记，次日寻之，弗获故道。若得其姜，百病食之皆瘳。"[③]

相传宣德年间王景弘与郑和下西洋船队将天妃信仰传入台湾。据《台南大天

[①] 关于王景弘是否到过台湾，台湾学者方豪、毛一波、徐玉虎等曾讨论，主要观点和依据参见台湾学者黄秀政《郑和到台湾传说考释》，载黄秀政著：《台湾史志新论》（2），台北：五南图书出版有限公司，2007 年，第 1-10 页。大陆学者徐晓望等倾向于到过。参见徐晓望著：《早期台湾海峡史研究》，福州：海风出版社，2006 年，第50-53 页。主要根据蒋毓英撰：清康熙二十三年《台湾府志》卷 1《沿革》；陈文达：康熙五十九年《凤山县志》卷 1《封域志·建置》等有关史籍记录。另明陈第《东番记》（万历三十年）记载："永乐初，郑内监航海诸夷，东番独远窜不听约，于是家贻一铜铃使颈之……至今犹传为宝。"张燮《东西洋考》卷 5《东番考·鸡笼淡水》、何乔远《闽书》卷 146《岛夷》也有记载明初郑和、王景弘航海与台湾的关系。连横著《台湾通史》卷 1《开辟纪》记述："永乐中，太监郑和下西洋，诸夷靡不贡献，独东番逃避不至。东番者台湾之番也，和恶之，率师入台，东番降服，家贻一铜铃，俾挂项间。其后人反宝之，富者至缀数枚，是为中国三略台湾之事。初，和入台，舟泊赤嵌，取水大井。赤嵌番社名，今为台南府治，其井尚存。而凤山有三宝姜，居民食之疾瘳。云为郑和所遗，则中国人台且至内地，或谓在大冈山也。"

[②] 王锡祺撰：《小方壶斋舆地丛钞》第 9 帙，《台湾小志·一》。

[③] 蒋毓英编撰：《台湾府志》（康熙二十三年，1685 年）卷 10，《古迹》。还有清王士桢《香祖笔记》卷 2 记载："凤山县有姜，名三宝姜，相传明初三宝太监所植，可疗百病。"《凤山县志》卷 11 载："明太监王三保，植姜岗上，至今尚有产者，有意求见，终不可得。樵夫偶见，结草为记。有得者，可治百病。"郁永河《裨海纪游》记载："惟《明会典》太监王三保赴西洋水程，有'赤嵌汲水'一语，又不详赤嵌何地。"林谦光《台湾志略》记载："相传明太监三保舟至台湾，投药于水中，令土番患病者于水中洗澡即愈。"

后宫碑记》记述："考台之始祀神，盖肇于明宣德间郑和七使西洋，舟次赤嵌，汲水祈风。"① 另《世界妈祖庙大全·台南大天后宫》也载："相传三宝太监引湄州香火入台奉祀，其后在宁南坊建天妃宫，明末有住持僧圣知者，与宁靖王交情深厚，王殉难后，允许将王府改庙，奉祀妈祖，为台湾岛最早的妈祖香火。"②

　　六年（1431 年）十二月二十四日　王景弘与郑和出使船队抵达占城访问。

　　七年（1432 年）一月十一日　离开占城。船队航行 25 日，于二月六日到达爪哇斯鲁马益（即苏鲁马益，今泗水），古代主要的香料贸易港口地区。马欢在《瀛涯胜览·爪哇国》记载："爪哇国者，古名阇婆国也。其国有四处，皆有城郭。其他国船来，先至一处名杜板，次至一处名厮村，又至一处名苏鲁马益，再至一处名满者伯夷，国王居之。"③ 六月十六日离开，前往旧港（今苏门答腊岛巨港）。

　　另据清乾隆年间到爪哇岛侨居 10 多年漳州龙溪人（今龙海市）王大海《海岛逸志》记载，王景弘与郑和曾到万丹、井里汶等地采办皇家宝物。有"王三保者，明宣德时内监也。明宣宗好宝玩，因命王三保、郑和等至西洋采买宝物，止于万丹，实未尝至吧国，而三宝垄有三保洞，俗云三保遗迹，极有灵应。每朔望士女云集，拜祈其处。井里汶海中有屿，长数百里，名蛇屿，相传其蛇有大珠，为三保所取，死而化为长屿以祸人，说颇荒唐，存之以备考。"④

　　七年（1432 年）六月二十七日　王景弘与郑和率船队到达旧港访问。七月一日离开，前往满剌加国（今马来西亚马六甲）。

　　七年（1432 年）七月八日　船队到满剌加访问和贸易，在此补给，并等候适宜航行的季风。八月八日开船，前往苏门答剌国（今印度尼西亚苏门答腊岛西北亚齐一带）。

　　七年（1432 年）八月十八日　王景弘与郑和率船队到"西洋之总路"的苏门答剌。在此访问、贸易，等候印度洋地区的东北季风。十月十日开船前往锡兰山国（今斯里兰卡）。

　　七年（1432 年）十一月六日　出使船队到锡兰山访问，十日开船前往"西洋大国"古里（今印度喀拉拉邦卡利卡特）。十八日到达古里访问，二十二日离

① 见《台南大天后宫碑记》，台南大天后宫立于 2008 年 2 月谷旦。
② 参见世界妈祖庙大全编辑部编：《世界妈祖庙大全》第 2 卷，北京：国际炎黄文化出版社，2005 年。
③ 冯承钧校注：《瀛涯胜览校注·爪哇国》记载："爪哇国者，古名阇婆国也。其国有四处，皆无城郭。其他国船来，先至一处名杜板（今东爪哇锦石西北），次至一处名新村（今锦石，东爪哇北岸重要商港），又至一处名苏鲁马益，再至一处名满者伯夷，国王居之。"台北：台湾商务印书馆，1962 年，第 7 页。
④ 王大海著：《海岛逸志》卷 2，《人物志略·王三保》，香港：学津书店，1992 年，第 39 页。

开前往忽鲁谟斯国（今伊朗）访问。

七年（1432 年）十二月二十六日　下西洋船队到达忽鲁谟斯国，期间派分
艅船队访问阿拉伯半岛上祖法儿（今阿曼）、阿丹（今也门亚丁）等国。同时派
出 7 人随天方国（今沙特阿拉伯麦加）船只到访伊斯兰教圣地麦加。

七年（1432 年）　王景弘嗣子王祯卒。明代《卫所武职选簿》"王心"条
记有：王真（即王祯）"永乐二十二年升锦衣卫左所正千户，宣德七年没"。①

八年（1433 年）二月十八日　王景弘与郑和的船队离开忽鲁谟斯，三月十
一日到达古里。

八年（1433 年）四月初　下西洋钦差总兵正使太监郑和在印度古里病逝，②
钦差正使太监王景弘负责指挥下西洋船队。二十日率船队离开古里返航。

八年（1433 年）四月六日　船队乘印度洋西南季风抵达苏门答剌。十二日
离开，二十日到满剌加。五月十日船队回到昆仑洋（今越南昆仑岛附近海域）。
二十三日到赤坎（今越南东南岸格嘎角一带）。二十六日到占城。

八年（1433 年）六月一日　王景弘率船队离开占城。三日到达外罗山（今
越南广东群岛附近），九日见南澳山，十日晚望见即回山。十四日到达踦头洋，
十五日到碗碟岫（明纪录汇编本作"碗碟屿"），二十日船队过大小赤，二十一
日抵达太仓。

八年（1433 年）七月七日　王景弘率船队返京。据《明宣宗实录》记载宣
德八年七月初六下西洋使者回京。此次下西洋主要访问忽鲁谟斯、锡兰山、古
里、满剌加、柯枝、卜剌哇、木骨都束、喃渤利、苏门答剌、剌撒、溜山、阿
鲁、甘巴里、阿丹、佐法儿、竹步、加异勒等 20 国及旧港宣慰司。有 10 余国派
遣使臣随船到北京朝贡。

九年（1434 年）六月　王景弘奉旨专程前往苏门答剌国，通报来华的国王
之弟在中国不幸病逝的消息。《明史》记载："（宣德）九年，王弟哈利之汉来
朝，卒于京。帝悯之，赠鸿胪少卿，赐诰，有司治丧葬，置守冢户。时景弘再使
其国，王遣弟哈尼者罕随入朝。明年至，言王老不能治事，请传位于子。乃封其
子阿卜赛亦的为国王，自是贡使渐稀。"③

九年（1434 年）　传说印度尼西亚三宝垄加姆比兰地区建立三保公庙，庙
内有三保太监首次下西洋（1406 年）在三宝垄住过的岩洞，洞内供奉三保太监

---

① 转引自张金红、徐斌：《王景弘及其后裔新探——以明代卫所〈武职选簿〉档案为中心》，《福建史
志》，2005 年第 5 期，第 52—56 页。
② 罗懋登：《新刻全像三宝太监西洋记通俗演义》（三山道人刻本）所附天顺元年（1457 年）《非幻庵香
火圣像记》，记载郑和"不期宣德庚戌钦承上命，前往西洋，至癸丑岁卒于古里"。
③ 《明史》卷 325，《列传·外国六·苏门答剌国》。

塑像，庙内设有圣坛，里香火旺盛。院落有一座被称为先贤、舵手的达保·阿望的圣墓，一种说法认为达保就是王景弘。据说当时王景弘突然病倒，他上岸治疗。病愈后，郑和继续远航，王景弘与一些随员留在当地。王景弘除务农外，还向当地传播伊斯兰教。①

十年（1435年）正月甲戌　皇帝命王景弘停罢采买营造事项。《明宣宗实录》记载："宣德十年春正月……甲戌，敕行在工部及南京守备襄城伯李隆、太监王景弘等，南京工部，凡各处采办应物料并营造物料，悉皆停罢。"②

十年（1435年）正月初三日（31日）　宣德皇帝朱瞻基因病去世。皇太子朱祁镇继位，年号正统，史称明英宗。

十年（1435年）正月辛丑　皇帝命南京户部尚书兼兵部尚书黄福参赞机务，与守备太监王景弘、襄城伯李隆等人共同商议南京事务。《明英宗实录》记载："朕嗣承大位，深惟南京根本重地，守备必须严固。卿历事祖宗四十余年，老成忠直，厥绩茂著，今特命卿参赞襄城伯李隆机务，抚绥兵民，训练军马，凡百庶物，同隆及太监王景弘等计议而行。卿其益笃乃诚益励乃志，以副朕倚毗之重。钦哉！"③

十年（1435年）四月　王景弘从苏门答剌国经爪哇回国，苏门答剌国王派遣弟哈尼者罕随船到明朝朝贡。《明英宗实录》记载："（宣德十年四月）癸卯，命苏门答剌国王宰奴里阿必丁男阿卜赛亦的嗣为国王，先是以公务遣中官王景弘往其国，宰奴里阿必丁遣弟哈尼者罕等来京朝贡，具奏耄年不能事事。上嘉宰奴里阿必丁，素尊朝廷修职贡，而阿卜赛亦的乃其家嗣，应袭王爵。故有是命，宴赍哈尼者罕等加厚。"④

十年（1435年）六月丁巳　南京守务内承运库大使袁诚奏请以各卫风快船四百艘作战船。令都督陈政总督渡江。上敕守备太监王景弘及襄城伯李隆、少保兼户部尚书黄福等计议行之。⑤

---

① 《三保公庙史话》，菲律宾《世界日报》，2001年1月5日第25版；D. E. Willmott, *The Chinese of Sema-rang: A Changing Minority-Community in Indonesia*, Cornell University Press, New York, 1960, pp. 1-2.
② 《明宣宗实录》卷115。
③ 《明英宗实录》卷1。南京参赞机务是主持南京兵部日常事务，参与管理南京地区的重要职务。《明史》卷75，《志第五十一·职官四》记有："按参赞机务，自宣德八年黄福始。成化二十三年，始奉敕谕，专以本部尚书参赞机务，同内外守备官操练军马，抚恤人民，禁戢盗贼，振举庶务，故其职视五部为特重云。"王彦军在《明代南京参赞机务职掌浅探——以明初黄福任职期间为主的考察》中提出："参赞机务，始设于宣德十年（1435年）。"见载《黑龙江史志》，2015年第11期，第48页。宣德十年明英宗朱祁镇即位，命黄福参赞机务。实际上南京文臣参赞机务由黄福始。
④ 《明英宗实录》卷4。
⑤ 《明英宗实录》卷6。

正统时期（1436—1449 年）

元年（1436 年）二月己未 英宗皇帝下诏王景弘等南京官员停止出使西洋制造等事务，体恤百姓。"敕南京守备太监王景弘等及襄城伯李隆、参赞机务少保兼户部尚书黄福曰：'朕夙夜惓惓，惟体祖宗爱恤百姓之心，一切造作悉皆停罢。今南京内官纷纷来奏，欲取幼小军余及匠夫，指以不敷为名，其实意在私用，俱不准理。敕至，尔等宜益警省，凡事俱从俭约，庶副朕爱恤百姓之心。'"① 诏书中批评了王景弘等存在耗费问题。

元年（1436 年）三月甲申 英宗皇帝再次下旨"敕南京守备太监王景弘等，于官库支胡椒、苏木共三百万斤，委官送至北京交纳，毋得沿途生事扰人。"② 敕书中蕴含对王景弘的不满。

元年（1436 年）三月丁卯朔 英宗皇帝下旨王景弘等南京官员，"南京守备内外官员太监王景弘等曰：'比闻南京承运等八库，递年收贮财物数多，恐年久损坏，负累官攒人等。敕至，尔等即会各库官员，公同拣阅。除新收堪用之物及一应军器、颜料等项并堪久贮、该用不坏物件，存留备用，其余一应损坏及不该支销之物，悉令铺户估直，另项受收贮，听候支销'"。③ 王景弘负责南京财库的管理。

元年（1436 年）四月 王景弘以内官监太监身份在南京安德门外崇因寺东侧购买用于建造塔院一块土地。2012 年 10 月，南京市博物馆考古部在南京市雨花台区赛虹桥街道凤凰村三组一户拆迁民居废墟采集一方"高上后土皇地祇卖地券文"，记录王景弘购地契约。④

---

① 《明英宗实录》卷 14。
② 《明英宗实录》卷 15。
③ 《明英宗实录》卷 15。
④ 王景弘地券为青石质地，高 41 厘米，宽 40.8 厘米，厚 6 厘米。券文头尾分别以楷、篆两种大号字体题刻"高上后土皇地祇卖地券文"之名称；中间正文为楷体、字号缩小，以一行正写、一行倒写的回文形式刻成，以反映买、卖双方对坐、对书的场景。券文共 18 行，350 字。"高上后土皇地祇卖地券文//后土系后/土主宰，今有地一段，坐落地名应天府江宁县安德门外崇因/寺东。见今东至青龙、西至白虎、南至朱雀、北至玄武、中有勾陈、/分治五土。今凭两来人田交佑引至内府内官监太监王/景弘/向前承买，当日三面言定，时值价钱玖仟玖佰玖拾玖贯玖文，/置立地券，当日成交了当。其钱及券当日两相交领并足讫，即/无未尽短少分文。所作交易系是二家情愿，非相抑逼；亦不系/虚钱实券，未卖之先并不曾将在公私神祇上重行典卖。此地/系是后土自己物业，与上下土府诸神无干，亦不是盗卖他人/物业。如有一事一件来历不明，后土自管理落，并不干买主之/事，听从买主管业建立塔院。今恐无凭，故立卖地券文与买主，/永远执为照用。正统元年太岁丙辰四月建己巳丁酉朔/二十五日辛酉辛卯吉时。立券神后土皇、同卖/人太岁神、证见神东王公、同见/神西王母、两来神田交佑、同立/券神崇因寺伽蓝神。依经为，/书人鬼谷仙。/口高上后土皇地祇卖地券文（"口"为一特殊道符）"。转引自祁海宁、龚巨平：《南京"王景弘地券"的发现与初步认识》，《东南文化》，2014 年第 1 期，第 98-106 页。

二年（1437 年）十月癸未　王景弘于正统二年北调。《明英宗实录》记载，英宗皇帝"癸未敕谕太子太保成国公朱勇、新建伯李玉、武进伯朱冕、都督沈清、尚书魏源曰：兹特命尔等，同太监王景弘等，整点在京各卫及见在守备一应官军人等，选拔精锐，编成队伍，如法操练。务要人马相应，盔甲鲜明，器械锋利。操练娴熟，纪律严明，则兵可精，以守则固，以战则克，寇无不灭，功无不成。尔等宜体朕饬兵安民之心，躬勤任之，勿阿徇私情，以害公道。凡有不遵号令，及沮遏行事者，即明白具奏，罪之不宥。尔等其钦承朕命。"①《国榷》卷 23 记载："（英宗正统二年十月）甲戌，太子太保成国公朱勇……同太监王景弘等大选京军，得十五万一千有奇"。正统元年后，王景弘参与提督京师京营，相当于后来的提督太监。②

晚年　王景弘晚年整理航海资料，撰有《赴西洋水程》《洋更》等书。清人郁永河《稗海纪游》记载："惟明会典太监王三保《赴西洋水程》有赤嵌汲水一语"。③ 清人黄叔璥《台海槎使录》记有："舟子各洋皆有秘本，云王三保所遗，余借录，名曰《洋更》。"④

正统二年（1437 年）　王景弘 68 岁卒于南京。⑤

正统五年（1440 年）七月　王景弘嗣子王祯弟王英世袭南京锦衣卫水军所正千户。

成化时期（1465—1487 年）及以后

成化二十三年（1487 年）九月　王英长子王洪世袭南京锦衣卫水军所正

---

① 《明英宗实录》卷 35。
② 陈佳荣：《郑和、王景弘与三宝垅——重读〈海岛逸志〉有感》，载《郑和研究》，1994 年第 2 期，第 45 页。
③ 郁永河著：《稗海纪游》卷上，"二十五日"活动记事。
④ 黄叔璥著：《台海槎使录》卷 1，《赤嵌笔谈·水程》（康熙六十一年）。
⑤ 在正统二年（1437 年）之后，史籍中再没有出现有关王景弘的记载。《明英宗实录》"正统二年十月戊辰条"记录当时南京守备太监是罗智和袁诚，说明王景弘已经离职或辞世。本文采用卒于南京观点。另外还有海外文献记录王景弘卒于印度尼西亚三宝垅。参见羲皇正胤《三保洞记》："爪哇三宝垅之三保洞者，开南洋殖民伟业之副使王公景弘归真处也……宣德中叶，卒于三保洞。"载羲皇正胤：《三保洞记》，《民报》光绪三十四年（1908 年），第 26 期。李长傅在《荷属东印度华侨略史》记载：三宝垅之时望安狮头山有三保洞，相传三保暮年归真之所，供三保太监遗像。见《南洋研究》，1937 年第 1 期。许云樵在《三宝公在南洋的传说》记载：三宝垅三宝墓，相传为三宝公归真之处，其实是尚书王景宏（弘）"触霉头"死了，葬在这里。见《珊瑚》，1933 年第 3 期。还有研究认为王景弘卒年时为 78 岁。曾锦波记载："据考在三宝垅三保庙左边附近的亭阁竖有一块墓碑，就是王景弘病逝后的葬地。但是那些善男信女却相信是郑和的坟墓，因为一般以为王氏死于中国。其实恰巧相反。王景弘死后（终年 78 岁），按伊斯兰教仪式安葬，并在当地居民中获得了'三保大人的年高德劭的领航员'（kiai Jur Mudi Sampo Awang）的尊称，人们总要在每月阴历初一和十五日（前）往三保洞膜拜郑和雕像和瞻仰王景弘之墓。"见曾锦波：《郑和下西洋考略》，香港：1992 年，第 105 页。有学者考查认为，王景弘大约卒于明天顺八年（1464 年）。

千户。

弘治二年（1489 年）八月 王洪七弟王臣世袭南京锦衣卫水军所正千户。

嘉靖二年（1522 年）十二月 王臣长子王选世袭南京锦衣卫水军所正千户。

嘉靖二十年（1543 年）十月 王选七弟王心世袭南京锦衣卫中所正千户。"有伯父王真，永乐二十年选跟太监王景弘等下西洋公干，擒获伪王苏干刺等，即次有功回还，永乐二十二年升锦衣卫左所正千户，宣德七年没，无儿男。成化二十三年比替本卫水军所正千户，钦与世袭。"①

嘉靖二十三年（1544 年） 王心长子王贞吉出生。

万历九年（1581 年）十二月 王贞吉世袭南京锦衣卫左所正千户，"比中一等"。

万历十八年（1590 年） 王贞吉长孙王建中出生。

万历三十七年（1609 年）二月 王建中世袭南京锦衣卫锦衣左所正千户。"万历三十七年二月，大选过南京锦衣卫锦衣左所正千户一员，王建中年十九岁（应 29 岁），系老疾正千户王贞吉嫡长孙，伊祖多支米麦二石一斗于本舍，俸内扣还，比中二等，对讫。"②

万历四十四年（1616 年） 王建中长子王延祚出生。

崇祯十三年（1640 年）十月 王延祚世袭南京锦衣卫锦衣左所正千户。"九辈王延祚崇祯十三年十月，大选南京锦衣卫锦衣左所正千户一员，王延祚年二十四岁，系故正千户王建中嫡长男，比中三等。对讫。"③

嘉庆二十四年（1819 年） 王景弘家族后裔乡宾王应文、王任荣、王志通，监生王拨元、王达元、王衍思，贡生王殿文，庠生王任煌、王思义、王国任等10 人捐银 47 两，捐助重修香山桥。④

---

① 中国第一历史档案馆、辽宁省档案馆编：《中国明朝档案总汇》第 73 卷，"王心"条，桂林：广西师范大学出版社，2001 年，第 97 页。
② 中国第一历史档案馆、辽宁省档案馆编：《中国明朝档案总汇》第 73 卷，"王心"条，桂林：广西师范大学出版社，2001 年，第 97 页。
③ 中国第一历史档案馆、辽宁省档案馆编：《中国明朝档案总汇》第 73 卷，"王心"条，桂林：广西师范大学出版社，2001 年，第 97 页。
④ 见福建漳平市文物《重修香山桥碑记》（嘉庆二十四年）。

附录二　王景弘研究论著目录索引

闫彩琴　整理

一、著作

2003

明代大航海家王景弘

　　福建省国际文化经济交流中心　中国人民政治协商会议漳平市委员会 编

　　漳平文史资料　总第 27 辑　2003

2004

王景弘与郑和下西洋

　　福建省国际文化经济交流中心　漳平市王景弘研究会　编

　　香港：天马图书有限公司　2004

2005

游仙绝唱——解读王景弘

　　黄瀚　著

　　北京：中国文联出版社　2005

2018

纵横驰骋越重洋——郑和王景弘七下西洋

　　陈贞寿　著

　　北京：中国大百科全书出版社　2018

2019

王景弘传

张永和　王笑芳　著
北京：中国文史出版社　2019

二、论文、文章

1984

Über Wang Ching-hungs und Hou Hsiens Teilnahem an Cheng Hos Expeditionen
Roderich Ptak
Zeitschrift der Deutschen Morgenländischen Gesellschaft 134 （2） 1984 pp.
337-343

1985

王景弘非为副使
范金民
航海　1985 年第 3 期　第 10 页

1986

随从郑和下西洋的福建人员考
庄景辉
泉州文史　第 9 期　1986.12
见：庄景辉　海外交通史迹研究　厦门：厦门大学出版社 1996 第 187-
200 页

1987

试论郑和与王景弘之死
庄为玑
海交史研究　1987 年第 1 期　第 87-90 页
王景弘简论
陈琦
海交史研究　1987 年第 1 期　第 91-96 页
见：明代大航海家王景弘（漳平文史资料　总第 27 辑）　2003　第 56-
64 页

见：王景弘与郑和下西洋　香港：天马图书有限公司　2004　第 113-121 页

1990

国内第一座郑和庙的调查

陈延杭

海交史研究　1990 年第 2 期　第 85-89 页　第 2 页

见：明代大航海家王景弘（漳平文史资料　总第 27 辑）　2003　第 106-110 页

1991

明王景弘下西洋史事钩沉

陈学霖

汉学研究（台北）　第 9 卷第 2 期　1991　第 223-256 页

见：明代大航海家王景弘（漳平文史资料　总第 27 辑）　2003　第 111-156 页

见：王景弘与郑和下西洋　香港：天马图书有限公司　2004　第 276-321 页

1992

与郑和齐名的航海家

徐晓望

福建日报 1992.9.9

1993

明下西洋郑和、王景弘两正使的卒事考——兼论郑和的宗教观

庄为玑

南京郑和研究会编　郑和研究论文集（第一辑）　大连：大连海运学院出版社　1993

见：明代大航海家王景弘（漳平文史资料　总第 27 辑）　2003　第 98-105 页

见：王景弘与郑和下西洋　香港：天马图书有限公司　2004　第 244-251 页

1994

郑和、王景弘与三宝垅——重读《海岛逸志》有感

　　陈佳荣　郑和研究　1994 年第 2 期　第 41-47 页

　　见：明代大航海家王景弘（漳平文史资料　总第 27 辑）　2003　第 65-80 页

　　见：王景弘与郑和下西洋　香港：天马图书有限公司　2004　第 210-225 页

1995

王景弘

　　杨新华

　　郑和研究　1995 年第 2 期　第 34-35 页

地方志中的王景弘

　　陈延杭

　　郑和研究　1995 年第 2 期　第 36 页

八次下西洋的王景弘

　　徐晓望

　　海交史研究　1995 年第 2 期　第 23-26 页

　　见：明代大航海家王景弘（漳平文史资料　总第 27 辑）　2003　第 21-27 页

　　见：王景弘与郑和下西洋　香港：天马图书有限公司　2004　第 93-99 页

1997

郑和下西洋与泉州之关系

　　王四达

　　郑和研究　1997 年第 4 期　第 12-16 页

2001

关于三保太监及其随从的传说

　　世界日报（菲律宾）　2001.1.7　第 16 版

2002

汶莱有条"王景弘总兵路"

　　张开龙

　　人民日报（海外版）　2002.6.20

　　　见：明代大航海家王景弘（漳平文史资料　总第 27 辑）　2003　第 183-184 页

王景弘——走向世界的航海家

　　胡善美　福建乡土　2002 年第 1 期　第 31 页

王景弘宗教信仰初探

　　魏德新

　　郑和研究　2002 年第 2 期　第 54-56 页

王景弘：出自龙岩的伟大航海家

　　陈培基

　　《龙》文化丛刊　2002 年第 3 期　第 1-34 页

　　　见：明代大航海家王景弘（漳平文史资料　总第 27 辑）　2003　第 85-91 页

2003

论王景弘

　　郑一钧

　　明代大航海家王景弘（漳平文史资料　总第 27 辑）　2003　第 5-20 页

王景弘与中国文莱友好交往的历史见证

　　杨新华

　　明代大航海家王景弘（漳平文史资料　总第 27 辑）　2003　第 28-36 页

王景弘及其在印尼三宝垄的传说

　　李金明

　　明代大航海家王景弘（漳平文史资料　总第 27 辑）　2003　第 37-47 页

一代先贤王景弘

　　曹木旺

　　明代大航海家王景弘（漳平文史资料　总第 27 辑）　2003　第 48-49 页

伟大的航海家王景弘

　　李玉昆

　　黄日照
　　明代大航海家王景弘（漳平文史资料　总第 27 辑）　2003　第 193 –
195 页
王景弘研究在漳平
　　黄瀚
　　明代大航海家王景弘（漳平文史资料　总第 27 辑）　2003　第 196 –
200 页
试论王景弘与郑和的比较研究
　　黄文光
　　明代大航海家王景弘（漳平文史资料　总第 27 辑）　2003　第 201 –
205 页
承担起宣传王景弘的光荣任务
　　陈培基
　　明代大航海家王景弘（漳平文史资料　总第 27 辑）　2003　第 206 –
209 页
郑和闯西洋（电视剧本·节选）
　　郑闰
　　明代大航海家王景弘（漳平文史资料　总第 27 辑）　2003　第 210 –
221 页
王景弘咏叹
　　李逢蕊
　　明代大航海家王景弘（漳平文史资料　总第 27 辑）　2003　第 226 –
228 页
王景弘出山
　　黄瀚
　　明代大航海家王景弘（漳平文史资料　总第 27 辑）　2003　第 229 –
242 页
　　见：福建文学　2003 年第 3 期　第 47–52 页

2004

被遗忘的“郑和”
　　王景弘福建省国际文化经济交流中心课题组
　　王景弘与郑和下西洋　香港：天马图书有限公司　2004　第 7–10 页

开拓郑和研究的视野——由航海家王景弘谈起

　时平

　　王景弘与郑和下西洋　香港：天马图书有限公司　2004　第 17-22 页

　　见：郑和研究　2004 年第 3 期　第 68-70 页

王景弘与郑和下西洋

　李金明

　　王景弘与郑和下西洋　香港：天马图书有限公司　2004　第 23-35 页

　　见：郑和研究　2005 年第 1 期　第 61-66 页

同舟共济　共铸辉煌

　徐克明

　　王景弘与郑和下西洋　香港：天马图书有限公司　2004　第 36-40 页

郑和、王景弘航海的社会经济基础以及对当今区域发展的启示

　刘晓宝

　　王景弘与郑和下西洋　香港：天马图书有限公司　2004　第 51-67 页

论王景弘的历史功绩

　郑一钧

　　王景弘与郑和下西洋　香港：天马图书有限公司　2004　第 68-87 页

　　见：郑和研究　2004 年第 3 期　第 59-67 页

王景弘评说

　李贵海

　　王景弘与郑和下西洋　香港：天马图书有限公司　2004　第 122-146 页

王景弘：从下西洋到二十一世纪地方形象重塑

　梁丽娜

　　王景弘与郑和下西洋　香港：天马图书有限公司　2004　第 165-199 页

从闽西山村走向五洲四海

　张开源

　　王景弘与郑和下西洋　香港：天马图书有限公司　2004　第 200-209 页

中文携手谱新篇

　刘新生

　　王景弘与郑和下西洋　香港：天马图书有限公司　2004　第 233-236 页

功垂青史的王景弘

　仲跻荣

　　王景弘与郑和下西洋　香港：天马图书有限公司　2004　第 88-92 页

王景弘——与郑和齐名的伟大航海家

　　傅柒生

　　　王景弘与郑和下西洋　香港：天马图书有限公司　2004　第 107-112 页

破解王景弘之谜

　　黄瀚

　　　王景弘与郑和下西洋　香港：天马图书有限公司　2004　第 147-164 页

王景弘和文莱"王三品"

　　杨新华

　　　王景弘与郑和下西洋　香港：天马图书有限公司　2004　第 226-232 页

　　　郑和研究　2005 年第 1 期　第 67-70 页

浅谈宦官佛教信仰与王景弘葬地新观点

　　郑自海

　　　王景弘与郑和下西洋　香港：天马图书有限公司　2004　第 252-270 页

漳平有个被遗忘的"郑和"

　　郑建彬　郑两兴

　　东南快报　2004.7.8　第 8 版

　　　见：王景弘与郑和下西洋　香港：天马图书有限公司　2004　第 358-363 页

　　　见：郑和研究　2005 年第 2 期　第 56-58 页

他曾与郑和齐名——闽籍先贤王景弘史迹考略

　　曹木旺

　　厦门晚报　2004.7.21　生活乡土版

龙海"二保庙"佐证王景弘正使身份

　　郑建彬　许艺民　郑两兴　王百杯

　　东南快报　2004.7.16

　　　见：王景弘与郑和下西洋　香港：天马图书有限公司　2004　第 364-365 页

王景弘无愧于同郑和并列史册

　　黄国华　邓丽锦

　　海峡都市报　2004.7.24　第 6 版

　　　见：王景弘与郑和下西洋　香港：天马图书有限公司　2004　第 351-357 页

解读大航海家王景弘

林立中　张水莲

闽西日报·生活专刊　2004.8.13

见：王景弘与郑和下西洋　香港：天马图书有限公司　2004　第366-373页

福建将隆重纪念明代航海家王景弘

新华社

王景弘与郑和下西洋　香港：天马图书有限公司　2004　第349-350页

掀开王景弘研究的新篇章

廖深洪

王景弘与郑和下西洋　香港：天马图书有限公司　2004　第374-377页

以郑和与王景弘的名义携起手来

陈培基

郑和研究　2004年第1期　第48-50页

王景弘与郑和比较研究

黄文光

郑和研究　2004年第3期　第71-73页

深入研究航海家王景弘的史绩

游德馨

郑和研究　2004年第3期　第58页

几乎被遗忘的王景弘

张惟

炎黄纵横　2004年第7期　第44-45页

这些泉州人随郑和下西洋

朱彩云

东南早报　2004.12.21

2005

与郑和同为正使王景弘考

施存龙

泉州港务局　泉州港口协会编　泉州港与海上丝绸之路（三）　北京：中国社会科学出版社　2005　第263-287页

跟随郑和下西洋的正使王景弘

魏德新

郑和研究　2005 年第 3 期　第 61-64 页

壮哉，郑和、王景弘七下西洋

文鹤

海内与海外　2005 年第 8 期　第 28-33 页

明代卫所《武职选簿》发现王景弘后裔新史料

张金红　徐斌

福建史志　2005 年第 5 期　第 52-56 页

来自闽西山村的航海家——王景弘

刘燕燕

管理与财富　2005 年第 9 期　第 35-37 页

王景弘及其后裔新探——以明代卫所《武职选簿》档案为中心

张金红　徐斌

海交史研究　2005 年第 2 期　第 44-54 页

2006

胜似双子星座的航海家郑和与王景弘

陈培基　徐克明

郑和研究　2006 年第 1 期　第 125-127 页

航海家王景弘谜案·南京篇

郑宽涛

郑和研究　2006 年第 1 期　第 106-107 页

见：航海　2007 年第 2 期　第 32-34 页

王景弘文学资源在文莱和龙岩的发现与链接

张惟

闽西职业技术学院学报　2006 年第 2 期　第 9-10 页

郑和、王景弘下西洋与客家文化的海外弘扬

张佑周

龙岩学院学报　2006 年第 2 期　第 63-65 页

航海家王景弘之政绩

郑宽涛

中国海洋报　2006.7.4　第 4 版

2007

不该把王景弘写成反面人物——评析章回小说《三宝太监下西洋》

　　施存龙

　　郑和研究　2007 年第 3 期　第 24-28 页

与郑和齐名的航海家王景弘

　　徐晓望

　　郑和研究　2007 年第 3 期　第 51-61 页

王景弘的祖籍及宗教信仰略考

　　王晓云

　　福建师范大学学报（哲学社会科学版）　2007 年第 6 期　第 257-261

2008

明代宦官与郑和下西洋的关系

　　陈学霖

　　中国文化研究所学报　17 卷 48 期　2008　第 163-192 页

2009

王景弘后裔在文莱——读《清议报》两篇奇闻

　　徐作生

　　郑和研究　2009 年第 1 期　第 41-42 页

浅谈郑和、王景弘下西洋

　　白庭阶　石秀珠

　　福建史志　2009 年第 2 期　第 39-40 页

2010

郑和、王景弘下西洋的历史功绩与现实意义

　　肖忠生

　　郑和研究　2010 年第 1 期　第 24-28 页

王景弘到台湾史事考略

　　黄瀚

　　郑和研究动态　2010 年第 3 期　第 12-17 页

2011

郑和、王景弘下西洋与明代福州经济文化的发展

　　萧忠生

　　福建省海洋与渔业厅　福建省炎黄文化研究会等　海洋文化与福建发展
　　2011. 10　第 155-160 页

2012

试述明代南京守备的创设时间及首任内守备

　　周忠

　　贵州文史丛刊　2012 年第 3 期　第 26-30 页

2013

郑和、王景弘下西洋与明代福州造船业

　　萧忠生　萧钦

　　郑和研究　2013 年第 1 期　第 19-21 页

《西洋记》中的王景弘形象

　　周茹燕

　　时平　普塔克编　《三宝太监西洋记通俗演义》之研究（第二集）　德
　　国威斯巴登：Harrassowitz Verlag　2013　第 73-89 页

郑和、王景弘下西洋与明代福州造船业

　　萧忠生　萧钦

　　炎黄纵横　2013 年第 10 期　第 30-31、23 页

南京新出"王景弘地券"的发现与初步认识

　　祁海宁　龚巨平

　　历史上中国的海疆与航海学术研讨会论文集　2013. 10. 27—30　福建泉州

再论"寺改庙"与王景弘

　　魏德新

　　郑和研究　2013 年第 4 期　第 4-8 页

2014

南京"王景弘地券"的发现与初步认识

　　祁海宁　龚巨平

东南文化　2014年第1期　第98-106页

王景弘地券与墓葬地

　　郑自海

　　郑和研究　2014年第1期　第49-52页

立足王景弘故里 扩大研究与交流

　　曹木旺

　　云南省郑和研究会　云南交通技师学院　第三届昆明郑和研究国际会议论
　　文集　2014.8

王景弘：大山里走出的航海家

　　福建日报　2015.1.29

福建"海丝"第一村

　　张永和　詹鄞森　谢仲青

　　人民日报（海外版）　2015.6.12　第3版

揭秘郑和七下西洋搭档王景弘

　　祁海宁　龚巨平

　　南京日报　2015.7.15　第A11版

2015

"海丝"第一村——访明代大航海家王景弘故里香寮村

　　张永和　詹鄞森　谢仲青

　　三明客家　2015年第2期

访香寮村王景弘故里

　　陈金清

　　三明客家　2015年第2期

王景弘：漳平山村里走出的航海家

　　戴敏　陈晓霞

　　海峡都市报　2015.3.12　第A27版

《西洋记》插图中的郑和与王景弘

　　周茹燕　楼慧珍

　　郑和研究动态　2015年第2期　第3-12页

"海丝"第一村见闻——访明代大航海家王景弘故里香寮村

　　张永和　詹鄞森　谢仲青

　　炎黄纵横　2015年第9期　第49-50页

2016

明代航海家王景弘是永安青水王氏后裔
　　裴耀松
　　三明客家　2016 年第 3 期
对明代大航海家王景弘的断想
　　詹鄞森
　　炎黄纵横　2016 年第 6 期　第 49-50 页

2017

王景弘八下西洋
　　裴跃松
　　福建日报　2017.1.3　第 11 版

2018

明代航海家王景弘谜案之走出大山之谜
　　郑自海
　　南京史志　2018 年第 1 期　第 34-35 页
明代航海家王景弘谜案之——王景弘走出大山之谜
　　郑宽涛
　　郑和研究　2018 年第 1 期　第 29-33 页

后 记

郑和下西洋，是人类航海史上的一大壮举，是"海上丝绸之路"的巅峰时期。由于郑和下西洋后期，明王朝的"宽海"政策变为"禁海"政策，下西洋资料被付之一炬，以至数百年间，郑和下西洋事迹几近尘封。直到 1874 年，英国汉学家梅辉立发表《十五世纪中国人在印度洋的探险》，引起世人对郑和下西洋的重视；1905 年，梁启超发表《祖国大航海家郑和传》一文，掀开郑和下西洋研究的新篇章。

与郑和同为下西洋正使的航海家王景弘，却更不为人所知，直到 20 世纪 80 年代以后，王景弘的籍贯、生卒、下西洋的职责等方面的研究才逐步得到重视，特别是 2004 年，在王景弘故里——福建省漳平市召开的"王景弘学术研讨会"，掀起了王景弘研究的新高潮。近 30 年来，王景弘研究共出版过《明代大航海家王景弘》和《王景弘与郑和下西洋》两本论文集。近年来，王景弘研究又取得了新的成果，如王景弘后裔资料的发现、南京王景弘地券的出土等。因此，我们觉得有必要编辑出版《王景弘研究》文集，对海内外近 30 年的王景弘研究成果进行一次阶段性的总结。这一想法得到了漳平市领导的赞同，同时也得到了上海郑和研究中心和海洋出版社的大力支持，上海郑和研究中心同意将《王景弘研究》列入《郑和研究丛书》，并抽调业务骨干，组建专门班子，研究中心时平主任亲自担任文集的主编，召集研究中心专家朱鉴秋、徐作生、闫彩琴、苏月秋等同志，从文集的选材、编辑标准、编委会组成、封面设计等各方面给予指导和把关。福建省政协原主席游德馨先生长期以来十分关心王景弘研究与宣传工作，不顾年事已高，亲自为《王景弘研究》一书题写书名并作序言。海洋出版社张荣编辑等在文稿编校、封面设计、印刷出版等方面为本书编印出版付出了心血，漳平市《王景弘研究》文集的部分编委，对文集的编印出版，也多次参加会议，进行讨论，并提供相关资料。在此一并表示衷心的感谢！

文集收录的论文为近 30 年来海内外王景弘研究的成果，包括王景弘籍贯、生世考证，王景弘在下西洋中所起的作用，王景弘后裔、王景弘地券等。如有错漏，请不吝赐教。

曹木旺

2018 年 11 月